赵冬 刘锦祺 主编

五九炮过河车对屏风马平炮兑车

刘锦祺 李晓春 编

经济管理出版社

ECONOMY & MANAGEMENT PUBLISHING HOUSE

图书在版编目(CIP)数据

五九炮过河车对屏风马平炮兑车/刘锦祺,李晓春编.—北京:经济管理出版社,2011.8

ISBN 978-7-5096-1596-6

Ⅰ.①五… Ⅱ.①刘…②李… Ⅲ.①中国象棋—布局(棋类运动) Ⅳ.①G891.2

中国版本图书馆 CIP 数据核字(2011)第 180929 号

出版发行:经济管理出版社

北京市海淀区北蜂窝 8 号中雅大厦 11 层

电话:(010)51915602 邮编:100038

印刷:北京广益印刷有限公司 经销:新华书店

组稿编辑:郝光明 责任编辑:郝光明 史岩龙

责任印制:黄 铄 责任校对:李玉敏

880mm×1230mm/32 13.25 印张 368 千字

2011 年 11 月第 1 版 2011 年 11 月第 1 次印刷

定价:28.00 元

书号:ISBN 978-7-5096-1596-6

总　序

历史的脚步迈入新世纪已整整十个年头了，美丽辽阔的神州大地上到处春意盎然、生机勃发。在改革开放浪潮的推动下，盛世的今天进入历史鼎盛时期。

国运昌，棋运兴。近年来，中国棋坛出现了前所未有的繁荣局面。欣闻经济管理出版社即将出版“中国象棋谱丛书”，十分惊喜。据悉，本丛书全套按布局分类，共43册，精选了近十年来国家级赛事特级大师、大师的精彩对局，并辅以优秀业余选手于弈天网的顶尖赛事棋局。这套丛书是棋坛的一朵奇葩，内容全是对局记录，没有一句评注。

什么样的棋谱是好棋谱，什么样的棋谱对初、中级象棋爱好者提高棋艺更有帮助？这个问题仁者见仁，智者见智。

经济管理出版社郝光明先生提出：按布局分类，用大师的看法注解大师的棋局，保持棋谱的“原法原味”，让读者自己去体会象棋的意境。

对此，有人深有疑虑。习惯于看对局评注中注解的初、中级象棋爱好者，能看懂没有注解的棋谱吗？能找到决定棋局胜负的关键之处吗？

记得中国象棋协会副主席胡荣华先生出席首届BGN世界象棋挑战赛，在谈论“绿林王”陶汉明的棋艺风格时说：“陶汉明当初学棋时，就是看我的对局集，这本书就没有棋评。正因为没有棋评，所以让他学棋时有了更大的理解和思维空间，不拘泥于一处，这非常有助于陶汉明形成独到的风格与认识，因此他才能从一名业余选手一跃登上全国象棋锦标赛（个人）冠军的宝座。”

“十连霸”胡荣华的见解与郝光明先生的见解何其相似！这真是英雄所见略同。

读谱俗称“打谱”。我们年逾花甲，回忆青年时期，都是在那贫穷落后的小山村度过的。那时的我们在一盏小煤油灯下，盘腿坐在北方农家的土炕上，抱着一本杨官璘主编的《中国象棋谱》，如获至宝，爱不释手，心中充满了神圣的感觉。

打谱可以提高棋艺水平，因为棋谱是棋手于实战中千锤百炼总结出的招法，大多经得起推敲。吸取别人成功的经验，记住别人失败的教训，可以少走弯路或避免重蹈覆辙。

靠打谱，无师自通的赵庆阁于1974年在全国象棋锦标赛（个人）上夺得季军。

当然，打谱时一定要有自己的见解，领会谱中的精髓，这样才能触类旁通、举一反三，从而事半功倍；打谱切忌死记硬背，否则将事倍功半。

今天，青年人登上了历史舞台，这套丛书由象棋大师、国家级裁判赵冬和青年象棋图书知名作家刘锦祺主编。他们与李志刚、李晓春、毕金玲、王静、陈广等组成一个团队，以科学、严谨的态度，在浩瀚的棋海里为棋友扬起精彩对局的风帆。他们试图求证一个真理：最简单的线条是最美的！

辉煌的业绩是用奋斗撞响的钟声。青春的主旋律是奋进。愿青年人用汗水与智慧拨动“中国象棋谱丛书”的主旋律，在象棋图书史上奏出美妙华章！

象棋大师　　赵庆阁
国家级裁判　霍文会
2010年10月31日于辽宁

前　言

五九炮对屏风马是人们喜爱并常常付诸实践的一种大路布局，它萌芽于五九炮盛行的20世纪50年代，和五八、五六炮竞相发展。经过几代棋手的不懈研究和反复实践，五九炮对屏风马这一布局体系又有了新的发展，各种创新变例层出不穷，成为棋手们的必修课。

究其原因，这是由五九炮的自身战术特点决定的。五九炮布局“柔中带刚”，在开局阶段注重子力的平衡发展，稳步进取，左右两翼相互呼应。其后，红方可以利用五九炮的阵型特点，或直取黑方中路或炮打边卒，与中炮形成钳形攻势。在中局阶段，红方往往走成弃子取势的局面，从而形成战术手段丰富、局势导向复杂的对攻局面，深为功力型棋手所喜爱。

本书精选全国赛事、省级以上赛事及网络赛事共计412局，按布局分类分为八章，第九章为近年来网络赛事对局的精选。

全书内容较为详细地反映出五九炮对屏风马这一布局的战术特点。读者如能仔细研究，一定会领悟到这一布局体系的精华，这也是作者的心愿。

由于作者水平有限，收集资料不全，难免会有不当之处，希望读者朋友不吝指正，先致谢意。

本书的编写得到经济管理出版社郝光明老师的大力支持，得到国家级裁判宋玉斌、李志刚、王静、陈广等棋友们的帮助，一并表示感谢。

刘锦祺

2011年6月23日于锦州

编辑提示

2011 年 6～8 月，中国象棋谱丛书的最初四部作品《仙人指路对卒底炮》、《中炮过河车对屏风马左马盘河》、《顺炮缓开车》、《仙人指路对飞象、进马局》先后面世。不久，我们接到很多读者的来电或来信，询问这套丛书的阅读和使用方法。

中国象棋谱丛书是从内容到形式的创新。这种创新源于传统棋书的局限性。这就是说，在中国象棋不断发展的形势下，传统棋书已不能满足读者提高棋艺水平的需要。

传统棋书的内容结构和形式大致相同：作者选择实战中的精彩棋局，讲解弈战双方的得与失，在作者认为重要的地方加以图示。这样的书，虽然开卷有益，但对读者自学象棋的针对性不强。精彩棋局产生的基础是深厚的基本功，弈战者是象棋大师或具有大师级水平的高手，已经兼具开局、中局、残局的精湛技艺。读者虽能一定程度地领略到高水平的棋艺，但却学不到手，因为他与弈战者的水平相距甚远。而且，一本书展示的多个精彩棋局布局不同，棋手风格各异，精彩纷呈的各个棋局之间没有直接联系，令读者不得要领。

这是传统棋书的局限性。

传统棋书的作者或是象棋大师，或是象棋理论研究者和象棋专业作者，有丰富的实战经验、教学经验和写作经验。他们根据各自对象棋的理解著书，在选材、讲解上各有侧重点，无法兼顾读者的各种不同需求。作者只会讲解自己认识到的棋战关键时刻的不同选择，而棋战的变化十分复杂——这正是象棋的魅力所在，任何作者都无法做到讲解尽可能多的中局变化。每读至此，读者徒唤奈何。

这是传统棋书在写作方法上的局限性。

因为有了局限性，棋书在内容和形式上的创新空间由此打开。

棋战始于布局，棋战结果也始于布局。一个棋手，如果没有全面掌握布局知识，一旦在实战中遇到自己不熟悉的布局，实际上他在布局阶段就已经失败，以后的苦战不过是逐步走向失败的过程。一个象棋爱好者如果不提高布局水平，进步就无从谈起，更不要谈登堂入室。

中国象棋谱丛书包含兵、马、炮、相、冷门布局五个分类，共43种，涵盖当今象棋的布局体系。如果读者能阅读并且记住各种布局，直到与中局相接的部分，并且运用于实战，通过实战加强记忆，就初步掌握了象棋的布局知识，奠定了提高棋艺水平的基础。

布局阶段过渡到复杂、激烈的中局——其间并没有明确的分界，大战随即展开。中国象棋谱丛书选的对局是象棋大师的实战全局，读者在阅读布局后可继续研习中局，学习大师们的高超技艺。限于水平，读者可能难以发现战局中的败招，却不难发现大师的高招。如果一个读者能做到这一点，说明他已经大大提高了棋艺水平，可喜可贺。

下面，以《仙人指路对卒底炮》的第一部分为例，简要说明在布局阶段如何使用本书进行学习。

第一部分　红炮二平五　黑飞右象

第一章　红跳右马

第一局　聂铁文 和 李少庚

1. 兵七进一　炮 2 平 3

2. 炮二平五　象 3 进 5

3. 马二进三　车 9 进 1

4. 车一平二　车 9 平 2

5. 马八进七　马 2 进 4

6. 炮八平九　马 8 进 9

这是最初的六个回合。

第二局　赵鑫鑫 负 吕钦

这一局的前六个回合与第一局完全相同。由此可知，这最初的六个回合是这种布局的基本定式之一。

第三局　谢靖 和 潘振波

1. 兵七进一　炮2平3
2. 炮二平五　象3进5
3. 马二进三　车9进1
4. 车一平二　车9平2
5. 马八进七　马2进4
6. 车二进四　马8进9

第三局的前五个回合与第一局、第二局完全相同。第六个回合，红方没有选择炮八平九，而是车二进四巡河，抢先出动右翼主力，表现出与第一局、第二局先出动左翼主力不同的战略战术。黑方在第六回合仍然选择马8进9，表现出对当前局面的认识。综观第一章共105局，可知这也是这种布局的定式。

这六个回合可以认为是布局的开局部分，这部分内容必须牢记，并可在实战中灵活运用。

至此，布局阶段仍在进行中，变化已经出现，尚不能判断孰优孰劣。

布局之后的中局大战没有文字讲解，读者会感到困惑。怎么办呢？读者可以采用对比的方法，既可以理解不同风格的棋手对相同局面的不同认识，又可以学习到不同的棋手对类似局面的处理方法，收到举一反三的效果。

学习的要点是反复打谱，反复思考，并将学到的知识运用于实战。只有记忆了足够的内容，知识才能转化为实战中的能力，才能加深对局面的理解。经过这个原始积累的过程，你会发现这样看似笨拙的方法实际上可收到事半功倍的效果。

读者在阅读中遇到无法解决的问题时，不妨先将它暂时搁置，进入下一局。由于布局属于同一体系的同一个分支，其他对局的攻防或可以直接回答你的问题，或可给你启发，使你产生联想，终能找到解决难题的答案。就第一章的内容来说，你在某一局中遇到的问题，其他104局都可能帮助你解决，原来每一局都是对其他棋局的讲解。此时，你豁然开朗，又惊又喜。

读棋书的同时必须打谱，因此每一步棋都在你眼前构成一幅棋图。在棋战的关键时刻，更要细细审图，努力从中发现大师的思路。

至此，似乎可以认为，我们已解决了如何阅读没有作者讲解和没有棋图的棋书的问题。

中国象棋谱丛书不能完全取代传统棋书。中国象棋谱丛书与传统棋书相互补充，相互依赖，满足了广大读者的多种需要。阅读中国象棋谱丛书可以全面提高布局水平和全局实战水平，阅读传统棋书可以有针对性地提高中局和残局水平。读者只要肯下功夫，就一定能不断提高棋艺水平，直至跻身大师的行列。

有志者事竟成！

郝光明

2011年10月7日

目　录

第一章　红炮打中卒

第1局　孙勇征 胜 郑一泓

1. 炮二平五　马8进7
2. 马二进三　车9平8
3. 车一平二　马2进3
4. 兵七进一　卒7进1
5. 车二进六　炮8平9
6. 车二平三　炮9退1
7. 马八进七　士4进5
8. 炮八平九　车1平2
9. 车九平八　炮9平7
10. 车三平四　马7进8
11. 炮五进四　马3进5
12. 车四平五　卒7进1
13. 兵三进一　炮2进5
14. 车五平三　马8退9
15. 车三进一　象3进5
16. 马七进六　车8进3
17. 马六进四　车8平6
18. 兵三进一　车2进1
19. 马三进二　车6平8
20. 兵三进一　车8进1
21. 兵三平二　炮2退5
22. 炮九平二　车8进1
23. 马四退二　炮2平7
24. 车八进八　后炮平2
25. 兵二进一　炮7进4
26. 兵九进一　炮2进1
27. 兵二平一　炮2平9
28. 马二进四　炮7退1
29. 炮二平一　炮9进4
30. 炮一进四　炮7平1
31. 马四进六　炮1平2
32. 炮一平七　炮9退5
33. 兵七进一　士5进4
34. 兵七平八　炮9平5
35. 兵五进一　将5平4
36. 相三进五　炮2平4
37. 炮七退五　炮4退1
38. 仕四进五　炮4平9

39. 仕五进四 象7进9
40. 炮七平五 象9进7
41. 兵八进一 卒1进1
42. 兵八平七 卒1进1
43. 马六进四 炮5平6
44. 兵五进一 士6进5
45. 马四退二 将4平5
46. 兵七平六 炮9退1
47. 马二进三 将5平6
48. 兵六平五 炮6进5
49. 后兵平四 炮9进1
50. 马三退二 炮9平8
51. 马二进一 炮6平7
52. 炮五平四 将6平5
53. 马一退二 炮8进4
54. 兵五平四 炮8平7
55. 炮四平五 象5退3
56. 后兵平三 卒1平2
57. 兵三平四 卒2进1
58. 前兵平五 卒2平3
59. 兵五平六 将5平4
60. 炮五平八 后炮平5
61. 帅五平四 卒3平4
62. 炮八进三 炮5退1
63. 仕四退五 炮7退8
64. 马二进三 炮7平6
65. 帅四平五 炮5平4
66. 兵六进一 炮6进1
67. 炮八进五 象3进1
68. 兵六平五 将4进1
69. 炮八退三 炮4退2
70. 兵四平五 炮6进5
71. 后兵平六 炮4平5
72. 炮八平六 卒4平5
73. 马三退四 卒5进1
74. 兵六平五

第2局 钟涛 胜 李智屏

1. 炮二平五 马8进7
2. 马二进三 车9平8
3. 车一平二 卒7进1
4. 车二进六 马2进3
5. 兵七进一 炮8平9
6. 车二平三 炮9退1
7. 马八进七 士4进5
8. 炮八平九 车1平2
9. 车九平八 炮9平7
10. 车三平四 马7进8
11. 炮五进四 马3进5
12. 车四平五 卒7进1
13. 兵三进一 马8进6
14. 马三进四 炮7进8
15. 仕四进五 炮2进6
16. 炮九进四 车8进9
17. 相七进五 炮7平4
18. 仕五退四 炮4平6

19. 马四退三 炮6平2
20. 马三退二 前炮平8
21. 帅五进一 车2进7
22. 马七进六 炮2平3
23. 相五退七 象3进5
24. 车五平二 炮8平4
25. 马六进七 车2退4
26. 马七进五 车2平8
27. 马五进三 将5平4
28. 马三退二 炮4退1
29. 帅五退一 卒9进1
30. 炮九平六 炮4退2
31. 兵五进一 炮3退2
32. 兵七进一 炮4平1
33. 兵七进一 炮1平9
34. 炮六退一 炮9平6
35. 兵三进一 炮6退5
36. 炮六平一 炮3平1
37. 兵三平四 炮1退4
38. 炮一退三 炮1进1
39. 马二进三 炮6进1
40. 炮一平六 炮1退2
41. 兵七平六 炮1平4
42. 炮六进六 将4进1
43. 马三退二 炮6平5
44. 帅五平四 炮5平1
45. 兵五进一 将4退1
46. 兵五进一 将4进1
47. 兵四进一 炮1进1
48. 马二退三 将4退1
49. 马三进五 炮1退1
50. 兵六平七 炮1平9
51. 兵四平三 炮9平1
52. 兵七进一 炮1进1
53. 兵七进一 炮1退1
54. 兵三进一 象7进5
55. 兵三进一 象5进7
56. 兵三平四 士5进4
57. 马五进七 炮1平3
58. 马七进九

第3局 陈卓 和 林宏敏

1. 炮二平五 马8进7
2. 马二进三 车9平8
3. 车一平二 马2进3
4. 兵七进一 卒7进1
5. 车二进六 炮8平9
6. 车二平三 炮9退1
7. 马八进七 士4进5
8. 炮八平九 车1平2
9. 车九平八 炮9平7
10. 车三平四 马7进8
11. 炮五进四 马3进5
12. 车四平五 卒7进1
13. 兵三进一 马8进6
14. 马三进四 炮7进8

15. 仕四进五　炮2进6
16. 炮九进四　车8进9
17. 相七进五　炮7平4
18. 仕五退四　炮4平6
19. 马四退三　炮6平2
20. 马三退二　前炮平8
21. 车五平七　车2进7
22. 马七进六　炮2平7
23. 车七平二　炮7平8
24. 车二平四　卒9进1
25. 车四退四　象3进5
26. 兵九进一　前炮平9
27. 车四平一　炮8平9
28. 车一平四　后炮平8
29. 车四平一　炮8平9
30. 车一平四　前炮退3
31. 炮九平五　卒9进1
32. 帅五平四　将5平4
33. 车四平一　前炮平3
34. 炮五退二　车2退1
35. 炮五平一　车2平5
36. 马六进四　车5平8
37. 相五退三　车8平6
38. 帅四平五　车6退2
39. 车一进一　车6平5
40. 帅五平四　车5平6
41. 帅四平五　车6平5
42. 帅五平四　车5平6
43. 帅四平五　车6平5
44. 帅五平四　将4平5
45. 车一平四　炮3平8
46. 车四退一　炮8退6
47. 相三进五　车5平9
48. 炮一平二　车9退1
49. 炮二进一　车9平5
50. 炮二平八　车5进1
51. 炮八退四　车5平2
52. 炮八平二　车2进5
53. 帅四进一　车2退5
54. 炮二进五　车2退1
55. 炮二退一　车2进1
56. 炮二进一　车2进4
57. 帅四退一　车2退5
58. 炮二退一　车2进1
59. 炮二进一　车2平5
60. 炮二平八　炮8平6
61. 帅四平五　炮6平9
62. 帅五进一　炮9进1
63. 车四进四　炮9平2
64. 车四平八　士5退4
65. 车八平六　象5退3
66. 帅五平六　士6进5
67. 车六平三　象7进5
68. 帅六平五　士5退6
69. 车三平九　象5退7
70. 帅五平六　车5进3
71. 车九平六　车5进1
72. 帅六退一　士6进5
73. 兵三进一　车5退3
74. 兵七进一　车5平1

75. 兵七进一　车1退3　　76. 车六平三　车1进2

第4局　柳大华 和 徐天红

1. 炮二平五　马8进7　　2. 马二进三　车9平8
3. 车一平二　马2进3　　4. 兵七进一　卒7进1
5. 车二进六　炮8平9　　6. 车二平三　炮9退1
7. 马八进七　士4进5　　8. 炮八平九　车1平2
9. 车九平八　炮9平7　　10. 车三平四　马7进8
11. 炮五进四　马3进5　　12. 车四平五　卒7进1
13. 兵三进一　马8进6　　14. 马三进四　炮7进8
15. 仕四进五　炮2进6　　16. 炮九进四　车8进9
17. 相七进五　炮7平4　　18. 仕五退四　炮4平6
19. 马四退三　炮6平2　　20. 马三退二　前炮平8
21. 车五平七　车2进7　　22. 车七平二　车2平3
23. 炮九平五　象3进5　　24. 车二退六　炮2退1
25. 车二进六　炮2平5　　26. 炮五平一　炮5平9
27. 炮一退四　车3平9　　28. 车二平五　车9退1
29. 兵九进一　车9进3　　30. 帅五进一　车9退1
31. 帅五退一　车9平1　　32. 兵七进一　车1退3
33. 兵七平六　车1平4　　34. 兵六进一　车4平7
35. 兵五进一　车7进1　　36. 兵五进一　车7平5
37. 帅五平四

第5局　苗永鹏 负 孙勇征

1. 炮二平五　马8进7　　2. 马二进三　车9平8
3. 车一平二　马2进3　　4. 兵七进一　卒7进1
5. 车二进六　炮8平9　　6. 车二平三　炮9退1
7. 马八进七　士4进5　　8. 炮八平九　车1平2

9. 车九平八　炮9平7
10. 车三平四　马7进8
11. 炮五进四　马3进5
12. 车四平五　卒7进1
13. 兵三进一　马8进6
14. 马三进四　炮7进8
15. 仕四进五　炮2进6
16. 炮九进四　车8进9
17. 相七进五　炮7平4
18. 仕五退四　炮4平6
19. 马四退三　炮6平2
20. 马三退二　前炮平8
21. 车五平七　车2进7
22. 马七进六　炮2平7
23. 车七平二　炮7平8
24. 车二平四　卒9进1
25. 车四退四　后炮平7
26. 车四平二　炮8平9
27. 兵七进一　象3进5
28. 兵七进一　炮9退1
29. 车二退一　炮7平1
30. 车二进四　炮1退5
31. 帅五进一　车2进1
32. 帅五退一　车2退3
33. 车二平六　士5进6
34. 马六进四　士6进5
35. 帅五进一　炮9进1
36. 帅五退一　车2进4
37. 帅五进一　车2退1
38. 帅五退一　车2平3
39. 兵七平六　车3退1
40. 帅五进一　炮9平1
41. 车六平八　后炮退1
42. 兵五进一　后炮平3
43. 兵五进一　车3进1
44. 帅五退一　车3平1
45. 兵六平七　炮3退2
46. 车八退二　车1平3
47. 兵七平六　车3退4
48. 车八平五　炮3平2
49. 车五平八　炮2进4
50. 马四进二　炮2平5
51. 帅五平四　车3进5
52. 帅四进一　车3退1
53. 帅四退一　炮5平3
54. 兵九进一　炮3退4
55. 兵六进一　士5进4
56. 马二进四　将5平6
57. 车八平四　车3平4
58. 相五进七　士4退5
59. 马四进三　将6平5
60. 马三退二　车4退3
61. 马二退四　炮3进1
62. 帅四平五　车4平3
63. 车四平五　车3进4
64. 帅五进一　车3退1
65. 帅五进一　炮1退2
66. 车五平九　车3退5
67. 马四退六　车3平4
68. 马六退五　车4平5

69. 车九平七 士5进4
70. 帅五平四 车5平6
71. 帅四平五 炮3平5
72. 车七平八 将5平6

第6局 王瑞祥 胜 朱琮思

1. 炮二平五 马8进7
2. 马二进三 车9平8
3. 车一平二 马2进3
4. 兵七进一 卒7进1
5. 车二进六 炮8平9
6. 车二平三 炮9退1
7. 马八进七 士4进5
8. 炮八平九 车1平2
9. 车九平八 炮9平7
10. 车三平四 马7进8
11. 炮五进四 马3进5
12. 车四平五 卒7进1
13. 兵三进一 马8进6
14. 马三进四 炮7进8
15. 仕四进五 炮7平9
16. 车八进四 车8进9
17. 仕五退四 象3进5
18. 炮九平八 车2平4
19. 车八进三 车4进8
20. 车八平九 士5进6
21. 车九进二 将5进1
22. 车九退一 将5退1
23. 车九进一 将5进1
24. 车五平三 将5平4
25. 车九退一 将4退1
26. 马四进五 车8退8
27. 仕四进五 车8平1
28. 车三平二 将4平5
29. 马七进六 车1平2
30. 炮八平六 车4平3
31. 马六进四 车3进1
32. 马四进六 士6退5
33. 车二进二 车3平2
34. 马五退四 前车退2
35. 马四进六 炮9平4
36. 后马进四 前车平4
37. 马六进四 士5进6
38. 车二平八 车4退4
39. 车八进一 将5进1
40. 车八退一 将5退1
41. 车八进一 将5进1
42. 马四退五 车4进3
43. 车八平四 炮4退2
44. 车四退二 炮4平5
45. 帅五平四 炮5退2
46. 兵五进一 车4平5
47. 车四进一 将5退1
48. 车四进一 将5进1
49. 车四退一 将5退1
50. 车四退二 车5进2

51. 兵三进一 车5退3
52. 兵三进一 车5平3
53. 兵三进一 车3平5
54. 兵三进一 象5进3
55. 车四进三 将5进1
56. 兵三平四 将5平4
57. 车四平九 车5平6
58. 帅四平五 车6平5
59. 帅五平四 车5平6
60. 帅四平五 车6平5
61. 帅五平四 车5进1
62. 车九退三 车5平6
63. 帅四平五 车6平5
64. 帅五平四 车5退3
65. 车九平八 将4进1
66. 兵九进一 卒9进1
67. 兵九进一 车5平4
68. 兵九平八 象7进9
69. 车八进一 将4退1
70. 车八进一 将4进1
71. 兵八进一

第7局 张申宏 负 许银川

1. 炮二平五 马8进7
2. 马二进三 车9平8
3. 车一平二 马2进3
4. 兵七进一 卒7进1
5. 车二进六 炮8平9
6. 车二平三 炮9退1
7. 马八进七 士4进5
8. 炮八平九 车1平2
9. 车九平八 炮9平7
10. 车三平四 马7进8
11. 炮五进四 马3进5
12. 车四平五 卒7进1
13. 兵三进一 马8进6
14. 马三进四 炮7进8
15. 仕四进五 炮2进6
16. 炮九进四 车8进9
17. 相七进五 炮7平4
18. 仕五退四 炮4平6
19. 马四退三 炮6平2
20. 马三退二 前炮平8
21. 车五平七 车2进7
22. 马七进六 炮2平7
23. 车七平二 炮7平8
24. 车二平四 卒9进1
25. 车四退四 车2进2
26. 帅五进一 车2退6
27. 炮九退一 象3进5
28. 兵七进一 车2进2
29. 马六进四 前炮平9
30. 车四平一 炮9平2
31. 相五进七 炮2平7
32. 车一平二 车2平3

33. 兵七平八　炮7平8
34. 车二平三　后炮平9
35. 车三平一　炮8平9
36. 车一平三　后炮平7
37. 车三平一　炮9平8
38. 车一平二　炮8平9
39. 兵九进一　车3平7
40. 马四进六　车7平4
41. 车二进四　士5进4
42. 兵八进一　士6进5
43. 炮九平五　炮9退1
44. 帅五退一　将5平4
45. 马六退五　车4平1
46. 炮五平六　将4平5
47. 马五进四　车1进4
48. 炮六退五　炮7退6
49. 马四进三　将5平6
50. 车二平四　炮7平6
51. 马三退二　炮9进1
52. 马二进四　士5进6
53. 车四进一　将6平5
54. 车四退六　炮9平4
55. 车四平六　炮4平3
56. 车六进六　炮3退5
57. 帅五进一　车1退1
58. 帅五退一　车1退2
59. 兵五进一　车1平5
60. 帅五平六　车5退1
61. 兵八平七　炮3进5

第8局　苗永鹏 和 洪智

1. 炮二平五　马8进7
2. 马二进三　车9平8
3. 车一平二　马2进3
4. 兵七进一　卒7进1
5. 车二进六　炮8平9
6. 车二平三　炮9退1
7. 马八进七　士4进5
8. 炮八平九　车1平2
9. 车九平八　炮9平7
10. 车三平四　马7进8
11. 炮五进四　马3进5
12. 车四平五　卒7进1
13. 兵三进一　马8进6
14. 马三进四　炮7进8
15. 仕四进五　炮2进6
16. 炮九进四　车8进9
17. 相七进五　炮7平4
18. 仕五退四　炮4平6
19. 马四退三　炮6平2
20. 马三退二　前炮平8
21. 车五平七　车2进7
22. 马七进六　炮2平7
23. 车七平二　炮7平8
24. 车二平四　前炮平9

25. 炮九平一　炮 9 退 6
26. 车四平一　车 2 平 4
27. 车一平六　炮 8 平 4
28. 帅五进一　炮 4 退 3
29. 兵九进一　象 7 进 5
30. 兵一进一　车 4 退 1
31. 兵一进一　车 4 平 5
32. 车六退二　车 5 退 2
33. 兵一进一　车 5 退 1
34. 兵一进一　车 5 平 1
35. 兵七进一　象 5 进 3
36. 兵三进一　车 1 退 1
37. 兵一进一　车 1 平 7
38. 兵三平四　车 7 退 1
39. 车六平一　象 3 进 5
40. 兵九进一　象 5 退 7
41. 兵九平八　象 3 退 5
42. 兵四进一　车 7 平 6
43. 车一进二　将 5 平 4
44. 兵八进一　象 7 进 9
45. 兵一进一　车 6 平 8
46. 兵八平七　车 8 进 7
47. 帅五退一　车 8 进 1
48. 帅五进一　车 8 退 1
49. 帅五退一　车 8 退 6
50. 兵四平三　将 4 平 5
51. 车一退二　象 5 进 7
52. 兵七平六　象 9 退 7
53. 兵三平四　象 7 退 9
54. 车一平五　象 9 进 7
55. 车五进一　象 7 退 9
56. 兵四平三　车 8 进 7
57. 帅五进一　车 8 退 1
58. 帅五退一　车 8 进 1
59. 帅五进一　车 8 退 1
60. 帅五退一　车 8 退 6
61. 车五平七　士 5 退 4
62. 车七退一　车 8 平 5
63. 车七退二　车 5 平 8
64. 兵六平七　象 9 进 7
65. 兵七进一　象 7 进 9
66. 兵七进一　车 8 平 4
67. 兵三平二　车 4 平 5
68. 车七平六　车 5 平 3
69. 兵七平八　车 3 平 5
70. 帅五进一　士 6 进 5
71. 车六进三　车 5 进 1
72. 兵二进一　车 5 退 1
73. 兵二进一　车 5 平 4
74. 车六平七　象 7 退 5
75. 车七进一　车 4 进 2
76. 兵二平三　车 4 平 2
77. 兵八平九　车 2 平 1
78. 兵九平八　车 1 平 2
79. 兵八平九　车 2 平 1
80. 兵九平八　车 1 平 2
81. 兵八平九　车 2 平 4
82. 车七平二　车 4 退 3
83. 兵三平四　士 5 退 6
84. 车二进二　士 4 进 5

85. 车二退一 象9进7
86. 兵九进一 车4平1
87. 兵九平八 车1平2
88. 兵八平九 车2平1
89. 兵九平八 车1平2
90. 兵八平九 车2平1
91. 兵九平八 车1平2
92. 兵八平九 车2进7
93. 帅五退一 车2平6
94. 车二进一 车6退5
95. 兵一平二 车6平7

第9局 蒋川 和 孙勇征

1. 炮二平五 马8进7
2. 马二进三 车9平8
3. 车一平二 卒7进1
4. 车二进六 马2进3
5. 兵七进一 炮8平9
6. 车二平三 炮9退1
7. 马八进七 士4进5
8. 炮八平九 车1平2
9. 车九平八 炮9平7
10. 车三平四 马7进8
11. 炮五进四 马3进5
12. 车四平五 卒7进1
13. 兵三进一 马8进6
14. 马三进四 炮7进8
15. 仕四进五 炮2进6
16. 炮九进四 车8进9
17. 相七进五 炮7平4
18. 仕五退四 炮4平6
19. 马四退三 炮6平2
20. 马三退二 前炮平8
21. 帅五进一 炮2平3
22. 马七进六 车2进4
23. 马六进七 炮8平2
24. 马七退五 炮2退1
25. 帅五退一 车2进3
26. 车五平六 象3进1
27. 帅五平六 炮2进1
28. 车六进二 车2进1
29. 帅六进一 炮3退2
30. 帅六进一 炮2平4
31. 炮九平六 炮4退6
32. 车六退二 车2退1
33. 帅六退一 车2平5
34. 车六退三 炮3平5
35. 兵三进一 炮5平8
36. 兵三平四 炮8退1
37. 兵九进一 车5退2
38. 兵九进一 炮8平3
39. 马五退七 车5平3
40. 兵九进一 车3退1
41. 车六平四 象1退3
42. 兵九平八 卒9进1

43. 帅六平五　车3进4　　44. 帅五退一　车3退3
45. 兵八进一　卒9进1　　46. 兵一进一　车3平9
47. 兵八进一　车9平5　　48. 帅五平四　车5平3
49. 兵四进一　车3退2　　50. 兵四进一　士5进6
51. 车四进四　士6进5　　52. 车四平三　象3进5
53. 车三退三　车3退1

第10局　周涛 和 张申宏

1. 炮二平五　马8进7　　2. 马二进三　车9平8
3. 车一平二　卒7进1　　4. 车二进六　马2进3
5. 兵七进一　炮8平9　　6. 车二平三　炮9退1
7. 马八进七　士4进5　　8. 炮八平九　车1平2
9. 车九平八　炮9平7　　10. 车三平四　马7进8
11. 炮五进四　马3进5　　12. 车四平五　炮7进5
13. 马三退五　炮2进5　　14. 相七进五　卒7进1
15. 马五退七　马8进6　　16. 车五退二　车8进8
17. 车八进二　车2进7　　18. 后马进八　车8平2
19. 马八进九　炮7进1　　20. 兵七进一　炮7平3
21. 兵七进一　卒1进1　　22. 马九退七　车2退2
23. 马七进六　车2平1　　24. 马六进四　车1平4
25. 仕六进五　马6进7　　26. 炮九退二　车4进2
27. 仕五进六　车4平6　　28. 马四进六　将5平4
29. 马六退八　炮3平5　　30. 车五平六　士5进4
31. 车六进三　将4平5　　32. 马八进七　将5进1
33. 车六平二　马7进5　　34. 帅五平六　马5退3
35. 帅六平五　炮5平6　　36. 车二平四　炮6退4
37. 仕四进五　车6退3　　38. 车四进二　炮6平5
39. 车四平三　将5平6　　40. 车三退一　将6退1
41. 兵七平六　炮5进1　　42. 车三退三　炮5退3

43. 炮九平六 马3退4
44. 车三平五 马4进6
45. 炮六进一 将5进1
46. 炮六平八 炮5进1
47. 兵六进一 车5退2
48. 炮八进七 将6退1
49. 车五平二 炮5退2
50. 马七进五

第11局 李进 胜 胡广和

1. 炮二平五 马8进7
2. 马二进三 车9平8
3. 车一平二 马2进3
4. 兵七进一 卒7进1
5. 车二进六 炮8平9
6. 车二平三 炮9退1
7. 马八进七 士4进5
8. 炮八平九 车1平2
9. 车九平八 炮9平7
10. 车三平四 马7进8
11. 炮五进四 马3进5
12. 车四平五 炮7进5
13. 马三退五 卒7进1
14. 车八进四 马8进6
15. 车五退二 车8进8
16. 炮九退一 车8退1
17. 相三进五 炮7平8
18. 马五退三 车8平7
19. 炮九平八 炮8退1
20. 炮八进六 马6进5
21. 相七进五 炮8平5
22. 兵五进一 车7平5
23. 仕四进五 象3进5
24. 马七进六 车5退2
25. 马六进七 卒7平6
26. 马三进四 车5进1
27. 车八进一 车5平1
28. 炮八进一 车1平9
29. 马七进九 车2平3
30. 车八进二 车3进1
31. 炮八进一 士5进4
32. 马四退二 车9进2
33. 马二退四 卒6进1
34. 车八平六 车3平2
35. 炮八平九 车2平1
36. 车六平七 将5平4
37. 马九进七 将4进1
38. 车七退一 士6进5
39. 炮九退三 卒6平7
40. 炮九平八 车1平2
41. 兵七进一 象5进3
42. 车七退一 象7进5
43. 车七平六 士5进4
44. 炮八平六 士4退5
45. 炮六平二 士5进4
46. 炮二进二 车2进5

47. 炮二平一　车9平6
48. 车六平二　车2平5
49. 马七退九　卒7进1
50. 车二进三　将4退1
51. 车二进一　将4进1
52. 车二平五

第12局　唐丹 胜 杨剑

1. 炮二平五　马8进7
2. 马二进三　卒7进1
3. 车一平二　车9平8
4. 车二进六　马2进3
5. 兵七进一　炮8平9
6. 车二平三　炮9退1
7. 马八进七　士4进5
8. 炮八平九　车1平2
9. 车九平八　炮9平7
10. 车三平四　马7进8
11. 炮五进四　马3进5
12. 车四平五　炮7进5
13. 马三退五　卒7进1
14. 车八进四　马8进6
15. 车五退二　车8进8
16. 炮九退一　车8退1
17. 相三进五　炮7平8
18. 马五退三　车8平7
19. 炮九平八　炮8退1
20. 炮八进六　马6进5
21. 相七进五　炮8平5
22. 兵五进一　车7平5
23. 仕四进五　象3进5
24. 马七进六　车5退2
25. 马六进七　卒7平6
26. 马三进四　车5进1
27. 车八进二　车5平1
28. 炮八进一　车1平9
29. 马七进六　车2平4
30. 马六退五　车4进4
31. 马五退四　车4平5
32. 后马退二　车9进3
33. 马二退四　车5平6
34. 前马退三　卒1进1
35. 炮八平九　士5进4
36. 炮九平一　车9平7
37. 车八平一　车6平7
38. 马三进四　前车退4
39. 车一平四　士4退5
40. 炮一退六　后车平5
41. 炮一平五　车5进1
42. 前马进三　车7进4
43. 炮五平三　车7平8
44. 车四平八　车8退5
45. 马三进四　车5平3
46. 车八平三　象7进9
47. 车三平五　车8平6
48. 前马退二　车6退2

49. 马二退四　车3平6　　50. 前马退五　象9退7
51. 炮三平五　后车进2　　52. 马四进三　前车平7
53. 马五进六　车6平3　　54. 车五平四　将5平4
55. 马三进四　车7进4　　56. 仕五退四　车7退3
57. 马六进四　将4进1　　58. 车四平六　士5进4
59. 炮五平六　将4平5　　60. 车六平八　将5平6
61. 炮六平四

第13局　王哲 负 葛维蒲

1. 炮二平五　马8进7　　2. 马二进三　车9平8
3. 车一平二　马2进3　　4. 兵七进一　卒7进1
5. 车二进六　士4进5　　6. 马八进七　炮8平9
7. 车二平三　炮9退1　　8. 炮八平九　车1平2
9. 车九平八　炮9平7　　10. 车三平四　马7进8
11. 炮五进四　马3进5　　12. 车四平五　炮7进5
13. 马三退五　炮2进5　　14. 马五进四　象7进5
15. 车五平一　卒7进1　　16. 马四进五　卒7平8
17. 炮九进四　马8进6　　18. 车一平六　车8进4
19. 马五进七　马6进8　　20. 前马进六　马8进7
21. 帅五进一　车2平1　　22. 炮九平八　炮7平8
23. 帅五平六　车1进4　　24. 车六退二　炮2退1
25. 炮八进三　象3进1　　26. 马六退七　车1平4
27. 炮八平九　车4进1　　28. 前马退六　士5进4
29. 兵五进一　炮2平3　　30. 车八进九　将5进1
31. 车八退一　将5退1　　32. 兵七进一　炮8进2
33. 仕六进五　马7退6　　34. 仕五进四　马6退4
35. 车八进一　将5进1　　36. 马七进五　车8平3

第 14 局　贾俊 负 王天一

1. 炮二平五　马 8 进 7
2. 马二进三　车 9 平 8
3. 车一平二　卒 7 进 1
4. 车二进六　马 2 进 3
5. 兵七进一　炮 8 平 9
6. 车二平三　炮 9 退 1
7. 马八进七　士 4 进 5
8. 炮八平九　车 1 平 2
9. 车九平八　炮 9 平 7
10. 车三平四　马 7 进 8
11. 炮五进四　马 3 进 5
12. 车四平五　炮 7 进 5
13. 相三进五　炮 2 进 6
14. 炮九进四　卒 7 进 1
15. 马三退五　马 8 进 6
16. 车五退二　炮 7 平 8
17. 相五进三　炮 8 进 3
18. 马五退三　马 6 进 7
19. 仕六进五　车 8 进 8
20. 相三退五　马 7 进 5
21. 马七退五　车 8 平 6
22. 马五进七　车 6 进 1
23. 帅五进一　车 6 平 5
24. 帅五平四　车 5 平 7
25. 帅四平五　车 7 平 6
26. 车五平二　车 2 进 4
27. 马七进六　炮 2 退 3
28. 车八进一　车 2 平 7
29. 车二平三　车 7 平 8
30. 炮九进三　士 5 退 4
31. 车三退三　炮 8 退 1

第 15 局　许耘睿 负 赵国荣

1. 炮二平五　马 8 进 7
2. 马二进三　车 9 平 8
3. 车一平二　马 2 进 3
4. 兵七进一　卒 7 进 1
5. 车二进六　炮 8 平 9
6. 车二平三　炮 9 退 1
7. 马八进七　士 4 进 5
8. 炮八平九　车 1 平 2
9. 车九平八　炮 9 平 7
10. 车三平四　马 7 进 8
11. 炮五进四　马 3 进 5
12. 车四平五　炮 7 进 5
13. 马三退五　卒 7 进 1
14. 马七进六　马 8 进 6
15. 马六进四　车 8 进 8
16. 炮九退一　车 8 退 1

17. 车八进六 车8平6　**18.** 车五退二 象3进5
19. 相七进五 车2平4　**20.** 车八进一 车6进2
21. 帅五平四 车4进9　**22.** 帅四进一 马6进7
23. 车八进二 士5退4　**24.** 车八退九 车4平2
25. 相五退七 车2退1　**26.** 车五平三 车2平1
27. 车三退一 马7进5　**28.** 马四进六 马5进3
29. 帅四退一 士4进5　**30.** 车三退一 车1平4
31. 马六进七 车4退7　**32.** 马七退九 卒3进1
33. 相三进五 马3退2　**34.** 车三进四 卒3进1
35. 车三平七 卒3进1　**36.** 帅四平五 马2进4
37. 马九进七 马4退6　**38.** 帅五进一 将5平4
39. 车七平六 卒3平4　**40.** 车六进二 将4进1
41. 马七退九 卒4平5

第16局　阮成保 胜 赖理兄

1. 炮二平五 马8进7　**2.** 马二进三 卒7进1
3. 车一平二 车9平8　**4.** 车二进六 马2进3
5. 兵七进一 炮8平9　**6.** 车二平三 炮9退1
7. 马八进七 士4进5　**8.** 炮八平九 车1平2
9. 车九平八 炮9平7　**10.** 车三平四 马7进8
11. 炮五进四 马3进5　**12.** 车四平五 炮7进5
13. 马三退五 卒7进1　**14.** 车八进四 马8进6
15. 车五退二 车8进8　**16.** 炮九退一 车8退1
17. 相三进五 炮7平8　**18.** 马五退三 车8平7
19. 炮九平八 炮8退1　**20.** 炮八进六 马6进5
21. 相七进五 炮8平5　**22.** 兵五进一 车7平5
23. 仕四进五 象3进5　**24.** 马七进六 车5退2
25. 马六进七 卒7平6　**26.** 马三进四 车5进1
27. 车八进一 卒6进1　**28.** 马四退六 车5平4

29. 马六进八 车4平1
30. 炮八进一 车1平5
31. 马八进九 车2平3
32. 马七进九 车3进2
33. 后马进八 车3平2
34. 车八平六 车5退3
35. 兵七进一 象5进3
36. 车六平七 象7进5
37. 车七退一 车5进1
38. 炮八进一 象5进3
39. 炮八平九 士5进6
40. 车七平六 将5进1
41. 马八进六 车2平4
42. 车六进三 象3退1
43. 车六平四 卒6平5
44. 炮九退三 卒5进1
45. 帅五平四 卒5进1
46. 车四进一 将5进1
47. 仕六进五 车5进4
48. 车四进一 将5退1
49. 车四退一 将5退1
50. 车四退二 卒9进1
51. 车四退一 车5退2
52. 炮九退一 车5平9
53. 车四平五 将5平4
54. 炮九平一 车9平4
55. 帅四平五 车4退4
56. 炮一平四 车4进7
57. 帅五进一 车4退7
58. 炮四退三 车4进6
59. 帅五退一 车4退1
60. 炮四进五 车4退4
61. 炮四平八 将4进1
62. 炮八进二 象1退3
63. 车五进四

第17局 赵国荣 负 党斐

1. 炮二平五 马8进7
2. 马二进三 车9平8
3. 车一平二 马2进3
4. 兵七进一 卒7进1
5. 车二进六 炮8平9
6. 车二平三 炮9退1
7. 马八进七 士4进5
8. 炮八平九 车1平2
9. 车九平八 炮9平7
10. 车三平四 马7进8
11. 炮五进四 马3进5
12. 车四平五 炮7进5
13. 马三退五 卒7进1
14. 车八进四 马8进6
15. 车五退二 车8进8
16. 炮九退一 车8退1
17. 相三进五 炮7平8
18. 马五退三 车8平7

19. 炮九平八　炮 8 退 1　　20. 炮八进六　马 6 进 5
21. 相七进五　炮 8 平 5　　22. 兵五进一　车 7 平 5
23. 仕四进五　象 3 进 5　　24. 马七进六　车 5 退 2
25. 马六进七　卒 7 平 6　　26. 马三进四　车 5 进 1
27. 车八进二　卒 6 进 1　　28. 马四进二　车 5 退 1
29. 马二进三　车 5 平 7　　30. 马三进五　卒 6 进 1
31. 马五退六　卒 6 进 1　　32. 仕五退四　车 2 平 4
33. 仕六进五　象 5 进 3　　34. 马六退七　车 4 进 3
35. 炮八平七　士 5 进 6　　36. 后马进五　卒 6 平 5
37. 仕四进五　车 7 进 4　　38. 仕五退四　车 4 进 3

第 18 局　蒋川 胜 赵国荣

1. 炮二平五　马 8 进 7　　2. 马二进三　车 9 平 8
3. 车一平二　马 2 进 3　　4. 兵七进一　卒 7 进 1
5. 车二进六　炮 8 平 9　　6. 车二平三　炮 9 退 1
7. 马八进七　士 4 进 5　　8. 炮八平九　炮 9 平 7
9. 车三平四　马 7 进 8　　10. 车九平八　车 1 平 2
11. 炮五进四　马 3 进 5　　12. 车四平五　炮 7 进 5
13. 马三退五　炮 2 进 5　　14. 相七进五　卒 7 进 1
15. 车五平七　车 8 进 2　　16. 相五进三　车 8 平 7
17. 炮九进四　车 7 进 3　　18. 炮九平八　炮 2 退 1
19. 兵五进一　炮 7 平 3　　20. 车七平二　车 2 进 3
21. 车二平八　炮 2 平 9　　22. 前车平二　马 8 进 7
23. 马五进三　炮 9 退 1　　24. 车八进三　炮 9 平 5
25. 车八平七　炮 5 退 3　　26. 车二进一　马 7 进 5
27. 车二平五　马 5 进 7　　28. 帅五进一　象 7 进 5
29. 马七进五　车 7 平 4　　30. 兵七进一　车 4 进 4
31. 帅五平四　车 4 退 6　　32. 马五进六　车 4 平 7
33. 马六退四　车 7 平 6　　34. 兵七平六　车 6 平 2

35. 车七平二

第 19 局　蒋川 胜 李少庚

1. 炮二平五　马 8 进 7
2. 马二进三　车 9 平 8
3. 车一平二　马 2 进 3
4. 兵七进一　卒 7 进 1
5. 车二进六　炮 8 平 9
6. 车二平三　炮 9 退 1
7. 马八进七　士 4 进 5
8. 炮八平九　车 1 平 2
9. 车九平八　炮 9 平 7
10. 车三平四　马 7 进 8
11. 炮五进四　马 3 进 5
12. 车四平五　炮 7 进 5
13. 马三退五　炮 2 进 6
14. 马七进六　马 8 进 9
15. 马五进七　车 8 进 2
16. 车五平一　马 9 退 7
17. 仕六进五　车 8 平 4
18. 相七进五　炮 7 进 1
19. 炮九进四　炮 7 平 3
20. 马六退七　马 7 进 8
21. 车一退四　车 4 平 8
22. 马七进六　象 3 进 1
23. 马六进七　车 2 进 3
24. 炮九退二　车 2 平 3
25. 车八进一　马 8 退 6
26. 车一平三　车 3 平 4
27. 车八进二　车 8 进 5
28. 车三平四　车 8 平 6
29. 仕五进四　象 7 进 5
30. 仕四进五　士 5 退 4
31. 兵五进一　车 4 平 6
32. 相三进一　士 6 进 5
33. 车八平五　马 6 退 8
34. 相一进三　卒 7 进 1
35. 相五进三　车 6 平 3
36. 车五平二　马 8 退 9
37. 兵五进一　马 9 进 7
38. 兵五平四　马 7 退 6
39. 相三退五　车 3 平 5
40. 相五退七　马 6 进 8
41. 兵四平五　车 5 平 3
42. 相七进九　马 8 退 6
43. 兵五平四　马 6 进 8
44. 兵四平五　马 8 退 6
45. 车二平五　车 3 平 2
46. 兵五平四　象 1 退 3
47. 相九退七　马 6 进 8
48. 兵四平五　马 8 退 6
49. 相七进五　马 6 进 7
50. 炮九进一　车 2 进 6
51. 仕五退六　车 2 退 5
52. 炮九进一　车 2 退 1

53. 炮九退一 马7退6
54. 兵五进一 象5退7
55. 炮九平六 马6进7
56. 炮六进一 车2平3
57. 仕六进五 象7进9
58. 帅五平四 象9退7
59. 兵九进一 车3平1
60. 车五进二 马7退6
61. 车五平九 车1平2
62. 车九平六 马6退4
63. 兵五平四 象7进5
64. 兵九进一 车2进6
65. 帅四进一 车2退3
66. 兵九平八 车2平6
67. 炮六平八 马4进2
68. 兵四平五 车6平5
69. 兵五平六 马2退4
70. 兵七进一 士5退6
71. 车六平四 车5平4
72. 兵七进一 马4退2
73. 炮八进二 士6进5
74. 兵八进一 车4平9
75. 兵八进一 车9进2
76. 帅四退一 车9进1
77. 相五退三

第20局 唐丹 和 赵冠芳

1. 炮二平五 马8进7
2. 马二进三 车9平8
3. 车一平二 卒7进1
4. 车二进六 马2进3
5. 兵七进一 炮8平9
6. 车二平三 炮9退1
7. 马八进七 士4进5
8. 炮八平九 车1平2
9. 车九平八 炮9平7
10. 车三平四 马7进8
11. 炮五进四 马3进5
12. 车四平五 炮7进5
13. 相三进五 卒7进1
14. 相五进三 马8进6
15. 车五退二 马6进7
16. 炮九平三 车8进7
17. 马七退五 炮2进4
18. 车五平六 象7进5
19. 炮三平六 车8平6
20. 马五退三 车6退1
21. 车六平五 炮7平5
22. 炮六进一 炮5平9
23. 炮六平一 车6平9
24. 相三退五 车2进4
25. 马三进二 车9平8
26. 马二退四 车8平4
27. 车八进二 车2平6
28. 马四进二 车4平8

29. 仕六进五　卒9进1　　30. 马二退三　车6平4
31. 马三进一　车8平7　　32. 马一进三　车4进2
33. 车五平三　车7平6　　34. 车三平四　车6平7
35. 车四平三　卒9进1　　36. 车三退一　炮2平7
37. 车八平六　车4平6　　38. 车六进二　炮7平1
39. 车六平一　炮1进3　　40. 仕五退六　车6进1
41. 马三进四　炮1退4　　42. 马四退六　车6退1
43. 兵七进一　卒1进1　　44. 马六进五　车6平5
45. 马五进七　炮1进4　　46. 车一退二　卒1进1
47. 兵七平八　卒1进1　　48. 仕四进五　卒1进1
49. 相五进七　卒1进1　　50. 车一平七　车5平2
51. 相七退五　车2退2　　52. 马七退六　车2进1
53. 车七进二　车2进2　　54. 车七退三　卒1平2
55. 车七进一　车2退4　　56. 车七进四　车2进2
57. 车七退二　车2进2　　58. 车七退二　车2退5
59. 车七平九　炮1平2　　60. 马六退七　卒2平3
61. 车九退一　炮2退1　　62. 马七进九

第21局　庄玉明 负 蒋川

1. 炮二平五　马8进7　　2. 马二进三　车9平8
3. 车一平二　马2进3　　4. 兵七进一　卒7进1
5. 车二进六　炮8平9　　6. 车二平三　炮9退1
7. 马八进七　士4进5　　8. 炮八平九　车1平2
9. 车九平八　炮9平7　　10. 车三平四　马7进8
11. 炮五进四　马3进5　　12. 车四平五　炮7进5
13. 马三退五　卒7进1　　14. 车八进六　马8进6
15. 车五平七　车8进8　　16. 相七进五　车8平6
17. 相五进三　马6进7

第22局 唐丹 负 刘昱

1. 炮二平五 马8进7
2. 马二进三 车9平8
3. 车一平二 马2进3
4. 兵七进一 卒7进1
5. 车二进六 炮8平9
6. 车二平三 炮9退1
7. 马八进七 士4进5
8. 炮八平九 车1平2
9. 车九平八 炮9平7
10. 车三平四 马7进8
11. 炮五进四 马3进5
12. 车四平五 炮7进5
13. 马三退五 卒7进1
14. 车八进四 马8进6
15. 车五退二 车8进8
16. 炮九退一 车8退1
17. 相三进五 炮7平8
18. 马五退三 车8平7
19. 炮九平八 炮8退1
20. 炮八进六 马6进5
21. 相七进五 车7平5
22. 仕四进五 炮8平5
23. 兵五进一 象3进5
24. 马七进六 车5退2
25. 马六进七 卒7平6
26. 马三进四 车5进1
27. 车八进一 车5平1
28. 炮八进一 车1平9
29. 马七进九 车2平3
30. 车八进二 车3进1
31. 炮八进一 士5进4
32. 车八平六 车3平2
33. 马四退二 车9平8
34. 马二退四 士6进5
35. 车六平七 将5平6
36. 车七退一 车2进1
37. 车七平九 象5进3
38. 兵七进一 车8退4
39. 车九平三 车2平1
40. 车三进三 将6进1
41. 车三退一 将6退1
42. 车三进一 将6进1
43. 兵七进一 卒6进1
44. 车三退一 将6退1
45. 车三进一 将6进1
46. 车三退三 车1平6
47. 车三平一 车6进2
48. 车一退四 车8平5
49. 车一平五 车5进5
50. 马四进五 卒6平5
51. 马五进七 卒5平4
52. 马七进九 车6平1
53. 马九退八 车1平2
54. 马八进六 车2退4

第23局 徐超 胜 张申宏

1. 炮二平五　马8进7
2. 马二进三　车9平8
3. 车一平二　卒7进1
4. 车二进六　马2进3
5. 兵七进一　炮8平9
6. 车二平三　炮9退1
7. 马八进七　士4进5
8. 炮八平九　车1平2
9. 车九平八　炮9平7
10. 车三平四　马7进8
11. 炮五进四　马3进5
12. 车四平五　炮7进5
13. 马三退五　炮2进6
14. 马七进六　马8进9
15. 相七进五　马9进8
16. 车五平四　车8进2
17. 马五进七　车8平6
18. 车四进一　士5进6
19. 仕六进五　车2进3
20. 炮九退一　象3进5
21. 马六进四　卒3进1
22. 兵七进一　象5进3
23. 兵五进一　士6进5
24. 兵五进一　炮7进2
25. 兵五平六　车2进4
26. 马七退六　车2平1
27. 马六进八　车1进1
28. 马八进六　车1退2
29. 马六进七　车1平3
30. 兵六进一　士5退4
31. 兵六进一　炮7退3
32. 马四进六　炮7平4
33. 车八平六　炮4进1
34. 马六进四　将5平6
35. 马四退五　炮4平5
36. 马七退五　车3平5
37. 车六进五　象3退5
38. 马五进三　将6平5
39. 兵六进一　车5平2
40. 相五退七　士4进5
41. 车六进一　车2退5
42. 马三进二　马8退7
43. 马二退一　马7退8
44. 相三进五　卒1进1
45. 马一退二　马8退7
46. 马二进三　卒1进1
47. 马三退五　卒1平2
48. 马五进七　车2进2
49. 车六平三　卒2进1
50. 仕五退六　卒2平3
51. 仕四进五　卒3平4
52. 帅五平四　士5进6
53. 车三进一

第 24 局　王瑞祥 负 徐超

1. 炮二平五　马 8 进 7
2. 马二进三　车 9 平 8
3. 车一平二　卒 7 进 1
4. 车二进六　马 2 进 3
5. 兵七进一　炮 8 平 9
6. 车二平三　炮 9 退 1
7. 马八进七　士 4 进 5
8. 炮八平九　车 1 平 2
9. 车九平八　炮 9 平 7
10. 车三平四　马 7 进 8
11. 炮五进四　马 3 进 5
12. 车四平五　炮 7 进 5
13. 马三退五　卒 7 进 1
14. 车八进四　马 8 进 6
15. 车五退二　车 8 进 8
16. 炮九退一　车 8 退 1
17. 相三进五　炮 7 平 8
18. 马五退三　车 8 平 7
19. 马七退五　马 6 进 5
20. 相七进五　车 7 平 5
21. 车五平三　车 5 退 1
22. 马三进二　车 5 进 1
23. 马二进四　车 5 平 6
24. 马五进三　车 6 退 1
25. 炮九平八　车 6 退 4
26. 车三进五　炮 8 平 3
27. 车三退五　炮 3 进 3
28. 帅五进一　车 6 平 5
29. 帅五平四　车 5 平 4
30. 炮八进二　炮 3 退 3
31. 车三退一　炮 2 进 4

第 25 局　孙勇征 胜 郭福人

1. 炮二平五　马 8 进 7
2. 马二进三　马 2 进 3
3. 兵七进一　卒 7 进 1
4. 车一平二　车 9 平 8
5. 车二进六　炮 8 平 9
6. 车二平三　炮 9 退 1
7. 马八进七　炮 9 平 7
8. 车三平四　士 4 进 5
9. 炮八平九　车 1 平 2
10. 车九平八　马 7 进 8
11. 炮五进四　马 3 进 5
12. 车四平五　炮 7 进 5
13. 马三退五　炮 2 进 6
14. 马七进六　卒 7 进 1
15. 相七进五　炮 7 平 1
16. 相五进三　车 8 进 2

17. 炮九平六　车 8 平 2
18. 马六进四　马 8 进 6
19. 车五退二　前车平 4
20. 炮六进二　车 2 进 6
21. 炮六平四　炮 1 平 5
22. 马五进七

第 26 局　洪智 胜 赵鑫鑫

1. 炮二平五　马 8 进 7
2. 马二进三　车 9 平 8
3. 车一平二　马 2 进 3
4. 兵七进一　卒 7 进 1
5. 车二进六　炮 8 平 9
6. 车二平三　炮 9 退 1
7. 马八进七　士 4 进 5
8. 炮八平九　车 1 平 2
9. 车九平八　炮 9 平 7
10. 车三平四　马 7 进 8
11. 炮五进四　马 3 进 5
12. 车四平五　炮 7 进 5
13. 马三退五　卒 7 进 1
14. 车八进四　马 8 进 6
15. 车五退二　车 8 进 8
16. 炮九退一　车 8 退 1
17. 相三进五　炮 7 平 8
18. 马五退三　车 8 平 7
19. 炮九平八　炮 8 退 1
20. 炮八进六　马 6 进 5
21. 相七进五　炮 8 平 5
22. 兵五进一　车 7 平 5
23. 仕四进五　象 3 进 5
24. 马七进六　车 5 退 2
25. 马六进七　卒 7 平 6
26. 马三进四　车 5 进 1
27. 车八进一　卒 6 进 1
28. 马四退六　车 5 退 1
29. 兵七进一　车 5 平 3
30. 马六进八　车 3 进 2
31. 马八进九　卒 1 进 1
32. 马七退九　卒 6 平 5
33. 车八退五　卒 5 进 1
34. 前马进七　车 3 进 1
35. 仕五退四　车 3 平 1
36. 炮八进一　车 1 退 2
37. 马七进九　车 2 平 1
38. 前马进七　将 5 平 4
39. 马九进八　后车平 2
40. 马八退六　车 2 平 3
41. 马七退六　车 3 进 4
42. 前马退八　车 1 平 4
43. 马八进七　将 4 进 1
44. 炮八平九　车 4 平 1
45. 车八进八　将 4 进 1
46. 马六进四

第 27 局　徐超 胜 才溢

1. 炮二平五　马 8 进 7　2. 马二进三　车 9 平 8
3. 车一平二　马 2 进 3　4. 兵七进一　卒 7 进 1
5. 车二进六　炮 8 平 9　6. 车二平三　炮 9 退 1
7. 马八进七　炮 9 平 7　8. 车三平四　士 4 进 5
9. 炮八平九　马 7 进 8　10. 车九平八　车 1 平 2
11. 炮五进四　马 3 进 5　12. 车四平五　炮 7 进 5
13. 马三退五　卒 7 进 1　14. 车八进四　马 8 进 6
15. 车五退二　车 8 进 8　16. 炮九退一　车 8 退 1
17. 相三进五　炮 7 平 8　18. 马五退三　车 8 平 7
19. 炮九平八　炮 8 退 1　20. 炮八进六　马 6 进 5
21. 相七进五　炮 8 平 5　22. 兵五进一　车 7 平 5
23. 仕四进五　象 3 进 5　24. 马七进六　车 5 退 2
25. 马六进七　卒 7 平 6　26. 马三进四　车 5 进 1
27. 车八进二　士 5 进 4　28. 兵七进一　卒 6 进 1
29. 马四退六　车 5 退 3　30. 马六进八　卒 6 进 1
31. 马八进六　卒 6 进 1　32. 马六进五　士 4 退 5
33. 车八退一　车 5 平 8　34. 仕五退四　车 2 平 4
35. 炮八平六　卒 6 进 1　36. 帅五进一　车 8 进 5
37. 帅五进一　车 8 退 1　38. 帅五退一　车 8 进 1
39. 帅五进一　车 8 平 3　40. 马七进八　车 3 退 1
41. 帅五退一　车 3 进 1　42. 帅五进一　车 3 退 1
43. 帅五退一　车 3 进 1　44. 帅五进一　车 4 进 1
45. 炮六退二　车 3 退 1　46. 帅五退一　车 3 进 1
47. 帅五进一　车 3 退 1　48. 帅五退一　车 3 进 1
49. 帅五进一　车 4 平 3　50. 炮六退二　前车退 1
51. 帅五退一　前车进 1　52. 帅五进一　前车退 1
53. 帅五退一　前车进 1　54. 帅五进一　前车退 2

55. 兵七进一　前车平 1　　56. 仕六进五　车 1 进 1
57. 仕五进六　车 1 退 2　　58. 炮六进三　卒 9 进 1
59. 炮六平五　车 1 平 4　　60. 仕六退五　卒 6 平 7
61. 马八退九　车 3 退 1　　62. 马九进七　卒 9 进 1
63. 车八退二　车 4 退 1　　64. 马五退三　车 4 平 7
65. 帅五平四　车 7 平 6　　66. 帅四平五　车 6 平 7
67. 帅五平四　车 7 平 6　　68. 帅四平五　车 3 平 1
69. 马三进二　车 6 退 3　　70. 帅五平六　卒 9 进 1
71. 车八进六　车 1 平 2　　72. 马七进八

第 28 局　童本平 和 刘昱

1. 炮二平五　马 8 进 7　　2. 马二进三　车 9 平 8
3. 车一平二　卒 7 进 1　　4. 车二进六　马 2 进 3
5. 兵七进一　炮 8 平 9　　6. 车二平三　炮 9 退 1
7. 马八进七　士 4 进 5　　8. 炮八平九　车 1 平 2
9. 车九平八　炮 9 平 7　　10. 车三平四　马 7 进 8
11. 炮五进四　马 3 进 5　　12. 车四平五　炮 7 进 5
13. 马三退五　卒 7 进 1　　14. 车五平七　马 8 进 6
15. 车七平八　车 8 进 2　　16. 炮九平八　马 6 进 4
17. 马五进六　炮 2 平 5　　18. 前车平五　炮 7 平 4
19. 炮八进四　炮 4 平 9　　20. 相七进五　卒 7 平 6
21. 车八进五　卒 6 进 1　　22. 仕六进五　车 8 进 4
23. 车五退一　卒 6 平 5　　24. 炮八平五

第 29 局　谢靖 和 许银川

1. 炮二平五　马 8 进 7　　2. 马二进三　车 9 平 8
3. 车一平二　马 2 进 3　　4. 兵七进一　卒 7 进 1
5. 车二进六　炮 8 平 9　　6. 车二平三　炮 9 退 1

7. 马八进七　士 4 进 5　　8. 炮八平九　车 1 平 2
9. 车九平八　炮 9 平 7　　10. 车三平四　马 7 进 8
11. 炮五进四　马 3 进 5　　12. 车四平五　炮 7 进 5
13. 马三退五　炮 2 进 6　　14. 马七进六　马 8 进 9
15. 相七进五　马 9 进 8　　16. 车五平四　车 8 进 2
17. 马五退七　炮 7 平 9　　18. 仕六进五　马 8 退 7
19. 马七进六　车 8 平 2　　20. 兵七进一　前车进 5
21. 炮九进四　炮 2 平 4　　22. 车八进二　车 2 进 7
23. 后马进八　车 2 进 2　　24. 仕五退六　炮 9 平 5
25. 仕四进五　炮 5 平 1　　26. 马八退九　车 2 退 1
27. 车四退三　炮 4 平 1　　28. 炮九退五　车 2 平 1
29. 车四平三

第 30 局　胡荣华 负 李少庚

1. 炮二平五　马 8 进 7　　2. 马二进三　车 9 平 8
3. 车一平二　马 2 进 3　　4. 兵七进一　卒 7 进 1
5. 车二进六　炮 8 平 9　　6. 车二平三　炮 9 退 1
7. 马八进七　士 4 进 5　　8. 炮八平九　车 1 平 2
9. 车九平八　炮 9 平 7　　10. 车三平四　马 7 进 8
11. 炮五进四　马 3 进 5　　12. 车四平五　炮 7 进 5
13. 马三退五　卒 7 进 1　　14. 车八进四　马 8 进 9
15. 马七进六　马 9 进 8　　16. 相七进五　车 8 进 2
17. 车五平四　象 3 进 1　　18. 马五进七　车 2 平 4
19. 炮九退一　炮 7 进 1　　20. 炮九平六　炮 2 平 4
21. 炮六平三　炮 4 平 7　　22. 炮三进三　象 7 进 5
23. 仕六进五　前炮平 3　　24. 马六退七　车 8 进 5
25. 炮三平五　车 8 平 7　　26. 马七退九　马 8 退 7
27. 车四退三　马 7 退 9　　28. 炮五平二　车 7 平 8
29. 兵七进一　象 1 进 3　　30. 车四进三　车 8 退 1

31. 马九进七　炮7进5　32. 车四退四　炮7退4
33. 炮二平六　马9退7　34. 车四进四　炮7退1
35. 炮六退四　车4进8　36. 马七进六　车8平5
37. 车八进五　士5退4　38. 马六进四　马7进8
39. 车四平三　象5进7

第31局　靳玉砚 和 谢岿

1. 炮二平五　马8进7　2. 马二进三　车9平8
3. 车一平二　马2进3　4. 兵七进一　卒7进1
5. 车二进六　炮8平9　6. 车二平三　炮9退1
7. 马八进七　士4进5　8. 炮八平九　车1平2
9. 车九平八　炮9平7　10. 车三平四　马7进8
11. 炮五进四　马3进5　12. 车四平五　炮7进5
13. 马三退五　炮2进5　14. 相七进五　卒7进1
15. 马七进六　车8进2　16. 马五退七　炮2退1
17. 炮九平六　马8进6　18. 车五退二　车8平6
19. 马六进七　象3进5　20. 炮六进二　车2进3
21. 兵七进一　车6进2　22. 仕六进五　炮7平8
23. 后马进六　炮2进1　24. 马六进七　炮8进1
25. 炮六平四　卒7平6　26. 车五进一　车6退1
27. 后马退八　炮8平2　28. 兵七平八　车2平3
29. 车八进二　车3平5　30. 车五进一　车6平5

第32局　张申宏 和 聂铁文

1. 炮二平五　马8进7　2. 马二进三　车9平8
3. 车一平二　卒7进1　4. 车二进六　马2进3
5. 兵七进一　炮8平9　6. 车二平三　炮9退1
7. 马八进七　士4进5　8. 炮八平九　车1平2

9. 车九平八 炮9平7
10. 车三平四 马7进8
11. 炮五进四 马3进5
12. 车四平五 炮7进5
13. 马三退五 炮2进5
14. 相七进五 卒7进1
15. 马五退七 马8进6
16. 车五退二 车8进8
17. 车八进二 车2进7
18. 后马进八 车8平2
19. 马八进九 车2退1
20. 炮九退一 卒1进1
21. 马七进六 车2进1
22. 炮九进一 卒1进1
23. 马六进七 车2平6
24. 仕六进五 马6进5
25. 炮九进二 车6退5
26. 相三进五 车6平3
27. 车五进一 车3进2

第33局 张申宏 和 聂铁文

1. 炮二平五 马8进7
2. 马二进三 车9平8
3. 车一平二 卒7进1
4. 车二进六 马2进3
5. 兵七进一 炮8平9
6. 车二平三 炮9退1
7. 马八进七 士4进5
8. 炮八平九 车1平2
9. 车九平八 炮9平7
10. 车三平四 马7进8
11. 炮五进四 马3进5
12. 车四平五 炮7进5
13. 马三退五 炮2进5
14. 相七进五 车8进2
15. 马五退七 炮2进1
16. 前马进六 卒7进1
17. 车五平七 马8进6
18. 仕六进五 象3进1
19. 马六进四 马6进4
20. 炮九平六 卒7平6
21. 车七平九 炮7进2
22. 马四进六 士5进4
23. 车九进一 卒6进1
24. 车九退二 象7进5
25. 马六退四 士6进5
26. 兵五进一 炮7平9
27. 兵五进一 象5退3
28. 车九平六 车2进6
29. 兵七进一 车8进4
30. 车六退一 卒6平5
31. 车六平三 炮9进1
32. 车三进五 士5退6
33. 相五进三 车8平6
34. 车三平二 马4退5

35. 车二退九　车6退2
36. 车二平一　卒5平4
37. 车一进二　马5进6
38. 炮六退一　车6平3
39. 车一平四　车3进4
40. 车四进一　炮2平4
41. 车八平九　车2平3
42. 帅五平六　卒4平5
43. 车四平二　士4退5
44. 车二进三　炮4退2
45. 相三退五　炮4平9
46. 车二平一　炮9平8
47. 车一平二　炮8平9
48. 车二平一　炮9平8
49. 车一平二　炮8平9
50. 车二平一　炮9平8
51. 车一平二　卒5进1
52. 相三进五　后车平4
53. 帅六平五　炮8平5
54. 车二平五　将5平4
55. 车五退三　车4平5
56. 车九进二　将4平5
57. 兵九进一　士5退4
58. 车九平六　车5平3
59. 帅五平六　士6进5
60. 帅六平五　后车平1
61. 帅五平六　车1退1
62. 帅六平五　车1平8
63. 帅五平六　车8进2
64. 帅六平五　象3进1
65. 帅五平六　士5进4
66. 车六平九　象1退3
67. 车九平六　车8平9
68. 车六平九　车9进2
69. 帅六平五　车9退2
70. 帅五平六　车9进2
71. 帅六平五　车3平4
72. 相五进七　车9退3
73. 车九平五　士4进5
74. 车五平七　车9平4
75. 车七平六　士5进6
76. 车六平五

第34局　张申宏 和 才溢

1. 炮二平五　马8进7
2. 马二进三　车9平8
3. 车一平二　马2进3
4. 兵七进一　卒7进1
5. 车二进六　炮8平9
6. 车二平三　炮9退1
7. 马八进七　士4进5
8. 炮八平九　炮9平7
9. 车三平四　马7进8
10. 车九平八　车1平2
11. 炮五进四　马3进5
12. 车四平五　炮7进5

13. 马三退五　炮 2 进 5
14. 相七进五　车 8 进 2
15. 马五退七　炮 2 退 1
16. 前马进六　卒 7 进 1
17. 炮九平六　马 8 进 6
18. 车五退二　车 8 平 6
19. 仕六进五　卒 7 平 8
20. 车八进二　马 6 进 8
21. 炮六退一　炮 7 进 2
22. 车五平二　炮 7 平 4
23. 车二退一　炮 2 平 8
24. 车八进七　车 6 平 3
25. 马七进八　炮 4 平 3
26. 兵五进一　车 3 平 5
27. 马八进六　车 5 进 3
28. 前马进七　炮 3 退 2
29. 车八平七　士 5 退 4
30. 马六进七　炮 3 退 2
31. 兵七进一　象 7 进 5
32. 马七进六　将 5 进 1
33. 马六退八　象 5 退 3
34. 马八退六　将 5 退 1
35. 马六退五　炮 8 退 5
36. 马五进三　炮 8 平 9
37. 马三进四　将 5 进 1
38. 兵七平八　炮 9 进 5
39. 兵九进一　卒 9 进 1
40. 兵八进一　炮 9 平 1
41. 马四退三　象 3 进 5
42. 马三进五　将 5 退 1
43. 马五进七　士 6 进 5
44. 兵八平九　卒 9 进 1
45. 前兵平八　炮 1 平 6
46. 马七退六　象 5 退 3
47. 马六进四　卒 9 平 8
48. 兵九进一　卒 8 进 1
49. 兵九进一　炮 6 平 2
50. 兵八平七　将 5 平 6
51. 马四退二　卒 8 进 1

第 35 局　徐超 负 赵国荣

1. 炮二平五　马 8 进 7
2. 马二进三　车 9 平 8
3. 车一平二　马 2 进 3
4. 兵七进一　卒 7 进 1
5. 车二进六　炮 8 平 9
6. 车二平三　炮 9 退 1
7. 马八进七　士 4 进 5
8. 炮八平九　车 1 平 2
9. 车九平八　炮 9 平 7
10. 车三平四　马 7 进 8
11. 炮五进四　马 3 进 5
12. 车四平五　炮 7 进 5
13. 马三退五　炮 2 进 5
14. 马五进四　象 7 进 5

15. 车五平一　卒7进1　16. 马四进五　卒7平8
17. 兵七进一　卒3进1　18. 炮九进四　马8进6
19. 炮九平八　车8进4　20. 兵五进一　车8平6
21. 仕六进五　炮7退1　22. 车八进二　炮7平5
23. 帅五平六　车6平5　24. 车一平六　卒3进1
25. 相七进五　卒3进1　26. 马七进五　马6进8
27. 马五退三　马8进7　28. 马三进二　车5平8
29. 马二退三　车8进2　30. 马三进四　车8平6
31. 车六退二　车6平4　32. 车六退一　卒3平4
33. 车八进二　车2进3　34. 车八平五　卒4平3
35. 车五平六　马7退6　36. 车六进四　车2进6
37. 帅六进一　车2退1　38. 帅六退一　车2进1
39. 帅六进一　车2退4　40. 马四退六　车2进1
41. 马六进四　卒3进1

第36局　陈建昌 负 许国义

1. 炮二平五　马8进7　2. 马二进三　车9平8
3. 车一平二　马2进3　4. 兵七进一　卒7进1
5. 车二进六　炮8平9　6. 车二平三　炮9退1
7. 马八进七　士4进5　8. 炮八平九　车1平2
9. 车九平八　炮9平7　10. 车三平四　马7进8
11. 炮五进四　马3进5　12. 车四平五　炮7进5
13. 马三退五　卒7进1　14. 车八进五　马8进6
15. 车五退二　车8进2　16. 相七进五　炮7平6
17. 相三进一　车8平6　18. 相一进三　炮6平8
19. 炮九平八　炮8进3　20. 马五退三　马6进7
21. 仕六进五　马7进9　22. 相三退一　炮2进5
23. 车八进四　炮2平5　24. 帅五平六　炮5退2
25. 车八平七　士5退4　26. 车七平六　将5进1

27. 兵五进一　马9退7　28. 车六退七　马7进5
29. 帅六进一　马5退6　30. 车六进六　将5退1
31. 车六进一　将5进1　32. 马三进四　车6平2
33. 仕四进五　车2进6　34. 帅六退一　车2平3

第37局　蔡佑广 负 蒋川

1. 炮二平五　马8进7　2. 马二进三　车9平8
3. 车一平二　卒7进1　4. 车二进六　马2进3
5. 兵七进一　炮8平9　6. 车二平三　炮9退1
7. 马八进七　士4进5　8. 炮八平九　车1平2
9. 车九平八　炮9平7　10. 车三平四　马7进8
11. 炮五进四　马3进5　12. 车四平五　炮7进5
13. 相三进五　卒7进1　14. 相五进三　炮2进6
15. 马七退五　象3进5　16. 车五平七　车2进7
17. 炮九进四　马8进6　18. 车七平四　马6进7
19. 马五进三　车8进8　20. 相三退五　车8平7
21. 马三退五　车7平6　22. 车四平三　炮7平8
23. 车三退六　炮8平1　24. 兵一进一　将5平4
25. 兵七进一　车6退5　26. 炮九平七　象5进3
27. 马五进七　车6平3　28. 车八进一　车2进1
29. 马七进九　车2退2　30. 车三进五　车3平4
31. 仕四进五　象7进5　32. 车三平二　车2平1
33. 兵一进一　车4进5　34. 兵一进一　车1进3

第38局　卜凤波 负 赵国荣

1. 炮二平五　马8进7　2. 马二进三　车9平8
3. 车一平二　马2进3　4. 兵七进一　卒7进1
5. 车二进六　炮8平9　6. 车二平三　炮9退1

7. 马八进七　士4进5
8. 炮八平九　车1平2
9. 车九平八　炮9平7
10. 车三平四　马7进8
11. 炮五进四　马3进5
12. 车四平五　炮7进5
13. 马三退五　炮2进5
14. 马五进四　象7进5
15. 车五平一　卒7进1
16. 马四进五　卒7平8
17. 炮九进四　马8进6
18. 车一平四　马6进8
19. 车八进一　炮7平9
20. 相七进五　车8平7
21. 炮九退二　炮9进2
22. 马五退四　炮2平1
23. 车八平二　炮1退2
24. 兵九进一　车7进6
25. 马七进六　炮9退3
26. 马六进七　车2进6
27. 马四进五　车2平5
28. 仕六进五　车5平2
29. 车二平四　马8进7
30. 帅五平六　炮9退3
31. 帅六平五　炮9进6
32. 马七退六　炮9平6
33. 车四退五　马7退8
34. 车四进五　车7进1
35. 马六退七　马8进7
36. 帅五平六　车7退3
37. 车四退五　车7平5
38. 车四平三　车2进1
39. 车三平二　车5进1

第39局　徐天红 和 赵国荣

1. 炮二平五　马8进7
2. 马二进三　车9平8
3. 车一平二　马2进3
4. 兵七进一　卒7进1
5. 车二进六　炮8平9
6. 车二平三　炮9退1
7. 马八进七　士4进5
8. 炮八平九　车1平2
9. 车九平八　炮9平7
10. 车三平四　马7进8
11. 炮五进四　马3进5
12. 车四平五　炮7进5
13. 马三退五　炮2进5
14. 相七进五　车8进2
15. 马五退七　炮2进1
16. 前马进六　卒7进1
17. 炮九平六　马8进6
18. 车五退二　炮7平8
19. 仕六进五　炮8退1
20. 相五进三　车8平7

21. 马六进七　象 7 进 5　　22. 前马退五　车 2 进 4
23. 炮六平五　车 7 进 2　　24. 马七进六　马 6 退 7
25. 相三退一　车 7 平 5　　26. 车五平三　车 5 进 2
27. 车八进一　车 2 进 4　　28. 马六退八　炮 8 进 3
29. 车三退三　炮 8 进 1　　30. 炮五平二　车 5 平 8
31. 车三进五　车 8 进 1　　32. 马八进六　车 8 退 1
33. 马六进五　车 8 平 1　　34. 马五进六　将 5 平 4
35. 车三平一　炮 8 平 9　　36. 兵一进一　车 1 平 3
37. 车一退一　车 3 平 4　　38. 马六进七　车 4 退 1
39. 兵七进一　象 5 进 3　　40. 车一平七　炮 9 退 4
41. 车七平八　炮 9 退 4　　42. 马七退八　车 4 退 2

第 40 局　陈丽淳 负 唐丹

1. 炮二平五　马 8 进 7　　2. 马二进三　车 9 平 8
3. 车一平二　马 2 进 3　　4. 兵七进一　卒 7 进 1
5. 车二进六　炮 8 平 9　　6. 车二平三　炮 9 退 1
7. 马八进七　士 4 进 5　　8. 炮八平九　车 1 平 2
9. 车九平八　炮 9 平 7　　10. 车三平四　马 7 进 8
11. 炮五进四　马 3 进 5　　12. 车四平五　炮 7 进 5
13. 马三退五　卒 7 进 1　　14. 车八进四　马 8 进 6
15. 车五退二　车 8 进 8　　16. 炮九退一　车 8 退 1
17. 相三进五　炮 7 平 8　　18. 马五退三　车 8 平 7
19. 炮九平八　炮 8 退 1　　20. 炮八进六　象 3 进 5
21. 马七进六　马 6 进 5　　22. 相七进五　炮 8 平 5
23. 兵五进一　卒 7 平 6　　24. 兵五进一　卒 6 平 5
25. 马六进七　卒 5 进 1　　26. 车八退一　车 7 平 5
27. 仕四进五　车 5 平 3　　28. 兵五进一　车 3 退 2
29. 车八进三　卒 5 进 1　　30. 马三进二　车 2 平 4
31. 炮八平七　车 3 平 8　　32. 马二进四　车 8 进 4

33. 仕五退四　车 8 退 3
34. 马四进六　车 8 平 4
35. 炮七平八　象 5 进 3
36. 炮八进二　后车进 5
37. 仕四进五　卒 5 进 1
38. 仕六进五　后车平 3
39. 车八退六　车 4 平 8
40. 仕五退四　车 3 平 5

第 41 局　赵剑 和 吕钦

1. 炮二平五　马 8 进 7
2. 马二进三　车 9 平 8
3. 车一平二　马 2 进 3
4. 兵七进一　卒 7 进 1
5. 车二进六　炮 8 平 9
6. 车二平三　炮 9 退 1
7. 马八进七　士 4 进 5
8. 炮八平九　车 1 平 2
9. 车九平八　炮 9 平 7
10. 车三平四　马 7 进 8
11. 炮五进四　马 3 进 5
12. 车四平五　炮 7 进 5
13. 马三退五　卒 7 进 1
14. 车八进四　马 8 进 6
15. 车五退二　车 8 进 8
16. 炮九退一　车 8 退 1
17. 相三进五　炮 7 平 8
18. 马五退三　车 8 平 7
19. 炮九平八　炮 8 退 1
20. 炮八进六　马 6 进 5
21. 相七进五　炮 8 平 5
22. 兵五进一　车 7 平 5
23. 仕四进五　象 3 进 5
24. 马七进六　车 5 退 2
25. 马六进七　卒 7 平 6
26. 马三进四　车 5 进 1
27. 车八进一　车 5 平 1
28. 炮八进一　车 1 平 9
29. 马七进九　车 2 平 3
30. 车八进二　车 3 进 1
31. 炮八进一　象 5 进 3
32. 兵七进一　士 5 进 4
33. 马四退二　车 9 进 2
34. 车八平六　车 3 平 2
35. 车六平二　卒 6 进 1
36. 炮八平九　车 2 平 1
37. 炮九平八　车 1 平 2
38. 炮八平九　车 2 平 1
39. 炮九平八　车 1 平 2
40. 炮八平九　车 2 平 1

第42局 黎德志 胜 欧永成

1. 炮二平五 马8进7
2. 马二进三 车9平8
3. 车一平二 卒7进1
4. 车二进六 马2进3
5. 兵七进一 炮8平9
6. 车二平三 炮9退1
7. 马八进七 士4进5
8. 炮八平九 炮9平7
9. 车三平四 马7进8
10. 车九平八 车1平2
11. 炮五进四 马3进5
12. 车四平五 炮7进5
13. 马三退五 炮2进6
14. 马七进六 卒7进1
15. 马五进七 马8进6
16. 车五退二 车8进8
17. 相七进五 车2进7
18. 炮九退一 车8进1
19. 仕六进五 炮7平8
20. 马七退六 炮8进2
21. 后马进八 炮8平9
22. 马六退七 车8退2
23. 炮九进五 马6进5
24. 马八进六 车2进2
25. 马七退八 马5进7
26. 帅五平六 卒7进1
27. 车五平三 车8退1
28. 马六进五 士5进4
29. 车三退一 车8平7
30. 马五退三 马7退6
31. 马八进七

第43局 蒋川 和 汪洋

1. 炮二平五 马8进7
2. 马二进三 车9平8
3. 车一平二 卒7进1
4. 车二进六 马2进3
5. 兵七进一 炮8平9
6. 车二平三 炮9退1
7. 马八进七 士4进5
8. 炮八平九 车1平2
9. 车九平八 炮9平7
10. 车三平四 马7进8
11. 炮五进四 马3进5
12. 车四平五 炮7进5
13. 马三退五 卒7进1
14. 车八进四 马8进6
15. 车五退二 车8进8
16. 炮九退一 车8退1

17. 相三进五　炮7平8　**18.** 马五退三　车8平7
19. 炮九平八　炮8退1　**20.** 炮八进六　马6进5
21. 相七进五　炮8平5　**22.** 兵五进一　车7平5
23. 仕四进五　象3进5　**24.** 马七进六　车5退2
25. 马六进七　卒7平6　**26.** 马三进四　车5进1
27. 车八进二　卒6进1　**28.** 马四进二　卒6平7
29. 马二进三　卒7进1　**30.** 马三进二　卒7进1
31. 马二退四　车5平7　**32.** 马七退五　卒7平6
33. 仕五退四　车2平4　**34.** 马五进六　车4进2
35. 马四进六　士5进4　**36.** 车八平九　车7平9
37. 车九进三　将5进1　**38.** 车九平四　车9平5
39. 仕四进五　卒6平5　**40.** 仕六进五　车5平2
41. 炮八平七　车2平1　**42.** 车四退三　车1退1
43. 车四平七　卒9进1　**44.** 炮七平八　卒9进1
45. 炮八退五　车1进4　**46.** 仕五退六　车1退3
47. 炮八平五　将5平4　**48.** 车七平六　车1平5
49. 帅五进一　车5退2　**50.** 车六退四　车5平2
51. 车六进二　卒9进1　**52.** 帅五平六　车2进4
53. 帅六进一　车2退6　**54.** 车六退一　卒9进1
55. 仕六进五　卒9平8　**56.** 仕五进四　卒8进1
57. 车六进三　象5进7　**58.** 兵七进一　车2进7
59. 帅六退一　车2退1　**60.** 帅六退一　车2退1
61. 炮五平六　将4平5　**62.** 兵七进一　车2平3
63. 车六平五　象7进5　**64.** 炮六平五　将5平4
65. 兵七平六　车3平4　**66.** 帅六平五　卒8平7
67. 仕四退五　车4退1　**68.** 车五平四　士4退5
69. 炮五平六　将4退1　**70.** 车四平一　将4平5
71. 车一平四　车4退2　**72.** 炮六平一　象7退9
73. 炮一平七　卒7平6　**74.** 炮七平五　车4进4
75. 仕五退六　车4退1　**76.** 车四平五　象9进7

77. 兵六平七 车4平3
78. 兵七平八 车3平2
79. 兵八平七 车2平3
80. 兵七平六 车3平4
81. 仕六进五 车4进1
82. 仕五进四 车4退1
83. 仕四退五 车4进1
84. 仕五退四 车4退1
85. 仕四进五 车4进1
86. 仕五退六 车4退1
87. 兵六平七 车4平3
88. 兵七平六 车3平4
89. 仕六进五 车4进1
90. 仕五进四 车4退1
91. 兵六平七 车4平3
92. 帅五平六 车3平4
93. 帅六平五 车4平3
94. 仕四退五 车3进1
95. 仕五退六 车3退1
96. 兵七平六 车3平4
97. 仕六进五 车4进1
98. 仕五退四 车4退1
99. 炮五进一 车4平3
100. 仕四进五 车3进2
101. 仕五退六 车3退3
102. 仕六进五 车3进3
103. 仕五退六 车3退3
104. 车五退一 车3平4
105. 车五进一 车4平3
106. 车五退一 车3平4
107. 车五进一 车4平3
108. 仕六进五 车3进3
109. 仕五退六 车3退3
110. 车五退二 将5平4
111. 仕六进五 车3进3
112. 仕五退六 车3退3
113. 车五进二 将4平5
114. 车五退二 车3平4
115. 车五进二 车4平3

第44局 徐超 负 蒋川

1. 炮二平五 马8进7
2. 马二进三 车9平8
3. 车一平二 卒7进1
4. 车二进六 马2进3
5. 兵七进一 炮8平9
6. 车二平三 炮9退1
7. 马八进七 士4进5
8. 炮八平九 车1平2
9. 车九平八 炮9平7
10. 车三平四 马7进8
11. 炮五进四 马3进5
12. 车四平五 炮7进5
13. 马三退五 卒7进1
14. 车八进四 马8进6

15. 车五退二　车8进8　**16.** 炮九退一　车8退1
17. 相三进五　炮7平8　**18.** 马五退三　车8平7
19. 炮九平八　炮8退1　**20.** 炮八进六　马6进5
21. 相七进五　炮8平5　**22.** 兵五进一　车7平5
23. 仕四进五　象3进5　**24.** 马七进六　车5退2
25. 马六进七　卒7平6　**26.** 马三进四　车5进1
27. 车八进二　士5进4　**28.** 兵七进一　卒6进1
29. 马四退六　车5退3　**30.** 马六进八　卒6进1
31. 马八进六　象5进3　**32.** 马六进五　卒6进1
33. 炮八进一　士4退5　**34.** 车八退一　车5平8
35. 仕五退四　卒6进1　**36.** 帅五进一　象3退5
37. 马七进六　车8进5　**38.** 帅五进一　车8退1
39. 帅五退一　车8进1　**40.** 帅五进一　车8退1
41. 帅五退一　车8进1　**42.** 帅五进一　车2平3
43. 马五进七　车8退1　**44.** 帅五退一　车8进1
45. 帅五进一　车8退1　**46.** 帅五退一　车8进1
47. 帅五进一　车3进1　**48.** 炮八进一　车8退1
49. 帅五退一　车8进1　**50.** 帅五进一　车8退1
51. 帅五退一　车8进1　**52.** 帅五进一　车8平6
53. 炮八平九　士5进4　**54.** 车八进三　车3平2
55. 马七进八　将5进1　**56.** 炮九退一　将5退1
57. 炮九进一　将5进1　**58.** 马六退八　车6平4
59. 前马退六　将5平6　**60.** 马六退五　车4退3
61. 炮九退一　车4平5　**62.** 帅五平六　车5平4
63. 帅六平五　车4平5　**64.** 帅五平六　车5平4
65. 帅六平五　车4退1　**66.** 马五进三　将6平5
67. 马三退四　车4平5　**68.** 帅五平六　车5平6
69. 马八进九　车6平2　**70.** 马九退七　车2退3
71. 马四进五　象5进7　**72.** 仕六进五　卒6平5
73. 兵九进一　卒9进1　**74.** 帅六退一　象7进9

75. 仕五进四　象9退7
76. 仕四退五　象7进9
77. 仕五进四　象9退7
78. 马五进七　将5平6
79. 后马退五　将6平5
80. 马五进七　将5平6
81. 后马退五　将6平5
82. 马五进七　将5平6
83. 前马进五　士6进5
84. 马五退三　将6退1
85. 马三退四　士5进4
86. 炮九进一　车2平3
87. 马七退六　士4退5
88. 炮九平三　车3进7
89. 帅六进一　车3退1
90. 帅六退一　车3进1
91. 帅六进一　车3退3
92. 炮三退三　车3平1
93. 马六进七　车1进2
94. 帅六退一　车1进1
95. 帅六进一　车1退1
96. 帅六退一　车1平6
97. 马七进五　车6进1
98. 帅六进一　卒1进1
99. 马五退三　将6进1
100. 马三退五　将6退1
101. 马五进六　将6平5
102. 马六退四　将5进1
103. 前马进三　将5进1
104. 马三退二　车6退2
105. 马四进三　将5退1
106. 马二退四　将5平6
107. 炮三平二　车6平8
108. 马四进六　将6平5
109. 马六退四　将5平6
110. 马四进六　将6平5
111. 马六退五　卒1进1
112. 马三退四　将5退1
113. 马四进六　将5进1
114. 马六进七　将5平6
115. 马七退六　将6平5
116. 马六退四　将5退1
117. 马五进四　将5进1
118. 前马进三　将5进1
119. 马四退六　将5平4
120. 炮二平六　象7退5
121. 马三退二　将4退1
122. 马二退四　车8进1
123. 帅六退一　车8进1
124. 帅六进一　车8平6
125. 帅六平五　车6退4
126. 炮六平八　卒1平2
127. 炮八退一　象5进3
128. 炮八平九　卒2平3
129. 帅五退一　车6平5
130. 帅五平四　卒3平4
131. 马六进七　象3退1
132. 炮九退四　车5进2
133. 炮九平六　卒4平5
134. 马四进五　将4进1

135. 马五退四　将4退1
136. 马四进五　将4进1
137. 马五退四　将4退1
138. 马四进五　将4进1
139. 马五退四　将4退1
140. 马七退五　将4退1
141. 马五进七　将4进1
142. 马四进五　将4进1
143. 马五退三　车5平6
144. 帅四平五　将4退1
145. 马七退六　车6平4
146. 马三退五　将4退1
147. 马五退三　将4平5
148. 马六进四　后卒进1
149. 马三进四　将5平6

第45局　卜凤波 负 孙勇征

1. 炮二平五　马8进7
2. 马二进三　车9平8
3. 车一平二　马2进3
4. 兵七进一　卒7进1
5. 车二进六　炮8平9
6. 车二平三　炮9退1
7. 马八进七　士4进5
8. 炮八平九　车1平2
9. 车九平八　炮9平7
10. 车三平四　马7进8
11. 炮五进四　马3进5
12. 车四平五　炮7进5
13. 马三退五　卒7进1
14. 马七进六　马8进6
15. 车五退二　车8进8
16. 车八进五　车8平6
17. 马五进七　炮7平8
18. 仕六进五　炮2平7
19. 车八平三　车6平7
20. 相七进五　炮8平7
21. 车三平四　象3进5
22. 马六进五　车2进7
23. 炮九退一　马6进5
24. 相三进五　车7平6
25. 车五平三　车6退4
26. 车三退一　车6平5
27. 马五进三　车2平3
28. 马三退一　车3平5
29. 兵五进一　前车退2
30. 车三平七　卒1进1
31. 马一进二　后车平7
32. 车七平八　象5退3
33. 车八平七　车5退2
34. 炮九进一　车7平8
35. 兵一进一　象3进1
36. 兵一进一　车8退3
37. 炮九进三　车5进1
38. 炮九退一　士5退4

第46局　柳大华 和 于幼华

1. 炮二平五　马8进7　　2. 马二进三　车9平8
3. 车一平二　马2进3　　4. 兵七进一　卒7进1
5. 车二进六　炮8平9　　6. 车二平三　炮9退1
7. 马八进七　士4进5　　8. 炮八平九　车1平2
9. 车九平八　炮9平7　　10. 车三平四　马7进8
11. 炮五进四　马3进5　　12. 车四平五　炮7进5
13. 马三退五　卒7进1　　14. 车八进四　马8进6
15. 车五退二　车8进8　　16. 炮九退一　车8退1
17. 相三进五　炮7平8　　18. 马五退三　车8平7
19. 炮九平八　炮8退1　　20. 炮八进六　马6进5
21. 相七进五　炮8平5　　22. 兵五进一　车7平5
23. 仕六进五　车5平3　　24. 炮八平五　将5平4
25. 车八进五　车3进2　　26. 仕五退六　车3平4
27. 帅五进一　象7进5　　28. 马三进二　车4退1
29. 帅五退一　车4进1　　30. 帅五进一　车4退4
31. 车八退六　车4平5　　32. 帅五平四　车5平3
33. 仕四进五　卒1进1　　34. 马二退三　卒1进1
35. 兵九进一　车3平1　　36. 马三进四　车1平6
37. 车八平六　将4平5　　38. 车六进三

第47局　靳玉砚 和 金波

1. 炮二平五　马8进7　　2. 马二进三　车9平8
3. 车一平二　马2进3　　4. 兵七进一　卒7进1
5. 车二进六　炮8平9　　6. 车二平三　炮9退1
7. 马八进七　士4进5　　8. 炮八平九　炮9平7
9. 车三平四　车1平2　　10. 车九平八　马7进8

11. 炮五进四　马3进5
12. 车四平五　炮7进5
13. 马三退五　炮2进5
14. 相七进五　车8进2
15. 马五退七　炮2退1
16. 前马进六　车8平4
17. 车五退二　象3进5
18. 炮九平六　车4平2
19. 车五进二　炮7平8
20. 马六进四　马8进7
21. 马四进六　士5进4
22. 兵七进一　炮2退3
23. 兵七进一　炮2平4
24. 车八进七　车2进2
25. 兵七平六　士4退5
26. 仕六进五　车2进4
27. 炮六退二　炮8进3
28. 马七进六　马7进5
29. 车五平四　车2平5
30. 车四退四　卒7进1
31. 炮六进一　卒7平6
32. 车四平二　炮8平9
33. 车二退二　炮9退1
34. 炮六平一　马5进7
35. 帅五平六　车5平9
36. 炮一进一　马7退9
37. 相三进一　车9平1
38. 帅六平五　车1平4
39. 车二进六　卒9进1
40. 兵六平七　卒9进1
41. 兵七进一　卒9进1
42. 相一退三　卒9平8
43. 车二退二　卒8平7
44. 车二平四　卒1进1
45. 兵七进一　士5退4
46. 车四平三　士6进5
47. 马六退四　卒7平8
48. 车三平五　车4平3
49. 兵七平六　车3平4
50. 兵六平七　卒8平7
51. 车五平三　卒7平8
52. 仕五退六　车4平3
53. 兵七平六　车3平4
54. 兵六平七　车4平3
55. 兵七平六　车3平6
56. 车三退三　卒1进1
57. 马四进六　车6平4
58. 兵六平五　士4进5
59. 仕四进五　卒1进1

第48局　洪智　和　蒋川

1. 炮二平五　马8进7
2. 马二进三　车9平8
3. 车一平二　卒7进1
4. 车二进六　马2进3

5. 兵七进一 炮8平9	**6.** 车二平三 炮9退1
7. 马八进七 士4进5	**8.** 炮八平九 车1平2
9. 车九平八 炮9平7	**10.** 车三平四 马7进8
11. 炮五进四 马3进5	**12.** 车四平五 炮7进5
13. 马三退五 卒7进1	**14.** 车八进四 马8进6
15. 车五退二 车8进8	**16.** 炮九退一 车8退1
17. 相三进五 炮7平8	**18.** 马五退三 车8平7
19. 炮九平八 炮8退1	**20.** 炮八进六 马6进5
21. 相七进五 炮8平5	**22.** 兵五进一 车7平5
23. 仕四进五 象3进5	**24.** 马七进六 车5退2
25. 马六进七 卒7平6	**26.** 马三进四 车5进1
27. 兵七进一 车5平3	**28.** 车八进一 车3退2
29. 车八平七 象5进3	**30.** 炮八进一 车2平3
31. 马七退五 象3退5	**32.** 马四进六 卒6平5
33. 马六进八 车3进6	**34.** 马八进七 车3退2
35. 炮八退二 卒9进1	**36.** 兵九进一 车3平2
37. 炮八进二 象5进7	**38.** 炮八平七 车2平4
39. 炮七平八 车4平2	**40.** 炮八平九 车2平3
41. 炮九平七 车3平4	**42.** 马五退三 车4退1
43. 马七退八 车4平2	**44.** 马八进六 车2平4
45. 马六退八 车4平2	**46.** 马八进六 车2平3
47. 炮七平九 车3平4	**48.** 马六退八 卒5平6
49. 马三进一 士5进6	**50.** 帅五平四 卒6平7

第49局 尚威 负 于幼华

1. 炮二平五 马8进7	**2.** 马二进三 车9平8
3. 车一平二 马2进3	**4.** 兵七进一 卒7进1
5. 车二进六 炮8平9	**6.** 车二平三 炮9退1
7. 马八进七 士4进5	**8.** 炮八平九 车1平2

9. 车九平八　炮9平7
10. 车三平四　马7进8
11. 炮五进四　马3进5
12. 车四平五　炮7进5
13. 马三退五　炮2进5
14. 马五进四　象7进5
15. 马四进五　马8进9
16. 相七进五　车8进8
17. 车五平一　马9进7
18. 车一退四　车8平7
19. 炮九进四　炮7平8
20. 车一平二　炮8平9
21. 马七进六　炮9进3
22. 马六退四　车7平6
23. 车二平三　车6进1
24. 帅五进一　车6平5
25. 帅五平四　车5平6
26. 帅四平五　车6平5
27. 帅五平四　车5平6
28. 帅四平五　车2平1
29. 车八进二　车1进3
30. 相五退七　车6平5
31. 帅五平四　车5平6
32. 帅四平五　车6平5
33. 帅五平四　车5平6
34. 帅四平五　车6平5
35. 帅五平四　炮9退8
36. 马四进二　车1进3
37. 仕六进五　炮9平6
38. 马二进三　车1平5
39. 车八平五　后车平6
40. 车三平四　车6平8
41. 车四平二　车8平6
42. 车二平四　车6进1
43. 帅四进一　炮6进1
44. 帅四退一　车5平7
45. 车五进二　车7平8
46. 相七进五　车8退6
47. 车五平六　卒3进1
48. 兵七进一　象5进3
49. 仕五进六　炮6平9
50. 车六平五　象3退5
51. 车五平八　炮9进2

第50局　徐超 负 尚威

1. 炮二平五　马8进7
2. 马二进三　卒7进1
3. 车一平二　车9平8
4. 车二进六　马2进3
5. 兵七进一　炮8平9
6. 车二平三　炮9退1
7. 马八进七　士4进5
8. 炮八平九　车1平2
9. 车九平八　炮9平7
10. 车三平四　马7进8

11. 炮五进四 马3进5
12. 车四平五 炮7进5
13. 马三退五 炮2进5
14. 马五进四 象7进5
15. 马四进五 马8进9
16. 相七进五 车8进8
17. 车五平一 马9进7
18. 车一退四 马7进6
19. 帅五平四 车8平1
20. 炮九进四 车1退2
21. 车一进一 炮7进1
22. 马七退五 炮7平8
23. 车一平二 炮8平6
24. 车二平四 炮6平8
25. 后马进三 车1退3
26. 车四平二 车2进4
27. 车二退一 车2平4
28. 兵五进一 车4进1
29. 马五进三 卒3进1
30. 前马进一 炮2平7
31. 车二平三 车1平6
32. 帅四平五 车4平5
33. 兵七进一 车6退1
34. 马一进三 车6退1
35. 马三退二 车5退2
36. 马二退一 车6进4
37. 马一退二 象5进3
38. 车三进三 象3退5
39. 车三平六 车6平8
40. 马二进四 车8进1
41. 马四进六 车8平4
42. 车八平七 车5进2
43. 车六进三 象3进1
44. 车七平八 士5退4

第51局 许银川 负 于幼华

1. 炮二平五 马8进7
2. 马二进三 卒7进1
3. 车一平二 车9平8
4. 车二进六 马2进3
5. 兵七进一 炮8平9
6. 车二平三 炮9退1
7. 马八进七 士4进5
8. 炮八平九 车1平2
9. 车九平八 炮9平7
10. 车三平四 马7进8
11. 炮五进四 马3进5
12. 车四平五 炮7进5
13. 马三退五 炮2进5
14. 车五平一 卒7进1
15. 车一退二 炮7平1
16. 车一平三 马8进9
17. 车三平四 炮1平3
18. 兵五进一 车8进6
19. 兵五进一 车2进6
20. 相三进一 炮2进1

21. 车四平六 卒1进1
22. 车六退三 炮2退1
23. 马五退三 卒1进1
24. 仕六进五 炮3平5
25. 帅五平六 炮5平4
26. 帅六平五 炮4退4
27. 马三进四 炮2平6
28. 炮九平四 车2进3
29. 马七退八 车8平2
30. 马八进九 卒1进1
31. 马九退七 车2平3
32. 炮四退一 马9退8
33. 车六进二 卒1平2
34. 车六平七 卒2平3
35. 马七进五 炮4平3
36. 马五进七 炮3进3
37. 马七进五 象3进5
38. 仕五进四 炮3平1
39. 兵五平六 马8进6
40. 兵六进一 炮1进4
41. 相七进九 马6进5
42. 马五进四 士5进6
43. 马四进六 将5平4
44. 帅五进一 马5退4
45. 炮四进六 士6进5
46. 马六进八 将4平5
47. 炮四退三 炮1平2
48. 炮四平五 马4退2
49. 马八退六 将5平6
50. 炮五进四 马2退4
51. 炮五平九 炮2退3
52. 相一退三 炮2平4
53. 马六进八 卒3进1
54. 马八退七 马4进5
55. 炮九平二 炮4退3
56. 马七进六 将6平5
57. 马六退四 将5平4
58. 炮二进一 象7进9
59. 马四进二 炮4平5
60. 相三进五 将4平5
61. 马二退四 将5平4

第52局 黎德志 胜 徐天红

1. 炮二平五 马8进7
2. 马二进三 卒7进1
3. 车一平二 车9平8
4. 车二进六 马2进3
5. 兵七进一 炮8平9
6. 车二平三 炮9退1
7. 马八进七 士4进5
8. 炮八平九 车1平2
9. 车九平八 炮9平7
10. 车三平四 马7进8
11. 炮五进四 马3进5
12. 车四平五 炮7进5

13. 马三退五 炮2进6　14. 相七进五 炮7平8
15. 马七进六 车8进3　16. 炮九进四 车2进3
17. 车五平二 炮8退3　18. 炮九平七 马8进7
19. 马五进七 炮8进1　20. 炮七退一 象7进5
21. 炮七平二 马7退8　22. 兵九进一 马8进9
23. 兵九进一 车2退1　24. 仕六进五 马9进7
25. 兵七进一 象5进3　26. 兵九平八 炮2平4
27. 车八进一 炮4退2　28. 车八进二 马7退6
29. 兵五进一 炮4平8　30. 车八平四 车2平6
31. 兵八平七 炮8退2　32. 兵七进一 卒9进1
33. 马七进九 象3进5　34. 兵七平六 卒9进1
35. 马九进七 卒9平8　36. 马七进八 马6进8
37. 马八进七 将5平4　38. 车四平八 象5退3
39. 车八进六 将4进1　40. 马六进五 车6平5
41. 马七进九 炮8退2　42. 兵五进一 马8进7
43. 帅五平六 马7退6　44. 车八平七 马6退5
45. 兵六进一 士5进4　46. 车七平五

第53局 李鸿嘉 和 徐天红

1. 炮二平五 马3进7　2. 马二进三 卒7进1
3. 车一平二 车9平8　4. 车二进六 马2进3
5. 兵七进一 炮8平9　6. 车二平三 炮9退1
7. 马八进七 士4进5　8. 炮八平九 车1平2
9. 车九平八 炮9平7　10. 车三平四 马7进8
11. 炮五进四 马3进5　12. 车四平五 炮7进5
13. 相三进五 卒7进1　14. 相五进三 炮2进6
15. 车五平七 象7进5　16. 马七退五 马8进9
17. 相七进五 车2进7　18. 炮九进四 车8进7
19. 炮九平一 炮2平3　20. 车八进二 炮3退5

21. 炮一平六　马 9 进 7　**22.** 炮六退四　炮 3 平 9
23. 相三退一　车 8 平 9　**24.** 车八进四　炮 9 进 3
25. 马五进三　炮 9 平 5　**26.** 仕六进五　炮 5 退 2
27. 车八退三　炮 7 退 4　**28.** 帅五平六　车 9 退 2
29. 车八平六　车 9 平 5　**30.** 炮六平八　炮 5 平 2
31. 马三进五　炮 2 退 2　**32.** 炮八进二　车 5 平 3
33. 车六进六　士 5 退 4　**34.** 马五进七　士 6 进 5
35. 兵九进一　将 5 平 6　**36.** 兵九进一　炮 7 平 9
37. 马七进五　炮 9 平 7　**38.** 相五退三　炮 7 平 9
39. 炮八平四　将 6 平 5　**40.** 兵九平八　炮 9 平 7
41. 兵八进一　炮 2 平 1　**42.** 兵八平七　炮 1 进 4
43. 炮四平九　炮 1 平 2　**44.** 炮九平八　炮 2 平 1
45. 兵七平六　炮 1 退 4　**46.** 兵六平五　炮 1 平 2
47. 马五退七　炮 2 退 1　**48.** 炮八平九　炮 2 平 1
49. 马七进八　炮 7 退 1　**50.** 仕五进四　炮 7 平 8
51. 兵五平四　炮 1 进 2　**52.** 马八退六　炮 1 退 2
53. 兵四平三　炮 8 平 9　**54.** 炮九平五　将 5 平 6
55. 马六进四　士 5 进 6　**56.** 炮五平二　炮 9 平 8
57. 炮二退三　炮 1 平 3　**58.** 炮二平八　炮 3 平 2
59. 马四进六　炮 2 平 4　**60.** 帅六平五　士 6 退 5
61. 马六退八　炮 4 平 2　**62.** 炮八平九　炮 2 平 1
63. 相三进一　炮 8 进 8　**64.** 仕四进五　炮 8 退 8
65. 仕五进六　炮 8 平 9　**66.** 相一进三　炮 9 平 8
67. 炮九平三　炮 1 平 2　**68.** 马八退七　炮 2 进 1
69. 马七进六　炮 2 退 1　**70.** 兵三进一　炮 8 平 9
71. 兵三进一　炮 2 平 7　**72.** 炮三进七　炮 9 进 1
73. 炮三平二　炮 9 进 1　**74.** 马六退四　炮 9 平 6

第 54 局　徐超 负 汪洋

1. 炮二平五　马 8 进 7
2. 马二进三　车 9 平 8
3. 车一平二　卒 7 进 1
4. 车二进六　马 2 进 3
5. 兵七进一　炮 8 平 9
6. 车二平三　炮 9 退 1
7. 马八进七　士 4 进 5
8. 炮八平九　车 1 平 2
9. 车九平八　炮 9 平 7
10. 车三平四　马 7 进 8
11. 炮五进四　马 3 进 5
12. 车四平五　炮 7 进 5
13. 马三退五　卒 7 进 1
14. 马七进六　马 8 进 6
15. 车五退二　车 8 进 8
16. 炮九退一　炮 2 进 6
17. 马五进七　车 8 退 6
18. 相七进五　车 8 平 6
19. 仕六进五　卒 7 平 8
20. 马六进七　马 6 进 8
21. 车五平二　马 8 进 7
22. 帅五平六　车 6 进 6
23. 帅六进一　炮 7 进 3
24. 后马退六　炮 7 平 4
25. 帅六退一　车 6 退 5
26. 马七退六　车 2 进 6
27. 帅六进一　马 7 退 5
28. 马六退五　车 2 平 4
29. 仕五进六　车 4 进 1
30. 帅六平五　车 6 进 4
31. 帅五退一　车 4 平 5
32. 仕四进五　车 6 平 7
33. 车二平四　炮 2 平 4

第 55 局　洪智 胜 于幼华

1. 炮二平五　马 8 进 7
2. 马二进三　车 9 平 8
3. 车一平二　马 2 进 3
4. 兵七进一　卒 7 进 1
5. 车二进六　炮 8 平 9
6. 车二平三　炮 9 退 1
7. 马八进七　士 4 进 5
8. 炮八平九　车 1 平 2
9. 车九平八　炮 9 平 7
10. 车三平四　马 7 进 8
11. 炮五进四　马 3 进 5
12. 车四平五　炮 7 进 5
13. 马三退五　炮 2 进 5
14. 马五进四　象 7 进 5

15. 马四进五	马 8 进 9	**16.** 相七进五	车 8 进 8
17. 车五平一	炮 7 平 1	**18.** 仕六进五	炮 1 平 3
19. 车八平六	马 9 进 7	**20.** 车六进三	炮 2 进 2
21. 车六平七	炮 2 平 1	**22.** 车七平六	车 2 进 7
23. 炮九退一	车 8 退 7	**24.** 帅五平六	车 2 平 3
25. 马五进六	士 5 进 4	**26.** 车六进四	车 3 进 2
27. 帅六进一	车 3 退 1	**28.** 帅六退一	车 3 进 1
29. 帅六进一	炮 1 平 6	**30.** 车六进二	将 5 进 1
31. 车六退一	将 5 退 1	**32.** 车六平二	炮 6 退 1
33. 仕五进四	车 3 退 1	**34.** 帅六退一	车 3 平 1
35. 车二平六			

第 56 局　吕钦　和　于幼华

1. 炮二平五	马 8 进 7	**2.** 马二进三	车 9 平 8
3. 车一平二	马 2 进 3	**4.** 兵七进一	卒 7 进 1
5. 车二进六	炮 8 平 9	**6.** 车二平三	炮 9 退 1
7. 马八进七	士 4 进 5	**8.** 炮八平九	车 1 平 2
9. 车九平八	炮 9 平 7	**10.** 车三平四	马 7 进 8
11. 炮五进四	马 3 进 5	**12.** 车四平五	炮 7 进 5
13. 马三退五	炮 2 进 5	**14.** 马五进四	象 7 进 5
15. 马四进五	马 8 进 9	**16.** 马五进七	车 8 进 8
17. 车五平四	车 8 平 4	**18.** 仕四进五	卒 7 进 1
19. 炮九进四	炮 7 平 1	**20.** 前马退五	卒 9 进 1
21. 兵七进一	炮 1 平 3	**22.** 炮九平七	炮 3 退 3
23. 车四平七	卒 7 平 6	**24.** 马五退七	炮 2 退 1
25. 前马退六	炮 2 平 3	**26.** 兵七平六	车 2 进 9
27. 马七退八	炮 3 平 1	**28.** 车七平九	炮 1 平 3
29. 马八进九	炮 3 退 4	**30.** 车九平三	马 9 退 7
31. 马九进八	炮 3 平 4	**32.** 兵六平五	卒 9 进 1

33. 马六进七　象5进3　　34. 马八进九　象3进1
35. 相三进五　车4退3　　36. 相五进三　车4平3
37. 相三退五

第57局　洪智 胜 吕钦

1. 炮二平五　马8进7　　2. 马二进三　车9平8
3. 车一平二　马2进3　　4. 兵七进一　卒7进1
5. 车二进六　炮8平9　　6. 车二平三　炮9退1
7. 马八进七　士4进5　　8. 炮八平九　车1平2
9. 车九平八　炮9平7　　10. 车三平四　马7进8
11. 炮五进四　马3进5　　12. 车四平五　炮7进5
13. 马三退五　卒7进1　　14. 车八进四　马8进6
15. 车五退二　车8进8　　16. 炮九退一　车8退1
17. 相三进五　炮7平8　　18. 马五退三　车8平7
19. 炮九平八　炮8退1　　20. 炮八进六　象3进5
21. 马七进六　马6退7　　22. 车五进二　炮8平4
23. 兵七进一　马7进8　　24. 车五平六　炮4平6
25. 兵七进一　炮6退3　　26. 炮八退一　马8进9
27. 仕六进五　卒7进1　　28. 帅五平六　士5进4
29. 兵七进一　士6进5　　30. 车八平三　卒9进1
31. 马三进四　车7进1　　32. 马四进五　卒7平6
33. 车三平二　卒9进1　　34. 车二平四　车2平3
35. 车六平七　车7退4　　36. 车四退一　车7平4
37. 帅六平五　卒9进1　　38. 兵七进一　车3平2
39. 车七平三　象7进9　　40. 兵七平六　马9进7
41. 车四退二　马7退8　　42. 马五进六　炮6进3
43. 车三平一　象9退7　　44. 炮八进一　炮6退5
45. 车一平三　象5进7　　46. 兵五进一　车2进1
47. 兵六平五　士4退5　　48. 马六进五　象7进5

49. 马五退三　车2平7
50. 炮八退一　炮6进5
51. 炮八退三　车4平6
52. 炮八平三　象7退9
53. 兵五进一　车6退2
54. 兵五进一　马8退9
55. 兵五进一　车6平5
56. 车三平四　车7进1
57. 后车进三　车7退2
58. 前车平九　马9进8
59. 车四平六　车7进6
60. 帅五平六　将5平6

第58局　陈汉华 负 蒋川

1. 炮二平五　马8进7
2. 马二进三　车9平8
3. 车一平二　马2进3
4. 兵七进一　卒7进1
5. 车二进六　炮8平9
6. 车二平三　炮9退1
7. 马八进七　士4进5
8. 炮八平九　车1平2
9. 车九平八　炮9平7
10. 车三平四　马7进8
11. 炮五进四　马3进5
12. 车四平五　炮7进5
13. 马三退五　卒7进1
14. 车八进五　马8进6
15. 车五退二　车8进8
16. 炮九退一　车8退1
17. 炮九平八　车8平6
18. 马七进六　炮7平8
19. 炮八进六　象3进5
20. 车八平二　炮8退1
21. 炮八平九　车6进1
22. 马五进七　马6进7
23. 仕四进五　炮8平5
24. 兵五进一

第59局　党斐 和 孙勇征

1. 炮二平五　马8进7
2. 马二进三　车9平8
3. 车一平二　马2进3
4. 兵七进一　卒7进1
5. 车二进六　炮8平9
6. 车二平三　炮9退1
7. 马八进七　士4进5
8. 炮八平九　车1平2
9. 车九平八　炮9平7
10. 车三平四　马7进8
11. 炮五进四　马3进5
12. 车四平五　炮7进5

13. 马三退五 卒7进1　14. 车八进五 马8进6
15. 车五平七 车8进8　16. 炮九退一 炮7进2
17. 炮九进一 炮7退2　18. 炮九退一 炮7进2
19. 炮九进一 炮7退2　20. 炮九退一 炮7进2

第60局 靳玉砚 胜 汪洋

1. 炮二平五 马8进7　2. 马二进三 车9平8
3. 车一平二 马2进3　4. 兵七进一 卒7进1
5. 车二进六 炮8平9　6. 车二平三 炮9退1
7. 马八进七 士4进5　8. 炮八平九 车1平2
9. 车九平八 炮9平7　10. 车三平四 马7进8
11. 炮五进四 马3进5　12. 车四平五 炮7进5
13. 马三退五 炮2进6　14. 马七进六 马8进9
15. 相七进五 马9进8　16. 车五平四 车8进2
17. 马五进七 炮7进1　18. 炮九进四 车2进7
19. 炮九进三 士5退4　20. 炮九退四 炮7平3
21. 马六退七 卒3进1　22. 兵七进一 车2平3
23. 车八进一 车3退3　24. 炮九进四 车3退2
25. 车八进八 象7进5　26. 车八退一 车3进1
27. 车四退五 车3平4　28. 仕四进五 士6进5
29. 车四进七 士5进6　30. 车四平一 车8退2
31. 车八退一 车4平6　32. 相五退七

第61局 赵玮 负 孙浩宇

1. 炮二平五 马8进7　2. 马二进三 车9平8
3. 车一平二 马2进3　4. 兵七进一 卒7进1
5. 车二进六 炮8平9　6. 车二平三 炮9退1
7. 马八进七 士4进5　8. 炮八平九 车1平2

9. 车九平八 炮 9 平 7 **10.** 车三平四 马 7 进 8
11. 炮五进四 马 3 进 5 **12.** 车四平五 炮 7 进 5
13. 马三退五 卒 7 进 1 **14.** 车八进六 马 8 进 6
15. 车五平七 车 8 进 8 **16.** 炮九退一 炮 7 进 2
17. 炮九平三 车 8 平 7 **18.** 马七进六 车 7 平 6
19. 马五进七 马 6 进 4 **20.** 仕六进五 炮 2 平 4
21. 仕五进六 车 2 进 3 **22.** 车七平八 车 6 平 3
23. 相三进五 车 3 退 1 **24.** 仕四进五 车 3 退 2
25. 马六进四 车 3 平 6 **26.** 马四进二 卒 7 进 1
27. 车八平九 卒 7 平 6 **28.** 马二进三 车 6 退 4
29. 马三退四 炮 4 平 9 **30.** 车九平七 象 3 进 5
31. 马四退二 炮 9 平 6 **32.** 马二退四 马 4 退 3
33. 车七平一 车 6 平 8 **34.** 车一平三 马 3 进 2

第 62 局 靳玉砚 负 景学义

1. 炮二平五 马 8 进 7 **2.** 马二进三 车 9 平 8
3. 车一平二 马 2 进 3 **4.** 兵七进一 卒 7 进 1
5. 车二进六 炮 8 平 9 **6.** 车二平三 炮 9 退 1
7. 马八进七 士 4 进 5 **8.** 炮八平九 车 1 平 2
9. 车九平八 炮 9 平 7 **10.** 车三平四 马 7 进 8
11. 炮五进四 马 3 进 5 **12.** 车四平五 炮 7 进 5
13. 马三退五 炮 2 进 5 **14.** 相七进五 车 8 进 2
15. 马五退七 炮 2 退 1 **16.** 前马进六 卒 7 进 1
17. 炮九平六 马 8 进 6 **18.** 车五平七 车 8 平 5
19. 马六进四 车 5 进 2 **20.** 马四进二 车 5 进 2
21. 马二退三 车 5 退 4 **22.** 仕四进五 炮 7 进 2
23. 马三进四 士 5 进 6 **24.** 炮六进二 炮 7 平 9
25. 炮六平五 车 5 进 3 **26.** 马四退五 炮 9 进 1
27. 相三进一 炮 2 平 8 **28.** 帅五平四 车 2 进 9

29. 车七进三 将5进1　30. 车七退一 将5退1
31. 马五进六 象7进5　32. 车七平九 将5平4

第63局 唐丹 和 谢靖

1. 炮二平五 马8进7　2. 马二进三 车9平8
3. 车一平二 马2进3　4. 兵七进一 卒7进1
5. 车二进六 炮8平9　6. 车二平三 炮9退1
7. 马八进七 士4进5　8. 炮八平九 车1平2
9. 车九平八 炮9平7　10. 车三平四 马7进8
11. 炮五进四 马3进5　12. 车四平五 炮7进5
13. 马三退五 卒7进1　14. 车八进四 马8进6
15. 车五退二 车8进8　16. 炮九退一 车8退1
17. 相三进五 炮7平8　18. 马五退三 车8平7
19. 炮九平八 炮8退1　20. 炮八进六 马6进5
21. 相七进五 炮8平5　22. 兵五进一 车7平5
23. 仕四进五 象3进5　24. 马七进六 车5退2
25. 马六进七 卒7平6　26. 马三进四 车5进1
27. 车八进二 士5进4　28. 炮八进一 士6进5
29. 车八退一 卒6进1　30. 马四退六 车5退1
31. 马七退五 将5平6　32. 马六进七 车5平6
33. 马七退五 车6退2　34. 后马进六 卒6进1
35. 仕五进四 车6进4　36. 仕六进五 车6退4
37. 马五进七 车2平3　38. 炮八退二 车6平3
39. 炮八进三 后车进1　40. 马六进七 车3进2
41. 炮八平九 象7进9　42. 车八平五 车3进2
43. 车五进二 车3进4　44. 仕五退六 车3退3
45. 兵一进一 车3退1　46. 车五退一 车3平9
47. 车五平九 车9平5　48. 仕六进五 卒9进1
49. 炮九平八 将6平5　50. 车九平六 卒9进1

51. 炮八退九　卒9平8
52. 车六退四　卒8平7
53. 帅五平四　车5平6
54. 帅四平五　车6平5
55. 帅五平四　车5平6
56. 帅四平五　车6平5
57. 帅五平四　车5平6
58. 帅四平五　车6平5

第64局　卜凤波 负 于幼华

1. 炮二平五　马2进3
2. 马二进三　马8进7
3. 车一平二　车9平8
4. 兵七进一　卒7进1
5. 车二进六　炮8平9
6. 车二平三　炮9退1
7. 马八进七　士4进5
8. 炮八平九　车1平2
9. 车九平八　炮9平7
10. 车三平四　马7进8
11. 炮五进四　马3进5
12. 车四平五　炮7进5
13. 马三退五　炮2进5
14. 相七进五　卒7进1
15. 相五进三　马8进9
16. 相三退一　马9退8
17. 炮九进四　马8进6
18. 车五平四　马6进8
19. 马五进四　象3进5
20. 车八进一　车8进4
21. 车四平二　车8退1
22. 炮九平二　车2进6
23. 相三进五　卒9进1
24. 相一退三　卒9进1
25. 炮二平五　炮7进1
26. 马七进六　车2平5
27. 仕六进五　马8退6
28. 炮五平四　炮2退1
29. 马四退二　车5平8
30. 马六进七　马6进4
31. 马七进九　炮2退4
32. 炮四平七　马4进2
33. 车八平七　车8进1
34. 车七进二　车8退4
35. 兵七进一　象5进3
36. 车七进二　马2退4
37. 车七退二　马4退5
38. 炮七退二　马5进3
39. 车七进一　车8平2
40. 车七进五　士5退4
41. 车七退二　炮7退6
42. 马九进八　士6进5
43. 兵九进一　卒9平8
44. 兵九进一　炮2退1
45. 车七平二　卒8平7

第65局 蒋全胜 胜 柳大华

1. 炮二平五 马8进7
2. 马二进三 车9平8
3. 车一平二 马2进3
4. 兵七进一 卒7进1
5. 车二进六 炮8平9
6. 车二平三 炮9退1
7. 马八进七 士4进5
8. 炮八平九 车1平2
9. 车九平八 炮9平7
10. 车三平四 马7进8
11. 炮五进四 马3进5
12. 车四平五 炮7进5
13. 马三退五 炮2进5
14. 相七进五 车8进2
15. 马五退七 炮2退1
16. 炮九进四 卒7进1
17. 相五进三 马8进6
18. 车五平六 马6进4
19. 后马进六 车8平5
20. 马七进六 车5进4
21. 仕六进五 车5退1
22. 帅五平六 马4进2
23. 后马进五 炮2进3
24. 马六退七 炮7平6
25. 马五进四 马2进3
26. 马七退八 车2进9
27. 炮九进三 车2退9
28. 车六退三 车2平1
29. 车六平四 士5进6
30. 马四进六 将5进1
31. 车四平八 象3进1
32. 车八进五 将5进1
33. 车八平六 士6退5
34. 马六进八 车1平3
35. 车六退二

第66局 张申宏 胜 聂铁文

1. 炮二平五 马8进7
2. 马二进三 车9平8
3. 车一平二 马2进3
4. 兵七进一 卒7进1
5. 车二进六 炮8平9
6. 车二平三 炮9退1
7. 马八进七 士4进5
8. 炮八平九 车1平2
9. 车九平八 炮9平7
10. 车三平四 马7进8
11. 炮五进四 马3进5
12. 车四平五 炮7进5

13. 马三退五　炮2进5　14. 相七进五　车8进2
15. 马五退七　炮2退1　16. 前马进六　车8平4
17. 车五退二　象3进5　18. 仕六进五　马8退7
19. 炮九平六　车4平2　20. 马六进七　前车进1
21. 前马退五　前车进1　22. 炮六退二　炮2平4
23. 车八进五　车2进4　24. 兵九进一　炮7进1
25. 马五进七　炮4退6　26. 车五平四　炮4平1
27. 兵五进一　炮1进5　28. 车四退二　炮7退1
29. 车四进一　卒7进1　30. 前马退五　炮7进1
31. 马五退三　象5进7　32. 马三退四　象7进5
33. 车四平九　卒1进1　34. 马七进六　炮7平8
35. 兵七进一　车2平3　36. 马六进七　炮8退3
37. 炮六进二　士5退4　38. 车九平八　车3平2
39. 车八进二　炮8平2　40. 马七进八　士6进5
41. 兵五进一　炮1平6　42. 马四进五　炮6退4
43. 兵五平六　炮2进2　44. 马五进四　炮2平8
45. 炮六进二　炮8退1　46. 兵六平五　将5平6
47. 炮六平三　马7退9　48. 炮三退二　炮8退5
49. 相五进三　象7退9　50. 马八退六

第67局　蒋川 胜 黄海林

1. 炮二平五　马8进7　2. 马二进三　车9平8
3. 车一平二　马2进3　4. 兵七进一　卒7进1
5. 车二进六　炮8平9　6. 车二平三　炮9退1
7. 马八进七　士4进5　8. 炮八平九　车1平2
9. 车九平八　炮9平7　10. 车三平四　马7进8
11. 炮五进四　马3进5　12. 车四平五　炮7进5
13. 马三退五　炮2进6　14. 马七进六　车8进2
15. 炮九平六　卒7进1　16. 相七进五　车8平6

17. 马五进七　马8进6　　18. 车五退二　卒7平8
19. 仕六进五　马6进8　　20. 炮六退一　车6平8
21. 马六进七　炮7平9　　22. 前马退六　象7进5
23. 车五进一　炮9进2　　24. 炮六平一　马8进9
25. 兵七进一　象5进3　　26. 车五平七　马9退8
27. 车七平八　马8进7　　28. 帅五平六　车2进4
29. 马六进八　炮2平3　　30. 马八退六　车8平3
31. 车八进一　卒3平7　　32. 车八平七　卒7平6
33. 车七平八　车3平4　　34. 仕五进四　马7退6
35. 车八进三　卒9进1　　36. 仕四进五　卒9进1
37. 帅六平五　马6进8　　38. 马六进四　卒6进1
39. 车八平六　车4平3　　40. 车六平七　车3平4
41. 车七进五　士5退4　　42. 车七退三　马8进9
43. 马四进二　车4平7　　44. 车七平四　士6进5
45. 马二退一　马9退7　　46. 帅五平四　车7平8
47. 车四平三　马7退8　　48. 车三平二　车8进1
49. 马一进二　卒6平5　　50. 马七进五　马8退7
51. 马二退四　马7退6　　52. 马四进五　马6进5
53. 前马退六　马5退4　　54. 马六退八　马4进3
55. 马五进六　卒1进1　　56. 马六退七　将5平6
57. 马八进七　马3进2　　58. 前马退八　将6进1
59. 马七进六　马2退4　　60. 马八进七　马4进3
61. 马七退九　马3退1　　62. 马九进七　马1退2
63. 马七退五　马2退4　　64. 马五进三　将6退1
65. 马三进二　将6平5　　66. 马六进八　马4退2
67. 相五退七　马2进4　　68. 仕五进六　士5进6
69. 马八进六　将5进1　　70. 马二退三　将5平4
71. 马六进八　士4进5　　72. 马三退五　士5退6
73. 马五进三　将4平5　　74. 马三进二　将5退1
75. 马八退六　将5平4　　76. 马二进四　士6退5

77. 马六进八　将4平5
78. 马四退五　将5平6
79. 马五退三　马4进5
80. 马三进二　将6平5
81. 仕四退五　马5退7
82. 马八退七　马7退8
83. 马七进五　将5平4
84. 仕五退六　将4进1
85. 帅四平五　将4退1
86. 马五退七　马8进7
87. 马二退三　马7进6
88. 马三进五　马6进4
89. 帅五平四　马4退5
90. 马七进八　将4进1
91. 马五退七

第68局　柳大华 负 刘星

1. 炮二平五　马8进7
2. 马二进三　车9平8
3. 车一平二　卒7进1
4. 车二进六　马2进3
5. 兵七进一　炮8平9
6. 车二平三　炮9退1
7. 马八进七　士4进5
8. 炮八平九　炮9平7
9. 车三平四　马7进8
10. 车九平八　车1平2
11. 炮五进四　马3进5
12. 车四平五　炮7进5
13. 相三进五　卒7进1
14. 马七进六　马8进6
15. 车五退二　炮2进6
16. 马六进七　车2进7
17. 炮九进四　车8进2
18. 炮九进三　象3进1
19. 马三退一　炮7进2
20. 相五退三　炮7平8
21. 仕六进五　炮8退3
22. 车五平六　马6进5
23. 车六退三　马5进7
24. 帅五平六　车8平4
25. 马七进九　车4进6
26. 帅六进一　士5进4
27. 马九进七　将5平4
28. 炮九退三　炮8退4
29. 炮九平六　士4退5
30. 马七退九　炮8平6
31. 帅六退一　炮6进7
32. 马一进三　卒7进1
33. 炮六退四　车2退5
34. 仕五进四　象7进5
35. 兵五进一　象5退3
36. 兵七进一　象3进1
37. 兵七进一　卒7进1
38. 兵七平六　将4平5

39. 炮六平三　士5退4　**40.** 相七进五　车2进4
41. 帅六进一　马7进9

第69局　唐丹 负 谢靖

1. 炮二平五　马8进7　**2.** 马二进三　车9平8
3. 车一平二　马2进3　**4.** 兵七进一　卒7进1
5. 车二进六　士4进5　**6.** 马八进七　炮8平9
7. 车二平三　炮9退1　**8.** 炮八平九　车1平2
9. 车九平八　炮9平7　**10.** 车三平四　马7进8
11. 炮五进四　马3进5　**12.** 车四平五　炮7进5
13. 马三退五　卒7进1　**14.** 车八进四　马8进6
15. 车五退二　车8进8　**16.** 炮九退一　车8退1
17. 相三进五　炮7平8　**18.** 马五退三　车8平7
19. 炮九平八　炮8退1　**20.** 炮八进六　马6进5
21. 相七进五　炮8平5　**22.** 兵五进一　车7平5
23. 仕四进五　象3进5　**24.** 马七进六　车5退2
25. 马六进七　卒7平6　**26.** 马三进四　车5进1
27. 兵七进一　车5平3　**28.** 马七进六　车2进1
29. 马六退五　卒6进1　**30.** 马四进二　车3平5
31. 马二进四　士5退4　**32.** 马五进三　象5进3
33. 马四进二　卒5进1　**34.** 车八平四　士4进5
35. 炮八退三　卒5进1　**36.** 炮八平六　卒6平5
37. 仕六进五　士5进6　**38.** 车四退三　车2进8
39. 炮六退四　车5平4

第70局　吕钦 负 洪智

1. 炮二平五　马8进7　**2.** 马二进三　车9平8
3. 车一平二　卒7进1　**4.** 车二进六　马2进3

5. 兵七进一　炮8平9　　6. 车二平三　炮9退1
7. 马八进七　士4进5　　8. 炮八平九　车1平2
9. 车九平八　炮9平7　　10. 车三平四　马7进8
11. 炮五进四　马3进5　　12. 车四平五　炮7进5
13. 马三退五　卒7进1　　14. 车八进四　马8进6
15. 车五退二　车8进8　　16. 炮九退一　车8退1
17. 炮九进一　车8进1　　18. 炮九退一　车8退1
19. 炮九进一　车8进1　　20. 炮九退一　车8退1
21. 相三进五　炮7平8　　22. 马五退三　车8平7
23. 炮九平八　炮8退1　　24. 炮八进六　马6进5
25. 相七进五　炮8平5　　26. 兵五进一　车7平5
27. 仕四进五　象3进5　　28. 马七进六　车5退2
29. 马六进七　卒7平6　　30. 马三进四　车5进1
31. 兵七进一　车5平3　　32. 马七退五　车3退2
33. 马四进六　车3平4　　34. 车八退一　卒6平5
35. 马五退三　车4平7　　36. 马三退四　卒5进1
37. 马六退七　车2平3　　38. 车八平五　车3进8
39. 车五进三　车3平2　　40. 炮八平九　卒9进1
41. 车五平九　车2退2　　42. 炮九进二　车2平9
43. 车九平八　士5进4　　44. 炮九退五　车7平5
45. 炮九平三　士6进5　　46. 炮三退四　车9平6
47. 车八平一　车6退1　　48. 马四进二　车6平8
49. 马二退四　卒9进1　　50. 炮三平四　车5进2
51. 车一平九　象5进7　　52. 车九进三　士5退4
53. 车九退四　象7退9　　54. 车九平四　士4进5
55. 车四退二　车5平6　　56. 炮四进三　车8平6
57. 炮四平五　将5平6　　58. 炮五平二　车6进1
59. 炮二退三　将6平5　　60. 炮二平四　车6平1
61. 仕五进六　卒9进1　　62. 仕六进五　士5进6
63. 帅五平六　士4退5　　64. 炮四平二　将5平4

65. 帅六平五 卒9进1
66. 马四退二 车1平6
67. 马二退四 卒9平8
68. 炮二平一 车6平9
69. 炮一平三 卒8进1
70. 炮三进四 卒8平7
71. 马四进三 车9平7
72. 炮三平九 车7进1
73. 炮九退三 将4平5
74. 帅五平六 士5退6
75. 炮九平八 车7退1
76. 炮八平九 将5进1
77. 炮九平八 车7平2
78. 炮八平三 车2进3
79. 帅六进一 将5平4
80. 仕五进四 车2退2

第71局 柳大华 胜 于幼华

1. 炮二平五 马8进7
2. 马二进三 车9平8
3. 车一平二 马2进3
4. 兵七进一 卒7进1
5. 车二进六 炮8平9
6. 车二平三 炮9退1
7. 马八进七 士4进5
8. 炮八平九 车1平2
9. 车九平八 炮9平7
10. 车三平四 马7进8
11. 炮五进四 马3进5
12. 车四平五 炮7进5
13. 马三退五 炮2进5
14. 马五进四 象7进5
15. 马四进五 马8进9
16. 相七进五 马9进7
17. 车五平四 车8进8
18. 车四退三 炮2退1
19. 车四退一 马7进9
20. 车四平一 卒9进1
21. 仕六进五 卒9进1
22. 车八进二 车2进4
23. 炮九退一 炮7进2
24. 仕五进四 炮7退2
25. 仕四退五 炮7进2
26. 仕五进四 炮7退2
27. 仕四退五 炮7进2
28. 炮九平三 车8平7
29. 马五进七 卒9进1
30. 车一平四 卒7进1
31. 前马退六 马9退8
32. 车四进四 卒7平6
33. 兵七进一 车2平3
34. 车八进一 车7退4
35. 车四平六 卒1进1
36. 马七进八 士5进6
37. 车六进二 车3进4
38. 帅五平六 士6进5

39. 马八进七　车7平3　　40. 马七进五　前车平1
41. 车八退三　车1退2　　42. 马六进五　车3进2
43. 仕五进六　卒1进1　　44. 前马进七　将5平6
45. 马五进三　将6进1　　46. 马七退六　车3平5
47. 车八平七　象3进1　　48. 马三进二　将6退1
49. 车六平九

第72局　许银川 胜 柳大华

1. 炮二平五　马8进7　　2. 马二进三　车9平8
3. 车一平二　马2进3　　4. 兵七进一　卒7进1
5. 车二进六　炮8平9　　6. 车二平三　炮9退1
7. 马八进七　士4进5　　8. 炮八平九　车1平2
9. 车九平八　炮9平7　　10. 车三平四　马7进8
11. 炮五进四　马3进5　　12. 车四平五　炮7进5
13. 马三退五　炮2进5　　14. 相七进五　车8进2
15. 马五退七　炮2退1　　16. 前马进六　车8平4
17. 车五退二　象3进5　　18. 仕六进五　马8退7
19. 炮九平六　车4平2　　20. 马六进七　炮2平3
21. 车八进七　车2进2　　22. 前马退五　车2进2
23. 炮六退二　炮7进1　　24. 兵七进一　车2平3
25. 马五退七　马7进6　　26. 后马进六　炮7平4
27. 仕五进六　卒9进1　　28. 兵九进一　炮3平2
29. 炮六进一　炮2退4　　30. 车五进二　炮2平3
31. 炮六平七　车3进1　　32. 相五进七　炮3进6
33. 兵五进一　马6进7　　34. 兵五进一　炮3平1
35. 兵五平六　卒9进1　　36. 车五退五　炮1进1
37. 车五进二　卒7进1　　38. 相三进五　卒9进1
39. 相五进三　马7退9　　40. 兵六进一　马9退7
41. 兵六平七　士5退4　　42. 兵七平八　卒9平8

43. 仕四进五　卒 8 进 1
44. 车五平九　炮 1 平 2
45. 兵八平九　炮 2 退 8
46. 车九平二　卒 8 平 7
47. 后兵进一　炮 2 平 9
48. 后兵平八　士 6 进 5
49. 相七退五　炮 9 进 3
50. 车二进二　炮 9 退 2
51. 兵九平八　马 7 退 5
52. 车二进一　马 5 进 7
53. 前兵平七　炮 9 进 2
54. 车二退一　炮 9 退 2
55. 兵七平六　卒 7 进 1
56. 车二退二　炮 9 进 1
57. 车二平一　炮 9 平 8
58. 车一退二　炮 8 进 5
59. 兵八进一　将 5 平 6
60. 兵六平七　将 6 平 5
61. 帅五平四　马 7 退 6
62. 车一进五　炮 8 退 5
63. 帅四平五　卒 7 平 8
64. 兵七进一　象 5 进 7
65. 兵八平七　卒 8 平 7
66. 车一进三　炮 8 退 1
67. 车一平二　炮 8 平 9
68. 车二退二　象 7 退 5
69. 车二平三　马 6 进 7
70. 前兵进一　炮 9 进 4
71. 前兵平六　马 7 退 6
72. 兵七平六　马 6 进 7
73. 车三退一　炮 9 退 3
74. 仕五进四　炮 9 退 2
75. 车三进二　炮 9 进 5
76. 仕六退五　炮 9 平 4
77. 前兵平七　卒 7 平 6
78. 车三退二　卒 6 平 7
79. 兵六平七　炮 4 平 6
80. 前兵平六　马 7 进 5
81. 车三平五　马 5 退 3
82. 车五平六　炮 6 退 6
83. 帅五平六　马 3 进 5
84. 车六退二　马 5 退 7
85. 车六平八　马 7 退 5
86. 车八进五　马 5 退 7
87. 兵七进一　象 7 进 9
88. 兵七进一　炮 6 平 7
89. 车八退六　象 9 进 7
90. 车八平六　马 7 进 5
91. 车六进三　马 5 退 7
92. 兵七进一　将 5 平 6
93. 兵七平六　士 5 退 4
94. 兵六进一　将 6 进 1
95. 车六平四　将 6 平 5
96. 车四进一　马 7 进 8
97. 仕五退四　马 8 退 9
98. 相三退一　炮 7 平 9
99. 车四进二　炮 9 平 8
100. 相五退三　卒 7 平 6
101. 帅六平五　将 5 平 4
102. 兵六平五　炮 8 进 4

103. 车四退一　将4进1
104. 车四平八　卒6平7
105. 车八退七　将4退1
106. 车八平六　将4平5
107. 车六平三　将5平6
108. 车三进三　炮8退1
109. 车三平四　将6平5
110. 车四进一　炮8平5
111. 车四进一　炮5进1
112. 车四平五　炮5平4
113. 车五退一　炮4退2
114. 车五平六　炮4退1
115. 兵五平六　马9退7
116. 车六平三　马7进6
117. 车三平五　马6退7
118. 车五进一

第73局　汪洋 胜 才溢

1. 炮二平五　马8进7
2. 马二进三　车9平8
3. 车一平二　马2进3
4. 兵七进一　卒7进1
5. 车二进六　炮8平9
6. 车二平三　炮9退1
7. 马八进七　士4进5
8. 炮八平九　车1平2
9. 车九平八　炮9平7
10. 车三平四　马7进8
11. 炮五进四　马3进5
12. 车四平五　炮7进5
13. 马三退五　炮2进5
14. 马五进四　卒7进1
15. 马四进五　卒7平8
16. 车五平七　象7进5
17. 马五进三　卒8平7
18. 炮九进四　车8平7
19. 马七进六　炮7退3
20. 炮九平三　马8进6
21. 马六进四　炮2平3
22. 车八进九　炮3退4
23. 相七进五　炮3平6
24. 炮三平二　马6进4
25. 车八退三　炮6退2
26. 车八平六　马4进3
27. 车六退五　马3退2
28. 炮二平八　士5退4
29. 炮八进二　士6进5
30. 炮八平四　车7平6
31. 马四进二　车6进1
32. 马二退三　车6进4
33. 马三进二　车6进1
34. 兵五进一　将5平6
35. 仕六进五　车6平9
36. 帅五平六　车9平7
37. 车六进五　车7平6
38. 兵五进一　马2进3

39. 兵九进一 车6平4 **40.** 车六退三 马3退4
41. 兵五平六 卒9进1 **42.** 兵六进一 象5进7
43. 兵九进一 象3进1 **44.** 兵九平八 马4进2
45. 兵八进一 马2退1 **46.** 兵八平九 象1退3
47. 马二退三 卒9进1 **48.** 马三退四 象7退5
49. 马四进五 卒9平8 **50.** 兵七进一 卒8进1
51. 兵七平六 将6平5 **52.** 马五退六 马1进2
53. 兵九平八 马2退4 **54.** 兵八平七 卒8平7
55. 马六进八 马4退6

第74局 吕钦 胜 于幼华

1. 炮二平五 马8进7 **2.** 马二进三 车9平8
3. 车一平二 马2进3 **4.** 兵七进一 卒7进1
5. 车二进六 炮8平9 **6.** 车二平三 炮9退1
7. 马八进七 士4进5 **8.** 炮八平九 车1平2
9. 车九平八 炮9平7 **10.** 车三平四 马7进8
11. 炮五进四 马3进5 **12.** 车四平五 炮7进5
13. 马三退五 炮2进5 **14.** 马五进四 象7进5
15. 马四进五 马8进9 **16.** 相七进五 马9进7
17. 马五进七 车8进8 **18.** 车五平四 炮7平9
19. 前马退八 车2进3 **20.** 车四退四 车2进2
21. 车四平三 车2退2 **22.** 车三进一 炮9进3
23. 仕六进五 车8进1 **24.** 仕五进四 车8退2
25. 车三平一 炮9平6 **26.** 帅五平四 车8平6
27. 帅四平五 车2平6 **28.** 车一退二 后车平2
29. 车八进一 车6退3 **30.** 炮九退二 车6平2
31. 炮九平七 卒1进1 **32.** 车一平六 前车进2
33. 兵五进一 前车平1 **34.** 兵五进一 卒1进1
35. 兵五平六 车1平8 **36.** 兵七进一 象5进3

37. 兵六平七　炮 2 退 1　**38.** 兵七进一　车 2 进 1
39. 兵七进一　卒 1 进 1　**40.** 兵七进一　卒 1 进 1
41. 兵七平六　象 3 进 1　**42.** 相五进七　车 2 平 5
43. 车六平五

第 75 局　汪洋 和 柳大华

1. 炮二平五　马 8 进 7　**2.** 马二进三　车 9 平 8
3. 车一平二　卒 7 进 1　**4.** 车二进六　马 2 进 3
5. 兵七进一　炮 8 平 9　**6.** 车二平三　炮 9 退 1
7. 马八进七　士 4 进 5　**8.** 炮八平九　车 1 平 2
9. 车九平八　炮 9 平 7　**10.** 车三平四　马 7 进 8
11. 炮五进四　马 3 进 5　**12.** 车四平五　炮 7 进 5
13. 马三退五　炮 2 进 5　**14.** 马五进四　象 7 进 5
15. 马四进五　马 8 进 9　**16.** 相七进五　马 9 进 7
17. 车五平四　车 8 进 8　**18.** 车四退三　炮 2 退 1
19. 车四退一　马 7 进 9　**20.** 仕六进五　马 9 退 8
21. 炮九退一　炮 2 进 2　**22.** 车四平三　马 8 进 7
23. 帅五平六　炮 7 平 9　**24.** 马五退四　炮 9 进 2
25. 马四退三　炮 9 平 7　**26.** 炮九进五　卒 9 进 1
27. 帅六平五　炮 2 退 1　**28.** 车三进一　炮 7 平 6
29. 马七进六　炮 6 退 7　**30.** 车三平四　炮 6 平 7
31. 车四进三　炮 7 进 8　**32.** 相五退三　炮 2 平 5
33. 马六退五　车 2 进 9　**34.** 仕五退六　车 8 退 2
35. 车四平七　车 8 平 5　**36.** 车七平一

第 76 局　黎德志 和 吕钦

1. 炮二平五　马 8 进 7　**2.** 马二进三　车 9 平 8
3. 车一平二　卒 7 进 1　**4.** 车二进六　马 2 进 3

5. 兵七进一　炮8平9　**6.** 车二平三　炮9退1
7. 马八进七　士4进5　**8.** 炮八平九　车1平2
9. 车九平八　炮9平7　**10.** 车三平四　马7进8
11. 炮五进四　马3进5　**12.** 车四平五　炮7进5
13. 相三进五　炮2进6　**14.** 车五平七　车8进2
15. 炮九进四　卒7进1　**16.** 炮九平八　炮2平8
17. 炮八退二　象3进5　**18.** 炮八平三　车2平4
19. 仕四进五　马8进6　**20.** 车七平四　马6进7
21. 炮三退二　炮8进1　**22.** 车八进六　车8进4
23. 帅五平四　炮7退4　**24.** 车四平一　车4进4
25. 车一平四　炮7平6　**26.** 帅四平五　炮8平9
27. 车八进三　士5退4　**28.** 车四进一　车8进3
29. 车四退七　车4平6　**30.** 炮三退二　车8退4
31. 车八退三　士6进5　**32.** 车八平三　将5平6
33. 车三退四　车8平6　**34.** 车三平四　前车进2
35. 仕五进四　车6进3　**36.** 仕六进五　车6退2
37. 兵九进一　将6平5　**38.** 兵九进一　炮9平8
39. 兵九平八　车6退1　**40.** 兵八进一　车6平2
41. 兵八平七　车2平9　**42.** 马七进六　车9平5
43. 兵一进一　车5进2　**44.** 马六进四　车5退3
45. 马四进六　士5进4　**46.** 兵一进一　士4进5
47. 兵一平二　车5进1　**48.** 兵二进一　车5退1
49. 兵二进一　象5退3　**50.** 帅五平六　车5进1
51. 兵二平三　象3进1　**52.** 帅六平五　车5平4
53. 兵三进一　象7进5　**54.** 兵三平四　象1退3
55. 相五进三　象3进1　**56.** 相七进五　象1退3
57. 相三退一　象3进1　**58.** 相一进三　象1退3
59. 兵四平五　将5进1　**60.** 马六进四　车4平8
61. 前兵平六　炮8平6　**62.** 仕五退四　将5平6
63. 仕四进五　将6进1　**64.** 炮三平四　将6退1

第77局　张申宏 胜 林宏敏

1. 炮二平五　马8进7
2. 马二进三　车9平8
3. 车一平二　卒7进1
4. 车二进六　马2进3
5. 兵七进一　炮8平9
6. 车二平三　炮9退1
7. 马八进七　士4进5
8. 炮八平九　炮9平7
9. 车三平四　马7进8
10. 车九平八　车1平2
11. 炮五进四　马3进5
12. 车四平五　炮7进5
13. 马三退五　炮2进5
14. 相七进五　车8进2
15. 车五平七　炮7平8
16. 兵七进一　马8进7
17. 马五退七　炮8进3
18. 前马进六　马7进9
19. 马六退四　车8平6
20. 车八进二　车6进4
21. 仕六进五　马9进7
22. 帅五平六　车2平1
23. 炮九退一　马7退8
24. 车八进一　象3进5
25. 车七平六　马8退6
26. 马七进六　车6平8
27. 马六进五　马6进5
28. 车六退四　车8退3
29. 马五进六　车1平3
30. 车八进六

第78局　蒋川 和 李智屏

1. 炮二平五　马8进7
2. 马二进三　卒7进1
3. 车一平二　车9平8
4. 车二进六　马2进3
5. 兵七进一　炮8平9
6. 车二平三　炮9退1
7. 马八进七　士4进5
8. 炮八平九　车1平2
9. 车九平八　炮9平7
10. 车三平四　马7进8
11. 炮五进四　马3进5
12. 车四平五　炮7进5
13. 马三退五　炮2进5
14. 马五进四　卒7进1
15. 马四进五　卒7平8
16. 车五平七　象7进5
17. 炮九进四　马8进6
18. 炮九平八　车8进4

19. 兵五进一　车8平6
20. 仕六进五　炮7退1
21. 车八进二　炮7平5
22. 相七进五　车6平5
23. 兵七进一　马6进8
24. 车八进二　象5进3
25. 车七平六　象3进5
26. 炮八平一　车2平4
27. 车八平六　车4进3
28. 车六进二　卒8平7
29. 帅五平六　卒7平6
30. 马七进五　炮5平4
31. 马五退七　炮4平5
32. 马七进五　炮5平4
33. 马五进七　卒6平5
34. 炮一进三　象5退7
35. 炮一退五　车5退2
36. 炮一平六　卒5平4
37. 车六退二　车5平4
38. 车六进三　士5进4
39. 兵一进一　士6进5
40. 兵九进一　象7进5
41. 兵九进一　将5平6
42. 兵九平八　将6平5
43. 马七进五　象3退1
44. 兵八进一　象1退3
45. 兵八平七　将5平6
46. 兵七平六　将6平5
47. 马五进三　马8退7
48. 兵一进一　马7进5
49. 马三退五　马5退3
50. 兵一进一　马3退2
51. 兵六平七　马2进3
52. 兵一平二　将5平6
53. 兵二平三　将6平5
54. 相五进七　将5平6
55. 帅六进一　马3进5
56. 仕五退六　马5进6
57. 帅六平五　马6退8
58. 兵三进一　马8退7
59. 马五进三　马7进6
60. 帅五平四　将6平5
61. 兵三进一　马6进8
62. 帅四进一　马8退7
63. 帅四平五　士5进6
64. 兵三平四　马7退6
65. 帅五退一　士4退5
66. 帅五平六　马6进5
67. 马三退四　马5进3

第79局　孙勇征 和 聂铁文

1. 炮二平五　马8进7
2. 马二进三　车9平8
3. 车一平二　卒7进1
4. 车二进六　马2进3

5. 兵七进一　炮8平9　　6. 车二平三　炮9退1
7. 马八进七　士4进5　　8. 炮八平九　车1平2
9. 车九平八　炮9平7　　10. 车三平四　马7进8
11. 炮五进四　马3进5　　12. 车四平五　炮7进5
13. 马三退五　炮2进5　　14. 相七进五　车8进2
15. 马五退七　炮2退1　　16. 前马进六　卒7进1
17. 炮九平六　马8进6　　18. 车五退二　车8平6
19. 马六进七　象3进5　　20. 前马退五　车6进2
21. 炮六进三　车6平5　　22. 车五进一　马6进4
23. 车五进一　炮2平5　　24. 车五退三　马4进3
25. 帅五进一　车2进9　　26. 车五平七　炮7进2
27. 炮六退四　马3退1　　28. 车七退一　炮7平4
29. 帅五平六　车2退1　　30. 帅六进一　车2退2
31. 相五进三　马1退3　　32. 仕六进五　车2平1
33. 帅六退一　卒1进1　　34. 帅六退一　卒1进1
35. 帅六平五　马3退5　　36. 车七平五　马5退6
37. 车五平三　车1平9　　38. 相三退五　卒1平2
39. 车三平一　车9进1　　40. 相三进一　卒9进1
41. 马七进六　卒9进1　　42. 相一退三　卒9平8
43. 相三进一　卒8进1　　44. 相一退三　卒8平7
45. 相五退七　士5进4　　46. 相七进九　士6进5
47. 帅五平六　将5平4　　48. 帅六平五　士5进6
49. 仕五退六　士4退5　　50. 仕四进五　马6进8
51. 马六进五　马8进6　　52. 仕五进六　卒7进1
53. 仕六进五　卒7进1　　54. 帅五平四　卒2进1
55. 相九退七　卒2进1　　56. 相三进一　马6退8
57. 相七进五　卒2平3　　58. 相一进三　卒3进1
59. 相三退一　马8进6　　60. 相一进三　马6进7
61. 相三退一　马7退5　　62. 相一进三　马5进7
63. 相三退一　马7退6　　64. 相一进三　马6退5

65. 相三退一 马5进4
66. 相一进三 卒3平4
67. 仕五进四 将4平5
68. 仕四退五 将5平6
69. 仕五进四 士5进4
70. 仕四退五 象7进9
71. 相五退三 象9进7
72. 相三进五 卒4平3
73. 仕五退六 马4退5
74. 仕六进五 马5进6
75. 相五退三 马6进7
76. 相三进五 卒7平8
77. 帅四平五 士6退5
78. 仕五进四 卒8平7
79. 帅五进一 马7退6
80. 相五退七 马6退7
81. 相七进五 马7进9
82. 马五退七 马9进8
83. 马七进五

第80局 刘强 胜 宇兵

1. 炮二平五 马2进3
2. 马二进三 马8进7
3. 车一平二 车9平8
4. 兵七进一 卒7进1
5. 车二进六 炮8平9
6. 车二平三 炮9退1
7. 马八进七 士4进5
8. 炮八平九 车1平2
9. 车九平八 炮9平7
10. 车三平四 马7进8
11. 炮五进四 马3进5
12. 车四平五 炮7进5
13. 马三退五 卒7进1
14. 车八进六 马8进6
15. 车五平七 车8进2
16. 马七进六 车8平4
17. 马六进四 车4进2
18. 马四进六 炮2平4
19. 马六进四 士5进6
20. 车八进三 象7进5
21. 车八退三 炮4进7
22. 炮九进四 士6退5
23. 炮九进三 士5退4
24. 车八进一

第81局 靳玉砚 负 阎文清

1. 炮二平五 马8进7
2. 马二进三 车9平8
3. 车一平二 马2进3
4. 兵七进一 卒7进1

5. 车二进六　炮8平9
6. 车二平三　炮9退1
7. 马八进七　士4进5
8. 炮八平九　车1平2
9. 车九平八　炮9平7
10. 车三平四　马7进8
11. 炮五进四　马3进5
12. 车四平五　炮7进5
13. 马三退五　卒7进1
14. 车八进四　马8进6
15. 车五退二　车8进8
16. 炮九退一　车8退1
17. 相三进五　炮7平8
18. 马五退三　车8平7
19. 炮九平八　炮8退1
20. 炮八进六　象3进5
21. 仕六进五　马6进5
22. 相七进五　炮8平5
23. 兵五进一　车7平5
24. 马七进六　车5退2
25. 马六进七　卒7平6
26. 马三进四　车5进1
27. 兵七进一　车5平3
28. 马七进六　车2进1
29. 马六退五　卒6进1
30. 马四进二　车3进3
31. 仕五退六　车2平4
32. 仕四进五　车4进2
33. 马二进四　车3退5
34. 炮八进二　车3平5
35. 车八平七　将5平4
36. 帅五平四　卒6平5
37. 车七进五　将4进1
38. 车七退五　将4退1
39. 车七进五　将4进1
40. 车七退五　将4退1
41. 炮八退六　卒9进1
42. 兵九进一　卒5进1
43. 炮八平六　将4平5
44. 帅四平五　卒5平4
45. 车七平八　卒4进1
46. 帅五平四　士5退4
47. 帅四进一　车5进2
48. 车八退二　车5平9
49. 车八平四　士4进5
50. 车四平五　卒9进1
51. 炮六进一　车9平6
52. 车五平四　车6平9
53. 车四平五　车9平6
54. 车五平四　车6平9
55. 车四平五　车9平6
56. 车五平四　车6平7
57. 车四平五　卒9进1
58. 炮六平五　车7进2
59. 帅四退一　车7进1
60. 帅四进一　车7退1
61. 帅四退一　卒4进1
62. 车五平六　车4进4
63. 仕五进六

第 82 局 金波 负 张江

1. 炮二平五 马 8 进 7
2. 马二进三 车 9 平 8
3. 车一平二 马 2 进 3
4. 兵七进一 卒 7 进 1
5. 车二进六 炮 8 平 9
6. 车二平三 炮 9 退 1
7. 马八进七 士 4 进 5
8. 炮八平九 车 1 平 2
9. 车九平八 炮 9 平 7
10. 车三平四 马 7 进 8
11. 炮五进四 马 3 进 5
12. 车四平五 炮 7 进 5
13. 马三退五 炮 2 进 5
14. 相七进五 车 8 进 2
15. 马七进六 卒 7 进 1
16. 马五退七 马 8 进 6
17. 车五退二 炮 2 退 1
18. 相五进三 车 8 平 6
19. 车八进二 炮 2 退 1
20. 车八平四 炮 2 平 4
21. 车五平四 车 6 平 4
22. 前车退一 炮 7 进 2
23. 仕四进五 车 2 进 9
24. 后车平七 炮 4 进 3
25. 炮九进四 炮 4 平 3
26. 相三进五 车 4 进 6
27. 炮九进三 象 3 进 1
28. 兵五进一 车 2 平 3
29. 车七平八 士 5 进 6
30. 车四平二 将 5 平 4
31. 车八平六 车 4 退 1
32. 仕五进六 车 3 平 2
33. 车二平三 炮 7 平 4
34. 车三平七 炮 3 平 1
35. 车七退二 炮 1 进 1
36. 车七平九 炮 4 平 2
37. 兵九进一 炮 1 平 4
38. 帅五进一 炮 4 平 8
39. 兵九进一 炮 2 退 2
40. 兵九进一 炮 2 平 7
41. 相五退七 车 2 平 3
42. 车九进二 车 3 退 1
43. 帅五进一 车 3 退 3

第 83 局 吕钦 胜 苗利明

1. 炮二平五 马 8 进 7
2. 马二进三 车 9 平 8
3. 车一平二 卒 7 进 1
4. 车二进六 马 2 进 3

5. 兵七进一　炮8平9　6. 车二平三　炮9退1
7. 马八进七　士4进5　8. 炮八平九　车1平2
9. 车九平八　炮9平7　10. 车三平四　马7进8
11. 炮五进四　马3进5　12. 车四平五　炮7进5
13. 马三退五　卒7进1　14. 车八进四　马8进6
15. 车五退二　车8进8　16. 炮九退一　车8退1
17. 相三进五　炮7平8　18. 马五退三　车8平7
19. 炮九平八　炮8退1　20. 炮八进六　马6进5
21. 相七进五　炮8平5　22. 兵五进一　车7平5
23. 仕四进五　象3进5　24. 马七进六　车5退2
25. 马六进七　卒7平6　26. 马三进四　车5进2
27. 马四进二　卒6平7　28. 马二进三　车2平1
29. 马三进二　车5退4　30. 兵七进一　车5平8
31. 马七退五　象5进3　32. 马二进三　车8平5
33. 炮八平一　象3退5　34. 马三退二　士5进6
35. 炮一进二　象5退7　36. 马二进三

第84局　吕钦 胜 聂铁文

1. 炮二平五　马8进7　2. 马二进三　车9平8
3. 车一平二　卒7进1　4. 车二进六　马2进3
5. 兵七进一　炮8平9　6. 车二平三　炮9退1
7. 马八进七　士4进5　8. 炮八平九　车1平2
9. 车九平八　炮9平7　10. 车三平四　马7进8
11. 炮五进四　马3进5　12. 车四平五　炮7进5
13. 马三退五　炮2进5　14. 马五进四　象7进5
15. 马四进五　马8进9　16. 相七进五　马9进7
17. 马五进七　车8进8　18. 车五平四　炮7平9
19. 后马进八　马7进6　20. 车四退六　炮9进3
21. 车八进二　车2进4　22. 仕六进五　车8退5

23. 马七退六 卒9进1　24. 马六退七 卒9进1
25. 车八进一 卒9进1　26. 车八平六 卒9平8
27. 兵五进一 卒8进1　28. 炮九平八 车2平6
29. 马七进六 卒8进1　30. 炮八退一 车6平4
31. 帅五平六 士5进4　32. 帅六进一 炮9平6
33. 仕五退四 士6进5　34. 帅六退一 卒8平7
35. 仕四进五 前卒进1　36. 马八退七 车4平2
37. 炮八退一 前卒平8　38. 车六平五 车2进3
39. 帅六平五 车8进2　40. 兵五进一 卒7进1
41. 相五进三 车8平7　42. 兵五进一 卒8平7
43. 炮八平六 车2进1　44. 兵五平六 车2平4
45. 兵七进一

第85局 靳玉砚 胜 赵国荣

1. 炮二平五 马8进7　2. 马二进三 车9平8
3. 车一平二 马2进3　4. 兵七进一 卒7进1
5. 车二进六 炮8平9　6. 车二平三 炮9退1
7. 马八进七 士4进5　8. 炮八平九 车1平2
9. 车九平八 炮9平7　10. 车三平四 马7进8
11. 炮五进四 马3进5　12. 车四平五 炮7进5
13. 马三退五 炮2进5　14. 相七进五 车8进2
15. 马五退七 炮2退1　16. 前马进六 车8平4
17. 车五退二 马8进9　18. 炮九平六 车4平6
19. 车五平一 马9进8　20. 仕六进五 炮7进2
21. 兵七进一 炮2进2　22. 兵七平八 车2进2
23. 炮六退一 炮2平1　24. 炮六退一 炮1平3
25. 车八进三 马8退7　26. 车一进二 车6进3
27. 马六进七 车2平4　28. 炮六进六 炮7平8
29. 车一平二 士5退4　30. 炮六平五 车4进1

31. 前马进八　卒7进1　32. 兵八平七　卒7平8
33. 车二平一　车6退3　34. 兵七进一　车4进5
35. 炮五退一　车4退4　36. 兵五进一　马7退5
37. 车一平五　士6进5　38. 车八平五　马5退3
39. 前车平六　车4平5　40. 车五进二　马3进2
41. 车六进三

第86局　靳玉砚 和 李鸿嘉

1. 炮二平五　马8进7　2. 马二进三　车9平8
3. 车一平二　马2进3　4. 兵七进一　卒7进1
5. 车二进六　炮8平9　6. 车二平三　炮9退1
7. 马八进七　士4进5　8. 炮八平九　车1平2
9. 车九平八　炮9平7　10. 车三平四　马7进8
11. 炮五进四　马3进5　12. 车四平五　炮7进5
13. 马三退五　炮2进5　14. 相七进五　车8进2
15. 马五退七　炮2退1　16. 前马进六　车8平4
17. 车五退二　象3进5　18. 仕六进五　马8退7
19. 炮九平六　车4平2　20. 马六进七　前车进1
21. 前马退五　前车进1　22. 兵七进一　前车平3
23. 马五退七　士5进4　24. 炮六平九　士6进5
25. 后马进六　车2进4　26. 马六进八　车2进2
27. 车八进三　炮7平2　28. 炮九进四　炮2平9
29. 兵九进一　车3退1　30. 炮九平八　卒9进1
31. 炮八退一　炮9退1　32. 马七退六　车3进1
33. 炮八进一　车3退1　34. 炮八退一　车3进1
35. 炮八进一　士5退6　36. 炮八退三　马7进6
37. 车五平四　卒7进1　38. 车四平三　马6进5
39. 车三平五　马5进7　40. 炮八进三　车3退1
41. 炮八退一　车3进1　42. 炮八进一　士6进5

43. 车五平八 炮9平6
44. 炮八平九 炮6退5
45. 车八平三 车3平7
46. 车三平五 车7平3
47. 马六进七 炮6进5
48. 马七退六 炮6退5
49. 炮九平二 车5进6
50. 马六进七 马7退6

第87局 蒋川 负 吕钦

1. 炮二平五 马8进7
2. 马二进三 车9平8
3. 车一平二 马2进3
4. 兵七进一 卒7进1
5. 车二进六 炮8平9
6. 车二平三 炮9退1
7. 马八进七 士4进5
8. 炮八平九 车1平2
9. 车九平八 炮9平7
10. 车三平四 马7进8
11. 炮五进四 马3进5
12. 车四平五 炮7进5
13. 马三退五 炮2进5
14. 马五进四 卒7进1
15. 马四进五 卒7平8
16. 马五进三 卒8平7
17. 马三退五 卒7平8
18. 马五进三 卒8平7
19. 车五平七 车8进3
20. 马三退五 车8平3
21. 马五进七 马8进6
22. 车八进一 炮7平1
23. 前马退八 马6进4
24. 炮九进四 象3进5
25. 炮九平五 炮1平3
26. 炮五退二 卒7平6
27. 炮五平六 炮3平2
28. 车八平四 车2进3
29. 车四进三 前炮退2
30. 车四退三 后炮平4
31. 马七进六 炮2平5
32. 车四平六 车2进3
33. 兵七进一 车2平3
34. 马六进八 车3平2
35. 兵七进一 象5进3
36. 车六进一 炮5退4
37. 兵七平六 马4退5

第88局 蒋川 胜 陈振国

1. 炮二平五 马8进7
2. 马二进三 车9平8

3. 车一平二　马2进3
4. 兵七进一　卒7进1
5. 车二进六　炮8平9
6. 车二平三　炮9退1
7. 马八进七　士4进5
8. 炮八平九　车1平2
9. 车九平八　炮9平7
10. 车三平四　马7进8
11. 炮五进四　马3进5
12. 车四平五　炮7进5
13. 马三退五　炮2进6
14. 马七进六　卒7进1
15. 车五平七　马8进6
16. 马六进四　车8进2
17. 马四进六　士5进4
18. 兵七进一　象3进5
19. 兵七平八　炮2退2
20. 兵八进一　士6进5
21. 马六退五　卒9进1
22. 相七进五　炮7平6
23. 后马进七　卒7进1
24. 仕六进五　车8进2
25. 马五退七　炮6平3
26. 车八进三　炮3退2
27. 兵五进一　车8平7
28. 马七进五　马6进8
29. 炮九退一　车7平4
30. 马五进三　马8退7
31. 车八平三　马7进5
32. 车三平五　车4进1
33. 炮九进五　车4平2
34. 炮九退一　卒9进1
35. 兵一进一　炮3平7
36. 马三退四　前车进4
37. 仕五退六　前车退5
38. 兵九进一　马5退3
39. 炮九平七　象5进3
40. 车七平三　象3退5
41. 兵八平七　前车进1
42. 兵七进一　前车平4
43. 兵九进一　车2平3
44. 兵七平六　车4退3
45. 兵一进一　车4进3
46. 兵一平二　车3平4
47. 仕四进五　炮7平4
48. 车五平四　炮4平5
49. 帅五平四　后车进3
50. 车三进一

第89局　蒋川 胜 葛维蒲

1. 炮二平五　马8进7
2. 马二进三　车9平8
3. 车一平二　马2进3
4. 兵七进一　卒7进1
5. 车二进六　炮8平9
6. 车二平三　炮9退1

7. 马八进七　士4进5
8. 炮八平九　车1平2
9. 车九平八　炮9平7
10. 车三平四　马7进8
11. 炮五进四　马3进5
12. 车四平五　炮7进5
13. 马三退五　炮2进5
14. 马五进四　象7进5
15. 相七进五　卒7进1
16. 马四进五　马8进6
17. 车五平四　车8进4
18. 马五退三　马6进4
19. 车四退五　车8平7
20. 炮九进四　卒3进1
21. 马七进六　车7平4
22. 马六进四　车4平6
23. 车四进四　马4进3
24. 帅五进一　炮2进1
25. 车八进一　车2进8
26. 帅五平四　马3退5
27. 仕四进五　炮7平1
28. 车四退三　炮1进2
29. 帅四退一　炮1进1
30. 帅四进一　炮1退1
31. 帅四退一　炮1进1
32. 帅四进一　炮1退1
33. 帅四退一　炮1进1
34. 帅四进一　炮1退1
35. 帅四退一　炮1进1
36. 帅四进一　车2退5
37. 炮九进三　车2退3
38. 炮九退三　炮1退1
39. 帅四退一　炮1进1
40. 帅四进一　车2进3
41. 炮九进三　车2退3
42. 炮九退三　车2进3
43. 炮九进三　车2退3
44. 炮九退三　炮1退1
45. 帅四退一　炮1进1
46. 帅四进一　炮1退1
47. 帅四退一

第90局　蒋川　和　苗利明

1. 炮二平五　马8进7
2. 马二进三　车9平8
3. 车一平二　马2进3
4. 兵七进一　卒7进1
5. 车二进六　炮8平9
6. 车二平三　炮9退1
7. 马八进七　士4进5
8. 炮八平九　车1平2
9. 车九平八　炮9平7
10. 车三平四　马7进8
11. 炮五进四　马3进5
12. 车四平五　炮7进5

13. 马三退五　炮 2 进 4　　14. 马七进六　卒 7 进 1
15. 车五平七　马 8 进 6　　16. 兵七进一　车 8 进 4
17. 炮九进四　象 3 进 5　　18. 炮九退二　车 8 平 3
19. 车七退一　象 5 进 3　　20. 车八进二　象 3 退 5
21. 兵一进一　车 2 进 5　　22. 马六退八　马 6 退 5
23. 马五进七　车 2 进 1　　24. 车八进一　炮 7 平 2
25. 马七进八　卒 7 平 6　　26. 马八进六　炮 2 退 5
27. 炮九进二　马 5 进 3　　28. 炮九平八　卒 6 进 1
29. 兵五进一　士 5 进 6　　30. 炮八平五　炮 2 平 5
31. 兵五进一　马 3 进 4　　32. 炮五进二　士 6 进 5
33. 兵五进一　马 4 进 6　　34. 帅五进一　马 6 进 7
35. 马六退四　马 7 退 8　　36. 马四进三　马 8 退 9

第 91 局　张强 和 才溢

1. 炮二平五　马 8 进 7　　2. 马二进三　车 9 平 8
3. 车一平二　卒 7 进 1　　4. 车二进六　马 2 进 3
5. 兵七进一　炮 8 平 9　　6. 车二平三　炮 9 退 1
7. 马八进七　炮 9 平 7　　8. 车三平四　士 4 进 5
9. 炮八平九　车 1 平 2　　10. 车九平八　马 7 进 8
11. 炮五进四　马 3 进 5　　12. 车四平五　炮 7 进 5
13. 马三退五　炮 2 进 5　　14. 马五进四　卒 7 进 1
15. 马四进五　马 8 进 6　　16. 车五平七　车 8 进 8
17. 车八进二　车 2 进 7　　18. 车七进三　士 5 退 4
19. 马五进六　将 5 进 1　　20. 马七进六　车 8 平 4
21. 车七退一　将 5 进 1　　22. 后马进七　车 4 退 5
23. 马六进八　将 5 平 6　　24. 炮九进四　车 2 退 4
25. 马七进六　士 6 进 5　　26. 炮九平六　车 2 平 4
27. 车七退二　车 4 平 3　　28. 马八退七　将 6 退 1
29. 马七退五　卒 7 平 8　　30. 兵九进一　将 6 退 1

31. 相七进五 马6进8　32. 仕六进五 炮7平9
33. 马五进三 炮9平5　34. 马三退二 卒9进1
35. 兵九进一 马8进6　36. 帅五平六 马6退5
37. 马六退八 马5进3　38. 仕五进四 马3进2
39. 帅六进一 马2退3　40. 帅六退一 马3进2
41. 帅六进一 炮5平1　42. 帅六平五 炮1进2
43. 帅五退一 马2退4　44. 帅五平六 马4进2
45. 帅六平五 马2退4　46. 帅五平六 炮1退2
47. 帅六进一 马4进2　48. 帅六平五 炮1进2
49. 帅五退一 马2退4　50. 帅五平六 马4退5
51. 仕四进五 炮1退2　52. 兵七进一 卒9进1
53. 马二进三 炮1平8　54. 兵七平六 炮8进3
55. 相三进一 炮8退7　56. 兵六平五 马5进3
57. 相一进三 卒9进1　58. 兵九进一 炮8平4
59. 马八退七 将6平5　60. 兵九平八 马3进1
61. 兵五进一 马1进3　62. 马七退五 马3退4
63. 帅六平五 马4进3　64. 帅五平六 马3退4
65. 帅六平五 马4进3　66. 帅五平六 炮4进3
67. 兵五平六 马3退4　68. 帅六平五 马4进3
69. 帅五平六 马3退2　70. 帅六平五 马2进3
71. 帅五平六 马3退2　72. 帅六平五 马2进3
73. 帅五平六 卒9平8　74. 马三进二 马3退4
75. 帅六平五 马4进3　76. 帅五平六 炮4平1
77. 兵八进一 马3退4　78. 兵八平七 马4退5
79. 兵六平五 炮1平4　80. 兵七进一 炮4退3
81. 马五进七 马5退3　82. 帅六平五 炮4平7
83. 兵五平六 炮7退1　84. 兵七进一 马3退4
85. 马二退三 炮7进1　86. 帅五平六 卒8平7
87. 相三退一 炮7退1　88. 马三退二 卒7平8
89. 马二进四 炮7平8　90. 马四进三 象7进5

91. 马七退五　象 5 退 7
92. 马五进三　马 4 进 2
93. 兵七平六　士 5 退 4
94. 兵六进一　士 4 进 5
95. 兵六平七　马 2 进 3
96. 后马退二　炮 8 平 6
97. 马二进四　炮 6 进 1
98. 马四进六　将 5 平 4
99. 马三退四　将 4 平 5
100. 相五进七　将 5 平 4
101. 帅六平五　将 4 平 5
102. 仕五进六　将 5 平 6
103. 仕四退五　将 6 进 1
104. 仕五退六　象 7 进 9
105. 马四退二　象 9 进 7
106. 马二进一　象 7 退 9
107. 马一进三　象 9 进 7
108. 兵七进一　马 3 退 2
109. 马六进四　炮 6 平 5
110. 马三进二　将 6 进 1
111. 马四退六　马 2 进 4
112. 兵七平六　士 5 退 6
113. 相一退三　炮 5 退 2
114. 马二退三　马 4 退 5
115. 仕六进五　马 5 进 7
116. 相三进五　将 6 退 1
117. 马六进七　炮 5 进 6
118. 马七退六　炮 5 平 8
119. 马六进四　炮 8 退 5
120. 马四进三　将 6 进 1
121. 马三进五　将 6 平 5
122. 马五退七　将 5 平 4
123. 马七退九　将 4 退 1
124. 马九进八　将 4 退 1
125. 马八退七　将 4 平 5
126. 马七退六　马 7 进 5
127. 马六进四　士 6 进 5
128. 马四进三　将 5 平 4
129. 马三退四　士 5 进 6
130. 马四退五　士 6 退 5
131. 马五进四　将 4 进 1
132. 马四退五　象 7 退 9
133. 相五进三　炮 8 退 1
134. 相三退五　炮 8 平 5
135. 马五退四　马 5 进 3
136. 相五退七　马 3 进 1
137. 马四进六　炮 5 平 4
138. 马六进五　炮 4 平 3
139. 马五进七　将 4 退 1
140. 相七退五　马 1 进 2
141. 马七退八　将 4 平 5
142. 帅五平四　士 5 进 6
143. 帅四平五　将 5 进 1
144. 帅五平四

第92局 蒋川 负 于幼华

1. 炮二平五 马8进7　　2. 马二进三 卒7进1
3. 车一平二 车9平8　　4. 车二进六 马2进3
5. 兵七进一 炮8平9　　6. 车二平三 炮9退1
7. 马八进七 士4进5　　8. 炮八平九 车1平2
9. 车九平八 炮9平7　　10. 车三平四 马7进8
11. 炮五进四 马3进5　　12. 车四平五 炮7进5
13. 马三退五 炮2进5　　14. 马五进四 象7进5
15. 车五平一 炮7平8　　16. 炮九进四 马8进7
17. 马四进五 炮8进3　　18. 车一平二 车8进3
19. 炮九平二 车2进4　　20. 马五进七 马7进9
21. 车八进一 车2平6　　22. 仕六进五 车6退1
23. 炮二进三 象5退7　　24. 前马退六 马9进7
25. 帅五平六 炮8退7　　26. 兵七进一 炮8平4
27. 兵七平六 车6平3　　28. 车八进一 车3进3
29. 帅六进一 炮4进3　　30. 炮二退七 象3进5
31. 仕五进四 炮4平3　　32. 兵六平七 马7退8
33. 仕四进五 车3平4　　34. 仕五进六 马8进6
35. 相三进五 炮3进1　　36. 车八进七 士5退4
37. 车八退五 卒7进1　　38. 炮二进四 车4平5
39. 帅六退一 车5平4　　40. 帅六进一 象5进3
41. 炮二平九 象3退1　　42. 炮九平五 车4平5
43. 仕六退五 车5平4　　44. 仕五进六 将5进1
45. 车八平七 将5平4　　46. 帅六平五 卒7进1
47. 炮五平七 车4进1　　48. 帅五平四 马6进8
49. 车七退一 车4进1　　50. 马七退五 卒7进1

第93局 尚威 和 黄海林

1. 炮二平五 马8进7
2. 马二进三 车9平8
3. 车一平二 马2进3
4. 兵七进一 卒7进1
5. 车二进六 炮8平9
6. 车二平三 炮9退1
7. 马八进七 士4进5
8. 炮八平九 车1平2
9. 车九平八 炮9平7
10. 车三平四 马7进8
11. 炮五进四 马3进5
12. 车四平五 炮7进5
13. 马三退五 炮2进5
14. 马五进四 卒7进1
15. 马四进五 卒7平8
16. 马五进三 卒8平7
17. 相七进五 车8进3
18. 马三进四 车8退2
19. 马四退三 车8进1
20. 车五平七 象7进5
21. 炮九进四 车8平6
22. 兵七进一 马8进9
23. 仕六进五 炮2平5
24. 帅五平六 车2进9
25. 马七退八 车6进6
26. 车七平六 象3进1
27. 相三进一 马9进7
28. 车六退四 炮7退3
29. 车六平五 车6退4
30. 相一进三 车6平3
31. 马八进七 卒9进1
32. 兵五进一 卒9进1
33. 马七进五 车3平4
34. 帅六平五 马7退5
35. 车五进一 炮7平5
36. 车五平八 将5平4
37. 车八退三 卒9平8
38. 炮九退二 卒8进1
39. 炮九进二 象5退3
40. 兵九进一 士5进6
41. 炮九平八 车4进1
42. 兵五进一 炮5平9
43. 相三退五 车4平5
44. 车八平六 将4平5
45. 车六进八 车5平2
46. 炮八平五 车2平1
47. 车六退五 车1平8
48. 帅五平六 车8退2

第 94 局 苗永鹏 和 黄海林

1. 炮二平五 马 8 进 7
2. 马二进三 车 9 平 8
3. 车一平二 马 2 进 3
4. 兵七进一 卒 7 进 1
5. 车二进六 炮 8 平 9
6. 车二平三 炮 9 退 1
7. 马八进七 士 4 进 5
8. 炮八平九 车 1 平 2
9. 车九平八 炮 9 平 7
10. 车三平四 马 7 进 8
11. 炮五进四 马 3 进 5
12. 车四平五 炮 7 进 5
13. 马三退五 炮 2 进 5
14. 相七进五 车 8 进 2
15. 马五退七 炮 2 退 1
16. 仕六进五 炮 7 进 1
17. 后马进六 车 8 平 4
18. 车五退二 车 4 进 4
19. 车五平二 马 8 退 7
20. 车二平六 车 4 平 5
21. 车八进二 马 7 进 5
22. 车六进二 马 5 进 6
23. 马七进六 车 5 平 4
24. 前马进四 车 4 退 3
25. 马四进六 马 6 进 4
26. 车八进一 车 2 进 6
27. 后马进八 炮 7 平 1
28. 帅五平六 将 5 平 4
29. 马六退五 象 3 进 5
30. 兵七进一 卒 3 进 1
31. 马八进七 象 5 进 3
32. 马五进七 炮 1 平 2
33. 马七退六 炮 2 退 5
34. 帅六平五 炮 2 平 9
35. 马六进七

第 95 局 赵剑 负 尚威

1. 炮二平五 马 3 进 7
2. 马二进三 车 9 平 8
3. 车一平二 卒 7 进 1
4. 车二进六 马 2 进 3
5. 兵七进一 炮 3 平 9
6. 车二平三 炮 9 退 1
7. 马八进七 士 4 进 5
8. 炮八平九 车 1 平 2
9. 车九平八 炮 9 平 7
10. 车三平四 马 7 进 8
11. 炮五进四 马 3 进 5
12. 车四平五 炮 7 进 5

13. 马三退五　炮2进5　14. 相七进五　卒7进1
15. 马五退七　马8进6　16. 车五退二　车8进8
17. 仕六进五　马6进5　18. 帅五平六　马5退3
19. 车五平三　马3进1　20. 车八进二　车2进7
21. 后马进八　车8退1　22. 马七进六　车8平2
23. 车三退一　车2进2　24. 帅六进一　马1退3
25. 马六退七　车2平3　26. 车三退一　马3进1
27. 马七进六　马1进2　28. 车三平八　车3平6
29. 帅六进一　车6平7　30. 马六退五　车7退5
31. 马五退三　车7进4　32. 车八退二　车7平5
33. 车八进六　车5退2　34. 车八平七　士5进6
35. 车七进三　将5进1　36. 车七平六　车5平1
37. 兵七进一　卒1进1　38. 车六退四　车1平5
39. 兵七进一　卒1进1　40. 帅六退一　卒1进1
41. 车六退三　车5平9　42. 车六平五　将5平6

第96局　尚威 和 张江

1. 炮二平五　马8进7　2. 马二进三　车9平8
3. 车一平二　卒7进1　4. 车二进六　马2进3
5. 兵七进一　炮8平9　6. 车二平三　炮9退1
7. 马八进七　士4进5　8. 炮八平九　炮9平7
9. 车三平四　车1平2　10. 车九平八　马7进8
11. 炮五进四　马3进5　12. 车四平五　炮7进5
13. 马三退五　炮2进6　14. 马七进六　卒7进1
15. 马六进四　马8退7　16. 马四进三　炮7退4
17. 车五平三　炮7平5　18. 车三退二　车2进7
19. 相七进五　车8进8　20. 车三平四　车8退2
21. 兵五进一　车2平1　22. 车八进一　车8平4
23. 马五退七　车1退1　24. 车八进八　车4退6

25. 兵一进一　卒 1 进 1　　**26.** 兵五进一　车 1 平 5
27. 车八退四　卒 1 进 1　　**28.** 车四进二　卒 1 平 2
29. 兵五进一　炮 5 平 9　　**30.** 车四平一　卒 2 平 3
31. 马七进八　炮 9 平 3　　**32.** 马八进七

第 97 局　苗永鹏 胜 廖二平

1. 炮二平五　马 8 进 7　　**2.** 马二进三　车 9 平 8
3. 车一平二　卒 7 进 1　　**4.** 车二进六　马 2 进 3
5. 兵七进一　炮 8 平 9　　**6.** 车二平三　炮 9 退 1
7. 马八进七　士 4 进 5　　**8.** 炮八平九　炮 9 平 7
9. 车三平四　马 7 进 8　　**10.** 车九平八　车 1 平 2
11. 炮五进四　马 3 进 5　　**12.** 车四平五　炮 7 进 5
13. 马三退五　炮 2 进 5　　**14.** 相七进五　卒 7 进 1
15. 马五退七　炮 2 进 1　　**16.** 前马进六　马 8 进 6
17. 车五退二　车 8 进 3　　**18.** 仕六进五　象 3 进 5
19. 相五进三　车 8 平 6　　**20.** 炮九平四　马 6 进 7
21. 相三退五　炮 7 平 1　　**22.** 车五进二　车 6 进 2
23. 马六进七　马 7 退 9　　**24.** 后马进六　炮 2 退 4
25. 马六进五　炮 2 进 2　　**26.** 马五进四　车 2 进 2
27. 马四进三　车 6 退 4　　**28.** 马七进五　马 9 退 8
29. 炮四平三　马 8 退 7　　**30.** 马五进七　将 5 平 4
31. 车五平八

第 98 局　王跃飞 和 林宏敏

1. 炮二平五　马 2 进 3　　**2.** 马二进三　马 8 进 7
3. 车一平二　车 9 平 8　　**4.** 兵七进一　卒 7 进 1
5. 车二进六　炮 8 平 9　　**6.** 车二平三　炮 9 退 1
7. 马八进七　士 4 进 5　　**8.** 炮八平九　车 1 平 2

9. 车九平八　炮9平7
10. 车三平四　马7进8
11. 炮五进四　马3进5
12. 车四平五　炮7进5
13. 马三退五　炮2进5
14. 相七进五　车8进2
15. 车五平七　卒7进1
16. 马五退七　炮2退1
17. 前马进六　马8进6
18. 炮九平六　车8平5
19. 马六进四　车5进2
20. 马四进二　车5进2
21. 马二退三　车2进2
22. 仕六进五　象3进1
23. 车七平九　炮7平6
24. 炮六退一　炮6平7
25. 车八进二　炮7进1
26. 炮六进一　炮7进1
27. 马三进二　车2平8
28. 车九平八　炮2平3
29. 炮六进二　炮7退5
30. 前车平四　马6进5
31. 车八平五　车5平7
32. 炮六平五　象7进5
33. 相三进一　车8进1
34. 车五平四　车8退3
35. 帅五平六　炮3平4
36. 前车平六　车8进5
37. 车四平五　车8平6
38. 马七进八　车6进1
39. 炮五平二　象1退3
40. 炮二平五　车6平5
41. 车五进一　车7平5
42. 马八进六　车5退1
43. 车六平三　车5平3
44. 马六退四　车3进4
45. 帅六进一　车3退3
46. 兵一进一　车3平1
47. 马四进三　车1平4
48. 仕五进六　车4平7
49. 车三平一　车7进1
50. 马三进四　将5平4
51. 马四退六　士5进6
52. 车一平六　将4平5
53. 马六进八　士6进5
54. 车六平一　象5退7
55. 车一平七　象7进5
56. 车七平一　象5退7
57. 车一平七　象7进5
58. 车七平二　象5退7
59. 车二平七　象7进5
60. 兵一进一　车7平9
61. 兵一平二　车9退1
62. 车七平二　车9平7
63. 车二平一　象5退7
64. 兵二进一　车7平3
65. 马八退六　车3进2
66. 帅六退一　车3进1
67. 帅六进一　车3退5
68. 马六进四　车3进4

69. 帅六退一　车3进1
70. 帅六进一　车3平6
71. 兵二平三　车3平7
72. 马四退六　车7退1
73. 帅六退一　车7退1
74. 帅六进一　车7进1
75. 帅六退一　车7退1
76. 帅六进一　车7进1
77. 仕六退五　将5平4

第99局　徐健秒 和 黎德志

1. 炮二平五　马8进7
2. 马二进三　马2进3
3. 车一平二　车9平8
4. 兵七进一　卒7进1
5. 车二进六　炮8平9
6. 车二平三　炮9退1
7. 马八进七　士4进5
8. 炮八平九　车1平2
9. 车九平八　炮9平7
10. 车三平四　马7进8
11. 炮五进四　马3进5
12. 车四平五　炮7进5
13. 马三退五　炮2进6
14. 马七进六　卒7进1
15. 车五平七　马3进6
16. 炮九平六　车8进4
17. 车七退一　车3退2
18. 车七平五　卒7平8
19. 马五进四　马5进8
20. 马四进三　马8进7
21. 帅五进一　炮7平8
22. 马三退二　卒8进1
23. 车五平三　车2进2
24. 兵七进一　炮2平1
25. 车八进七　车3平2
26. 兵七平八　车2平5
27. 帅五平六　车5进4
28. 仕六进五　马7进9
29. 车三进四　马9退8
30. 车三退三　车5平4
31. 马六进四　马8退6
32. 车三平七　象3进1
33. 马四进五　马6进4
34. 仕五进六　车4退4
35. 马五退四　卒9进1
36. 车七退三　卒8进1
37. 仕四进五　卒8进1
38. 相三进五　卒8平7
39. 兵八进一　卒1进1
40. 马四进二　将5平4
41. 兵八平七　卒7平6
42. 马二退四　炮1平5
43. 兵七平六　车4平6
44. 车七平四　炮5进1

45. 车四退二　炮5平8
46. 车四进二　车6进1
47. 车四平二

第100局　蒋川 胜 张强

1. 炮二平五　马8进7
2. 马二进三　车9平8
3. 车一平二　马2进3
4. 兵七进一　卒7进1
5. 车二进六　炮8平9
6. 车二平三　炮9退1
7. 马八进七　士4进5
8. 炮八平九　车1平2
9. 车九平八　炮9平7
10. 车三平四　马7进8
11. 炮五进四　马3进5
12. 车四平五　炮7进5
13. 马三退五　卒7进1
14. 车八进四　马8进6
15. 车五退二　车8进8
16. 炮九退一　车8退1
17. 相三进五　炮7平8
18. 马五退三　车8平7
19. 炮九平八　炮8退1
20. 炮八进六　象3进5
21. 马七进六　马6进5
22. 相七进五　炮8平5
23. 兵五进一　卒7平6
24. 兵五进一　车2平4
25. 兵七进一　卒3进1
26. 炮八进二　车4进2
27. 兵五进一　士5进6
28. 炮八平九　卒3进1
29. 车八平七　车4进2
30. 车七平八　车7退3
31. 马三进四　车7平5
32. 兵五平四　卒6平5
33. 马四进三　车5平7
34. 马六退八　车4平2
35. 车八平五　车2进2
36. 兵四进一　车2平6
37. 兵四平五　象7进5
38. 车五进三　士6进5
39. 马三进五　车6退2
40. 马五进六　将5平6
41. 马六进七　将6进1
42. 车五进一　将6进1
43. 仕六进五　车6平5
44. 车五平一　车5进3
45. 炮九退二

第 101 局　蒋全胜 负 洪智

1. 炮二平五　马 8 进 7　2. 马二进三　车 9 平 8
3. 车一平二　马 2 进 3　4. 兵七进一　卒 7 进 1
5. 车二进六　炮 8 平 9　6. 车二平三　炮 9 退 1
7. 马八进七　士 4 进 5　8. 炮八平九　车 1 平 2
9. 车九平八　炮 9 平 7　10. 车三平四　马 7 进 8
11. 炮五进四　马 3 进 5　12. 车四平五　炮 7 进 5
13. 马三退五　炮 2 进 5　14. 相七进五　车 8 进 2
15. 马五退七　炮 2 退 1　16. 炮九进四　卒 7 进 1
17. 相五进三　马 3 进 6　18. 车五平六　马 6 进 7
19. 相三退五　车 3 平 1　20. 车六平三　车 2 进 2
21. 炮九退二　车 2 平 6　22. 仕六进五　车 6 进 6
23. 相三进一　车 1 平 8　24. 兵五进一　车 8 进 7
25. 帅五平六　马 7 进 5　26. 帅六进一　炮 7 进 2
27. 仕四进五　炮 2 平 8　28. 帅六进一　炮 8 进 1
29. 仕五进四　车 6 平 3

第 102 局　万春林 负 张影富

1. 炮二平五　马 8 进 7　2. 马二进三　车 9 平 8
3. 兵七进一　卒 7 进 1　4. 车一平二　马 2 进 3
5. 车二进六　炮 8 平 9　6. 车二平三　炮 9 退 1
7. 马八进七　士 4 进 5　8. 炮八平九　车 1 平 2
9. 车九平八　炮 9 平 7　10. 车三平四　马 7 进 8
11. 炮五进四　马 3 进 5　12. 车四平五　炮 7 进 5
13. 马三退五　炮 2 进 5　14. 车五平一　炮 7 平 8
15. 车八进一　卒 7 进 1　16. 车一平六　马 8 进 6
17. 炮九退二　车 8 进 2　18. 炮九平八　马 6 进 5

19. 马五进三　炮2进2　20. 车六退五　车2进8
21. 车六平八　车8平2　22. 车八平二　马5进4
23. 马七退八　车2进7　24. 车二平七　车2退2
25. 马三退一　炮8进3　26. 帅五平六　车2平6
27. 车七平二　车6进2　28. 帅六进一　车6平7
29. 相七进九　车7平1　30. 车二进五　车1退1

第103局　万春林 和 汤卓光

1. 炮二平五　马8进7　2. 马二进三　车9平8
3. 兵七进一　卒7进1　4. 车一平二　马2进3
5. 车二进六　炮8平9　6. 车二平三　炮9退1
7. 马八进七　炮9平7　8. 车三平四　士4进5
9. 炮八平九　马7进8　10. 车九平八　车1平2
11. 炮五进四　马3进5　12. 车四平五　炮7进5
13. 马三退五　炮2进6　14. 马七进六　车8进2
15. 炮九平六　马8进9　16. 相七进五　车8平6
17. 马五进七　炮7进1　18. 车五平一　炮7平4
19. 车一退三　车2进7　20. 仕六进五　炮4进1
21. 兵五进一　车6平2　22. 兵五进一　炮2平1
23. 车八平九　炮1平2　24. 车九平六　炮4退2
25. 车六进三　前车平3　26. 车六平八　车3平2
27. 车八退一　车2进5　28. 马六进七　炮2平1
29. 帅五平六　车2进2　30. 帅六进一　车2退1
31. 帅六退一　车2进1　32. 帅六进一　车2退6
33. 兵七进一　车2进5　34. 帅六退一　车2进1
35. 帅六进一　车2平3　36. 兵五平六　象7进5
37. 马七退五　象5进3　38. 兵六进一　象3退1
39. 车一平五　车3退5　40. 兵六进一　车3平4
41. 仕五进六　将5平4　42. 仕四进五　士5进4

第 104 局 蒋全胜 和 徐天红

1. 炮二平五 马 8 进 7
2. 马二进三 车 9 平 8
3. 车一平二 马 2 进 3
4. 兵七进一 卒 7 进 1
5. 车二进六 炮 8 平 9
6. 车二平三 炮 9 退 1
7. 马八进七 士 4 进 5
8. 炮八平九 车 1 平 2
9. 车九平八 炮 9 平 7
10. 车三平四 马 7 进 8
11. 炮五进四 马 3 进 5
12. 车四平五 炮 7 进 5
13. 马三退五 炮 2 进 6
14. 马七进六 车 8 进 2
15. 马六进四 马 8 退 7
16. 马四进三 车 8 平 7
17. 炮九进四 炮 7 平 1
18. 兵七进一 卒 3 进 1
19. 马五进六 车 7 平 4
20. 马六进七 车 4 进 2
21. 马七退九 车 4 平 1
22. 马九退七 车 2 进 6

第二章　红炮打边卒

第 105 局　陶汉明 胜 丁祥德

1. 炮二平五　马 8 进 7
2. 马二进三　车 9 平 8
3. 车一平二　马 2 进 3
4. 兵七进一　卒 7 进 1
5. 车二进六　炮 8 平 9
6. 车二平三　炮 9 退 1
7. 马八进七　士 4 进 5
8. 炮八平九　车 1 平 2
9. 车九平八　炮 9 平 7
10. 车三平四　马 7 进 8
11. 炮九进四　炮 7 进 5
12. 马三退五　炮 2 进 6
13. 炮九平五　象 7 进 5
14. 前炮退一　马 8 进 9
15. 相三进一　炮 7 平 8
16. 车四平七　炮 8 进 3
17. 马五退三　马 3 退 4
18. 仕六进五　车 8 进 5
19. 帅五平六　炮 2 退 2
20. 车七进二　象 3 进 1
21. 车七平六　炮 2 退 5
22. 车八进七

第 106 局　陶汉明 和 谢靖

1. 炮二平五　马 8 进 7
2. 马二进三　车 9 平 8
3. 车一平二　卒 7 进 1
4. 车二进六　马 2 进 3
5. 兵七进一　炮 8 平 9
6. 车二平三　炮 9 退 1
7. 马八进七　士 4 进 5
8. 炮八平九　车 1 平 2
9. 车九平八　炮 9 平 7
10. 车三平四　马 7 进 8

11. 炮九进四 炮7进5
12. 马三退五 卒7进1
13. 车四退一 炮2进4
14. 炮九平五 马3进5
15. 炮五进四 象3进5
16. 炮五退一 马8进9
17. 马七进六 车8进3
18. 马五进七 车8平4
19. 仕六进五 马9进7
20. 相七进五 马7退5
21. 马七进五 车4进2
22. 炮五平九 卒7平6
23. 炮九退一 车4进1
24. 马五进六 卒6进1
25. 马六进四 士5进6
26. 兵七进一 卒3进1
27. 炮九平五 士6进5
28. 炮五平二 士5退6
29. 炮二平五 士6进5
30. 炮五平二 士5退6
31. 马四退二 士6进5
32. 炮二退一 车2平4
33. 马二退三 卒6平7
34. 炮二平六 车4进6
35. 车四退一 炮2退3
36. 兵九进一 炮2平5
37. 车四平五 炮5平7
38. 车八进九 士5退4
39. 车八退三 炮7进1
40. 车八平一 车4平1
41. 车一平九 卒7平6
42. 车五进一 卒6平5
43. 兵九进一 卒5平4
44. 车九平三 士4进5
45. 兵九进一 卒3进1
46. 兵九平八 卒3进1
47. 兵八进一 车1退1
48. 兵八进一 车1平3
49. 仕五退六 车3退3
50. 仕四进五 将5平4
51. 相三进一 将4平5
52. 相一进三 车3进3
53. 相三退一 车3退3
54. 相一退三 车3进3
55. 相三进一 车3退3
56. 帅五平四 车3进3
57. 车五平四 车3退3
58. 车三进一 卒4平5
59. 车四平三 象5进7
60. 车三平七 卒3平4
61. 兵八平七 象7退5
62. 兵七平六 士5退4

第107局 程鸣 胜 葛维蒲

1. 炮二平五 马8进7
2. 马二进三 车9平8

3. 车一平二　卒7进1　**4.** 车二进六　马2进3
5. 兵七进一　士4进5　**6.** 马八进七　炮8平9
7. 车二平三　炮9退1　**8.** 炮八平九　车1平2
9. 车九平八　炮9平7　**10.** 车三平四　马7进8
11. 炮九进四　炮7进5　**12.** 马三退五　卒7进1
13. 车四退一　炮2进4　**14.** 炮九退二　象7进5
15. 炮九平三　车8平7　**16.** 炮三平六　车7进4
17. 车四平三　象5进7　**18.** 炮五平一　象7退9
19. 相七进五　象3进5　**20.** 马七退九　炮2平3
21. 车八进九　马3退2　**22.** 炮一进四　卒3进1
23. 兵七进一　象5进3　**24.** 马五进七　象3退5
25. 兵一进一　马2进3　**26.** 仕六进五　马8进6
27. 炮一平二　炮7进2　**28.** 炮二退五　象9退7
29. 炮六退三　炮7平4　**30.** 炮二平六　马6进8
31. 马九进八　马3进2　**32.** 兵九进一　马2进4
33. 马八退九　卒5进1　**34.** 马七进九　马8退7
35. 兵一进一　炮3退2　**36.** 前马进七　卒5进1
37. 兵五进一　炮3平9　**38.** 马九进八　马4进3
39. 马七进八　炮9退3　**40.** 后马退六　马7进6
41. 兵九进一　士5进6　**42.** 马八进七　炮9平4
43. 马六进七　士6进5　**44.** 仕五进四　将5平6
45. 炮六平四　马6进8　**46.** 炮四平二　炮4进7
47. 前马退六　炮4平7　**48.** 仕四进五　炮7退2
49. 仕五进六　炮7平9　**50.** 炮二平三　马8进9
51. 炮三平一　马9退7　**52.** 帅五平四　炮9平6
53. 仕四退五　马7退8　**54.** 炮一进八　象7进9
55. 帅四平五　马8进7　**56.** 帅五平四　马7退8
57. 帅四平五　马3进1　**58.** 兵九平八　马1退2
59. 马七退五　马8进7　**60.** 帅五平六　炮6平8
61. 炮一平二　马7退6　**62.** 马六退四　象9进7

63. 炮二退三　将6平5
64. 炮二平四　马6进7
65. 马四进六　马2退4
66. 仕五进四　炮8进3
67. 帅六进一　炮3退1
68. 帅六退一　将5平4
69. 相五进七　炮3进1
70. 相三进五　炮8退5
71. 炮四退一　炮3平6
72. 马六退四　马4退5
73. 兵五进一　马5退3
74. 兵八进一　马3进2
75. 兵五进一　马7退6
76. 马五进六　将4平5
77. 兵五平四　象5退7
78. 马六进七　马6退4
79. 马四退三　马2退4
80. 兵四平五　后马退3
81. 兵五平四　马4进6
82. 马三进一　象7进9
83. 仕六退五　马6退5
84. 马一进二　将5平6
85. 兵八进一　马3退1
86. 兵八进一　马1进2
87. 马七退五　马5退3
88. 兵八平七　马3退5
89. 兵七平八　马5进3
90. 兵八平七　马3退5
91. 兵七平八　马5进3
92. 兵八平七　马2退1
93. 兵七平六　马1进2
94. 兵六平七　马3退5
95. 兵七平八　马2退4
96. 马五退四　马4进3
97. 兵八平九　马3进5
98. 马四退二　后马进4
99. 后马进三　马4退2
100. 兵九进一　马2退4
101. 兵四平五　马4进3
102. 兵九平八　马5进4
103. 帅六平五　马4退6
104. 兵五平四　马3退4
105. 马三退五　马6退8
106. 兵四平五　马4进5
107. 仕五进六　马8进6
108. 兵五平四　象9退7
109. 仕四退五　象7进5
110. 相五进三　马5进3
111. 马二进三　象5退7
112. 马五退四　马3退5
113. 马四进二　马6进7
114. 马二进一　马7退9
115. 马一进二　马9退7
116. 马二进三　马5退4
117. 兵四平五　马4进3
118. 兵五进一　马3退5
119. 帅五平四

第108局 张江 和 李鸿嘉

1. 炮二平五 马8进7
2. 马二进三 车9平8
3. 车一平二 马2进3
4. 兵七进一 卒7进1
5. 车二进六 炮8平9
6. 车二平三 炮9退1
7. 马八进七 士4进5
8. 炮八平九 车1平2
9. 车九平八 炮9平7
10. 车三平四 马7进8
11. 炮九进四 炮7进5
12. 马三退五 卒7进1
13. 车四退一 炮2进4
14. 炮九退二 马8进9
15. 马七进六 车8进7
16. 车八进二 象3进5
17. 炮五平六 车8退3
18. 相七进五 车8平6
19. 马六进四 炮7平6
20. 马五进七 炮2平3
21. 车八进七 马3退2
22. 马四进二 马2进3
23. 炮六进四 卒7进1
24. 马二进三 炮6退5
25. 炮九平八 马9退8
26. 兵九进一 卒5进1
27. 仕六进五 马3进5
28. 马三退二 卒7平6
29. 兵九进一 马8进7
30. 马二进三 马7退6
31. 炮六进二 马6退8
32. 马三退二 炮6平4
33. 马二退三 卒3进1
34. 马三进五 炮4进3
35. 兵九进一 卒3进1
36. 相五进七 马5进7
37. 马五退三 炮4平1
38. 炮八平九 卒9进1
39. 兵五进一 卒9进1
40. 兵五进一 象5进3
41. 相七退五 马7退6
42. 兵五进一 马6进7
43. 兵五平六 马7进5
44. 兵六平五 象3退5
45. 炮九平六 马5退7
46. 兵五平四 炮1进1
47. 马三进五 卒9平8
48. 兵九平八 炮1退1
49. 炮六平九 卒8进1
50. 相五进七 卒8平7
51. 马五退三 炮1平3
52. 相三进五 马7进9
53. 马三退一 马9退7
54. 马一进三 马7进9

55. 马三退一 马 9 退 7
56. 马一进三 马 7 进 9
57. 马三退一 马 9 退 7
58. 马一进三 马 7 进 9

第 109 局 申鹏 和 汪洋

1. 炮二平五 马 8 进 7
2. 马二进三 车 9 平 8
3. 车一平二 卒 7 进 1
4. 车二进六 马 2 进 3
5. 兵七进一 炮 8 平 9
6. 车二平三 炮 9 退 1
7. 马八进七 士 4 进 5
8. 炮八平九 车 1 平 2
9. 车九平八 炮 9 平 7
10. 车三平四 马 7 进 8
11. 炮九进四 炮 7 进 5
12. 马三退五 卒 7 进 1
13. 车四退一 炮 2 进 4
14. 炮九退二 马 8 进 9
15. 马七进六 车 8 进 7
16. 车八进二 象 3 进 5
17. 炮五平六 车 8 退 3
18. 相七进五 炮 7 平 6
19. 马五进七 炮 2 平 3
20. 车八进七 马 3 退 2
21. 车四平二 马 9 退 8
22. 马六退四 炮 3 平 6
23. 炮九平三 卒 5 进 1
24. 炮三退三 马 8 进 6
25. 炮三平九 马 2 进 3
26. 兵九进一 炮 6 平 9
27. 相五进三 马 3 进 5

第 110 局 陶汉明 负 洪智

1. 炮二平五 马 8 进 7
2. 马二进三 车 9 平 8
3. 车一平二 卒 7 进 1
4. 车二进六 马 2 进 3
5. 马八进七 炮 8 平 9
6. 车二平三 炮 9 退 1
7. 炮八平九 车 1 平 2
8. 车九平八 士 4 进 5
9. 兵七进一 炮 9 平 7
10. 车三平四 马 7 进 8
11. 炮九进四 炮 7 进 5
12. 马三退五 卒 7 进 1
13. 车四退一 炮 2 进 4
14. 炮九平五 象 3 进 5
15. 前炮退一 马 8 进 6
16. 后炮平四 马 3 进 5

17. 炮四进一　车8进7　18. 车八进三　车2进6
19. 炮四平八　炮7平2　20. 马七进六　车8平6
21. 马六进五　马6进5　22. 炮五进二　象7进5
23. 车四平六　车6退3

第111局　周小平 胜 周军

1. 炮二平五　马8进7　2. 马二进三　卒7进1
3. 车一平二　车9平8　4. 车二进六　马2进3
5. 兵七进一　炮8平9　6. 车二平三　炮9退1
7. 马八进七　士4进5　8. 炮八平九　车1平2
9. 车九平八　炮9平7　10. 车三平四　马7进8
11. 炮九进四　炮7进5　12. 马三退五　炮2进4
13. 炮九退二　卒7进1　14. 车四退一　象3进5
15. 马七进六　马8进9　16. 炮五平九　车8进4
17. 前炮进五　车2进5　18. 马五进七　车8平6
19. 马六进四　车2退4　20. 马七进六　卒7平6
21. 相七进五　马9退8　22. 仕六进五　炮2进1
23. 兵九进一　炮7退2　24. 后炮进一　卒5进1
25. 仕五进四　卒3进1　26. 兵七进一　车2进4
27. 兵九进一　象5进3　28. 后炮平七　马3进4
29. 车八进一　卒5进1　30. 兵五进一　卒6平5
31. 车八平二　马8进7　32. 马四退三　车2平4
33. 马三进四　车4平2　34. 炮七平三　象7进5
35. 车二进五　炮2平3　36. 车二平六　炮3平4
37. 炮三平六　马4进6　38. 马四进五　士5进4
39. 马五进三　将5进1　40. 马三退四　将5平6
41. 炮六平四　卒5平4　42. 相五进七　炮7平5
43. 车六退二　车2进4　44. 帅五进一　车2退3
45. 马四进六

第 112 局 靳玉砚 和 陈富杰

1. 炮二平五 马 8 进 7
2. 马二进三 车 9 平 8
3. 车一平二 卒 7 进 1
4. 车二进六 马 2 进 3
5. 兵七进一 炮 8 平 9
6. 车二平三 炮 9 退 1
7. 马八进七 士 4 进 5
8. 炮八平九 车 1 平 2
9. 车九平八 炮 9 平 7
10. 车三平四 马 7 进 8
11. 炮九进四 炮 7 进 5
12. 马三退五 卒 7 进 1
13. 车四退一 炮 2 进 4
14. 炮九退二 马 8 退 7
15. 车四进一 车 8 进 4
16. 炮九平三 车 8 平 6
17. 车四退一 马 7 进 6
18. 炮五平一 象 3 进 5
19. 相七进五 卒 3 进 1
20. 兵七进一 象 5 进 3
21. 炮一进四 象 3 退 5
22. 炮一退一 车 2 平 4
23. 炮三平四 马 6 进 8
24. 相五进三 马 8 退 7
25. 炮一退一 车 4 进 7
26. 炮四平九 马 7 进 5
27. 马七进六 马 5 进 3
28. 马五退七 车 4 退 1
29. 相三进五 炮 7 平 8
30. 仕四进五 炮 8 进 3
31. 相三退一 炮 8 退 4
32. 马六进四 炮 8 平 1
33. 炮一平九 前马进 5
34. 马七进六 炮 2 退 2
35. 马四退五 车 4 平 5
36. 相一退三 车 5 平 1
37. 炮九平三 车 1 平 4
38. 兵一进一 炮 2 平 5
39. 炮三平五 炮 5 平 4
40. 车八进六 炮 4 进 3

第 113 局 谢卓淼 和 聂铁文

1. 炮二平五 马 8 进 7
2. 马二进三 卒 7 进 1
3. 车一平二 车 9 平 8
4. 车二进六 马 2 进 3
5. 兵七进一 炮 8 平 9
6. 车二平三 炮 9 退 1
7. 马八进七 士 4 进 5
8. 炮八平九 车 1 平 2

9. 车九平八　炮9平7　**10.** 车三平四　马7进8
11. 炮九进四　炮7进5　**12.** 马三退五　卒7进1
13. 车四退一　炮2进4　**14.** 炮九退二　象7进5
15. 炮九平三　车8平7　**16.** 炮三平五　马8进9
17. 马七进六　炮7平8　**18.** 前炮平二　马9退8
19. 兵七进一　车7进5　**20.** 马六退八　车7平8
21. 兵七进一　马3进1　**22.** 炮五进四　马8退7
23. 车四进二　车8平7　**24.** 相七进五　车7进1
25. 马五进七　炮8平5　**26.** 马七进五　车7平5
27. 车四平三　车5退3　**28.** 马八进七　车2进9
29. 马七进五　马1进2　**30.** 马五退六　马2进4
31. 车三退六　车2平1　**32.** 马六进八　象5进3
33. 车三平六　车1平2　**34.** 马八退七　马4进6
35. 车六平四　车2退3　**36.** 马七进六　马6退5
37. 兵九进一　车2平4　**38.** 马六退四　车4平1

第114局　周小平 负 赵鑫鑫

1. 炮二平五　马8进7　**2.** 马二进三　车9平8
3. 车一平二　马2进3　**4.** 兵七进一　卒7进1
5. 车二进六　炮8平9　**6.** 车二平三　炮9退1
7. 马八进七　士4进5　**8.** 炮八平九　车1平2
9. 车九平八　炮9平7　**10.** 车三平四　马7进8
11. 炮九进四　炮7进5　**12.** 马三退五　卒7进1
13. 车四退一　象7进5　**14.** 车八进六　马8进6
15. 炮九退二　炮7平6　**16.** 车四平九　马6进4
17. 炮五平六　马4退5　**18.** 炮六进三　炮6退3
19. 兵五进一　马5退7　**20.** 车八退三　车8进4
21. 马五进六　车8进2　**22.** 炮六退一　车8平7
23. 相七进五　卒7平6　**24.** 车九平四　炮6退1

25. 炮六进二 马7进8　26. 车四退一 马8进6
27. 炮六平一 炮2平1　28. 车八进六 马6进4
29. 帅五进一 马3退2　30. 马六进八 炮6平8
31. 炮一平二 车7平8　32. 炮二平七 车8平7
33. 车四退三 马2进3　34. 炮九进一 炮8进4
35. 炮九平二 车7退2　36. 炮二进四 象5退7
37. 兵五进一 卒5进1　38. 帅五平六 卒5进1
39. 兵七进一 车7平3　40. 车四进二 马3进5
41. 车四平二 炮1平4　42. 炮七平六 卒5进1
43. 炮二退三 马5进6　44. 车二退一 马4退5
45. 炮六平九 卒5平4　46. 帅六平五 炮4平5
47. 炮九退二 马5退4　48. 帅五平四 车3平7
49. 仕四进五 炮5平6　50. 炮二平四 车7平6
51. 炮四平五 象3进5　52. 仕五进四 卒4进1
53. 帅四平五 卒4平3　54. 炮九平四 炮6进3
55. 马八退七 炮6平5　56. 帅五平四 炮5平6
57. 帅四平五 车6平3　58. 马七进五 车3平5
59. 马五退三 炮6平2　60. 炮五平一 马4进5
61. 炮一退二 炮2进4　62. 车二进二 车5平3
63. 帅五平四 马5进7　64. 相五进七 车3平7

第115局　张强 和 李鸿嘉

1. 炮二平五 马8进7　2. 马二进三 车9平8
3. 车一平二 马2进3　4. 兵七进一 卒7进1
5. 车二进六 炮8平9　6. 车二平三 炮9退1
7. 马八进七 士4进5　8. 炮八平九 车1平2
9. 车九平八 炮9平7　10. 车三平四 马7进8
11. 炮九进四 炮7进5　12. 马三退五 卒7进1
13. 车四退一 炮2进4　14. 炮九退二 马8进9

15. 马七进六　车8进7　**16.** 车八进二　象3进5
17. 炮五平六　车8退3　**18.** 马五进七　车8平6
19. 马六进四　炮2平3　**20.** 车八进七　马3退2
21. 相七进五　炮7进1　**22.** 炮六平三　马9进7
23. 炮九平三　马2进4　**24.** 马四进二　马7退6
25. 马二进三　将5平4　**26.** 炮三退三　卒5进1
27. 炮三平六　马4进5　**28.** 兵九进一　卒3进1
29. 兵九进一　卒3进1　**30.** 相五进七　象5进3
31. 仕六进五　马5退6　**32.** 仕五进四　前马进8
33. 仕四进五　将4平5　**34.** 兵九平八　马8退7
35. 马三退四　马6进8　**36.** 马四退六　炮3平2
37. 兵八平七　马8进6　**38.** 炮六平九　马6进4
39. 兵七平六　卒5进1　**40.** 炮九进四　象7进9
41. 兵六平五　卒5进1　**42.** 马七进五　马7进6
43. 马五进六　士5进4　**44.** 兵五进一　士6进5
45. 相三进五　炮2退5　**46.** 马六进八　炮2平4
47. 马八进七　卒9进1　**48.** 兵五平六　卒9进1
49. 炮九进三　马6退5　**50.** 仕五进六　卒9进1
51. 炮九退七　将5平4　**52.** 炮九进八　将4平5
53. 帅五平四　将5平6　**54.** 炮九退八　士5退4
55. 帅四平五　炮4平6　**56.** 马七退五　士4进5
57. 马五进三　象9进7　**58.** 兵六平五　卒9平8
59. 炮九进四　马5进4　**60.** 仕四退五　士5进6
61. 马三进一　马4退3　**62.** 兵五平四　炮6进2
63. 炮九平三　士6退5

第116局　王跃飞 负 谢岿

1. 炮二平五　马8进7　**2.** 马二进三　车9平8
3. 车一平二　卒7进1　**4.** 车二进六　马2进3

5. 兵七进一　炮 8 平 9
6. 车二平三　炮 9 退 1
7. 马八进七　士 4 进 5
8. 炮八平九　车 1 平 2
9. 车九平八　炮 9 平 7
10. 车三平四　马 7 进 8
11. 炮九进四　炮 7 进 5
12. 马三退五　卒 7 进 1
13. 车四退一　炮 2 进 4
14. 炮九退二　马 8 进 9
15. 马七进六　车 8 进 7
16. 车八进二　象 3 进 5
17. 炮五平六　车 8 退 3
18. 车四进三　卒 3 进 1
19. 马六进四　卒 3 进 1
20. 炮九进一　车 2 进 4
21. 马四进五　车 2 退 3
22. 兵九进一　卒 3 进 1
23. 兵五进一　车 2 平 4
24. 后马进四　车 8 退 2
25. 马五退七　卒 3 进 1
26. 马四进六　卒 3 平 2
27. 炮六进六　炮 2 平 5
28. 炮九进四　马 9 进 7
29. 车四退六　炮 7 进 3
30. 帅五进一　车 8 进 6
31. 帅五进一　马 7 退 6
32. 帅五平六　车 8 平 3

第 117 局　黎德志 胜 莫伟明

1. 炮二平五　马 8 进 7
2. 马二进三　车 9 平 8
3. 车一平二　卒 7 进 1
4. 车二进六　马 2 进 3
5. 兵七进一　炮 8 平 9
6. 车二平三　炮 9 退 1
7. 马八进七　士 4 进 5
8. 炮八平九　炮 9 平 7
9. 车三平四　马 7 进 8
10. 车九平八　车 1 平 2
11. 炮九进四　炮 7 进 5
12. 马三退五　卒 7 进 1
13. 车四退一　象 7 进 5
14. 炮九退二　马 8 进 6
15. 炮九平四　卒 7 平 6
16. 车八进六　炮 7 退 3
17. 车四退一　车 8 进 4
18. 车四进二　炮 7 退 1
19. 车四平三　炮 7 平 6
20. 炮五进四　马 3 进 5
21. 车三平五　卒 3 进 1
22. 兵七进一　车 8 平 3
23. 车五平一　车 3 进 2
24. 车一平六　车 2 进 1
25. 车八平七　车 3 平 2
26. 相三进五　炮 2 平 4

27. 马五进三　后车进3　28. 车六平三　后车平1
29. 仕四进五　炮4平1　30. 兵一进一　炮1进4
31. 马七进九　车2平1　32. 车七平五　后车平8
33. 车三平二　车8平7　34. 车二平三　车7平8
35. 车三平二　车1退2　36. 马三进一　炮6进3
37. 车五平四　车8退1　38. 车四平二　车1平7
39. 车二退二　炮6退4　40. 马一进三　炮6平7
41. 马三退四　士5进6　42. 车二进三　士6进5
43. 兵五进一　车7平6　44. 马四进三　车6平7
45. 马三进五　车7平6　46. 车二退三　士5退6
47. 马五进六　将5平4　48. 兵五进一　车6退1
49. 车二平六　象3进1　50. 兵五进一　车6平8
51. 兵五进一　士6进5　52. 兵五进一　士6退5
53. 马六退四

第118局　周小平 和 黎德志

1. 炮二平五　马8进7　2. 马二进三　车9平8
3. 车一平二　卒7进1　4. 车二进六　马2进3
5. 兵七进一　炮8平9　6. 车二平三　炮9退1
7. 马八进七　士4进5　8. 炮八平九　炮9平7
9. 车三平四　马7进8　10. 车九平八　车1平2
11. 炮九进四　炮7进5　12. 马三退五　卒7进1
13. 车四退一　炮2进4　14. 炮九退二　马8进9
15. 马七进六　车8进7　16. 车八进二　象3进5
17. 炮五平六　车8退3　18. 相七进五　车8平6
19. 马六进四　炮2平4　20. 车八进七　马3退2
21. 炮九平三　马9退7　22. 相五进三　炮4平2
23. 马五进七　炮2平3　24. 炮六平五　马2进3
25. 马四退六　卒3进1　26. 兵七进一　象5进3

27. 马六进五　象 7 进 5
28. 兵五进一　马 3 进 2
29. 兵九进一　炮 3 退 1
30. 炮五平二　炮 3 平 7
31. 炮二进七　象 5 退 7
32. 兵九进一　马 2 进 3
33. 马五退七　后炮进 4
34. 帅五进一　后炮退 4
35. 兵五进一　后炮平 5
36. 帅五平六　炮 7 退 5
37. 兵五进一　炮 5 平 3
38. 帅六平五　炮 7 平 5
39. 前马退六　炮 5 进 1
40. 炮二退六　马 3 退 4
41. 马六退四　炮 5 退 1
42. 马七进六　炮 5 平 1
43. 马六进八　炮 3 平 4
44. 炮二进六　炮 4 退 1
45. 马四进五　士 5 进 4
46. 马五进三　炮 4 平 5
47. 兵五平六　马 4 进 5
48. 马三退五　马 5 进 3
49. 帅五平四　马 3 退 5
50. 帅四平五　马 5 退 7
51. 帅五平四　炮 5 平 6
52. 兵六进一　马 7 退 6
53. 帅四平五　马 6 进 5
54. 兵六进一　炮 6 进 1
55. 兵六平五　将 5 进 1
56. 马八进六　将 5 进 1
57. 马六退五　炮 6 退 1
58. 炮二退七　炮 6 平 5
59. 炮二平五　炮 1 平 5
60. 炮五进三　将 5 平 4
61. 帅五平四　炮 5 进 4
62. 仕四进五　卒 9 进 1
63. 帅四退一　卒 9 进 1
64. 帅四进一

第 119 局　刘强 和 党斐

1. 炮二平五　马 8 进 7
2. 马二进三　车 9 平 8
3. 车一平二　卒 7 进 1
4. 车二进六　马 2 进 3
5. 兵七进一　炮 8 平 9
6. 车二平三　炮 9 退 1
7. 马八进七　士 4 进 5
8. 炮八平九　车 1 平 2
9. 车九平八　炮 9 平 7
10. 车三平四　马 7 进 8
11. 炮九进四　炮 7 进 5
12. 马三退五　卒 7 进 1
13. 车四退一　象 7 进 5
14. 炮九退二　马 8 进 9
15. 马七进六　炮 2 进 5
16. 马五进七　炮 2 平 5

17. 相七进五　车2进9　**18.** 马七退八　车8进4
19. 车四平二　马9退8　**20.** 马六进七　马3进1
21. 马八进七　卒7平6　**22.** 前马退九　马1退3
23. 马九进八　象3进1　**24.** 炮九进一　马8退7
25. 马八进九　将5平4　**26.** 马九退七　象5退3
27. 仕六进五　炮7平8　**28.** 前马进九　马3进2
29. 马九退七　炮8退2　**30.** 炮九平二　马7进8
31. 前马退八　卒6进1　**32.** 马八退六　卒5进1
33. 兵九进一　马8进6　**34.** 马六进八　马2进3
35. 兵七进一　象3进5　**36.** 兵七进一　马6退4
37. 马八退七　马4进2　**38.** 后马进九　马2退3
39. 兵九进一　卒6平5　**40.** 马七退五　后马进1
41. 马五进七　马1进2　**42.** 仕五进六　马2进3
43. 帅五平六　卒5进1　**44.** 马九进八　后马退1
45. 马七进六　卒5进1　**46.** 马八进九　马1退3
47. 马六退七　卒5平4　**48.** 仕六退五　后马进5
49. 马九进八　象5进3　**50.** 马八退七　将4平5
51. 前马退六　卒9进1　**52.** 马七进五　卒9进1
53. 马五退三　马5退7　**54.** 马六进四　卒9平8
55. 马三进五　卒8进1　**56.** 相五进三　卒8平7
57. 马五进七　马7退5　**58.** 马七退五　卒7进1
59. 马四退二　马5进7　**60.** 马二退一　卒7平8
61. 马五退四　马7进5　**62.** 马四退二　马5进3
63. 马二进四　后马进2　**64.** 马一退三　马3退2
65. 帅六平五　将5平4　**66.** 仕五退六

第120局　卜凤波 胜 张强

1. 炮二平五　马8进7　**2.** 马二进三　车9平8
3. 车一平二　马2进3　**4.** 兵七进一　卒7进1

5. 车二进六　炮8平9　**6.** 车二平三　炮9退1
7. 马八进七　士4进5　**8.** 炮八平九　车1平2
9. 车九平八　炮9平7　**10.** 车三平四　马7进8
11. 炮九进四　炮7进5　**12.** 炮五进四　象3进5
13. 马三退五　卒7进1　**14.** 车四平一　马8退7
15. 车一平四　马7进5　**16.** 炮九平五　马3进5
17. 车四平五　炮2进5　**18.** 相七进五　车8进8
19. 相五进三　车8平6　**20.** 车五平七　车2进4
21. 兵七进一　象5进3　**22.** 马五退七　炮2进1
23. 后马进六　车6退3　**24.** 马六进五　象3退5
25. 仕六进五　士5进4　**26.** 相三退五　士6进5
27. 车七平四　车6退2　**28.** 马五进四　车2进3
29. 兵九进一　车2平3　**30.** 车八进一　车3退4
31. 车八进八　象5退3　**32.** 马四退三　象7进5
33. 车八退四　炮7平6　**34.** 车八平四　炮6平8
35. 兵九进一　炮8退6　**36.** 兵一进一　车3平7
37. 兵一进一　炮8平7　**38.** 马三退四　车7平5
39. 兵五进一　炮7平6　**40.** 兵五进一　车5平2
41. 马四进三　车2平7　**42.** 相三进一　炮6平7
43. 马三退五　车7进3　**44.** 马五进七　车7退3
45. 兵九平八　炮7平9　**46.** 兵一平二　车7平9
47. 相一退三　车9平7　**48.** 车四退二　炮9平7
49. 车四平五　士5进6　**50.** 兵五进一　炮7进2
51. 兵八进一　士4退5　**52.** 兵八平七　象5进3
53. 兵七平六　炮7退2　**54.** 马七进五　车7平9
55. 兵五平四　将5平4　**56.** 车五平六　将4平5
57. 兵四进一　车9平6　**58.** 兵四平三

第 121 局　金波 负 洪智

1. 炮二平五　马 8 进 7
2. 马二进三　车 9 平 8
3. 车一平二　卒 7 进 1
4. 兵七进一　马 2 进 3
5. 车二进六　炮 8 平 9
6. 车二平三　炮 9 退 1
7. 马八进七　士 4 进 5
8. 炮八平九　炮 9 平 7
9. 车三平四　马 7 进 8
10. 车九平八　车 1 平 2
11. 炮九进四　炮 7 进 5
12. 马三退五　卒 7 进 1
13. 车四平一　炮 2 进 4
14. 炮九退二　象 3 进 5
15. 车一退二　车 8 进 2
16. 车一平三　马 8 进 9
17. 车三平四　马 9 进 8
18. 炮五平六　车 8 进 3
19. 车四退三　车 8 进 2
20. 相七进五　车 8 平 5
21. 车四进八　将 5 平 6
22. 相三进五　炮 7 平 9
23. 马七进六　炮 2 进 2
24. 马五退三　马 8 退 7
25. 仕六进五　炮 9 平 5
26. 马三进四　炮 2 退 1
27. 马六退七　炮 2 平 4
28. 车八进九　马 3 退 2
29. 马四进三　马 7 进 5
30. 马三退五　马 5 进 7
31. 马五退四　炮 4 平 9
32. 帅五平六　马 2 进 4
33. 马四进三　炮 9 进 2
34. 帅六进一　马 7 退 6
35. 马七进六　马 6 退 5
36. 炮九进二　马 5 进 3
37. 马六进五　马 3 进 1
38. 马三进四　马 1 进 2
39. 马五进三　将 6 平 5
40. 仕五进四　马 2 退 3
41. 帅六平五　马 3 退 5
42. 炮九退三　马 5 进 6
43. 炮九平一　马 6 退 7
44. 炮一进六　士 5 退 6
45. 炮一退七　马 4 进 6
46. 马四进六　马 6 进 5
47. 炮一平五　炮 9 平 7
48. 马三退四　士 6 进 5
49. 帅五平六　士 5 进 4
50. 仕四进五　将 5 平 6
51. 炮五平一　象 5 退 3

第122局 周小平 和 陈汉华

1. 炮二平五 马8进7
2. 马二进三 车9平8
3. 车一平二 卒7进1
4. 车二进六 马2进3
5. 兵七进一 炮8平9
6. 车二平三 炮9退1
7. 马八进七 士4进5
8. 炮八平九 炮9平7
9. 车三平四 车1平2
10. 车九平八 马7进8
11. 炮九进四 炮7进5
12. 马三退五 卒7进1
13. 车四平一 马8进6
14. 炮九平五 马3进5
15. 炮五进四 马6退5
16. 车一平五 炮2进6
17. 相七进五 卒7平6
18. 车五平七 车8进6
19. 车七平四 炮7平9
20. 车四退二 炮9平5
21. 马七进五 车8平5
22. 兵九进一 象3进5
23. 车四进一 车2进6
24. 兵九进一 炮2平1
25. 车四平八 车2平3
26. 后车平七 车3进3
27. 马五退七 车5平1

第123局 苗利明 和 蒋川

1. 炮二平五 马8进7
2. 马二进三 车9平8
3. 车一平二 马2进3
4. 兵七进一 卒7进1
5. 车二进六 炮8平9
6. 车二平三 炮9退1
7. 马八进七 士4进5
8. 炮八平九 车1平2
9. 车九平八 炮9平7
10. 车三平四 马7进8
11. 炮九进四 炮7进5
12. 马三退五 卒7进1
13. 车四退一 炮2进4
14. 炮九平五 象3进5
15. 前炮退一 马8进9
16. 后炮平一 车8进3
17. 相七进五 马3进5
18. 兵五进一 卒3进1
19. 车四退二 炮2进2
20. 马五退七 卒3进1

21. 相五进七　马5进3
22. 后马进六　马9进7
23. 相三进五　炮7平8
24. 炮一平二　车8平4
25. 仕四进五　炮8退1
26. 炮二退一　车4平2
27. 炮二平八　前车进5
28. 车八进一　车2进8
29. 车四进三　车2退2
30. 车四平七　将5平4
31. 车七平六　马3退4
32. 马七进六　车2平6
33. 相五退七　车6退2
34. 仕五进四　炮8进4
35. 仕六进五　炮8平9
36. 车六平一　炮9退1
37. 帅五平六　马4进5
38. 兵五进一　车6平8
39. 仕五退四　炮9平8
40. 仕四进五　炮8进1
41. 相七退五　车8平5
42. 车一平三　象5进7
43. 车三平八　将4平5
44. 车八进三　士5退4
45. 车八退四　车5平2
46. 前马进八　卒7平6
47. 马八退七　士4进5
48. 马六进七　士5进4
49. 前马进八　士6进5
50. 马八退六　象7进5
51. 兵九进一　炮8平9
52. 相七进九　卒6进1
53. 兵九进一　马7进8
54. 帅六进一　马8退9
55. 帅六退一　马9进7
56. 相九退七　士5进6
57. 马六进四　炮9退8
58. 马七进五　炮9平4
59. 仕五进六　士4退5
60. 马四退六　卒6平5
61. 仕四退五　卒5平4
62. 兵九平八　炮4平1
63. 兵八平九　炮1平3
64. 兵九进一　炮3进7
65. 马六退八　卒4平5
66. 马八进六　卒5平6
67. 马五退七　炮3平1
68. 兵九平八　炮1退8
69. 兵八平七　将5平6
70. 兵七平六　炮1进6
71. 相五退三　卒6平5
72. 相七进五　象5退3
73. 马六退四　炮1平2
74. 马七进六　卒5平6
75. 相五进七　象3进1
76. 仕五退四　象1进3
77. 仕六退五　炮2退6
78. 相三进五　炮2平5
79. 仕五进六

第124局 卜凤波 和 胡荣华

1. 炮二平五　马8进7
2. 马二进三　车9平8
3. 车一平二　马2进3
4. 兵七进一　卒7进1
5. 车二进六　炮8平9
6. 车二平三　炮9退1
7. 马八进七　士4进5
8. 炮八平九　炮9平7
9. 车三平四　马7进8
10. 车九平八　车1平2
11. 炮九进四　炮7进5
12. 炮五进四　象3进5
13. 马三退五　卒7进1
14. 车四平一　炮2进4
15. 炮五退一　马3进1
16. 车一平七　马1退2
17. 车七平八　车2平4
18. 前车进二　车8进3
19. 马七退九　车8平5
20. 马九进八　车5进1
21. 马五进七　马8进9
22. 马八进六　马9进7
23. 相七进五　马7退5
24. 马六进七　马5进3
25. 马七退五　马3进2
26. 车八退八　卒7平6
27. 车八进三　车4进4

第125局 金波 胜 柯善林

1. 炮二平五　马8进7
2. 马二进三　车9平8
3. 车一平二　卒7进1
4. 车二进六　马2进3
5. 兵七进一　炮8平9
6. 车二平三　炮9退1
7. 马八进七　士4进5
8. 炮八平九　车1平2
9. 车九平八　炮9平7
10. 车三平四　马7进8
11. 炮九进四　炮7进5
12. 炮五进四　象7进5
13. 炮五退一　卒3进1
14. 车八进六　卒7进1
15. 车四平二　车8平7
16. 车二退一　卒3进1
17. 炮九平一　炮7进3
18. 仕四进五　卒7进1
19. 马三退二　卒3进1
20. 炮一进一　卒3进1

21. 炮一平七　卒7平6　　22. 相七进五　炮7退1
23. 车二退二　炮7平9　　24. 车二平四　炮9进1
25. 马二进一　车7进9　　26. 车四退三　车7退5
27. 车四平一　车7平5　　28. 马一进三　卒3进1
29. 马三进五　卒3平4　　30. 车一平四　车2进1
31. 车四进六　车2平4　　32. 车八进一　车4进5
33. 炮七退一　将5平4　　34. 炮七平九　卒4进1
35. 仕五退六　车4平1　　36. 炮九平五　车5平4
37. 车八退七　车1进1　　38. 仕六进五

第126局　卜凤波 和 聂铁文

1. 炮二平五　马8进7　　2. 马二进三　车9平8
3. 车一平二　马2进3　　4. 兵七进一　卒7进1
5. 车二进六　炮8平9　　6. 车二平三　炮9退1
7. 马八进七　士4进5　　8. 炮八平九　车1平2
9. 车九平八　炮9平7　　10. 车三平四　马7进8
11. 炮九进四　炮7进5　　12. 炮五进四　象3进5
13. 马三退五　卒7进1　　14. 车四平一　炮2进4
15. 炮五退一　马3进1　　16. 车一平七　马1退2
17. 车七平八　车2平4　　18. 前车进二　车8进3
19. 马七退九　车8平5　　20. 马九进八　车5进1
21. 马五进七　马8进9　　22. 马八进六　马9进7
23. 相七进五　马7退5　　24. 马六进七　马5进3
25. 马七退五　马3进2　　26. 车八退八　卒7平6
27. 车八进三　炮7退2　　28. 仕六进五　卒6平5

第127局　王晟强 负 谢靖

1. 炮二平五　马8进7　　2. 马二进三　车9平8

3. 车一平二　马2进3　　4. 兵七进一　卒7进1
5. 车二进六　炮8平9　　6. 车二平三　炮9退1
7. 马八进七　士4进5　　8. 炮八平九　车1平2
9. 车九平八　炮9平7　　10. 车三平四　马7进8
11. 炮九进四　炮7进5　　12. 炮五进四　象3进5
13. 马三退五　卒7进1　　14. 车四平一　炮2进4
15. 炮五退一　马3进1　　16. 车一平七　马1退2
17. 车七平八　车2平4　　18. 前车进二　马8进9
19. 相三进一　车8进7　　20. 马七退九　车8平4
21. 相七进五　前车退3　　22. 兵五进一　前车平5
23. 兵五进一　炮2平5　　24. 马九进七　炮7进3

第128局　蓝向农 胜 郝继超

1. 炮二平五　马3进7　　2. 马二进三　车9平8
3. 车一平二　马2进3　　4. 兵七进一　卒7进1
5. 车二进六　炮8平9　　6. 车二平三　炮9退1
7. 马八进七　士4进5　　8. 炮八平九　车1平2
9. 车九平八　炮9平7　　10. 车三平四　马7进8
11. 炮九进四　炮7进5　　12. 马三退五　卒7进1
13. 车四退一　炮2进4　　14. 炮九退二　象3进5
15. 炮九平三　马8进9　　16. 炮三进三　马3退4
17. 马七进六　车8进2　　18. 炮三退一　车8进1
19. 炮三平七　车8进2　　20. 马五进七　马9进7
21. 相三进一　炮7平8　　22. 兵七进一　炮8进3
23. 相一退三　马7进6　　24. 车四退四　炮2退4
25. 炮五平四　车8平7　　26. 相七进五　车7退1
27. 马六进王　车7进5　　28. 车四退一　车7退6
29. 车四平二　车7平5　　30. 车二进五　车2进1
31. 车二平六　马4进3　　32. 车八进四　炮2进2

33. 车八进一 车2进3
34. 兵七平八 车5平3
35. 车六平五 车3平5
36. 车五进一 马3进5
37. 兵五进一 马5进7
38. 兵五进一 马7进5
39. 马七进五 卒9进1
40. 仕六进五 卒9进1
41. 兵九进一

第129局 金松 胜 谭才文

1. 炮二平五 马8进7
2. 马二进三 车9平8
3. 车一平二 马2进3
4. 兵七进一 卒7进1
5. 车二进六 炮8平9
6. 车二平三 炮9退1
7. 马八进七 士4进5
8. 炮八平九 车1平2
9. 车九平八 炮9平7
10. 车三平四 马7进8
11. 炮九进四 炮7进5
12. 马三退五 卒7进1
13. 车四退一 炮2进4
14. 炮九退二 马8进9
15. 马七进六 马9进8
16. 炮五平九 象7进5
17. 马五进七 马8退9
18. 马六进七 车8进8
19. 仕六进五 士5退4
20. 相七进五 车8退4
21. 后马进六 车2进4
22. 车四平八 车8平2
23. 前炮进五 将5进1
24. 兵九进一 卒7平6
25. 兵九进一 车2退1
26. 兵七进一 象5进3
27. 兵九平八 车2平1
28. 兵八平九 车1平2
29. 兵九平八 车2平1
30. 马七退九 炮2平1
31. 兵八平七 车1退3
32. 兵七进一 车1平2
33. 马九进八 炮1退4
34. 兵七进一 炮1平3
35. 马六进五 炮3平4
36. 马五退七 炮7退4
37. 炮九平八 车2进2
38. 马七进八 炮7平2
39. 炮八平七 炮2平1
40. 车八进八 将5退1
41. 车八平七 马9退8
42. 炮七进七 士4进5
43. 炮七平八 将5平4
44. 车七进一 将4进1

45. 车七退四　马8进7　46. 炮八退六　马7进6
47. 炮八平六　炮4平6　48. 车七平六　炮1平4
49. 车六平五　炮4平2　50. 车五平六

第130局　赵冠芳 负 蒋川

1. 炮二平五　马8进7　2. 马二进三　车9平8
3. 车一平二　马2进3　4. 兵七进一　卒7进1
5. 车二进六　炮8平9　6. 车二平三　炮9退1
7. 马八进七　士4进5　8. 炮八平九　车1平2
9. 车九平八　炮9平7　10. 车三平四　马7进8
11. 炮九进四　卒7进1　12. 车四退一　卒7进1
13. 马三退五　马8退7　14. 车四进一　象7进5
15. 车八进六　炮2平1　16. 车八进三　马3退2
17. 马七进六　马2进3　18. 炮九退二　炮1退1
19. 马六进七　车8进4　20. 马五进七　卒7进1
21. 炮五平六　马7进6　22. 相三进五　马6进5
23. 后马进六　卒7进1　24. 车四退三　卒7平6
25. 车四退二　炮7进8　26. 帅五进一　士5退4
27. 炮六退一　炮1进5　28. 炮六平九　车8平2
29. 前炮平八　象5进3　30. 车四进六　车2进1
31. 相五退三　车2平3　32. 马六退五　象3退5
33. 马七退九　车3进4　34. 帅五退一　马5进3
35. 马九退七　炮1进1

第131局　卜凤波 胜 陶汉明

1. 炮二平五　马8进7　2. 马二进三　车9平8
3. 车一平二　卒7进1　4. 车二进六　马2进3
5. 兵七进一　炮8平9　6. 车二平三　炮9退1
7. 马八进七　士4进5　8. 炮八平九　车1平2

9. 车九平八　炮 9 平 7
10. 车三平四　马 7 进 8
11. 炮九进四　卒 7 进 1
12. 炮五进四　象 3 进 5
13. 车四平三　马 8 退 9
14. 车三退二　炮 2 进 5
15. 马三退五　卒 3 进 1
16. 马五进六　马 3 进 5
17. 车八进二　车 2 进 7
18. 马六退八　马 5 进 7
19. 车三平六　马 7 进 6
20. 相七进五　马 6 进 7
21. 帅五进一　车 8 进 8
22. 帅五平六　马 7 退 5
23. 仕六进五　车 8 退 5
24. 相三进五　车 8 平 1
25. 兵七进一　象 5 进 3
26. 马八进九　象 3 退 5
27. 帅六退一　马 9 进 7
28. 兵三进一　炮 7 平 9
29. 马七进八　车 1 平 5
30. 兵五进一　炮 9 进 5
31. 马八进六　炮 9 平 8
32. 马九进八　炮 8 退 5
33. 兵九进一　象 5 进 3
34. 车六平八　象 7 进 5
35. 兵九进一　车 5 平 3
36. 兵九平八　卒 9 进 1
37. 车八退一　卒 9 进 1
38. 兵八平七　车 3 进 1
39. 马六进四　炮 8 平 6
40. 兵三进一　车 3 平 7
41. 马八进六　将 5 平 4
42. 车八平六　车 7 平 6
43. 车六进三　马 7 进 6
44. 相五进三　马 6 进 7
45. 相三退五　马 7 退 5
46. 马六退八　将 4 平 5
47. 马四进三　马 5 进 3
48. 帅六平五　士 5 进 6
49. 马八进七　将 5 进 1
50. 车六平七　马 3 退 4
51. 马七退六　将 5 平 4
52. 车七退二　马 4 进 5
53. 仕五进四　车 6 进 3
54. 帅五进一　马 5 进 3
55. 帅五平六　马 3 退 2
56. 车七退一　车 6 平 4
57. 帅六进一

第 132 局　陶汉明 负 吕钦

1. 炮二平五　马 8 进 7
2. 马二进三　车 9 平 8
3. 车一平二　卒 7 进 1
4. 车二进六　马 2 进 3

5. 兵七进一　炮8平9
6. 车二平三　炮9退1
7. 马八进七　士4进5
8. 炮八平九　车1平2
9. 车九平八　炮3平7
10. 车三平四　马7进8
11. 炮九进四　卒7进1
12. 炮五进四　象3进5
13. 车四平三　炮2退1
14. 兵三进一　马8退9
15. 车三平四　炮7进6
16. 车八进七　马3进5
17. 车四平五　车2平1
18. 车五平七　炮2平4
19. 兵三进一　车8进8
20. 马七进六　车8平4
21. 马六进四　象5进7
22. 兵七进一　马9退7
23. 炮九平一　车1进6
24. 相三进五　象7进5
25. 仕四进五　士5退4
26. 车八退三　士4进5
27. 炮一平五　炮4退1
28. 炮五退一　车1平3
29. 炮五退一　车4退6
30. 兵一进一　马7进9
31. 兵一进一　马9进7
32. 兵一平二　马7进5
33. 车七平四　车3退2
34. 兵二平三　炮4平3
35. 兵三进一　炮7退3
36. 车八进五　将5平4
37. 炮五平九　将4平5
38. 兵五进一　车4平1
39. 炮九退二　马5退4
40. 炮九平六　象5退7
41. 车四平六　车3平6
42. 炮六进五　炮3平4
43. 炮六平八　炮7平9
44. 炮八退四　车1平8
45. 兵三平二　车8平6
46. 炮八平一　前车平8
47. 仕五退四　车6进4
48. 炮一退一　炮9进2
49. 相五退三　车8进3
50. 车六平三　象7进5
51. 仕六进五　车6平3
52. 相七进五　士5进4
53. 车八退九　车8退3
54. 兵五进一　车8平5
55. 兵二进一　士6进5
56. 兵二进一　炮9平5
57. 车三平九　车5平3
58. 车九退六　后车平6
59. 车八平七　车3平4
60. 兵二进一　炮4平8
61. 炮一平二　将5平6
62. 炮二退二　车6平7
63. 相三进一　车7平8

第 133 局　许银川 负 孙勇征

1. 炮二平五　马 8 进 7
2. 马二进三　车 9 平 8
3. 车一平二　卒 7 进 1
4. 车二进六　马 2 进 3
5. 兵七进一　炮 8 平 9
6. 车二平三　炮 9 退 1
7. 马八进七　士 4 进 5
8. 炮八平九　车 1 平 2
9. 车九平八　炮 9 平 7
10. 车三平四　马 7 进 8
11. 炮九进四　卒 7 进 1
12. 炮五进四　象 3 进 5
13. 车四平三　炮 2 退 1
14. 车三退二　车 2 平 1
15. 车八进七　马 3 进 5
16. 炮九平五　车 8 进 3
17. 炮五退一　车 8 平 6
18. 车三平二　马 8 进 6
19. 马三退五　车 1 平 4
20. 兵五进一　车 4 进 7
21. 相七进五　将 5 平 4
22. 车八退七　炮 7 平 6
23. 车二退三　车 4 进 1
24. 车二进一　炮 2 进 7
25. 相五进三　车 6 平 4
26. 炮五平四　后车进 1
27. 炮四进一　后车退 1
28. 炮四退一　炮 6 进 2
29. 马五进四　后车进 1
30. 兵五进一　后车平 5
31. 仕四进五　炮 2 平 3
32. 马七进六　炮 3 退 2
33. 车二平五　车 5 平 2
34. 车八平七　车 4 退 2
35. 兵七进一　车 2 平 3
36. 车五进四　炮 6 退 1
37. 车五平六　将 4 平 5
38. 马四退六　车 4 平 7
39. 仕五退四　炮 3 平 4
40. 车七进五　炮 4 退 3
41. 车七平八　车 7 平 4
42. 车八进四　士 5 退 4
43. 炮四平九　车 4 进 1
44. 马六退八　车 4 平 2
45. 炮九平八　车 2 退 1

第 134 局　周小平 胜 谢岿

1. 炮二平五　马 8 进 7
2. 马二进三　车 9 平 8

3. 车一平二　卒 7 进 1　4. 车二进六　马 2 进 3
5. 兵七进一　炮 8 平 9　6. 车二平三　炮 9 退 1
7. 马八进七　士 4 进 5　8. 炮八平九　车 1 平 2
9. 车九平八　炮 9 平 7　10. 车三平四　马 7 进 8
11. 炮九进四　卒 7 进 1　12. 炮五进四　象 3 进 5
13. 车四平三　马 8 退 9　14. 车三退二　炮 2 进 5
15. 马三退五　马 3 进 5　16. 炮九平五　车 8 进 3
17. 马五进六　车 8 平 5　18. 车八进二　车 2 进 7
19. 马六退八　马 9 进 7　20. 车三平五　车 5 平 4
21. 仕四进五　炮 7 进 5　22. 马八进九　炮 7 退 2
23. 车五平六　车 4 进 2　24. 马七进六　炮 7 平 4
25. 兵五进一　士 5 进 6　26. 马九退七　炮 4 退 3
27. 马六进七　炮 4 平 9　28. 前马退五　马 7 退 8
29. 相三进五　炮 9 进 5　30. 兵九进一　士 6 退 5
31. 兵九进一　炮 9 退 2　32. 兵九进一　炮 9 平 6
33. 马七进九　马 8 进 7　34. 马九进八　马 7 进 9
35. 马八进七　将 5 平 4　36. 马七退六　炮 6 退 3
37. 马六退四　炮 6 进 2　38. 马四退二　炮 6 平 5
39. 马五进三　马 9 进 8　40. 马三进四　炮 5 平 6
41. 马二进一　马 8 进 7　42. 帅五平四　马 7 退 6
43. 帅四平五　马 6 进 7　44. 帅五平四　马 7 退 8
45. 帅四平五　马 8 进 7　46. 帅五平四　马 7 退 6
47. 帅四平五　将 4 平 5　48. 兵九平八　炮 6 平 8
49. 马一进二　炮 8 进 6　50. 马二退三　象 5 进 7
51. 兵七进一　马 6 进 8　52. 帅五平四

第 135 局　王晟强 负 于幼华

1. 炮二平五　马 2 进 3　2. 马二进三　马 8 进 7
3. 车一平二　车 9 平 8　4. 兵七进一　卒 7 进 1

5. 车二进六　炮8平9　**6.** 车二平三　炮9退1
7. 马八进七　士4进5　**8.** 炮八平九　车1平2
9. 车九平八　炮9平7　**10.** 车三平四　马7进8
11. 炮九进四　卒7进1　**12.** 炮九平五　马3进5
13. 炮五进四　象3进5　**14.** 车四平三　马8退9
15. 车三退二　车8进3　**16.** 马七进六　车8平6
17. 车八进五　马9进7　**18.** 车三平五　马7进6
19. 马三退一　车2进1　**20.** 炮五退一　炮2平3
21. 车八平九　车2退1　**22.** 兵三进一　炮3进3
23. 马六退五　炮3退1　**24.** 车五平八　车2平4
25. 车九退一　马6退4　**26.** 炮五平七　卒3进1
27. 车八退三　马4进5　**28.** 车九平五　马5退3
29. 车五平六　车4进5　**30.** 马五进六　车6进2
31. 马六退七　马3进4　**32.** 车八平六　马4退6
33. 车六平四　马6进7　**34.** 帅五进一　车6平3
35. 马七进五　车3平5

第136局　何刚 负 于幼华

1. 炮二平五　马8进7　**2.** 马二进三　车9平8
3. 车一平二　马2进3　**4.** 兵七进一　卒7进1
5. 车二进六　炮8平9　**6.** 车二平三　炮9退1
7. 马八进七　士4进5　**8.** 炮八平九　车1平2
9. 车九平八　炮9平7　**10.** 车三平四　马7进8
11. 炮九进四　卒7进1　**12.** 炮五进四　象3进5
13. 车四平三　马8退9　**14.** 车三退二　炮2进5
15. 马三退五　马3进5　**16.** 炮九平五　车8进3
17. 车三平五　车8平6　**18.** 相七进五　卒9进1
19. 马五退七　炮2进1　**20.** 仕六进五　马9进8
21. 车五平二　车6平5　**22.** 车二进一　车5平4

23. 车二进三　炮7进1　　24. 车二平三　炮7平9
25. 车三退四　车4进3　　26. 前马进六　炮9进4
27. 马六进四　车4退2　　28. 马四进二　炮9平5
29. 车三平五　车4进2　　30. 马七进八　车2进7
31. 车五退一　车4进2　　32. 兵九进一　炮2平5
33. 车五平八　车2进2　　34. 车八退三　炮5平7

第137局　邢毅 和 熊学元

1. 炮二平五　马8进7　　2. 马二进三　车9平8
3. 车一平二　马2进3　　4. 兵七进一　卒7进1
5. 车二进六　炮8平9　　6. 车二平三　炮9退1
7. 马八进七　士4进5　　8. 炮八平九　炮9平7
9. 车三平四　马7进8　　10. 车九平八　车1平2
11. 炮九进四　卒7进1　　12. 炮五进四　象3进5
13. 车四平三　卒7进1　　14. 车三进二　卒7进1
15. 炮五退二　炮2进6　　16. 炮九进三　车2平1
17. 车八进一　马8退6　　18. 车三退六　马6进5
19. 兵五进一　车8进5　　20. 车八平五　马3进5
21. 兵五进一　马5进7　　22. 兵五平四　马7退8
23. 车五进五　车1进4　　24. 车三平四　卒3进1
25. 兵七进一　车1平3　　26. 车五平一　车3进2
27. 车一平五　车3平9　　28. 马七进五　车8平4
29. 仕六进五　马8进9　　30. 车四平六　车4进2
31. 仕五进六　车9平6　　32. 相三进一　马9进8
33. 仕四进五　马8进7　　34. 帅五平六　马7退9
35. 兵四进一　马9退7　　36. 马五进七　马7退8
37. 兵四平三　车6平3　　38. 相七进九　马8进6
39. 车五平六　车3平4　　40. 车六平八　象5退3
41. 兵三平四　象7进5　　42. 兵九进一　车4平7

43. 帅六平五 马6进4
44. 帅五平六 马4退6
45. 仕五退四 车7平3
46. 车八进三 士5退4
47. 兵四进一 车3进1
48. 兵四进一 车3平1
49. 兵九进一 士6进5
50. 车八退三 马6进5
51. 帅六平五 马5进7
52. 帅五平六 马7退5
53. 帅六平五 马5进7
54. 帅五平六 马7退5
55. 帅六平五 车1平3
56. 车八平三 士5退6
57. 车三退二 士4进5
58. 兵九平八 马5进7
59. 帅五平六 马7退6
60. 仕四进五 马6进8
61. 车三平五 马8进6
62. 车五平四 车3进2
63. 帅六进一 车3退4
64. 车四退三

第138局 卜凤波 负 吕钦

1. 炮二平五 马8进7
2. 马二进三 车9平8
3. 车一平二 马2进3
4. 兵七进一 卒7进1
5. 车二进六 炮8平9
6. 车二平三 炮9退1
7. 马八进七 士4进5
8. 炮八平九 车1平2
9. 车九平八 炮9平7
10. 车三平四 马7进8
11. 炮九进四 卒7进1
12. 炮五进四 象3进5
13. 车四平三 马8退9
14. 车三退二 炮2进6
15. 炮五平六 车8进8
16. 相七进五 马3进5
17. 仕六进五 马5进7
18. 车三平四 马7进8
19. 炮六退四 车2进3
20. 炮九退二 炮2退2
21. 兵五进一 马8进7
22. 车四退三 马9进7
23. 兵三进一 后马进8
24. 马三进二 车8退3
25. 炮六退一 车8进1
26. 兵一进一 车8平3
27. 车八进二 马7退8
28. 车四进七 车3平4
29. 车八退一 炮7进1
30. 车四退二 车4平3
31. 车八进一 车3平4
32. 车八退一 炮2进1

33. 炮九平八　炮 2 平 1
34. 兵七进一　车 4 平 3
35. 兵七进一　车 2 进 1
36. 马七退九　车 3 平 1
37. 车四平三　炮 7 平 9
38. 车三平六　车 1 平 3
39. 车八进一　炮 1 退 2
40. 兵五进一　炮 9 进 3
41. 兵三进一　车 3 进 2
42. 马九进七　炮 9 平 5
43. 马七进五　车 3 进 1
44. 仕五退六　车 3 退 3
45. 仕六进五　车 3 平 5
46. 帅五平六　车 5 平 3
47. 炮六平八　炮 5 平 4
48. 帅六平五　车 3 进 2
49. 帅五平六　马 3 退 7
50. 车八进一　马 7 进 6
51. 车八平四　车 3 平 2
52. 炮八退一　前车进 1
53. 帅六进一　炮 1 进 1
54. 炮八退一　炮 1 退 6
55. 车六退二　后车进 3
56. 车四平九　炮 1 平 4
57. 车六平七　后车退 3

第 139 局　卜凤波 和 洪智

1. 炮二平五　马 8 进 7
2. 马二进三　车 9 平 8
3. 车一平二　马 2 进 3
4. 兵七进一　卒 7 进 1
5. 车二进六　炮 8 平 9
6. 车二平三　炮 9 退 1
7. 马八进七　士 4 进 5
8. 炮八平九　车 1 平 2
9. 车九平八　炮 9 平 7
10. 车三平四　马 7 进 8
11. 炮九进四　卒 7 进 1
12. 炮五进四　象 7 进 5
13. 车四平三　马 8 退 9
14. 车三退二　炮 2 进 6
15. 炮五平六　卒 3 进 1
16. 炮九退二　车 8 进 7
17. 马三退五　马 3 进 5
18. 相七进五　马 5 进 7
19. 炮六退四　车 8 退 4
20. 车三平二　马 7 进 8
21. 炮六退一　车 8 进 2
22. 炮九平二　卒 3 进 1
23. 相五进七　马 9 进 7
24. 炮二进五　象 5 退 7
25. 马五进四　炮 7 进 5
26. 相七退五　炮 7 平 9
27. 马四退二　车 2 进 7
28. 炮六平三　马 7 进 6

29. 仕六进五　车2平3　　30. 车八进一　车3退4
31. 车八平七　车3平8　　32. 炮二退六　车8进3
33. 车七进三　马6进4　　34. 车七平三　象3进5
35. 车三退二　炮9平5　　36. 炮三平二　车8平6
37. 车三进四

第140局　卜凤波 胜 李雪松

1. 炮二平五　马8进7　　2. 马二进三　车9平8
3. 车一平二　马2进3　　4. 兵七进一　卒7进1
5. 车二进六　炮8平9　　6. 车二平三　炮9退1
7. 马八进七　士4进5　　8. 炮八平九　车1平2
9. 车九平八　炮9平7　　10. 车三平四　马7进8
11. 炮九进四　卒7进1　　12. 炮五进四　象3进5
13. 车四平三　马8退9　　14. 车三退二　炮2进5
15. 马三退五　卒3进1　　16. 马五进六　马3进1
17. 车八进二　车2进7　　18. 马六退八　车8进3
19. 马七进六　卒3进1　　20. 马八进七　马1进3
21. 炮五退一　车8平4　　22. 炮五平二　马9进7
23. 马六进四　车4平6　　24. 炮二进一　车6进1
25. 车三进二　炮7平9　　26. 炮二进三　炮9进5
27. 车三平一　车6平8　　28. 车一退三　车8退4
29. 车一进三

第141局　卜凤波 和 万春林

1. 炮二平五　马8进7　　2. 马二进三　车9平8
3. 车一平二　马2进3　　4. 兵七进一　卒7进1
5. 车二进六　炮8平9　　6. 车二平三　炮9退1
7. 马八进七　士4进5　　8. 炮八平九　车1平2

9. 车九平八　炮9平7
10. 车三平四　马7进8
11. 炮九进四　卒7进1
12. 炮五进四　象3进5
13. 车四平三　马3退9
14. 车三退二　炮2进5
15. 马三退五　卒3进1
16. 马五进六　马3进1
17. 车八进二　车2进7
18. 马六退八　车8进3
19. 马七进六　卒3进1
20. 马八进七　马1进3
21. 炮五平七　车8平4
22. 车三平二　士5进4
23. 炮七进二　炮7进8
24. 仕四进五　马9进7
25. 马六进四　车4进1
26. 车二退四　车4平6
27. 车二平三　马7进5
28. 车三平四　车6平7
29. 马七进五　车7平5
30. 车四进三　车5退1
31. 炮七平四　士4退5
32. 炮四退四　车5平1
33. 炮四平二　车1进3
34. 炮二退二　车1退3
35. 兵三进一　车1平8
36. 炮二平八　车8进6
37. 仕五退四　车8退2
38. 炮八平四　马3进2
39. 仕六进五　将5平4
40. 炮四平六

第142局　卜凤波 胜 廖二平

1. 炮二平五　马3进7
2. 马二进三　车9平8
3. 车一平二　卒7进1
4. 车二进六　马2进3
5. 兵七进一　炮3平9
6. 车二平三　炮9退1
7. 马八进七　士4进5
8. 炮八平九　炮9平7
9. 车三平四　马7进8
10. 车九平八　车1平2
11. 炮九进四　卒7进1
12. 炮五进四　象3进5
13. 车四平三　马8退9
14. 车三退二　炮2进4
15. 炮五平六　车8进4
16. 马三退五　卒3进1
17. 炮九退二　车8平4
18. 炮六平二　马3进5
19. 兵七进一　车4平3
20. 马七进六　马5进4
21. 车三平六　车3进2
22. 相三进五　马9进7

23. 炮二退三　炮7进5　24. 车六平三　马7进5
25. 车三退一　马5进4　26. 炮二退二　车3退6
27. 炮九进五　车2平1　28. 车八进三　车3平4
29. 车八平七　车1进3　30. 马五退三

第143局　洪智 和 刘殿中

1. 炮二平五　马8进7　2. 马二进三　马2进3
3. 车一平二　车9平8　4. 兵七进一　卒7进1
5. 车二进六　炮8平9　6. 车二平三　炮9退1
7. 马八进七　士4进5　8. 炮八平九　炮9平7
9. 车三平四　马7进8　10. 车九平八　车1平2
11. 炮九进四　卒7进1　12. 炮五进四　象3进5
13. 车四平三　马8退9　14. 车三退二　炮2进5
15. 马三退五　卒3进1　16. 马五进六　马3进5
17. 车八进二　车2进7　18. 马六退八　马5进7
19. 车三平六　车8进3　20. 炮九平六　马7进6
21. 相七进五　马6进7　22. 帅五进一　车8平6
23. 帅五平六　炮7平8　24. 仕六进五　炮8进7
25. 帅六退一　炮8退1　26. 仕五进四　马9进7
27. 仕四进五　炮8进2　28. 帅六进一　炮8退6
29. 炮六平三　车6平7　30. 兵七进一　象5进3
31. 车六平二　车7平4　32. 仕五进六　卒9进1
33. 马七进六　炮8平9　34. 马六进四　车4进1
35. 马四进二　炮9进3　36. 马八进七　将5平4
37. 车二退三　炮9平5　38. 车二平三　车4进1
39. 车三平一　炮5平4　40. 帅六平五　车4平3
41. 车一进四　车3进3　42. 帅五退一　炮4退4
43. 兵九进一　象7进5　44. 兵九进一　车3平1
45. 兵九平八　车1进1　46. 帅五进一　车1退6

47. 马二退四 车1平5
48. 马四退二 车5平8
49. 马二退一 象3退1
50. 兵三进一 车8平4
51. 马一进三 象5退3
52. 帅五退一 炮4平5
53. 仕四退五 车4进4
54. 帅五平四 车4退2
55. 车一平四 车4平2
56. 车四平六 将4平5
57. 相三进一 车2平6
58. 帅四平五 车6进1
59. 马三退二 车6进2
60. 马二进三 车6平5
61. 帅五平四 车5进1
62. 帅四进一 车5退1
63. 帅四退一 车5进1
64. 帅四进一 车5平2
65. 马三进一 车2退1
66. 帅四退一 车2退2
67. 车六平四 车2平5
68. 相一退三 车5退3
69. 兵三进一 车5平9
70. 马一退二 车9平4
71. 相三进一 车4进4
72. 相一退三 炮5平9
73. 兵三进一 车4进2
74. 帅四进一 车4退1
75. 帅四退一 车4进1
76. 帅四进一 车4退1
77. 帅四退一 车4平8
78. 马二进一 炮9平6
79. 车四平六 车8平7
80. 车六进一 车7平2
81. 兵八进一 车2进1
82. 帅四进一 车2平7
83. 马一进二 车7退1
84. 帅四退一 车7退1
85. 马二进三 炮6退1
86. 车六平五 车7平6
87. 帅四平五 车6退5
88. 帅五进一 车6平5
89. 车五平六 车5平4
90. 车六平四 车4平6
91. 车四平七 车6平5
92. 车七平四 车5平6
93. 车四进一 士5进6
94. 帅五平六 士6进5
95. 兵八平七 象3进5
96. 相五进七 象1退3
97. 兵七进一 士5退4
98. 兵三进一 士4进5
99. 马三退一 炮6平9
100. 马一退三 象5进7
101. 兵三进一 象3进5
102. 兵三平四

第144局 宗永生 胜 徐健秒

1. 炮二平五 马8进7
2. 马二进三 车9平8
3. 车一平二 卒7进1
4. 车二进六 马2进3
5. 兵七进一 炮8平9
6. 车二平三 炮9退1
7. 马八进七 士4进5
8. 炮八平九 车1平2
9. 车九平八 炮9平7
10. 车三平四 马7进8
11. 炮九进四 卒7进1
12. 炮五进四 象3进5
13. 车四平三 马8退9
14. 车三退二 炮2进4
15. 炮五平六 卒3进1
16. 炮九退二 车8进7
17. 马七退五 车8退4
18. 炮六退四 炮2进1
19. 兵七进一 车8平4
20. 炮九平六 车4平2
21. 后炮平五 马9进7
22. 炮六平八 炮2平7
23. 车三平七 马3进1
24. 兵七平八 前车进1
25. 炮八进五 车2进5
26. 炮八平九 马1进3
27. 马五进三 炮7进5
28. 兵九进一 车2退8
29. 炮九退四 炮7进3
30. 仕四进五 车2进2
31. 炮五平七 马3退1
32. 炮九平二 马7进5
33. 车七平五 马5退4
34. 兵九进一 车2平8
35. 兵九进一 车8进1
36. 相七进五 炮7平9
37. 车五平二 车8平7
38. 车二退二 马4进3
39. 车二平一 马3进2
40. 炮七平八 马2退4
41. 车一退二 马4进5
42. 车一平三 马5进3
43. 帅五平四 车7进2
44. 炮八平四 车7平5
45. 炮四退一 车5平6
46. 马三进二 车6退3
47. 车三进六

第145局 卜凤波 负 孙勇征

1. 炮二平五 马8进7
2. 马二进三 车9平8

3. 车一平二　卒7进1　　4. 车二进六　马2进3
5. 兵七进一　炮8平9　　6. 车二平三　炮9退1
7. 马八进七　士4进5　　8. 炮八平九　车1平2
9. 车九平八　炮9平7　　10. 车三平四　马7进8
11. 炮九进四　卒7进1　　12. 炮五进四　象3进5
13. 车四平三　炮2退1　　14. 车三退二　车2平1
15. 车八进七　马3进5　　16. 炮九平五　车8进3
17. 车八退二　车1平4　　18. 马七进六　卒3进1
19. 兵七进一　车3平6　　20. 马六进七　炮2平3
21. 炮五退一　马3进6　　22. 车八退三　马6进4
23. 车八平六　马4退3　　24. 车六进七　将5平4
25. 车三平六　将4平5　　26. 马七进九　炮3进8
27. 仕六进五　车6平5　　28. 兵五进一　炮3平1
29. 马九退八　炮7进6　　30. 马八进七　炮7平3

第146局　赵汝权 胜 阮有福

1. 炮二平五　马8进7　　2. 马二进三　车9平8
3. 车一平二　卒7进1　　4. 车二进六　马2进3
5. 兵七进一　炮8平9　　6. 车二平三　炮9退1
7. 马八进七　士4进5　　8. 炮八平九　车1平2
9. 车九平八　炮9平7　　10. 车三平四　马7进8
11. 炮九进四　卒7进1　　12. 炮九平五　马3进5
13. 炮五进四　象7进5　　14. 车四平三　马8退9
15. 车三退二　车8进3　　16. 马七进六　炮2进3
17. 车三进三　车2进1　　18. 马六进七　车2平3
19. 车八进四　车8平5　　20. 马七退六　车5平6
21. 马三退五　象5退7　　22. 相七进五　炮7平6
23. 马五进七　炮6进8　　24. 车三退二　炮6退2
25. 车八进一　炮6平7　　26. 车三平四　车6平8

27. 车四平二　车8平7
28. 兵三进一　象3进5
29. 马七退五　炮7退1
30. 兵九进一　卒9进1
31. 车二退二　车3平4
32. 马六进四　炮7进2
33. 车二退二　车4进7
34. 车二平三　将5平4
35. 车八进四　将4进1
36. 车八退九　车7平5
37. 兵三进一　象5进7
38. 车三进三　车5进1
39. 车三平四　马9进8
40. 马五进三　象7退5
41. 车四退一　马8退6
42. 仕六进五　马6进4
43. 马四进三　马4退3
44. 车四进二

第147局　周小平 胜 焦明理

1. 炮二平五　马8进7
2. 马二进三　卒7进1
3. 车一平二　车9平8
4. 车二进六　马2进3
5. 兵七进一　炮8平9
6. 车二平三　炮9退1
7. 马八进七　士4进5
8. 炮八平九　车1平2
9. 车九平八　炮9平7
10. 车三平四　马7进8
11. 炮九进四　卒7进1
12. 炮五进四　象3进5
13. 车四平三　马8退9
14. 车三退二　车8进4
15. 马三退五　炮2进2
16. 马七进六　马3进1
17. 炮五平九　车2平1
18. 炮九平一　炮2平7
19. 车三平四　前炮进5
20. 马五退三　炮7进8
21. 仕四进五　车8退1
22. 炮一退二　车1平4
23. 相七进五　炮7平8
24. 马六进四　车8平6
25. 车八进五　炮8退5
26. 马四退二　车6进2
27. 炮一平四　卒3进1
28. 车八进一　卒3进1
29. 马二进四　卒3平4
30. 炮四平一　炮8退3
31. 车八平二　炮8平7
32. 车二平六　车4进3
33. 马四进六　马9进8
34. 马六退四　卒4进1
35. 兵五进一　马8进9
36. 兵五进一　士5进4

37. 马四进二　炮 7 平 4
38. 马二进三　将 5 平 4
39. 炮一进五　马 9 进 8
40. 马三退五　炮 4 平 5

第 148 局　金波 胜 汪洋

1. 炮二平五　马 8 进 7
2. 马二进三　车 9 平 8
3. 车一平二　马 2 进 3
4. 兵七进一　卒 7 进 1
5. 车二进六　炮 8 平 9
6. 车二平三　炮 9 退 1
7. 马八进七　士 4 进 5
8. 炮八平九　车 1 平 2
9. 车九平八　炮 9 平 7
10. 车三平四　马 7 进 8
11. 炮九进四　卒 7 进 1
12. 炮五进四　象 3 进 5
13. 车四平三　马 8 退 9
14. 车三退二　炮 2 进 6
15. 炮五平六　车 8 进 8
16. 相七进五　卒 3 进 1
17. 炮九退二　车 8 平 3
18. 马三退五　马 3 进 5
19. 兵七进一　马 5 进 7
20. 炮九平七　车 3 平 4
21. 马七进六　车 4 平 3
22. 马五进七　车 3 平 7
23. 车三平二　马 9 进 7
24. 兵三进一　前马进 5
25. 车二进二　马 5 退 4
26. 车二平三　马 4 进 3
27. 相五进七　炮 7 进 4
28. 相三进五　炮 7 退 1
29. 马六退四　车 7 平 4
30. 马四进三　象 5 进 7
31. 车三退一　车 2 进 6
32. 车三平六　车 4 平 3
33. 马七进六　车 2 平 5
34. 马六进四　车 5 平 1
35. 马四进六　车 1 退 5
36. 兵七进一

第 149 局　金波 和 聂铁文

1. 炮二平五　马 8 进 7
2. 马二进三　车 9 平 8
3. 车一平二　马 2 进 3
4. 兵七进一　卒 7 进 1
5. 车二进六　炮 8 平 9
6. 车二平三　炮 9 退 1
7. 马八进七　士 4 进 5
8. 炮八平九　车 1 平 2

9. 车九平八　炮9平7　　10. 车三平四　马7进8
11. 炮九进四　卒7进1　　12. 炮五进四　象3进5
13. 车四平三　马8退9　　14. 车三退二　炮2进6
15. 炮五平六　车8进7　　16. 马三退五　卒3进1
17. 炮九退二　马3进5　　18. 相七进五　马5进7
19. 车三平四　马7进8　　20. 兵七进一　车2进3
21. 炮六退五　炮2平3　　22. 兵七平八　车2平4
23. 炮九平六　马9进7　　24. 车四平一　车4平3
25. 兵八平七　车3平2　　26. 兵七平八　车2平3
27. 兵八平七　车3平2　　28. 兵七平八　车2平3
29. 兵八平七　车3平2　　30. 兵七平八　车2平3
31. 兵八平七　车3平2　　32. 兵七平八　车2平3
33. 兵八平七　车3平2　　34. 兵七平八　车2平3
35. 兵八平七　车3平2

第150局　卜凤波 和 徐健秒

1. 炮二平五　马8进7　　2. 马二进三　车9平8
3. 车一平二　马2进3　　4. 兵七进一　卒7进1
5. 车二进六　炮8平9　　6. 车二平三　炮9退1
7. 马八进七　士4进5　　8. 炮八平九　炮9平7
9. 车三平四　马7进8　　10. 车九平八　车1平2
11. 炮九进四　卒7进1　　12. 炮五进四　象3进5
13. 车四平三　马8退9　　14. 车三退二　炮2进4
15. 炮五平六　炮2退2　　16. 马三退五　炮2平7
17. 车八进九　马3退2　　18. 炮六平三　马2进3
19. 车三平四　马3进1　　20. 炮三平九　前炮进5
21. 马五退三　炮7进8　　22. 仕四进五　炮7平9
23. 仕五进四　车8进9　　24. 帅五进一　车8退1
25. 帅五退一　卒9进1　　26. 炮九退二　炮9平8

27. 车四进二 车8平3
28. 马七进八 马9进8
29. 车四平七 马8进7
30. 仕四退五 车3退2
31. 兵七进一 车3平1
32. 车七平九 车1平5
33. 马八进六 车5退2
34. 炮九进一 象5退3
35. 兵七平八 马7退5
36. 马六进八 车5平2
37. 马八进七 将5平4
38. 车九平五 车2平1
39. 车五退二 车1平4
40. 车五平二 炮8平9
41. 车二进二 车4退2
42. 车二平六

第151局 卜凤波 和 庄玉庭

1. 炮二平五 马8进7
2. 马二进三 车9平8
3. 车一平二 马2进3
4. 兵七进一 卒7进1
5. 车二进六 炮8平9
6. 车二平三 炮9退1
7. 马八进七 士4进5
8. 炮八平九 车1平2
9. 车九平八 炮9平7
10. 车三平四 马7进8
11. 炮九进四 卒7进1
12. 炮五进四 象3进5
13. 车四平三 马8退9
14. 车三退二 马3进5
15. 炮九平五 车8进3
16. 马七进六 炮2进3
17. 车三进三 车2平4
18. 车八进四 车4进5
19. 炮五退二 将5平4
20. 仕四进五 车8平7
21. 车三退一 马9进7
22. 兵三进一 马7进9
23. 车八进五 将4进1
24. 车八退七 马9进8
25. 马三进二 马8进7
26. 帅五平四 马7退6
27. 马二进三 士4退2
28. 车八平六 车4进4
29. 仕五进六 炮7进4
30. 相三进五 象5进7
31. 马三进四 炮7平6
32. 帅四平五 炮6退3
33. 马四退二 炮6平7
34. 炮五平四 象7退5
35. 仕六进五 炮7进4
36. 炮四进四 将4退1
37. 马二退四 马6进7
38. 帅五平四 炮7平1

39. 马四退六　卒3进1　**40.** 马六进五　卒3进1
41. 相五进七　炮1平9　**42.** 马五退六　马7退8
43. 兵五进一　马8退7　**44.** 兵五进一　炮9退2
45. 马六进七　将4平5　**46.** 兵五进一　士5进4
47. 兵五平六　士6进5　**48.** 炮四退六　将5平6
49. 炮四退一　炮9平8　**50.** 相七进五　卒9进1
51. 仕五进四　将6平5　**52.** 马七进八　炮8进2
53. 炮四平九　将5平6　**54.** 炮九进八　将6进1
55. 仕六退五　马7进5　**56.** 兵六平七　象7进9
57. 马八退九　卒9进1　**58.** 马九退八　卒9进1
59. 马八退六　将6退1　**60.** 马六进五　炮8平3
61. 兵七平八　卒9平8　**62.** 炮九退五　马5退7
63. 马五进三　将6平5　**64.** 马三退四　卒8平9
65. 相五进三　炮3平8　**66.** 炮九退一　炮8退5
67. 炮九平五　将5平4　**68.** 相七退五　炮8平6
69. 帅四平五　马7退6　**70.** 马四退三　炮6平7
71. 马三进五　卒9平8　**72.** 兵八平七　将4平5
73. 兵七平六　将5平6　**74.** 炮五平四　炮7平6
75. 炮四平九　卒8平7　**76.** 炮九进四　炮6平7
77. 兵六平五　马6进7　**78.** 马五进七　炮7平8
79. 兵五平四　炮8进3　**80.** 马七退六　马7进5
81. 兵四平三　象9进7　**82.** 马六进四　马5退3
83. 相五进七　卒7平6　**84.** 相三退一　炮8进1
85. 马四进六　炮8退1　**86.** 马六进四　马3退5
87. 兵三进一　炮8平9　**88.** 兵三进一　将6平5
89. 炮九退五　象7退9　**90.** 炮九平五　将5平4
91. 炮五进三　炮9平6　**92.** 帅五平六　士5进6
93. 相一退三　卒6平5　**94.** 马四退二　象9进7
95. 马二退三　炮6进2　**96.** 马三进四　炮6退1
97. 炮五平六　将4平5　**98.** 马四进六　士6退5

99. 炮六平九 炮6退2
100. 马六进八 炮6退1
101. 马八进七 将5平4
102. 炮九平六 将4平5
103. 炮六平五

第152局 卜凤波 胜 吕钦

1. 炮二平五 马8进7
2. 马二进三 车9平8
3. 车一平二 马2进3
4. 兵七进一 卒7进1
5. 车二进六 炮8平9
6. 车二平三 炮9退1
7. 马八进七 士4进5
8. 炮八平九 炮9平7
9. 车三平四 马7进8
10. 车九平八 车1平2
11. 炮九进四 卒7进1
12. 炮五进四 象3进5
13. 车四平三 马8退9
14. 车三退二 车8进4
15. 马三退五 炮2进2
16. 马七进六 马3进1
17. 炮五平九 车2平1
18. 炮九平一 炮2平7
19. 车三平四 车8退1
20. 炮一退二 前炮进5
21. 马五退三 炮7进8
22. 仕四进五 车1平4
23. 相七进五 炮7退1
24. 马六进四 车8进1
25. 车四退四 车4进4
26. 车八进九 士5退4
27. 炮一平五 士6进5
28. 车八退四 车4进2
29. 车八平五 马9退7
30. 炮五平三 车8进4
31. 炮三平五 车8退6
32. 兵三进一 炮7平8
33. 车四平二 将5平6
34. 兵三进一 车4退3
35. 车五进二 象7进5
36. 马四进六 车8进1
37. 车二平四 车8平6
38. 车四进五 车6进1
39. 兵三平四 士5进4
40. 炮五平四 将6平5
41. 马六进四 将5进1
42. 炮四平五 将5平6
43. 马四退五 马7进8
44. 兵四进一 马8进6
45. 炮五进三 炮8退4
46. 马五进六 马6进5
47. 炮五退三

第153局 潘振波 负 许银川

1. 炮二平五 马8进7
2. 马二进三 车9平8
3. 车一平二 马2进3
4. 兵七进一 卒7进1
5. 车二进六 炮8平9
6. 车二平三 炮9退1
7. 马八进七 士4进5
8. 炮八平九 车1平2
9. 车九平八 炮9平7
10. 车三平四 马7进8
11. 炮九进四 卒7进1
12. 炮五进四 象3进5
13. 车四平三 马8退9
14. 车三退二 炮2进6
15. 炮五平六 车8进7
16. 马三退五 卒3进1
17. 炮九退二 马3进5
18. 相三进五 马5进7
19. 马五退三 车8退4
20. 车三平六 卒3进1
21. 相五进七 马7进5
22. 炮六平三 马5进7
23. 炮三退二 马7进8
24. 炮三平二 马9进7
25. 马三进二 马7进8
26. 车六平二 马8退6
27. 马二退四 车8进2
28. 炮九平二 马6进4

第154局 景学义 和 苗永鹏

1. 炮二平五 马8进7
2. 马二进三 车9平8
3. 车一平二 马2进3
4. 兵七进一 卒7进1
5. 车二进六 炮8平9
6. 车二平三 炮9退1
7. 马八进七 士4进5
8. 炮八平九 车1平2
9. 车九平八 炮9平7
10. 车三平四 马7进8
11. 炮九进四 卒7进1
12. 炮五进四 象3进5
13. 车四平三 马8退9
14. 车三退二 炮2进5
15. 马三退五 卒3进1
16. 马五进六 马3进5
17. 车八进二 车2进7
18. 马六退八 车8进8
19. 仕四进五 马5进7
20. 车三平四 车8退5

21. 炮九退二 马7进8　22. 兵七进一 马8进7
23. 帅五平四 马9进7　24. 车四进二 炮7平6
25. 仕五进四 炮6进1　26. 炮九平三 车8进6
27. 帅四进一 车8平7　28. 帅四平五 车7平5
29. 帅五平六 车5退2　30. 炮三退三 车5平3
31. 炮三进五 车3平2　32. 车四平六 士5进4
33. 兵三进一 车2平3　34. 兵七进一 车3进1
35. 帅六进一 车3进1　36. 炮三平五 士6进5
37. 兵三进一 炮6进1　38. 炮五平一 炮6平3
39. 帅六平五

第155局 卜凤波 胜 万春林

1. 炮二平五 马8进7　2. 马二进三 车9平8
3. 车一平二 马2进3　4. 兵七进一 卒7进1
5. 车二进六 炮8平9　6. 车二平三 炮9退1
7. 马八进七 士4进5　8. 炮八平九 车1平2
9. 车九平八 炮9平7　10. 车三平四 马7进8
11. 炮九进四 卒7进1　12. 炮五进四 象3进5
13. 车四平三 马8退9　14. 车三退二 炮2进5
15. 马三退五 卒3进1　16. 马五进六 马3进5
17. 车八进二 车2进7　18. 马六退八 马5进7
19. 车三平六 车8进3　20. 炮九平六 马7进6
21. 相七进五 马6进7　22. 帅五进一 车8平6
23. 帅五平六 炮7平8　24. 仕六进五 炮8进7
25. 帅六退一 炮8退1　26. 仕五进四 马9进7
27. 兵七进一 后马进6　28. 仕四进五 炮8进2
29. 帅六进一 炮8退4　30. 兵三进一 马6进7
31. 兵三进一 后马退6　32. 相五进三 士5进4
33. 马八进九 士6进5　34. 马九进八 将5平6

35. 兵七平六　炮 8 进 3　　36. 帅六退一　马 7 退 8
37. 兵五进一　马 6 进 7　　38. 兵三进一　炮 8 进 1
39. 相三进五　车 6 平 7　　40. 车六退一　马 8 退 6
41. 车六平二　炮 8 平 9　　42. 马七进五　车 7 平 6
43. 车二退一　马 7 进 8　　44. 相五退三　马 6 进 7
45. 相三退五　车 6 进 3　　46. 马八退七　车 6 平 9
47. 炮六平八　车 9 退 1　　48. 车二退一　车 9 平 8
49. 炮八退五　车 8 进 3　　50. 炮八平二　马 7 退 9
51. 炮二平四　将 6 平 5　　52. 炮四退一

第 156 局　栾枫 负 才溢

1. 炮二平五　马 8 进 7　　2. 马二进三　车 9 平 8
3. 车一平二　马 2 进 3　　4. 兵七进一　卒 7 进 1
5. 车二进六　炮 8 平 9　　6. 车二平三　炮 9 退 1
7. 马八进七　士 4 进 5　　8. 炮八平九　车 1 平 2
9. 车九平八　炮 9 平 7　　10. 车三平四　马 7 进 8
11. 炮九进四　卒 7 进 1　　12. 炮五进四　象 3 进 5
13. 车四平三　马 8 退 9　　14. 车三退二　炮 2 进 5
15. 马三退五　卒 3 进 1　　16. 马五进六　马 3 进 5
17. 车八进二　车 2 进 7　　18. 马六退八　马 5 进 7
19. 车三平六　马 7 进 6　　20. 相七进五　车 8 进 3
21. 炮九平六　马 6 进 7　　22. 帅五进一　炮 7 平 8
23. 帅五平六　车 8 平 6　　24. 仕六进五　炮 8 进 7
25. 帅六退一　炮 8 退 1　　26. 仕五进四　马 9 退 8
27. 仕四进五　炮 8 进 2　　28. 相三进一　马 8 进 7
29. 炮六退一　车 6 进 1　　30. 马八进九　卒 3 进 1
31. 车六退二　炮 8 退 6　　32. 炮六进一　炮 8 平 5
33. 相五进七　车 6 平 2　　34. 兵五进一　后马进 6
35. 兵五进一　车 2 平 5　　36. 马七进六　马 6 进 5

37. 马六进五 马5退3
38. 车六进二 车5退1
39. 马九进七 马7退5
40. 车六退三 车5平8
41. 帅六平五 车3进6
42. 仕五退四 马5进6
43. 车六平三 马3进4
44. 帅五平六 马6退5
45. 帅六进一 车3平4
46. 帅六平五 马4进3
47. 炮六平五 车4退5

第157局 卜凤波 和 董旭彬

1. 炮二平五 马8进7
2. 马二进三 马2进3
3. 车一平二 车9平8
4. 兵七进一 卒7进1
5. 车二进六 炮8平9
6. 车二平三 炮9退1
7. 马八进七 士4进5
8. 炮八平九 车1平2
9. 车九平八 炮9平7
10. 车三平四 马7进8
11. 炮九进四 卒7进1
12. 炮五进四 象3进5
13. 车四平三 马8退9
14. 车三退二 炮2进5
15. 马三退五 卒3进1
16. 马五进六 马3进5
17. 车八进二 车2进7
18. 马六退八 马5进7
19. 车三平四 车8进3
20. 炮九退二 马7进8
21. 相七进五 马8进7
22. 车四退三 车8平6
23. 帅五进一 车6平2
24. 炮九平八 车2平4
25. 马七进六 车4平2
26. 马六退七 车2平4
27. 马七进六 车4平2
28. 马六退七 车2平4
29. 马七进六 车4平2

第158局 邬江 胜 李鸿嘉

1. 炮二平五 马2进3
2. 马二进三 马8进7
3. 车一平二 车9平8
4. 兵七进一 卒7进1
5. 车二进六 炮8平9
6. 车二平三 炮9退1

7. 马八进七　士 4 进 5　**8.** 炮八平九　车 1 平 2
9. 车九平八　炮 9 平 7　**10.** 车三平四　马 7 进 8
11. 炮九进四　卒 7 进 1　**12.** 炮五进四　象 3 进 5
13. 车四平三　马 8 退 9　**14.** 车三退二　炮 2 进 5
15. 马三退五　卒 3 进 1　**16.** 马五进六　马 3 进 5
17. 车八进二　车 2 平 1　**18.** 车八进四　马 5 进 7
19. 车三平四　马 7 进 8　**20.** 相七进五　马 8 进 7
21. 车四退三　车 8 进 7　**22.** 马六进五　车 8 平 5
23. 仕四进五　车 5 平 3　**24.** 帅五平四　炮 7 进 1

第 159 局　曾东平 负 宗永生

1. 炮二平五　马 8 进 7　**2.** 马二进三　车 9 平 8
3. 车一平二　马 2 进 3　**4.** 兵七进一　卒 7 进 1
5. 车二进六　炮 8 平 9　**6.** 车二平三　炮 9 退 1
7. 马八进七　士 4 进 5　**8.** 炮八平九　车 1 平 2
9. 车九平八　炮 9 平 7　**10.** 车三平四　马 7 进 8
11. 炮九进四　卒 7 进 1　**12.** 炮五进四　象 3 进 5
13. 车四平三　马 8 退 9　**14.** 车三退二　炮 2 进 5
15. 马三退五　卒 3 进 1　**16.** 马五进六　马 3 进 5
17. 车八进二　车 2 进 7　**18.** 马六退八　马 5 进 7
19. 车三平四　马 7 进 8　**20.** 车四进二　卒 9 进 1
21. 马七进六　炮 7 进 8　**22.** 帅五进一　马 9 进 8
23. 车四平六　后马进 7　**24.** 马六进七　马 8 进 9
25. 车六平二　车 8 进 3　**26.** 炮九平二　马 9 退 7
27. 帅五平六　前马退 5　**28.** 帅六平五　马 5 进 7
29. 帅五平六　前马进 6　**30.** 帅六平五　马 6 退 7
31. 帅五退一　后马进 9　**32.** 炮二退四　炮 7 平 9
33. 相七进五　马 7 退 6　**34.** 帅五进一　马 9 进 8
35. 炮二平四　卒 3 进 1　**36.** 相五进七　马 8 退 7

37. 帅五平六 马7进6　　38. 帅六平五 前马退8
39. 炮四进一 炮9退1　　40. 帅五退一 马6进8
41. 马八进六 后马进7　　42. 炮四退二 马8退7
43. 马六退四 炮9平6　　44. 仕六进五 前马退6

第160局 卜凤波 胜 黄仕清

1. 炮二平五 马8进7　　2. 马二进三 车9平8
3. 车一平二 卒7进1　　4. 车二进六 马2进3
5. 兵七进一 炮8平9　　6. 车二平三 炮9退1
7. 马八进七 士4进5　　8. 炮八平九 车1平2
9. 车九平八 炮9平7　　10. 车三平四 马7进8
11. 炮九进四 卒7进1　　12. 炮五进四 象3进5
13. 车四平三 马8退9　　14. 车三退二 马3进5
15. 炮九平五 车8进3　　16. 马七进六 炮2进3
17. 车三进三 车2平4　　18. 车八进四 车4进5
19. 炮五退二 卒3进1　　20. 相七进五 卒3进1
21. 相五进七 将5平4　　22. 仕四进五 车8平7
23. 车三退一 马9进7　　24. 兵三进一 马7进9
25. 马三进二 马9进8　　26. 车八进五 将4进1
27. 车八退七 车4退2　　28. 车八平二 炮7平8
29. 车二平六 车4进4　　30. 仕五进六 炮8平9
31. 仕六进五 炮9进5　　32. 马二进一 马8退9
33. 马一进三 马9进7　　34. 马三退四 炮9平1
35. 炮五平六 马7退5　　36. 兵五进一 马5退3
37. 炮六退一 炮1退2　　38. 马四进六 士5进4
39. 兵五进一 炮1退1　　40. 马六退四 将4平5
41. 兵五平六 马3进2　　42. 马四进二 马2退3
43. 马二进三 炮1退2　　44. 马三退四 将5退1
45. 兵六进一 马3退2　　46. 帅五平四 马2退4

47. 炮六平五　士6进5
48. 兵六进一　将5平6
49. 兵六进一　马4进2
50. 兵六平五　炮1平5
51. 炮五进五　将6进1
52. 炮五平六　马2进3
53. 炮六退三　马3进4
54. 仕五进四　象7进9
55. 炮六平八　象9进7
56. 炮八退四　马4进6
57. 炮八平五　马6退4
58. 相三进五　马4退3
59. 相五进三　马3进4
60. 相七退五　马4退3

第161局　卜凤波 胜 邬正伟

1. 炮二平五　马8进7
2. 马二进三　车9平8
3. 车一平二　马2进3
4. 兵七进一　卒7进1
5. 车二进六　炮8平9
6. 车二平三　炮9退1
7. 马八进七　士4进5
8. 炮八平九　车1平2
9. 车九平八　炮9平7
10. 车三平四　马7进8
11. 炮九进四　卒7进1
12. 炮九平五　马3进5
13. 炮五进四　象3进5
14. 车四平三　马8退9
15. 车三退二　车8进3
16. 马七进六　炮2进3
17. 车三进三　车2平4
18. 车八进四　车4进5
19. 炮五退二　车8平7
20. 车三退一　马9进7
21. 马三退五　将5平4
22. 马五进七　车4进1
23. 车八进五　将4进1
24. 马七进八　车4进3
25. 帅五进一　车4退1
26. 帅五退一　车4进1
27. 帅五进一　马7进5
28. 相七进五　车4退1
29. 帅五退一　车4进1
30. 帅五进一　车4退3
31. 车八退四　卒3进1
32. 兵七进一　车4进2
33. 帅五退一　车4进1
34. 帅五进一　象5进3
35. 车八平七　车4退4
36. 车七平六　车4退1
37. 马八进六　士5进4
38. 炮五平六　马5进6
39. 帅五平六　炮7平8
40. 兵九进一　马6进7

41. 兵三进一 炮8进7
42. 帅六进一 马7进5
43. 帅六退一 马5退3
44. 马六进四 士4退5
45. 兵三进一 炮8进1
46. 马四退六 士5进4
47. 兵五进一 炮8平6
48. 马六进八 士4退5
49. 兵五进一

第162局 孙勇征 胜 宗永生

1. 炮二平五 马8进7
2. 马二进三 车9平8
3. 车一平二 卒7进1
4. 车二进六 马2进3
5. 兵七进一 炮8平9
6. 车二平三 炮9退1
7. 马八进七 士4进5
8. 炮八平九 炮9平7
9. 车三平四 马7进8
10. 车四平三 马8退7
11. 车三平四 马7进8
12. 车九平八 车1平2
13. 炮九进四 卒7进1
14. 炮九平五 象3进5
15. 车四平三 马8退9
16. 车三退二 车8进3
17. 马七进六 炮2进3
18. 马三退五 马3进5
19. 马六进五 车2进1
20. 车三进三 炮2退3
21. 车三退三 炮2进3
22. 车三进三 炮2退3
23. 车三退三 炮2进1
24. 前马退六 车8平6
25. 车八进五 马9进7
26. 车三平五 士5退4
27. 马五进七 马7进6
28. 相三进一 炮7平8
29. 仕六进五 马6进8
30. 炮五平六 炮8平5
31. 车五平二 炮5进5
32. 帅五平六 炮5平4
33. 炮六平五 士4进5
34. 车八退二 马8进7
35. 车八平六 炮2进6
36. 马七退八 车2进8
37. 车六平七 马7退5
38. 马六退五 车2退5
39. 车二平六 卒9进1
40. 兵九进一 车6平5
41. 相一退三

第163局 卜凤波 负 许银川

1. 炮二平五 马8进7
2. 马二进三 车9平8
3. 车一平二 卒7进1
4. 车二进六 马2进3
5. 兵七进一 炮8平9
6. 车二平三 炮9退1
7. 马八进七 士4进5
8. 炮八平九 车1平2
9. 车九平八 炮9平7
10. 车三平四 马7进8
11. 炮九进四 卒7进1
12. 炮五进四 象3进5
13. 车四平三 马8退9
14. 车三退二 炮2进6
15. 炮五平六 车8进8
16. 相七进五 车8平3
17. 马七进六 炮2退3
18. 马三退五 车3退2
19. 炮六平二 车2进1
20. 炮九平八 炮2平4
21. 车三平六 马3进5
22. 车六进二 马5进6
23. 马五退七 马6进8
24. 仕六进五 车2进2
25. 车八平九 车2进3
26. 马七进六 马8进7
27. 帅五平六 车3平4
28. 车六退三 车2平4
29. 车九平八 士5退4
30. 炮二平五 象5退3
31. 车八进三 车4退2
32. 炮五退二 炮7平4
33. 帅六进一 马9退7
34. 兵七进一 卒3进1
35. 车八进三 炮4进2
36. 兵三进一 前马退6
37. 炮五进二 马7进8

第164局 柳大华 胜 吕钦

1. 炮二平五 马8进7
2. 马二进三 车9平8
3. 车一平二 马2进3
4. 兵七进一 卒7进1
5. 车二进六 炮8平9
6. 车二平三 炮9退1
7. 马八进七 士4进5
8. 炮八平九 炮9平7
9. 车三平四 车1平2
10. 车九平八 马7进8

11. 炮九进四　卒 7 进 1　**12.** 车四平三　马 8 退 7
13. 炮九平五　马 3 进 5　**14.** 炮五进四　马 7 进 5
15. 车三平五　卒 7 平 6　**16.** 马三退五　车 8 进 8
17. 车五平三　车 8 平 6　**18.** 马五进六　炮 2 平 5
19. 仕六进五　车 2 进 9　**20.** 马七退八　车 6 退 2
21. 马八进七　炮 7 进 5　**22.** 车三平七　炮 5 平 7
23. 相七进五　车 6 进 2　**24.** 车七平三　前炮平 4
25. 车三进一　象 7 进 5　**26.** 车三退一　炮 4 平 9
27. 车三平一　车 6 退 2　**28.** 车一平五　车 6 平 7
29. 兵九进一　卒 6 进 1　**30.** 兵五进一　卒 6 进 1
31. 车五平一　车 7 平 3　**32.** 马七退六　炮 9 平 7
33. 车一平三　炮 7 平 9　**34.** 兵九进一　卒 6 进 1
35. 车三平一　炮 9 平 8　**36.** 车一退三　车 3 平 1
37. 兵九平八　炮 8 平 2　**38.** 车一平五　炮 2 平 4
39. 兵五进一　车 1 平 2　**40.** 兵八进一　车 2 平 3
41. 兵五进一　车 3 平 2　**42.** 兵八进一　炮 4 平 3
43. 相五退七　炮 3 平 4　**44.** 兵八进一　车 2 平 3
45. 兵五平六　车 3 平 1　**46.** 兵七进一　车 1 平 3
47. 兵七进一　象 5 退 7　**48.** 兵八平七　象 3 进 5
49. 前兵平六　象 5 进 7　**50.** 兵七进一　象 7 退 5
51. 兵七进一　象 5 进 7　**52.** 后兵平五　象 7 退 5
53. 兵五平四　卒 6 平 7　**54.** 相七进五　卒 7 平 6
55. 兵四平三　象 5 进 7　**56.** 兵三进一　象 7 进 5
57. 兵三进一　车 3 平 1　**58.** 兵三平四　士 5 进 6
59. 车五平四

第三章　红右马归心

第 165 局　秦劲松 和 张军

1. 炮二平五　马 8 进 7
2. 马二进三　卒 7 进 1
3. 车一平二　车 9 平 8
4. 车二进六　马 2 进 3
5. 兵七进一　士 4 进 5
6. 马八进七　炮 8 平 9
7. 车二平三　炮 9 退 1
8. 炮八平九　车 1 平 2
9. 车九平八　炮 9 平 7
10. 车三平四　马 7 进 8
11. 马三退五　炮 2 进 4
12. 马七进六　炮 7 进 5
13. 马六进五　马 3 进 5
14. 炮五进四　象 7 进 5
15. 相七进五　卒 7 进 1
16. 车四平一　马 8 退 7
17. 车一平四　马 7 进 5
18. 车四平五　卒 7 平 6
19. 车五平四　卒 6 进 1
20. 马五进三　炮 7 平 5
21. 仕六进五　炮 5 平 1
22. 车四平七　卒 6 平 7
23. 车七平九　卒 7 进 1
24. 车九退三　炮 2 进 1
25. 车九平三　车 8 进 4
26. 炮九进四　卒 7 平 8
27. 兵一进一　车 2 进 3
28. 炮九进三　车 2 退 3
29. 炮九退三　车 2 进 3
30. 炮九进三　车 2 退 3
31. 炮九退三　车 8 退 1
32. 炮九退一　卒 8 进 1
33. 兵一进一　车 2 平 1
34. 炮九平八　炮 2 平 1
35. 炮八进四　士 5 退 4
36. 车三平六　士 6 进 5
37. 车八进八　炮 1 退 4
38. 车六进五　炮 1 平 5

39. 帅五平六　车1进9　　40. 帅六进一　车8进3

第166局　党斐 负 谢岿

1. 炮二平五　马8进7　　2. 马二进三　车9平8
3. 车一平二　卒7进1　　4. 车二进六　马2进3
5. 兵七进一　炮8平9　　6. 车二平三　炮9退1
7. 马八进七　士4进5　　8. 炮八平九　车1平2
9. 车九平八　炮9平7　　10. 车三平四　马7进8
11. 马三退五　炮7进5　　12. 炮五进四　马3进5
13. 车四平五　卒7进1　　14. 车八进四　马8进6
15. 车五退二　车3进8　　16. 炮九退一　车8退1
17. 相三进五　炮7平8　　18. 马五退三　车8平7
19. 炮九平八　炮3退1　　20. 炮八进六　马6进5
21. 相七进五　炮8平5　　22. 兵五进一　车7平5
23. 仕四进五　象3进5　　24. 马七进六　车5退2
25. 马六进七　卒7平6　　26. 马三进四　车5进1
27. 车八进一　车5平1　　28. 炮八进一　车1平9
29. 马七进九　车2平3　　30. 车八进二　车3进1
31. 炮八进一　士5进4　　32. 炮八平九　将5进1
33. 马四退二　车9进3　　34. 仕五退四　车9退5
35. 炮九退三　车9平5　　36. 仕四进五　象5退3
37. 马九进八　车3进4　　38. 帅五平四　车3进4
39. 车八进一　将5退1　　40. 车八退七　车5平7
41. 马二进四　卒6进1　　42. 马四进六　车7进5
43. 帅四进一　车7退1　　44. 帅四退一　车3平4

第167局　范思远 负 刘强

1. 炮二平五　马8进7　　2. 马二进三　车9平8

3. 车一平二　卒7进1　4. 车二进六　马2进3
5. 兵七进一　炮8平9　6. 车二平三　炮9退1
7. 马八进七　士4进5　8. 炮八平九　炮9平7
9. 车三平四　马7进8　10. 车九平八　车1平2
11. 马三退五　卒7进1　12. 车四进二　炮7进5
13. 车八进六　马8进6　14. 车四退三　象3进5
15. 马七进六　车8进6　16. 兵一进一　炮7平1
17. 马五进七　炮1平3　18. 马六进五　马3进5
19. 炮五进四　马6进4　20. 车四平六　车2平4
21. 车六进四　将5平4　22. 炮五平六　炮3进3
23. 仕六进五　马4进3　24. 炮六退五　炮3退2
25. 车八进一　马3退1　26. 车八进二　象5退3
27. 车八平七　将4进1　28. 车七平八　马1退3
29. 车八退七　车8平5　30. 车八平七　将4退1
31. 炮六平七　马3退5　32. 车七平六　将4平5
33. 炮七进五　车5平2　34. 车六平九　卒7平6
35. 仕五退六　卒1进1　36. 仕四进五　车2退3
37. 炮七退一　车2平7　38. 相三进一　车7平8
39. 炮七平五　士5进4　40. 车九平五　车8进6
41. 仕五退四　车8退5　42. 炮五进一　卒1进1
43. 炮五平三　车8平7　44. 炮三平二　车7平5
45. 仕四进五　车5平8　46. 炮二平三　象7进5
47. 炮三退二　车8进1　48. 兵七进一　马5退3
49. 车五进五　士6进5

第168局　范思远 胜 李智屏

1. 炮二平五　马8进7　2. 马二进三　车9平8
3. 车一平二　卒7进1　4. 车二进六　马2进3
5. 兵七进一　炮8平9　6. 车二平三　炮9退1

7. 马八进七　士4进5　**8.** 炮八平九　车1平2
9. 车九平八　炮9平7　**10.** 车三平四　马7进8
11. 马三退五　卒7进1　**12.** 车四进二　炮7进1
13. 兵三进一　炮7平6　**14.** 车四平三　马8进6
15. 车三退三　卒3进1　**16.** 兵七进一　象3进5
17. 车三平四　马6进4　**18.** 炮五平六　马4退3
19. 炮六进四　卒5进1　**20.** 车四平五　车8进3
21. 车五平七　车8平4　**22.** 车八进四　炮2平1
23. 车八进五　马3退2　**24.** 车七退一　马2进3
25. 相七进五　马3进5　**26.** 车七平五　车4平2
27. 车五平八　车2进2　**28.** 马七进八　炮1进4
29. 炮九进四　马5进3　**30.** 马五进三　马3退1
31. 马八进九　炮6平7　**32.** 马三进二　炮1平9
33. 马二进一　炮7退1　**34.** 仕六进五　士5进6
35. 马九进七　炮9退2　**36.** 兵五进一　炮9平1
37. 兵五进一　士6进5　**38.** 兵五进一　士5退6
39. 兵五平四　士6退5　**40.** 兵三进一　士5进4
41. 兵三进一　炮7平2　**42.** 马一退二　象5进3
43. 兵四平五　炮2进2　**44.** 兵五平六　士6进5
45. 仕五进六　象7进5　**46.** 马七退九　炮2进1
47. 马九进八　炮1进2　**48.** 相五退七　炮1平2
49. 马八退九　象3退1　**50.** 马二进四　象1退3
51. 马四退六　前炮进3　**52.** 相七进九　后炮退1
53. 兵三进一　前炮退1　**54.** 帅五进一　将5平6
55. 马六退四　前炮退2　**56.** 马四进五　前炮平7
57. 帅五平六　象5进7　**58.** 兵三平四　炮2退1
59. 兵六进一　士5进4　**60.** 马九退七　炮2平6
61. 马五进四　象7退5　**62.** 马七进六　炮7退5
63. 马四进二　将6进1　**64.** 帅六平五　炮7进1
65. 马六退五　将6平5　**66.** 马五退七　炮7退1

67. 帅五进一 将5退1
68. 仕四进五 炮7平2
69. 帅五平四 炮2平7
70. 马七进八 炮7平6
71. 马八进六 将5进1
72. 马二进四 象3进1
73. 帅四平五 象1进3
74. 仕五退六 象3退1
75. 马四退二 炮6平7
76. 马二退一 将5平4
77. 马六退八 象1退3
78. 马一进三 将4退1
79. 马八退六 炮7平6
80. 马六进七 将4平5
81. 马三进一 炮6进1
82. 马七退九 炮6退1
83. 马一退二 炮6平5
84. 帅五平四 炮5平6
85. 马二进三 象3进1
86. 马九退八 将5平4
87. 马八退六 象1退3
88. 马六进五 炮6平3
89. 马三退四 象5退7
90. 马四进二 象3进5
91. 马二进四 将4进1
92. 马五进七 将4平5
93. 马四退二 炮3进1
94. 马二退四 将5退1
95. 马四进三 将5平4
96. 帅四平五 将4进1
97. 帅五退一 将4退1
98. 相三进一 将4进1
99. 马七进九 将4退1
100. 马九进八 炮3退1
101. 马八退七 将4进1
102. 马三退二 将4退1
103. 马二进四 象7进9
104. 马七退九 炮3平5
105. 帅五平四 炮5平6
106. 马四进二 炮6平3
107. 马九进八 象9进7
108. 马二退四 象7退9
109. 马四退五 将4平5

第169局 柳大华 负 赵国荣

1. 炮二平五 马8进7
2. 马二进三 车9平8
3. 车一平二 卒7进1
4. 车二进六 马2进3
5. 兵七进一 炮8平9
6. 车二平三 炮9退1
7. 马八进七 士4进5
8. 炮八平九 车1平2
9. 车九平八 炮9平7
10. 车三平四 马7进8

11. 马三退五　卒7进1　　12. 车四进二　炮7进5
13. 车八进六　马8进6　　14. 马七进六　车8进8
15. 炮九退一　车8退1　　16. 炮五平九　车8平4
17. 马五进七　车4进1　　18. 车四退三　炮2平1
19. 车八进三　马3退2　　20. 车四平八　炮1平8
21. 车八平二　炮8平3　　22. 前炮进四　炮3进3
23. 前炮进三　炮3进4　　24. 仕六进五　卒3进1
25. 车二进二　车4平2　　26. 后炮退一　卒3进1
27. 车二平七　象7进5　　28. 马六进四　士5退4
29. 车七进一　卒3进1　　30. 车七平六　卒3进1
31. 马四进五　士5进5　　32. 马五进七　将5平6
33. 前炮平七　将6进1　　34. 兵九进一　卒3进1
35. 兵九进一　炮3退8　　36. 车六平七　车2进1
37. 仕五退六　卒3平4　　38. 仕四进五　马6进7

第170局　蒋凤山 负 万春林

1. 炮二平五　马8进7　　2. 马二进三　车9平8
3. 车一平二　马2进3　　4. 兵七进一　卒7进1
5. 车二进六　炮8平9　　6. 车二平三　炮9退1
7. 马八进七　士4进5　　8. 炮八平九　车1平2
9. 车九平八　炮9平7　　10. 车三平四　马7进8
11. 马三退五　卒7进1　　12. 车四进二　炮7进5
13. 车八进六　马8进6　　14. 炮九进四　象3进5
15. 马七进六　车8进6　　16. 兵一进一　炮7平1
17. 马五进七　炮1平3　　18. 炮九进一　马6退4
19. 车八退三　炮3进3　　20. 仕六进五　炮2进2
21. 炮五平六　卒3进1　　22. 兵七进一　象5进3
23. 炮九退二　马4进6　　24. 相三进五　炮3平1
25. 相五进三　马6退7　　26. 车四退二　车8平5

27. 车四平三　车5平2
28. 马六退八　象3退5
29. 马七进六　炮2退1
30. 车三进一　马3进2
31. 炮六平八　车2平3
32. 仕五进六　车3进9
33. 帅五进一　车3退1
34. 帅五退一　炮2进3
35. 马六退八　马2进3
36. 车三平二　车3平2
37. 车二退四　炮1退3
38. 炮九平八　车2进1
39. 帅五进一　车2退1
40. 帅五退一　车2进1
41. 帅五进一　车2平6
42. 前炮进四　车6退4
43. 车二平六　车6平7
44. 车六进三　马3进2
45. 车六平九　炮1进2
46. 车九退五　车7进3
47. 帅五退一　车7进1
48. 帅五进一　车7退1
49. 帅五退一　马2退4
50. 马八退六　车7平1
51. 马六进七　象5进3

第171局　卜凤波 负 赵国荣

1. 炮二平五　马8进7
2. 马二进三　车9平8
3. 车一平二　马2进3
4. 兵七进一　卒7进1
5. 车二进六　炮8平9
6. 车二平三　炮9退1
7. 马八进七　士4进5
8. 炮八平九　炮9平7
9. 车三平四　车1平2
10. 车九平八　马7进8
11. 马三退五　卒7进1
12. 车四进二　炮7进5
13. 车八进六　马8进6
14. 马七进六　象3进5
15. 车四退三　车8进6
16. 炮五进四　炮7平9
17. 兵五进一　车8平3
18. 炮五退一　车2平4
19. 炮九平四　炮9平5
20. 炮五退二　车4进5
21. 相三进五　马6进5
22. 相七进五　车3平5
23. 车八进一　车5进1
24. 兵五进一　马3退4
25. 炮四进一　卒7进1
26. 炮四平七　车4平3
27. 车八退四　车3平4
28. 兵五平六　车4平5

29. 炮七退二　卒7进1　　30. 车八平七　卒3进1
31. 车四平五　后车退1　　32. 兵六平五　车5退3
33. 车七平一　马4进2　　34. 车一进三　卒7平6
35. 车一平八　马2进4　　36. 车八退四　卒3进1
37. 车八平四　卒3进1　　38. 车四平六　马4进2
39. 车六进二　卒1进1　　40. 炮七平九　象5退3
41. 炮九进一　象3进1　　42. 炮九平二　车5进3
43. 炮二进二　士5进4　　44. 兵九进一　卒1进1
45. 炮二平九　马2退3　　46. 车六进一　象7进9
47. 炮九退一　马3进5　　48. 车六平二　士4退5
49. 炮九进一　车5退2　　50. 炮九退二　车5进2
51. 炮九进二　车5退1　　52. 炮九退一　卒3进1
53. 车二退三　卒3进1　　54. 炮九退一　马5进6
55. 车二平四　马6进4　　56. 车四平六　马4退6
57. 车六平四　马6进4　　58. 车四平六　马4退6
59. 车六平七　卒3平4　　60. 车七平六　马6进7
61. 炮九平七　士5进6　　62. 炮七平八　士6进5
63. 炮八平七　士5进4　　64. 炮七平八　士6退5
65. 炮八平七　士5退6　　66. 炮七平八　象1进3
67. 炮八平七　车5退3　　68. 炮七平八　将5进1
69. 炮八平七　马7进8　　70. 炮七进二　车5平6
71. 车六平五　将5平6

第172局　胡荣华 负 赵国荣

1. 炮二平五　马2进3　　2. 马二进三　马8进7
3. 车一平二　车9平8　　4. 兵七进一　卒7进1
5. 车二进六　炮8平9　　6. 车二平三　炮9退1
7. 马八进七　士4进5　　8. 炮八平九　车1平2
9. 车九平八　炮9平7　　10. 车三平四　马7进8

11. 马三退五　卒7进1　12. 车四进二　炮7进5
13. 车八进六　马8进6　14. 车四退三　车8进8
15. 马七进六　象3进5　16. 炮五平六　车8退2
17. 相七进五　炮7平9　18. 马五进三　马6进7
19. 炮六平三　炮9平5　20. 仕四进五　卒7进1
21. 炮三退一　车8进2　22. 炮九退一　车8进1
23. 帅五平四　卒7进1　24. 炮三平一　车8退4
25. 马六退四　车8进1　26. 炮九进五　车8进2
27. 炮一进三　卒7进1　28. 炮一平四　炮2退1
29. 马四退三　炮5平9　30. 相五进三　车8平7
31. 炮四进五　士5退4　32. 车四进三　车7进1
33. 帅四进一　车7退1　34. 帅四退一　车7进1
35. 帅四进一　车7退1　36. 帅四退一　炮9平3
37. 相三退五　炮2平4　38. 车八进三　马3退2
39. 炮九平五　象5进3　40. 车四退五　炮3进2
41. 仕五进六　马2进3　42. 炮五退三　炮4平2
43. 炮五平八　士4进5　44. 炮四退五　象3退5
45. 炮四平五　炮2退1

第173局　程进超 和 王斌

1. 炮二平五　马8进7　2. 马二进三　马2进3
3. 车一平二　车9平8　4. 兵七进一　卒7进1
5. 车二进六　炮8平9　6. 车二平三　炮9退1
7. 马八进七　士4进5　8. 炮八平九　车1平2
9. 车九平八　炮9平7　10. 车三平四　马7进8
11. 马三退五　卒7进1　12. 车四进二　炮7进5
13. 车八进六　马8进6　14. 车四退三　象7进5
15. 炮五平一　炮7进2　16. 兵五进一　车8进6
17. 炮一进四　炮2平1　18. 车八平七　车2进2

19. 车四平六　车3平9
20. 炮一平二　车9平8
21. 炮二平一　车3退3
22. 炮一退四　卒7平8
23. 马五进三　马5进7
24. 炮九平三　车8平7
25. 炮三平五　车7平9
26. 炮一平三　车9平7
27. 炮三平一　车7平9
28. 炮一平三　车9平7
29. 炮三平一　车7平9
30. 炮一平三　车9平7
31. 炮三平一　车7平9

第174局　谢业枧 负 吕钦

1. 炮二平五　马8进7
2. 马二进三　车9平8
3. 车一平二　马2进3
4. 兵七进一　卒7进1
5. 车二进六　炮8平9
6. 车二平三　炮9退1
7. 马八进七　士4进5
8. 炮八平九　车1平2
9. 车九平八　炮9平7
10. 车三平四　马7进8
11. 马三退五　卒7进1
12. 车四进二　炮7进5
13. 车八进六　马8进6
14. 车四退三　车8进8
15. 炮九退一　车8退1
16. 马七进六　车8平6
17. 炮五平九　车6平4
18. 马五进七　车4进1
19. 仕四进五　炮2平1
20. 车八进三　马3退2
21. 前炮进四　马2进3
22. 兵七进一　马3进1
23. 炮九进五　卒3进1
24. 炮九平六　车4平2
25. 车四平七　炮1平8
26. 车七平二　炮8平9
27. 相三进一　炮9进4
28. 炮六平一　马6进4
29. 马六进五　车2退1
30. 车二退二　车2平3
31. 车二平一　车3平8
32. 仕五进六　车8平4
33. 相一进三　车4平8
34. 帅五平四　车8平6
35. 帅四平五　马4进3
36. 帅五进一

第 175 局　蒋凤山 负 李雪松

1. 炮二平五　马 8 进 7
2. 马二进三　车 9 平 8
3. 车一平二　马 2 进 3
4. 兵七进一　卒 7 进 1
5. 车二进六　炮 8 平 9
6. 车二平三　炮 9 退 1
7. 马八进七　炮 9 平 7
8. 车三平四　士 4 进 5
9. 炮八平九　车 1 平 2
10. 车九平八　马 7 进 8
11. 马三退五　卒 7 进 1
12. 车四进二　炮 7 进 5
13. 车八进六　马 8 进 6
14. 车四退三　象 3 进 5
15. 炮九进四　卒 3 进 1
16. 炮五进四　车 8 进 8
17. 炮五退二　车 8 平 6
18. 马五进四　车 6 退 2
19. 兵七进一　炮 7 平 5
20. 炮九平一　车 6 平 9
21. 车八平四　马 6 进 5
22. 马七进五　马 5 进 3
23. 马五退六　车 9 平 5
24. 仕四进五　车 5 退 1
25. 兵七进一　车 2 平 4
26. 兵七进一　车 4 进 8
27. 帅五平四　车 4 进 1

第 176 局　蒋凤山 和 吕钦

1. 炮二平五　马 8 进 7
2. 马二进三　车 9 平 8
3. 车一平二　马 2 进 3
4. 兵七进一　卒 7 进 1
5. 车二进六　炮 8 平 9
6. 车二平三　炮 9 退 1
7. 马八进七　士 4 进 5
8. 炮八平九　车 1 平 2
9. 车九平八　炮 9 平 7
10. 车三平四　马 7 进 8
11. 马三退五　卒 7 进 1
12. 车四进二　炮 7 进 5
13. 车八进六　马 8 进 6
14. 炮九进四　车 8 进 7
15. 马七进六　炮 2 退 1
16. 车四退三　象 3 进 5
17. 炮五平九　马 3 进 1
18. 马五进七　车 8 进 2
19. 炮九进四　车 2 平 1
20. 车八进二　车 1 进 3

21. 车八进一 士5退4　**22.** 马六进五 士6进5
23. 马五退四 卒7平6　**24.** 车四退一 车8平7
25. 车四平三 车1进1　**26.** 车八退三 车7退2
27. 车八平七 车7平3　**28.** 车三退一 车1进2

第177局　柳大华 负 廖二平

1. 炮二平五 马8进7　**2.** 马二进三 车9平8
3. 车一平二 卒7进1　**4.** 车二进六 马2进3
5. 兵七进一 士4进5　**6.** 马八进七 炮8平9
7. 车二平三 炮9退1　**8.** 炮八平九 炮9平7
9. 车三平四 马7进8　**10.** 车九平八 车1平2
11. 马三退五 卒7进1　**12.** 车四进二 炮7进5
13. 车八进六 马8进6　**14.** 马七进六 象3进5
15. 车四退三 车8进6　**16.** 马六进五 马6进5
17. 相七进五 马3进5　**18.** 车四平八 炮7平9
19. 马五进七 炮9平5　**20.** 马七进五 车8平5
21. 前车进一 车2进2　**22.** 车八进二 车5平1
23. 炮九平六 卒7平6　**24.** 车八退一 马5进7
25. 车八平七 卒9进1　**26.** 仕四进五 马7进8
27. 炮六退一 卒1进1　**28.** 车七平九 卒1进1
29. 车九平六 车1平3　**30.** 车六平八 车3平4
31. 炮六平七 卒1进1　**32.** 车八退四 卒1平2
33. 车八平九 卒9进1　**34.** 炮七平九 卒2平1
35. 车九平七 车4进2　**36.** 炮九平七 卒1平2
37. 帅五平四 马8进7　**38.** 兵七进一 象5进3
39. 车七进三 象7进5　**40.** 车七退一 马7退8
41. 车七进二 车4退2　**42.** 车七平八 卒2平3
43. 车八平七 卒9平8　**44.** 炮七平九 车4平6
45. 帅四平五 卒3平2　**46.** 车七平八 卒2平1

47. 车八进三　士5退4
48. 车八退二　卒1进1
49. 车八平五　士4进5
50. 炮九平七　卒1平2
51. 车五平七　卒2进1
52. 炮七平六　车6平4
53. 炮六进一　马8进7
54. 帅五平四　卒8进1
55. 车七进二　士5退4
56. 车七退五　卒6进1
57. 炮六平九　卒6平7
58. 炮九进七　将5进1
59. 车七进四　将5进1
60. 车七退一　将5退1
61. 车七进一　将5进1
62. 炮九退七　车4平6
63. 仕五进四　卒7进1
64. 仕六进五　卒8进1
65. 车七退一　将5退1
66. 车七进一　将5进1
67. 车七退一　将5退1
68. 车七进一　将5进1
69. 车七退四　卒7平6
70. 车七平五　将5平4
71. 仕五进四　马7退8
72. 车五平六　将4平5
73. 车六退三　马8进6
74. 车六平八　将5平6
75. 车八进六　将6退1
76. 帅四进一　马6退8
77. 帅四平五　车6进2
78. 帅五退一　卒8进1
79. 车八退四　马8退6
80. 相五进七　马6进7
81. 炮九退二　车6平5
82. 帅五平六　马7退5
83. 车八平六　车5平1
84. 炮九平七　马5进6
85. 帅六平五　士6进5
86. 炮七进二　车1平3
87. 车六平四　士5进6
88. 车四退一　卒8平7
89. 相三进一　车3进1
90. 帅五进一　车3退1
91. 帅五退一　车3平4
92. 相七退九　马6退4
93. 炮七进三　马4退2
94. 炮七平四　士6退5
95. 炮四平三　士5进6
96. 炮三平四　士6退5
97. 炮四平二　士5进6
98. 炮二退五　卒7平6
99. 车四平八　卒6平5
100. 帅五平四　车4退1

第178局 吴优 负 万春林

1. 炮二平五 马8进7
2. 马二进三 车9平8
3. 车一平二 卒7进1
4. 车二进六 马2进3
5. 兵七进一 炮8平9
6. 车二平三 炮9退1
7. 马八进七 士4进5
8. 炮八平九 车1平2
9. 车九平八 炮9平7
10. 车三平四 马7进8
11. 马三退五 卒7进1
12. 车四进二 炮7进5
13. 车八进六 马8进6
14. 车四退三 象3进5
15. 马七进六 车8进6
16. 兵一进一 炮7进2
17. 马五进七 炮7平6
18. 炮五平四 马6进4
19. 炮四平六 炮6退3
20. 仕六进五 车8平5
21. 炮九进四 炮6平3
22. 相七进五 炮3退1
23. 炮九进一 炮2退1
24. 车四平六 炮2平1
25. 车八平七 炮1进5
26. 马七进九 车2进9
27. 仕五退六 炮3进5
28. 车七退六 车2平3
29. 车六进三 车3退5
30. 炮九进二 士5进6
31. 仕四进五 马4进2
32. 马九退七 马2进1
33. 马七进八 马1退3
34. 炮六退一 车5平1
35. 炮九平七 车1退5
36. 车六进一 将5进1
37. 车六退二 后马进1
38. 马八进九 车1进2
39. 车六进一 将5退1
40. 车六进一 将5进1
41. 炮七退三 卒5进1
42. 炮七退五 车3进4
43. 车六退一 将5退1
44. 车六进一 将5进1
45. 马六进四 卒7平6
46. 炮六进五 车3退7
47. 炮六退四 车1平6
48. 马四退二 卒5进1
49. 马二退三 车3进3
50. 车六退六 将5退1
51. 车六平八 士6进5
52. 炮六平九 车3平1
53. 炮九平七 车6平7
54. 车八平二 车1平7

55. 相三进一　前车进 2　**56.** 车二进一　前车平 3
57. 炮七平六　车 7 进 3　**58.** 车二进二　卒 5 平 4
59. 车二退二　卒 4 进 1　**60.** 车二平四　卒 4 进 1
61. 仕五进六　车 7 进 1　**62.** 相一退三　车 3 平 9

第 179 局　吴优 胜 廖二平

1. 炮二平五　马 8 进 7　**2.** 马二进三　车 9 平 8
3. 车一平二　卒 7 进 1　**4.** 车二进六　马 2 进 3
5. 兵七进一　士 4 进 5　**6.** 马八进七　炮 8 平 9
7. 车二平三　炮 9 退 1　**8.** 炮八平九　车 1 平 2
9. 车九平八　炮 9 平 7　**10.** 车三平四　马 7 进 8
11. 马三退五　卒 7 进 1　**12.** 车四进二　炮 7 进 5
13. 车八进六　马 8 进 6　**14.** 马七进六　车 8 进 8
15. 炮九退一　车 8 退 1　**16.** 车四退三　象 3 进 5
17. 炮五平九　车 8 平 4　**18.** 马五进七　车 4 进 1
19. 仕四进五　炮 7 进 2　**20.** 前炮进四　炮 2 平 1
21. 车八进三　马 3 退 2　**22.** 相三进五　炮 7 平 9
23. 车四平八　马 2 进 4　**24.** 车八进三　象 5 进 3
25. 车八平六　炮 1 平 8　**26.** 前炮平五　象 3 退 5
27. 炮五平二　马 6 进 5　**28.** 马六进七　马 5 进 7
29. 帅五平四　车 4 平 3　**30.** 车六平八　炮 8 退 1
31. 车八退三　卒 7 平 6　**32.** 炮二平五　炮 8 平 6
33. 车八平四　炮 9 进 1　**34.** 炮九进一　车 3 退 1
35. 车四进三　车 3 退 2　**36.** 马七进八　车 3 平 4
37. 炮九平四　卒 6 平 7　**38.** 炮四平六　卒 7 平 6
39. 马八退六

第 180 局　王斌 负 张影富

1. 炮二平五　马 8 进 7　**2.** 马二进三　车 9 平 8

3. 车一平二 马2进3
4. 兵七进一 卒7进1
5. 车二进六 炮8平9
6. 车二平三 炮9退1
7. 马八进七 士4进5
8. 炮八平九 车1平2
9. 车九平八 炮9平7
10. 车三平四 马7进8
11. 马三退五 卒7进1
12. 车四进二 炮7进5
13. 车八进六 马8进6
14. 炮五平三 车8进8
15. 炮三进二 车8平6
16. 车四平二 马3退4
17. 炮九退一 车6退1
18. 炮九进一 车6进1
19. 炮九退一 车6退1
20. 马五进三 车6平3
21. 相三进五 马6进4
22. 炮九平三 炮7进2
23. 炮三退三 象3进5
24. 车二平四 象7进9
25. 马三进四 车3平2
26. 车八退四 前马进2
27. 马四进三 象5进7
28. 炮三平二 马4进5
29. 车四退三 马2退4
30. 仕四进五 马5进7

第181局 党斐 负 蒋川

1. 炮二平五 马8进7
2. 马二进三 车9平8
3. 车一平二 卒7进1
4. 车二进六 马2进3
5. 兵七进一 炮8平9
6. 车二平三 炮9退1
7. 马八进七 士4进5
8. 炮八平九 车1平2
9. 车九平八 炮9平7
10. 车三平四 马7进8
11. 马三退五 卒7进1
12. 车四退一 卒7进1
13. 车八进六 象7进5
14. 炮五平六 马8进9
15. 炮九进四 炮2平1
16. 车八进三 马3退2
17. 炮九平五 马2进3
18. 炮五退一 马9退7
19. 相三进五 马7退5
20. 车四平五 车8进3
21. 马七进六 车8平7
22. 车五平六 卒3进1
23. 车六进一 车7平4
24. 炮六进四 卒3进1
25. 马六进四 马3进2
26. 炮六平八 象5进7

27. 相五进七　炮1进2　28. 马四进三　马2进1
29. 相七进九　炮1平2　30. 马五进六　卒9进1
31. 马六进八　士5进6　32. 马三退四　炮2平5
33. 仕四进五　马1退2　34. 炮八平二　卒7平6
35. 炮二进三　士6进5　36. 兵五进一　炮5退1
37. 马八退七　象3进5　38. 炮二退三　炮5平3
39. 马七进六　炮3平1　40. 马六退七　炮1进2
41. 马七进八　士5进4　42. 相七退五　炮7平6
43. 炮二平五　士4退5　44. 马四进三　炮1平5
45. 马八进六　炮5退1　46. 相九进七　卒6进1
47. 马六退五　马2进4　48. 炮五平八　卒6平5
49. 相七退五　马4进5　50. 仕五进四　炮6进6
51. 仕六进五　炮6退2　52. 马三退四　马5进3
53. 帅五平四　卒9进1　54. 炮八退二　卒9进1
55. 马五进七　炮6平2　56. 马七进五　炮2平8
57. 马四退五　卒9平8　58. 后马退七　卒8平7
59. 马五退六　马3退5　60. 帅四平五　马5进7
61. 帅五平六　将5平4　62. 仕五进六　马7退5
63. 帅六进一　卒7平6　64. 马六进五　卒6平5
65. 马七进六　马5进6　66. 帅六平五　马6退7
67. 帅五退一　炮8平5　68. 帅五平六　卒5平4
69. 马六退八　炮5进1

第182局　党斐 胜 赵冠芳

1. 炮二平五　马8进7　2. 马二进三　车9平8
3. 车一平二　卒7进1　4. 车二进六　马2进3
5. 兵七进一　炮8平9　6. 车二平三　炮9退1
7. 马八进七　士4进5　8. 炮八平九　炮9平7
9. 车三平四　车1平2　10. 车九平八　马7进8

11. 马三退五 卒7进1
12. 车四退一 卒7进1
13. 车八进六 象7进5
14. 炮五平六 炮2平1
15. 车八平七 车2进2
16. 兵七进一 马8退7
17. 车四退一 车8进4
18. 马七进八 车8平6
19. 车四平六 车6进4
20. 马五进七 马7进6
21. 车六平三 炮1退1
22. 炮九平八 车2平1
23. 马八进六 炮7进1
24. 炮八进六 车1平2
25. 炮八平七 车2退1
26. 炮七平九 马3退1
27. 炮六平五 车6平3
28. 炮五进四 将5平4
29. 马七进八 车2进1
30. 车三平四 车3退4
31. 车四进一

第183局 李鸿嘉 胜 张申宏

1. 炮二平五 马8进7
2. 马二进三 车9平8
3. 车一平二 卒7进1
4. 车二进六 马2进3
5. 兵七进一 炮8平9
6. 车二平三 炮9退1
7. 马八进七 士4进5
8. 炮八平九 车1平2
9. 车九平八 炮9平7
10. 车三平四 马7进8
11. 马三退五 卒7进1
12. 车四退一 炮7进5
13. 车八进六 象3进5
14. 炮五平六 马8退7
15. 车四平六 车8进4
16. 车六退一 车8平7
17. 炮六平三 马7进8
18. 炮三进二 马8进9
19. 炮三平二 车7平8
20. 炮二退二 卒9进1
21. 炮二平六 炮7退3
22. 炮六进一 卒3进1
23. 车八退二 马9进8
24. 炮六退二 卒3进1
25. 车八平七 马3进2
26. 车六平二 马8退7
27. 车二进一 马7退8
28. 马五进六 车2进1
29. 马六进八 炮2进3
30. 车七平八 车2平4
31. 车八进一 马8进7
32. 炮六平九 炮7进6

33. 仕四进五　卒9进1　34. 前炮进四　炮7平9
35. 车八进一　马7进9　36. 相七进五

第184局　孙勇征 胜 阮成保

1. 炮二平五　马8进7　2. 马二进三　车9平8
3. 车一平二　马2进3　4. 兵七进一　卒7进1
5. 车二进六　炮8平9　6. 车二平三　炮9退1
7. 马八进七　士4进5　8. 炮八平九　车1平2
9. 车九平八　炮9平7　10. 车三平四　马7进8
11. 马三退五　卒7进1　12. 车四退一　炮7进5
13. 车八进六　马8进6　14. 炮五平三　马6进7
15. 炮九平三　炮2平1　16. 车八平七　马3退4
17. 车七平五　车2进8　18. 炮三进二　车2平4
19. 炮三平五　象7进5　20. 兵七进一　炮1进4
21. 马七进九　炮7平1　22. 车五平九　炮1平3
23. 车九平三　马4进3　24. 马五进三　车8进7
25. 兵一进一　车4退2　26. 仕四进五　将5平4
27. 炮五平九　象3进1　28. 兵七进一　马3进1
29. 炮九进三　马1进3　30. 炮九退五　炮3退3
31. 车三平七　车8平7　32. 相七进五　车7退1
33. 炮九进七　车7平5　34. 车七进三　将4进1
35. 炮九平四　马3进2　36. 炮四退一　士5进6
37. 车四平八

第185局　柳大华 和 杨官璘

1. 炮二平五　马8进7　2. 马二进三　车9平8
3. 车一平二　马2进3　4. 兵七进一　卒7进1
5. 车二进六　炮8平9　6. 车二平三　炮9退1

7. 马八进七　士4进5
8. 炮八平九　炮9平7
9. 车三平四　马7进8
10. 车九平八　车1平2
11. 马三退五　卒7进1
12. 车四退一　炮7进5
13. 车八进六　马8进6
14. 炮五平三　车8进2
15. 炮三进二　车8平6
16. 马七进六　炮2平1
17. 车八平七　车2进7
18. 兵七进一　炮7平8
19. 兵七平六　炮8进3
20. 马五进七　马6退4
21. 仕六进五　车2退4
22. 车四平三　象7进9
23. 车七平八　象9进7
24. 车八退三　炮8退3
25. 兵五进一　炮8退1
26. 相七进五　炮8平5
27. 炮九退一　炮1退1
28. 炮九平七　炮1平3
29. 炮三退二　车6平4
30. 炮三平二　象7退9
31. 车八平三　车4平8
32. 炮二平三　车8平4
33. 炮三平二　车4平8
34. 炮二平一　车8平4
35. 炮一进四　马4进2
36. 炮一平二　象3进5
37. 炮七平六　马2进4
38. 炮二退三　马4进3
39. 帅五平六　后马进4
40. 车三平五　卒5进1
41. 炮二退二　车4进1
42. 车五平七　炮3平4
43. 炮六进一　马3进1
44. 车七平八　炮4退1
45. 炮二进四　马1退3
46. 车八进二　象9进7
47. 炮二平五　炮5平8
48. 兵一进一　炮8进1
49. 炮六进一　炮8进1
50. 仕五进四　炮8进2
51. 帅六进一　炮8平6
52. 兵一进一　炮6平3
53. 帅六平五　炮3退2
54. 炮六进二　炮4进4
55. 马六退七　车4平8
56. 帅五平六　炮4退4
57. 车八退四　车8平5
58. 炮五平四　士5进4
59. 帅六平五　车5平8
60. 兵一平二　车8平9
61. 兵二平一　车9平8
62. 兵一平二　车8平9
63. 兵二平一

第186局 孙勇征 胜 黄竹风

1. 炮二平五 马8进7
2. 马二进三 车9平8
3. 车一平二 卒7进1
4. 车二进六 马2进3
5. 兵七进一 炮8平9
6. 车二平三 炮9退1
7. 马八进七 士4进5
8. 炮八平九 车1平2
9. 车九平八 炮9平7
10. 车三平四 马7进8
11. 马三退五 卒7进1
12. 车四退一 卒7进1
13. 车八进六 象7进5
14. 炮五平六 炮7进2
15. 炮九进四 卒3进1
16. 炮六进四 卒5进1
17. 炮六进三 马3退4
18. 炮九平三 卒3进1
19. 马五进六 卒3进1
20. 马六进五 卒3进1
21. 炮三退二 马4进3
22. 炮三平五 车8进1
23. 车八进一 车2进2
24. 马五进六 将5平4
25. 炮五平六 马3进4
26. 马六进七 车2平4
27. 车四平六 象5退3
28. 车六进二 将4平5
29. 车六平七 车8进2
30. 车七进二 士5退4
31. 车七退七 车8平4
32. 车七进二 马8退6
33. 仕四进五 卒7平6
34. 炮六平二 卒6平5
35. 车七平四 士6进5
36. 车四进一 马6退4
37. 炮二平九 车4平3
38. 相七进五 卒5平4
39. 炮九平五 车3平5
40. 炮五平八 车5平1
41. 炮八平五 车1平5
42. 炮五平九 车5平1
43. 相五进三 卒4平5
44. 相三退一 车1平3
45. 车四平六 车3平1
46. 车六平三 车1平5
47. 炮九平二 将5平6
48. 炮二退三 车5平6
49. 炮二进一 卒5平6
50. 炮二平八 马4进2
51. 车三平八 马2退4
52. 兵九进一 卒6平5
53. 车八平三 车6进3
54. 车三进四 将6进1

55. 车三退一　将6进1
56. 车三退三　车6平9
57. 车三平四　将6平5
58. 炮八进五　马4退3
59. 炮八退六　车9平6
60. 车四平三　马3进4
61. 炮八进六　马4退3
62. 炮八平九　车6退3
63. 兵九进一　车6平3
64. 车三平五　将5平6
65. 车五平四　将6平5
66. 车四平五　将5平6
67. 车五退二　车3进1
68. 车五平四　将6平5
69. 车四平九　车3平5
70. 相一进三　卒9进1
71. 相三退五　将5平6
72. 炮九退一　马3进2
73. 炮九平八　车5平6
74. 兵九进一　马2退3
75. 炮八退四　将6退1
76. 相五进三　将6退1
77. 车九平二　车6退1
78. 车二进六　将6进1
79. 炮八进六

第187局　唐丹 和 王琳娜

1. 炮二平五　马8进7
2. 马二进三　车9平8
3. 车一平二　马2进3
4. 兵七进一　卒7进1
5. 车二进六　炮8平9
6. 车二平三　炮9退1
7. 马八进七　士4进5
8. 炮八平九　车1平2
9. 车九平八　炮9平7
10. 车三平四　马7进8
11. 马三退五　卒7进1
12. 车四退一　卒7进1
13. 车八进六　象7进5
14. 马七进六　马8退7
15. 车四退一　车8进4
16. 炮九进四　炮2平1
17. 车八进三　马3退2
18. 炮九平五　马7进5
19. 马六进五　炮1退1
20. 相三进一　马2进1
21. 后马进七　马1进2
22. 马五退六　卒3进1
23. 兵七进一　车8平3
24. 车四进一　车3平6
25. 马六进四　卒7平6
26. 马七进八　炮7进3
27. 炮五平八　炮1平2
28. 马四进三　炮2进4

29. 炮八进三　卒6平5
30. 仕四进五　炮7平5
31. 相一退三　卒5平6
32. 相三进五　卒6进1
33. 帅五平四　炮2平6
34. 帅四平五　炮6平2
35. 帅五平四　炮2平6
36. 帅四平五　炮6平2
37. 帅五平四　炮2平6
38. 帅四平五　炮6退4
39. 炮八退二　卒9进1
40. 马三退四　象5进7
41. 炮八平五　卒6平7
42. 炮五平二　炮6平8
43. 马四退五　卒7进1
44. 马五进三　炮5平6
45. 炮二平五　将5平4
46. 炮五平六　将4平5
47. 炮六平五　将5平4
48. 炮五平六　将4平5
49. 炮六平二　象3进5
50. 炮二进三　炮8平7
51. 炮二平三　炮7平9
52. 兵九进一　卒7平6
53. 兵九进一　炮6退2
54. 炮三平一　卒9进1
55. 兵一进一　炮9进4
56. 马三退二　炮9平6
57. 炮一平八　卒6平7
58. 炮八退五　后炮平7
59. 马二进一　炮6退4
60. 马一进二　炮7进1

第188局　龚晓民 负 王跃飞

1. 炮二平五　马8进7
2. 马二进三　车9平8
3. 车一平二　卒7进1
4. 车二进六　马2进3
5. 兵七进一　炮8平9
6. 车二平三　炮9退1
7. 马八进七　士4进5
8. 炮八平九　车1平2
9. 车九平八　炮9平7
10. 车三平四　马7进8
11. 马三退五　卒7进1
12. 车四退一　卒7进1
13. 炮九进四　马8退7
14. 车四平九　卒7进1
15. 马五进三　炮7进6
16. 马七进六　车8进5
17. 车九平六　炮2进3
18. 马六退四　车8平6
19. 车六平三　车6进1
20. 车三进二　马3进1

第189局 吕钦 胜 网络棋手

1. 炮二平五 马8进7
2. 马二进三 车9平8
3. 车一平二 卒7进1
4. 车二进六 马2进3
5. 兵七进一 炮8平9
6. 车二平三 炮9退1
7. 马八进七 士4进5
8. 炮八平九 炮9平7
9. 车三平四 马7进8
10. 车九平八 车1平2
11. 马三退五 卒7进1
12. 车四退一 炮7进5
13. 车八进六 马8进6
14. 炮五平三 车8进2
15. 炮三进二 车8平6
16. 马七进六 炮2平1
17. 车八平七 车2进7
18. 兵七进一 炮7平8
19. 兵七平八 车2平6
20. 马五进七 前车进1
21. 仕六进五 前车平7
22. 相七进五 炮8进3
23. 车四平三 象7进9
24. 车三平二 马6进5
25. 炮九平五 车7进1
26. 车二退五 车7平8
27. 兵八进一 车8退4
28. 兵八进一 车8平7
29. 兵八平七 士5退4
30. 炮五进四 车7退2
31. 炮五退二 车7平3
32. 马六进七 车6平8
33. 后马进六 炮1退1
34. 兵七进一 炮1进1
35. 兵七平六 象9退7
36. 马六进五 炮1平5
37. 马五退三 炮5进4
38. 仕五进四 车8平2
39. 马七进五 士6进5

第190局 孙勇征 胜 曹岩磊

1. 炮二平五 马8进7
2. 马二进三 车9平8
3. 车一平二 卒7进1
4. 车二进六 马2进3
5. 兵七进一 炮8平9
6. 车二平三 炮9退1
7. 马八进七 士4进5
8. 炮八平九 车1平2

9. 车九平八　炮9平7　**10.** 车三平四　马7进8
11. 马三退五　卒7进1　**12.** 车四退一　卒7进1
13. 车八进六　马8退7　**14.** 车四退一　象7进5
15. 车八平七　炮2进4　**16.** 兵七进一　马7进8
17. 车四平三　炮7进1　**18.** 炮九平八　炮2平3
19. 兵七平八　车2进4　**20.** 车七退三　马3进4
21. 车七进一　马4进6　**22.** 马七进八　车2平3
23. 车七进一　象5进3　**24.** 炮五平二　马8进9
25. 车三进三　车8进7　**26.** 马五进七　车8退3
27. 车三退四　马9进8　**28.** 车三进一　马6进5
29. 仕六进五　马5进3　**30.** 帅五平六　象3退5
31. 车三平六　马3进1　**32.** 炮八平九

第191局　金波 负 曹岩磊

1. 炮二平五　马8进7　**2.** 马二进三　车9平8
3. 车一平二　卒7进1　**4.** 兵七进一　马2进3
5. 车二进六　炮8平9　**6.** 车二平三　炮9退1
7. 马八进七　士4进5　**8.** 炮八平九　炮9平7
9. 车三平四　车1平2　**10.** 车九平八　马7进8
11. 马三退五　卒7进1　**12.** 车四退一　卒7进1
13. 车八进六　马8退7　**14.** 车四进三　炮2退1
15. 车四退四　象3进5　**16.** 马七进六　车8进4
17. 车八平七　车2平3　**18.** 炮五平七　炮2进4
19. 车七进一　车3平4　**20.** 炮九进四　车4进5
21. 车四平六　炮2平4　**22.** 炮七平九　车8平2
23. 前炮进三　马7进6　**24.** 车七进二　炮4退5
25. 车七退四　车2退4　**26.** 车七平八　车2平3
27. 前炮平六　马6进5　**28.** 炮六退六　马5进6
29. 相三进一　车3进5　**30.** 车八平四　马6退5

31. 车四进一	马5进4	**32.** 车四平五	炮7进3
33. 车五退一	炮7退1	**34.** 炮六进三	马4退2
35. 炮六平五	马2进1	**36.** 炮九平六	车3平4
37. 车五平七	车4进2	**38.** 车七进四	车4退7
39. 车七退六	车4进3	**40.** 车七进六	车4退3
41. 车七平六	将5平4	**42.** 马五进六	炮7平8
43. 兵九进一	炮8进3	**44.** 马六进五	马1退3
45. 帅五进一	马3退4	**46.** 帅五平六	将4平5
47. 马五进三	炮8退2		

第192局　金波 和 李鸿嘉

1. 炮二平五	马8进7	**2.** 马二进三	车9平8
3. 车一平二	马2进3	**4.** 兵七进一	卒7进1
5. 车二进六	炮8平9	**6.** 车二平三	炮9退1
7. 马八进七	士4进5	**8.** 炮八平九	车1平2
9. 车九平八	炮9平7	**10.** 车三平四	马7进8
11. 马三退五	卒7进1	**12.** 车四退一	卒7进1
13. 车八进六	马8退7	**14.** 车四退一	车8进4
15. 车八平七	马3退4	**16.** 兵七进一	马4进5
17. 车七进一	车8平6	**18.** 车四进一	马7进6
19. 炮五进四	炮7进1	**20.** 炮九平八	炮7平3
21. 炮八进七	象3进1	**22.** 兵七进一	炮3进5
23. 马五进七	将5平4	**24.** 兵七进一	炮2进4
25. 兵五进一	炮2平3	**26.** 兵五进一	马6进8
27. 仕六进五	马5进3	**28.** 兵五平六	炮3退4
29. 兵六进一	炮3进5	**30.** 炮五平七	象7进5
31. 炮七进三	将4进1	**32.** 炮七退六	将4退1
33. 炮八退六	马8退6	**34.** 兵六平五	象5进3
35. 兵九进一	炮3平8	**36.** 炮八平九	炮8退4

37. 兵一进一　卒7进1
38. 相七进五　马6进4
39. 兵五平六　马4进2
40. 帅五平六　士5进6
41. 炮九退一　卒7进1
42. 炮九平六　将4平5
43. 炮六退一　卒7进1
44. 相五退三　炮8退2
45. 炮六进二　马2进3
46. 炮六平一　炮8平4
47. 仕五进六　炮4平9
48. 炮一进三　炮9进4
49. 炮七退一　马3退1
50. 仕六退五　马1退3
51. 炮一平九　马3退1

第193局　韩冰 和 尤颖钦

1. 炮二平五　马8进7
2. 马二进三　车9平8
3. 车一平二　马2进3
4. 兵七进一　卒7进1
5. 车二进六　炮8平9
6. 车二平三　炮9退1
7. 马八进七　士4进5
8. 炮八平九　车1平2
9. 车九平八　炮9平7
10. 车三平四　马7进8
11. 马三退五　卒7进1
12. 车四退一　卒7进1
13. 车八进六　象7进5
14. 马七进六　马8退7
15. 车四退一　车8进4
16. 车八平七　炮2进4
17. 兵七进一　车8平3
18. 炮九平七　车3退1
19. 马六进七　象5进3
20. 车四平七　象3进5
21. 马七进五　象3退5
22. 炮七进五　马7进6
23. 炮五进四　马6进5
24. 马五进六　车2进2
25. 相三进五　卒7进1
26. 车七进二　马5退4
27. 车七平六　车2平3
28. 车六退一　炮2平9
29. 车六平三　车3进1
30. 车三进三　车3平5
31. 车三退六　炮9平5
32. 仕四进五　炮5平1
33. 马六进四　车5进2
34. 马四进二　车5退2
35. 车三进一　炮1退2
36. 马二退四　炮1平6
37. 马四进六　车5平4
38. 马六退五　炮6平3

39. 马五进三

第194局 金波 和 柳大华

1. 炮二平五 马8进7
2. 马二进三 车9平8
3. 车一平二 马2进3
4. 兵七进一 卒7进1
5. 车二进六 炮8平9
6. 车二平三 炮9退1
7. 马八进七 士4进5
8. 炮八平九 车1平2
9. 车九平八 炮9平7
10. 车三平四 马7进8
11. 马三退五 卒7进1
12. 车四退一 卒7进1
13. 车八进六 象3进5
14. 炮五平六 炮2退1
15. 车八进一 车2平3
16. 炮六进六 炮7平4
17. 车八进一 炮4进1
18. 车八退二 马8退7
19. 车四退一 马3退4
20. 马七进八 卒3进1
21. 兵七进一 车3进4
22. 炮九进四 马4进3
23. 炮九退二 车8进4
24. 马五进七 车3进2
25. 相七进五 车8平3
26. 仕四进五 炮4退2
27. 炮九进五 象5退3
28. 炮九平六 士5退4
29. 车八进一 象7进5
30. 马八进九 后车退1
31. 车八平七 后车退1
32. 马九进七 车3退4
33. 马七进六 车3平4
34. 车四平三 卒7平8
35. 车三进三 车4进3
36. 车三退一

第195局 李来群 和 苗永鹏

1. 炮二平五 马8进7
2. 马二进三 卒7进1
3. 车一平二 车9平8
4. 车二进六 马2进3
5. 兵七进一 炮8平9
6. 车二平三 炮9退1
7. 马八进七 士4进5
8. 炮八平九 车1平2
9. 车九平八 炮9平7
10. 车三平四 马7进8

11. 马三退五　卒7进1　12. 车四退一　卒7进1
13. 车八进六　马8退7　14. 车四退一　象3进5
15. 车八平七　车2平3　16. 兵七进一　车8进4
17. 马七进八　车8平6　18. 马八进六　车6进1
19. 马六退四　马7进6　20. 车七平八　炮2平1
21. 兵七进一　车3平2　22. 炮五进四　车2进3
23. 炮五平八　马3退2　24. 马五进七　马2进4
25. 炮九进四　士5退4　26. 相七进五　马4进6
27. 马四进六　卒7平6　28. 兵五进一　卒6进1
29. 马六退四　卒6进1　30. 炮九退一　士6进5
31. 兵五进一　后马进7　32. 相五进三

第196局　赵国荣 胜 胡荣华

1. 炮二平五　马2进3　2. 马二进三　马8进7
3. 车一平二　车9平8　4. 兵七进一　卒7进1
5. 车二进六　炮8平9　6. 车二平三　炮9退1
7. 马八进七　士4进5　8. 炮八平九　车1平2
9. 车九平八　炮9平7　10. 车三平四　马7进8
11. 马三退五　卒7进1　12. 车四退一　卒7进1
13. 车八进六　象3进5　14. 炮九进四　马8进9
15. 马七进六　车8进8　16. 炮五平六　炮2退1
17. 车八进一　车2平1　18. 炮九退二　马3退4
19. 相七进五　炮2退1　20. 炮六进七　士5退4
21. 马五进七　士4进5　22. 马六进七　炮2平4
23. 车四进三　车8退7　24. 前马进五　炮4进1
25. 马五进七　车1平3　26. 仕四进五　车3进1
27. 车八进二　炮4退1　28. 炮九进五　车3进1
29. 马七进六　马9退8　30. 马六进五　车3平5
31. 车八退二　炮4进2　32. 马五退七　车8进2

33. 马七进六　车5平4　　34. 车八进二

第197局　孙勇征 和 汪洋

1. 炮二平五　马8进7　　2. 马二进三　车9平8
3. 车一平二　卒7进1　　4. 车二进六　马2进3
5. 兵七进一　炮8平9　　6. 车二平三　炮9退1
7. 马八进七　士4进5　　8. 炮八平九　车1平2
9. 车九平八　炮9平7　　10. 车三平四　马7进8
11. 马三退五　卒7进1　　12. 车四退一　卒7进1
13. 车八进六　象7进5　　14. 炮五平六　炮7进2
15. 相七进五　卒3进1　　16. 炮六进四　炮7平4
17. 车八平六　炮2进2　　18. 车四平七　炮2进2
19. 车七平四　马3退7　　20. 车四进一　车8进4
21. 车四平三　马7退8　　22. 炮九退二　车2进4
23. 马七进六　车2平4　　24. 车六退一　车8平4
25. 马五进七　炮2平3　　26. 炮九平七

第198局　童本平 胜 刘宗泽

1. 炮二平五　马8进7　　2. 马二进三　车9平8
3. 车一平二　马2进3　　4. 兵七进一　卒7进1
5. 车二进六　炮8平9　　6. 车二平三　炮9退1
7. 马八进七　士4进5　　8. 炮八平九　车1平2
9. 车九平八　炮9平7　　10. 车三平四　马7进8
11. 马三退五　卒7进1　　12. 车四退一　卒7进1
13. 车八进六　象7进5　　14. 相三进一　马8退7
15. 车四退一　车8进4　　16. 车八平七　炮2进4
17. 兵七进一　车8平3　　18. 车七退一　象5进3
19. 炮九平八　炮2平3　　20. 车四进四　炮7平9

21. 车四平三　马7进6　22. 车三平一　马6进4
23. 相七进九　马4进6　24. 车一平四　象3进5
25. 炮五平四　马6退7　26. 相一进三　车2平4
27. 炮八退二　车4进8　28. 炮四平二　士5进6
29. 车四平八　卒7平8　30. 炮二平三　卒8平7
31. 炮三退一　车4退5　32. 车八退五　马3进4
33. 车八进一　车4平3　34. 车八平六　马4退6
35. 炮八平七　炮3进3　36. 马五退七　象3退1
37. 后马进九　车3进3　38. 相九进七

第199局　蒋川 和 葛维蒲

1. 炮二平五　马8进7　2. 马二进三　车9平8
3. 车一平二　马2进3　4. 兵七进一　卒7进1
5. 车二进六　炮8平9　6. 车二平三　炮9退1
7. 马八进七　士4进5　8. 炮八平九　炮9平7
9. 车三平四　马7进8　10. 车九平八　车1平2
11. 马三退五　卒7进1　12. 车四退一　卒7进1
13. 车八进六　象3进5　14. 马七进六　马8退7
15. 车四退一　车8进4　16. 炮九进四　炮2平1
17. 车八平七　马3进1　18. 车七平九　炮1平4
19. 马六进五　马7进5　20. 炮五进四　车8平4
21. 相三进五　炮4平3　22. 车九平七　车4进4
23. 马五退三　炮7进1　24. 仕四进五　车2进6
25. 马三进四　车2平5　26. 马四进五　车5平1
27. 兵七进一　车1退1　28. 车四平三　将5平4
29. 兵七平八　卒7平6　30. 马五进四　车1进4
31. 相五进七　车1退3　32. 车三退二　车1平4
33. 炮五平一　炮7平6　34. 车三平六　后车进1
35. 仕五进六　车4平8　36. 仕六退五　车8进1

37. 仕五退四　卒6进1　38. 仕六进五　卒6进1
39. 相七退五　炮3平1

第200局　张江 负 潘振波

1. 炮二平五　马8进7　2. 马二进三　车9平8
3. 车一平二　卒7进1　4. 车二进六　马2进3
5. 马八进七　士4进5　6. 炮八平九　炮8平9
7. 车二平三　炮9退1　8. 车九平八　车1平2
9. 兵七进一　炮9平7　10. 车三平四　马7进8
11. 马三退五　卒7进1　12. 车四退一　炮7进5
13. 车八进六　马8进6　14. 炮五平三　车8进2
15. 炮三进二　车8平6　16. 马七进六　炮2平1
17. 车八平七　车2进6　18. 马五进七　车2进1
19. 车四进二　炮1平6　20. 车七进一　象3进5
21. 车七进一　炮7平1　22. 相三进五　炮1平9
23. 兵七进一　炮9进3　24. 仕四进五　马6进7
25. 马六进四　车2平3　26. 车七退二　马7进8
27. 相五退三　马3退7　28. 相三进五　马7进8
29. 相五退三　车3平8　30. 车七平五　马8退9
31. 仕五退四　车3平1　32. 马四退三　车1平7
33. 马三退一　车7进2　34. 帅五进一　车7退4
35. 兵七平六　炮6平9

第201局　阎文清 和 林宏敏

1. 炮二平五　马8进7　2. 马二进三　车9平8
3. 车一平二　马2进3　4. 兵七进一　卒7进1
5. 车二进六　炮8平9　6. 车二平三　炮9退1
7. 马八进七　士4进5　8. 炮八平九　炮9平7

9. 车三平四　马7进8　10. 车九平八　车1平2
11. 马三退五　卒7进1　12. 车四退一　卒7进1
13. 车八进六　象7进5　14. 马七进六　马8退7
15. 车四进三　炮7退1　16. 炮九进四　车8进4
17. 炮九进三　车2平1　18. 车八进一　车1进2
19. 车八平九　象3进1　20. 车四平三　马7进6
21. 马六进四　车8平6　22. 车三退五　卒3进1
23. 兵七进一　车6平3　24. 兵五进一　象1退3
25. 炮五平一　车3进1　26. 炮一进四　车3平5
27. 炮一进三　车5平8　28. 相七进五　马3进1
29. 马五退七　马1进3　30. 马七进六　卒5进1
31. 仕六进五　车8退2　32. 马六进八　马3进5
33. 车三平五　马5退7　34. 车五进二　车8平9
35. 炮一平二　车9平8　36. 炮二平一　车8平9
37. 炮一平二　车9退3　38. 炮二退三　车9进6
39. 马八退六　车9平1　40. 马六进七　车1进3
41. 仕五退六　马7退6

第202局　赵鑫鑫 胜 聂铁文

1. 炮二平五　马2进3　2. 马二进三　马8进7
3. 车一平二　车9平8　4. 兵七进一　卒7进1
5. 车二进六　炮8平9　6. 车二平三　炮9退1
7. 马八进七　士4进5　8. 炮八平九　车1平2
9. 车九平八　炮9平7　10. 车三平四　马7进8
11. 马三退五　卒7进1　12. 车四退一　卒7进1
13. 车八进六　象7进5　14. 马七进六　马8退7
15. 车四退一　车8进4　16. 炮九进四　炮2平1
17. 车八进三　马3退2　18. 炮九平五　卒3进1
19. 兵七进一　车8平3　20. 前炮平八　马2进3

21. 马五进七 炮1平2 **22.** 兵五进一 马3进2
23. 炮八平九 炮2平1 **24.** 马六进八 车3平2
25. 马七进五 车2退1 **26.** 炮九退一 马7进8
27. 车四平三 马8退7 **28.** 车三平四 马7进8
29. 车四平三 马8退7 **30.** 车三平四 卒7平6
31. 马五进七 车2平3 **32.** 兵五进一 卒6进1
33. 炮五平七 炮7进8 **34.** 仕四进五 车3平8
35. 车四退二 炮7平9 **36.** 仕五进六 车8进6
37. 帅五进一 车8退1 **38.** 帅五退一 车8进1
39. 帅五进一 车8退1 **40.** 帅五退一 车8进1
41. 帅五进一 车8退3 **42.** 相七进五 车8平3
43. 炮七平八 象5进3 **44.** 车四平二 车3平2
45. 车二进四 象3进5 **46.** 车二平三 炮1平3
47. 车三平七 炮3平2 **48.** 兵五进一 炮9平8
49. 兵五进一 炮8退7 **50.** 兵五进一 将5进1
51. 车七退一 炮2平5 **52.** 车七平五 炮5进1
53. 帅五退一 车2平9 **54.** 炮八进四 将5退1
55. 炮九进一 车9进3 **56.** 帅五进一 车9退1
57. 帅五退一 车9进1 **58.** 帅五进一 车9退1
59. 帅五退一 炮5退2 **60.** 炮九进三 将5平4
61. 马七进九 车9进1 **62.** 帅五进一 车9退1
63. 帅五退一 车9进1 **64.** 帅五进一 车9退1
65. 帅五退一 马7进6 **66.** 马九进七 车9进1
67. 帅五进一 车9退1 **68.** 帅五退一 炮8平3
69. 仕六进五 车9进1 **70.** 仕五退四 车9退3
71. 炮八进三 将4进1 **72.** 炮八退九 将4退1
73. 仕四进五

第203局　吕钦 和 赵国荣

1. 炮二平五　马8进7　2. 马二进三　车9平8
3. 车一平二　马2进3　4. 兵七进一　卒7进1
5. 车二进六　炮8平9　6. 车二平三　炮9退1
7. 马八进七　士4进5　8. 炮八平九　车1平2
9. 车九平八　炮9平7　10. 车三平四　马7进8
11. 马三退五　卒7进1　12. 车四退一　卒7进1
13. 车八进六　象7进5　14. 马七进六　马8进9
15. 相三进一　炮7平8　16. 炮五平二　炮8平9
17. 炮二平六　车8进5　18. 马五进七　马9进7
19. 炮六平四　马7进8　20. 相一退三　炮9平7
21. 相七进五　卒7进1　22. 炮四进一　卒7进1
23. 车四进一　炮7进3　24. 炮四退一　卒7平6
25. 仕六进五　车8进1　26. 车四退三　马8退7
27. 相三进一　车8平6　28. 马六退四　炮7平1
29. 马七进六　炮2平1　30. 车八进三　马3退2
31. 兵五进一　前炮平8　32. 相五退七　炮8进5
33. 相一退三　马7进9　34. 马四退二　卒6进1
35. 仕五退四　马9退8　36. 炮四平七　马2进3
37. 兵七进一　象5进3　38. 马六进八　马3退4
39. 炮九进四　马8退7　40. 炮七平三　象3退5
41. 马二进三　卒3进1　42. 兵五进一　卒5进1
43. 炮九平四　马7退8　44. 马三进五　马4进3
45. 炮四平七　马3进5　46. 炮七平一　炮1平4
47. 炮一平二　炮8退3　48. 兵九进一　炮8平5
49. 马八退七　炮4进3　50. 炮三平二　马8进6
51. 前炮平五　炮5退3　52. 炮二平五　炮5进4
53. 相三进五　马6退4　54. 马五进六　士5进4

第 204 局 聂铁文 和 赵国荣

1. 炮二平五 马 8 进 7
2. 马二进三 车 9 平 8
3. 车一平二 马 2 进 3
4. 兵七进一 卒 7 进 1
5. 车二进六 炮 8 平 9
6. 车二平三 炮 9 退 1
7. 马八进七 士 4 进 5
8. 炮八平九 车 1 平 2
9. 车九平八 炮 9 平 7
10. 车三平四 马 7 进 8
11. 马三退五 卒 7 进 1
12. 车四退一 卒 7 进 1
13. 车八进六 象 7 进 5
14. 炮五平六 炮 7 进 2
15. 炮九进四 卒 3 进 1
16. 炮六进四 炮 7 平 4
17. 炮九平六 卒 3 进 1
18. 车八平七 马 8 退 7
19. 车四平八 炮 2 平 1
20. 车八进一 车 8 进 4
21. 车八进三 马 3 退 2
22. 车七退二 炮 1 平 4
23. 炮六退三 车 8 平 7
24. 马七进八 马 2 进 1
25. 兵九进一 卒 7 进 1
26. 马五进四 车 7 平 8
27. 仕六进五 马 7 进 6
28. 车七平五 马 6 退 7
29. 相七进五 马 1 退 3
30. 炮六平八 车 8 平 3
31. 炮八退一 马 3 进 4
32. 车五平三 马 7 进 6
33. 炮八平三 马 6 进 4
34. 马四进二 前马进 2
35. 炮三退一 马 2 进 3
36. 炮三平七 车 3 进 4
37. 车三进二 车 3 平 1
38. 车三平五 车 1 进 1
39. 仕五退六 车 1 平 4
40. 帅五进一 马 4 进 2
41. 车五退二 马 2 进 4
42. 马二进四 车 4 退 1
43. 帅五退一 车 4 进 1
44. 帅五进一 车 4 退 1
45. 帅五退一 马 4 进 2
46. 仕四进五 车 4 平 1
47. 相五退七 车 1 退 3
48. 车五平七 马 2 进 3
49. 车七退三 车 1 平 2

第205局 卜凤波 胜 李艾东

1. 炮二平五 马8进7
2. 马二进三 车9平8
3. 车一平二 马2进3
4. 兵七进一 卒7进1
5. 车二进六 炮8平9
6. 车二平三 炮9退1
7. 马八进七 士4进5
8. 炮八平九 炮9平7
9. 车三平四 马7进8
10. 车九平八 车1平2
11. 马三退五 卒7进1
12. 车四退一 卒7进1
13. 车八进六 象3进5
14. 马七进六 炮2退1
15. 相三进一 卒7平8
16. 车八平七 马8进7
17. 车四退二 车8进5
18. 马六进五 马3进5
19. 炮五进四 车2平4
20. 马五进七 马7进8
21. 仕四进五 卒8平7
22. 车四进三 马8退9
23. 炮五退二 马9进7
24. 车四退四 炮2平3
25. 相七进五 车4进6
26. 炮九进四 卒9进1
27. 相一退三 炮7平8
28. 炮九退一 将5平4
29. 炮九平五 车8退1
30. 前炮进三 士6进5
31. 炮五进四 炮8平6
32. 车四进五 车4退4
33. 炮五进一 将4进1
34. 兵五进一 将4平5
35. 炮五平九 炮3平1
36. 兵七进一 将5平4
37. 兵七平六 车8平4
38. 炮九平六 将4退1
39. 车四进一 前车平3
40. 车四进一 将4进1
41. 车七平八 炮1平3
42. 车八进三 炮3退1
43. 车八平七 车3退4
44. 车四平七 车4进2
45. 车七退六 车4平7
46. 车七平六 将4平5
47. 马七进八 卒9进1
48. 马八进六 卒9平8
49. 马六进七 将5平6
50. 车六进五 将6退1
51. 车六进一 将6进1
52. 车六平五

第四章　红左车过河

第206局　柳大华 胜 徐天红

1. 炮二平五　马8进7　2. 马二进三　车9平8
3. 车一平二　马2进3　4. 兵七进一　卒7进1
5. 车二进六　炮8平9　6. 车二平三　炮9退1
7. 马八进七　士4进5　8. 炮八平九　车1平2
9. 车九平八　炮9平7　10. 车三平四　马7进8
11. 车八进六　炮7进5　12. 马三退五　卒7进1
13. 车四退一　车8进2　14. 马七进六　马8进6
15. 炮九进四　炮7进2　16. 炮五平九　炮7平6
17. 车四平三　车8平7　18. 车三平二　卒7进1
19. 车二退四　车7平6　20. 车二平四　马6进4
21. 马五进四　卒7平6　22. 前炮进三　马3退4
23. 车四进二　前马进3　24. 帅五进一　车6平8
25. 车八退五　车8进6　26. 车四退二　马3退4
27. 帅五退一　车8平6　28. 车八平四　炮2平1
29. 前炮平七　车2平3　30. 炮九进五　卒3进1
31. 兵七进一　车3进4　32. 车四平六　前马进3
33. 马六退五　马3退2　34. 车六进二　车3平1
35. 炮九平二　车1平8　36. 炮二平九　马2退3
37. 车六平七　马4进2　38. 车七进一　马2进4

39. 车七平八　车 8 平 5　**40.** 兵九进一　车 5 进 2
41. 车八进五　士 5 退 4　**42.** 炮九进二　将 5 进 1
43. 车八平六　马 4 进 5　**44.** 兵九进一　象 7 进 5
45. 兵九平八　马 3 进 5　**46.** 炮九平八　前马进 3
47. 兵八进一　马 3 进 5　**48.** 相三进五　车 5 平 9
49. 仕六进五　车 9 平 4　**50.** 车六平四　车 4 退 4
51. 车四退三　马 5 进 4　**52.** 仕五进六　马 4 退 3
53. 兵八平七　马 3 进 5　**54.** 车四平五　马 5 进 4
55. 帅五进一　车 4 平 2　**56.** 帅五平六　车 2 进 3
57. 兵七进一　马 4 退 5　**58.** 兵七进一　将 5 平 6
59. 炮八退一　将 6 退 1　**60.** 车五平九

第 207 局　靳玉砚 负 王跃飞

1. 炮二平五　马 8 进 7　**2.** 马二进三　车 9 平 8
3. 车一平二　卒 7 进 1　**4.** 车二进六　马 2 进 3
5. 兵七进一　炮 8 平 9　**6.** 车二平三　炮 9 退 1
7. 马八进七　士 4 进 5　**8.** 炮八平九　车 1 平 2
9. 车九平八　炮 9 平 7　**10.** 车三平四　马 7 进 8
11. 车八进六　卒 7 进 1　**12.** 车四平三　马 8 退 7
13. 车三平四　卒 7 进 1　**14.** 马三退五　象 7 进 5
15. 车八平七　炮 2 进 4　**16.** 兵七进一　炮 2 平 3
17. 兵七平八　象 5 进 3　**18.** 车七退一　马 3 进 2
19. 车四进二　象 3 进 5　**20.** 车七平六　炮 7 平 9
21. 车四平三　车 8 平 7　**22.** 车三进一　象 5 退 7
23. 炮九进四　象 7 进 5　**24.** 兵九进一　马 2 退 3
25. 车六退二　马 3 进 1　**26.** 车六平七　马 1 进 3
27. 车七进一　炮 9 进 5　**28.** 兵五进一　马 7 进 6
29. 兵五进一　马 6 进 5　**30.** 车七平六　马 3 进 2

第208局 李林 和 许银川

1. 炮二平五 马8进7
2. 马二进三 车9平8
3. 车一平二 马2进3
4. 兵七进一 卒7进1
5. 车二进六 炮8平9
6. 车二平三 炮9退1
7. 马八进七 士4进5
8. 炮八平九 车1平2
9. 车九平八 炮9平7
10. 车三平四 马7进8
11. 车八进六 卒7进1
12. 车四退一 卒7进1
13. 马三退五 象7进5
14. 马七进六 马8退7
15. 车四进三 炮7退1
16. 相三进一 炮2平1
17. 车八进三 马3退2
18. 马五进七 马2进3
19. 马六进七 炮1退1
20. 车四退四 车8进4
21. 后马进八 炮1平3
22. 炮五平七 炮3进2
23. 马八进七 车3平4
24. 兵九进一 炮7平8
25. 车四平六 车4进1
26. 马七退六 马3进4
27. 炮九进四 象3进1
28. 炮七进一 炮8进6
29. 炮七平三 炮8平5
30. 炮三进三 炮5退1
31. 帅五进一 炮5平3
32. 相七进五 炮3退3
33. 马六进八 象1进3
34. 马八进七 马4退3
35. 炮九平六 卒5进1
36. 帅五退一 卒5进1
37. 相一退三

第209局 蔡佑广 胜 马际平

1. 炮二平五 马8进7
2. 马二进三 车9平8
3. 车一平二 马2进3
4. 兵七进一 卒7进1
5. 车二进六 炮8平9
6. 车二平三 炮9退1
7. 马八进七 士4进5
8. 炮八平九 车1平2
9. 车九平八 炮9平7
10. 车三平四 马7进8

11. 车八进六 卒7进1
12. 车四退一 卒7进1
13. 马三退五 象7进5
14. 炮九进四 马8进9
15. 马七进六 马9进8
16. 炮五平九 炮2平1
17. 车八进三 马3退2
18. 相七进五 马2进3
19. 前炮退二 车8进2
20. 马五进七 卒7进1
21. 马七进八 车8平7
22. 马八进七

第210局 唐丹 和 谢靖

1. 炮二平五 马8进7
2. 马二进三 车9平8
3. 车一平二 卒7进1
4. 车二进六 马2进3
5. 兵七进一 士4进5
6. 马八进七 炮8平9
7. 车二平三 炮9退1
8. 炮八平九 车1平2
9. 车九平八 炮9平7
10. 车三平四 马7进8
11. 车八进六 卒7进1
12. 车四平三 马8退7
13. 车三平四 卒7进1
14. 马三退五 象7进5
15. 车八平七 炮2进4
16. 兵七进一 炮2平3
17. 兵七平八 象5进3
18. 车七退一 马3进2
19. 炮九平八 象3进5
20. 车七退一 车2平3
21. 车七进五 象5退3
22. 车四退二 车8进4
23. 车四平八 马2退4
24. 炮五平一 卒7平6
25. 相七进九 车8平6
26. 炮一平三 炮7进6
27. 马五进三 卒6平7
28. 马三退五 马7进8
29. 车八退一 车6平3
30. 马七退八 炮3进2
31. 马五进六 车3退1
32. 马六退七 车3进5
33. 炮八平一 马8退7
34. 车八进三 马4退3
35. 车八退二 卒7平8
36. 仕六进五 卒8进1
37. 炮一退一 卒8进1
38. 炮一进一 马3进5
39. 相三进五 卒5进1
40. 马八进七 马5进6
41. 车八平四 象3进5
42. 炮一平四 卒8平7

43. 相九退七 卒1进1
44. 马七进八 车3退4
45. 马八退六 车3平2
46. 炮四进三 卒5进1
47. 兵五进一 车2平6
48. 车四平三 车6平7
49. 车三进一 象5迸7
50. 马六进四 象7退5
51. 兵五进一 象5退3
52. 兵一进一 马7退9

第211局 金松 胜 苗永鹏

1. 炮二平五 马8进7
2. 马二进三 车9平8
3. 车一平二 卒7进1
4. 车二进六 马2进3
5. 兵七进一 炮8平9
6. 车二平三 炮9退1
7. 马八进七 士4进5
8. 炮八平九 车1平2
9. 车九平八 炮3平7
10. 车三平四 马7进8
11. 车八进六 卒7进1
12. 车四平三 马8退7
13. 车三平四 卒7进1
14. 马三退五 象3进5
15. 车八平七 车2平3
16. 兵七进一 车8进5
17. 车七平八 炮2退1
18. 兵七进一 马3退1
19. 车八平九 炮2迸5
20. 炮五进四 马7进8
21. 车四平三 马8退9
22. 车三平四 车8平3
23. 炮五退二 炮2平3
24. 相七进五 前车退1
25. 炮五平九 炮3退3
26. 前炮进四 炮7平1
27. 马七进八 前车平2
28. 车九平七 车3进3
29. 车四平七 炮1进6
30. 马八退九 车2进3
31. 相五退七 卒9进1
32. 马五进六 车2退1
33. 车七退三 车2退2
34. 兵五进一 马9进8
35. 马六进五 马8退6
36. 车七平三 马6进5
37. 车三平五 车2平5
38. 马九进七 车5平3
39. 马七进五 车3平5
40. 兵九进一 士5进4
41. 车五退一

第 212 局　王跃飞 负 柳大华

1. 炮二平五　马 8 进 7
2. 马二进三　车 9 平 8
3. 车一平二　卒 7 进 1
4. 车二进六　马 2 进 3
5. 兵七进一　炮 8 平 9
6. 车二平三　炮 9 退 1
7. 马八进七　士 4 进 5
8. 炮八平九　车 1 平 2
9. 车九平八　炮 9 平 7
10. 车三平四　马 7 进 8
11. 车八进六　卒 7 进 1
12. 车四退一　象 3 进 5
13. 马三退五　马 8 退 7
14. 车四进一　卒 7 进 1
15. 马七进六　车 8 进 4
16. 马六进五　炮 2 平 1
17. 车八进三　马 3 退 2
18. 前马退四　车 8 平 6
19. 炮九进四　炮 1 进 4
20. 车四退一　马 7 进 6
21. 马五进七　炮 1 平 3
22. 马七进九　炮 3 平 2
23. 仕四进五　炮 7 进 8
24. 炮五平八　马 2 进 4
25. 炮九进三　卒 7 平 6
26. 兵五进一　炮 2 平 5
27. 仕五进六　马 4 进 2
28. 炮九退三　炮 5 平 9
29. 兵五进一　马 6 进 8
30. 马九进八　马 2 进 1
31. 马八进六　炮 9 进 3
32. 帅五进一　炮 7 退 8
33. 马四进二　炮 9 退 2
34. 马二进四　炮 9 平 2
35. 马四进三　将 5 平 4
36. 炮九平八　马 8 进 7
37. 帅五退一　马 1 进 2

第 213 局　靳玉砚 负 刘殿中

1. 炮二平五　马 8 进 7
2. 马二进三　车 9 平 8
3. 车一平二　马 2 进 3
4. 兵七进一　卒 7 进 1
5. 车二进六　炮 8 平 9
6. 车二平三　炮 9 退 1
7. 马八进七　士 4 进 5
8. 炮八平九　车 1 平 2
9. 车九平八　炮 9 平 7
10. 车三平四　马 7 进 8

11. 车八进六　卒 7 进 1
12. 车四退一　卒 7 进 1
13. 马三退五　马 8 退 7
14. 车四进三　炮 2 退 1
15. 车四退四　象 3 进 5
16. 马七进六　车 8 进 4
17. 车八平七　车 2 平 3
18. 炮五平六　车 8 平 5
19. 兵五进一　车 5 平 6
20. 车四进一　马 7 进 6
21. 炮九平七　炮 2 进 5
22. 炮七进一　马 6 进 4
23. 车七进一　车 3 进 2
24. 炮七进四　卒 5 进 1
25. 兵五进一　炮 2 平 5
26. 马五进六　马 4 进 6
27. 相三进一　炮 7 平 8

第 214 局　赵鑫鑫 和 李智屏

1. 炮二平五　马 8 进 7
2. 马二进三　车 9 平 8
3. 车一平二　卒 7 进 1
4. 车二进六　马 2 进 3
5. 兵七进一　炮 8 平 9
6. 车二平三　炮 9 退 1
7. 马八进七　士 4 进 5
8. 炮八平九　车 1 平 2
9. 车九平八　炮 9 平 7
10. 车三平四　马 7 进 8
11. 车八进六　卒 7 进 1
12. 车四退一　马 8 退 7
13. 车四进一　卒 7 进 1
14. 马三退五　象 7 进 5
15. 马七进六　车 8 进 4
16. 马六进五　炮 2 平 1
17. 车八进三　马 3 退 2
18. 前马退四　车 8 平 6
19. 车四退一　马 7 进 6
20. 炮九进四　卒 3 进 1
21. 兵七进一　象 5 进 3
22. 马四进六　象 3 进 5
23. 马六进四　士 5 进 6
24. 炮九平一　士 6 进 5
25. 炮一进三　马 2 进 3
26. 兵五进一　马 3 进 2
27. 兵五进一　马 6 进 5
28. 炮五平二　卒 7 平 8
29. 炮二平九　马 2 进 1
30. 相三进五　炮 1 进 5
31. 相七进九　卒 8 平 9
32. 马四退二　卒 9 平 8
33. 炮一退三　马 1 进 3
34. 炮一平五　马 3 进 5
35. 仕六进五　马 5 进 3
36. 兵五平六　马 3 退 4

37. 相九进七　将 5 平 4　　**38.** 马二退四　卒 8 平 7
39. 炮五退二　士 5 进 4　　**40.** 炮五退一　卒 7 平 6
41. 炮五平六　将 4 平 5　　**42.** 马四进五　卒 6 平 5
43. 炮六退二　马 4 进 6　　**44.** 炮六进六　卒 5 进 1
45. 相七退五　马 6 进 7　　**46.** 帅五平六　马 7 退 5
47. 炮六平七　炮 7 平 4　　**48.** 兵六平七

第 215 局　童本平 和 廖二平

1. 炮二平五　马 8 进 7　　**2.** 马二进三　车 9 平 8
3. 车一平二　卒 7 进 1　　**4.** 车二进六　马 2 进 3
5. 兵七进一　士 4 进 5　　**6.** 马八进七　炮 8 平 9
7. 车二平三　炮 9 退 1　　**8.** 炮八平九　车 1 平 2
9. 车九平八　炮 9 平 7　　**10.** 车三平四　马 7 进 8
11. 车八进六　卒 7 进 1　　**12.** 车四退一　卒 7 进 1
13. 马三退五　马 8 退 7　　**14.** 车四进三　炮 2 退 1
15. 车四退四　炮 2 平 1　　**16.** 车八平七　车 2 进 2
17. 兵七进一　炮 1 平 3　　**18.** 车七平九

第 216 局　靳玉砚 负 张强

1. 炮二平五　马 8 进 7　　**2.** 马二进三　车 9 平 8
3. 车一平二　卒 7 进 1　　**4.** 车二进六　马 2 进 3
5. 兵七进一　炮 8 平 9　　**6.** 车二平三　炮 9 退 1
7. 马八进七　士 4 进 5　　**8.** 炮八平九　车 1 平 2
9. 车九平八　炮 9 平 7　　**10.** 车三平四　马 7 进 8
11. 车八进六　卒 7 进 1　　**12.** 车四平三　马 8 退 7
13. 车三平四　卒 7 进 1　　**14.** 马三退五　象 7 进 5
15. 车八平七　炮 2 进 4　　**16.** 兵七进一　炮 2 平 3
17. 兵七平八　象 5 进 3　　**18.** 车七退一　马 3 进 2

19. 炮九平八　象3进5
20. 炮八进七　象5进3
21. 车四退二　车8进4
22. 相七进九　象3退5
23. 车四平七　车8平3
24. 车七进一　象5进3
25. 炮八退二　卒7进1
26. 马五退七　卒7平6
27. 炮五平六　炮7进8
28. 仕四进五　卒6平5
29. 炮六进三　炮3平9

第217局　卜凤波 和 阎文清

1. 炮二平五　马8进7
2. 马二进三　车9平8
3. 车一平二　马2进3
4. 兵七进一　卒7进1
5. 车二进六　炮8平9
6. 车二平三　炮9退1
7. 马八进七　士4进5
8. 炮八平九　炮9平7
9. 车三平四　马7进8
10. 车九平八　车1平2
11. 车八进六　卒7进1
12. 车四平三　马8退7
13. 车三平四　卒7进1
14. 马三退五　象7进5
15. 炮九进四　车8进5
16. 车八平七　炮2进4
17. 车七进一　炮2平3
18. 炮九平七　车8平3
19. 相七进九　车3退1
20. 炮五进四　马7进5
21. 车四平五　车2进3
22. 车五平三　车2平3
23. 车七退一　炮3退3
24. 马七进六　车3平4
25. 马五进七　炮3进3
26. 车三进二　车4进1
27. 车三退五　车4进2
28. 兵五进一　车4平3
29. 相九进七

第218局　吕钦 和 黄海林

1. 炮二平五　马8进7
2. 马二进三　车9平8
3. 车一平二　马2进3
4. 兵七进一　卒7进1
5. 车二进六　炮8平9
6. 车二平三　炮9退1

7. 马八进七　士4进5
8. 炮八平九　炮9平7
9. 车三平四　车1平2
10. 车九平八　马7进8
11. 车八进六　卒7进1
12. 车四平三　马8退7
13. 车三平四　马7进8
14. 车四平三　马8退7
15. 车三平四　卒7进1
16. 马三退五　象7进5
17. 车八平七　炮2进4
18. 兵七进一　炮2平3
19. 兵七平八　象5进3
20. 车七退一　马3进2
21. 车四退二　象3进5
22. 炮九平八　象5进3
23. 炮八进七　车8进4
24. 马七退九　车8平4
25. 马五进七　象3退5
26. 车四平七　车4平3
27. 车七平八　卒7平6
28. 相三进一　炮3进3
29. 仕六进五　炮3平1
30. 兵五进一　卒6平5
31. 炮五平六　前卒平4
32. 炮六退一　卒4平3
33. 炮六平七　马2退3
34. 炮八退二　马7进6
35. 兵五进一　车3平5
36. 炮七进二　车5平2
37. 炮七进三　车2进1
38. 马七进八　炮1退3
39. 马九进七　炮1平8
40. 马八进六　炮8进3
41. 相一退三　炮8退6
42. 马六进五　炮8平3
43. 马五进三　将5平4
44. 炮八退七　炮3进3
45. 炮八平六　马3进2
46. 仕五进四　卒1进1
47. 马三退一　士5进6
48. 马七退五　将4平5
49. 马五进六　马2进4
50. 兵一进一　炮3退1
51. 马一进三　将5进1
52. 炮六进一　炮3平9
53. 马六进四　炮9平8
54. 炮六平五　将5平4
55. 帅五平六　炮8退3
56. 马三退二　马6退8
57. 马四进五　将4退1
58. 马五进四　将4平5
59. 马四退二　马4进3
60. 炮五平七　马8进7
61. 仕四退五　士6进5
62. 帅六平五　马7进8
63. 马二退三　马8进7
64. 马三进一　士5进4
65. 帅五平六　卒1进1
66. 马一退三

第 219 局　郑乃东 胜 孙勇征

1. 炮二平五　马 8 进 7
2. 马二进三　车 9 平 8
3. 车一平二　马 2 进 3
4. 兵七进一　卒 7 进 1
5. 车二进六　炮 8 平 9
6. 车二平三　炮 9 退 1
7. 马八进七　士 4 进 5
8. 炮八平九　车 1 平 2
9. 车九平八　炮 9 平 7
10. 车三平四　马 7 进 8
11. 车八进六　卒 7 进 1
12. 车四平三　马 8 退 7
13. 车三平四　卒 7 进 1
14. 马三退五　马 7 进 8
15. 车四平三　马 8 退 7
16. 车三平四　象 3 进 5
17. 车八平七　车 2 平 3
18. 兵七进一　炮 2 退 1
19. 马七进八　马 7 进 8
20. 车四平三　马 8 进 6
21. 车三退二　炮 7 进 2
22. 车三平四　炮 7 平 3
23. 兵七进一　马 3 退 4
24. 炮九进四　炮 2 进 3
25. 车四进一　车 3 进 3
26. 炮九进三　车 3 退 3
27. 炮九平六　炮 2 平 3
28. 炮六退五　车 8 进 5
29. 车四平六　卒 7 平 6
30. 马五进七　卒 6 进 1
31. 炮五进四　炮 3 进 5
32. 仕六进五　卒 6 进 1
33. 车六进一　车 8 平 7
34. 马八进六　卒 6 平 5
35. 仕四进五　车 7 进 4
36. 仕五退四　炮 3 平 6
37. 马六进八　炮 6 退 7
38. 帅五进一　车 7 退 1
39. 帅五退一　车 7 进 1
40. 帅五进一　车 7 退 2
41. 炮六平七　炮 6 进 1
42. 马八进六　将 5 平 4
43. 车六退一

第 220 局　吕钦 负 徐天红

1. 炮二平五　马 2 进 3
2. 马二进三　马 8 进 7
3. 车一平二　车 9 平 8
4. 兵七进一　卒 7 进 1

5. 车二进六　炮8平9　　**6.** 车二平三　炮9退1
7. 马八进七　士4进5　　**8.** 炮八平九　车1平2
9. 车九平八　炮9平7　　**10.** 车三平四　马7进8
11. 车八进六　卒7进1　　**12.** 车四进二　炮2退1
13. 车四退三　卒7进1　　**14.** 马三退五　象3进5
15. 车八进一　车2平3　　**16.** 炮九进四　马8退7
17. 车四退一　炮2平4　　**18.** 炮九退二　车8进8
19. 马七进六　马7进8　　**20.** 车四平三　炮4进1
21. 车八退一　马8退7　　**22.** 车三平四　卒7进1
23. 炮五平九　炮4进2　　**24.** 马五进三　炮7进6
25. 车四平三　车8平7　　**26.** 相三进五　车7平4
27. 后炮平三　车4进1　　**28.** 帅五进一　马7进8
29. 车三平二　卒5进1　　**30.** 马六退四　车3平4
31. 车八退四　炮4平1　　**32.** 帅五平四　后车进3
33. 炮三退二　前车退3　　**34.** 仕四进五　前车平5
35. 马四退二　车5平1　　**36.** 兵七进一　车4平6
37. 仕五进四　车1进2

第221局　胡荣华 胜 赵国荣

1. 炮二平五　马8进7　　**2.** 马二进三　车9平8
3. 车一平二　卒7进1　　**4.** 车二进六　马2进3
5. 兵七进一　士4进5　　**6.** 马八进七　炮8平9
7. 车二平三　炮9退1　　**8.** 炮八平九　车1平2
9. 车九平八　炮9平7　　**10.** 车三平四　马7进8
11. 车八进六　卒7进1　　**12.** 车四退一　卒7进1
13. 马三退五　象3进5　　**14.** 马七进六　马8进9
15. 相三进一　车8进5　　**16.** 马五进七　马9进7
17. 车四退三　炮7平9　　**18.** 炮五平三　卒7进1
19. 车四平三　车8退1　　**20.** 炮九退一　炮9进1

21. 炮九平七 炮2退1
22. 相一退三 炮2平1
23. 车八进三 马3退2
24. 马六进五 炮1平3
25. 马七进六 卒3进1
26. 马五进三 车8退2
27. 马三退四 马2进1
28. 兵五进一 卒3进1
29. 马六进七 车8进2
30. 马四进六 车8平4
31. 车三进四 炮3退1
32. 相七进五 卒3进1
33. 兵五进一 车4进4
34. 炮七退一 卒3进1
35. 马六退四 卒3进1
36. 炮七平九 炮3平2
37. 马七退八 车4退3
38. 车三退二 车4退2
39. 车三平五 炮2进4
40. 马四退五 马1进3
41. 兵五平六 车4平7
42. 仕六进五 炮9平7
43. 兵九进一 卒9进1
44. 马八退六 卒3平4
45. 马六退八 卒4平3
46. 炮九进六 马3退4
47. 兵九进一 炮2退4
48. 马五进七 炮2平1
49. 炮九平八 炮1平3
50. 马八进六 卒3平4
51. 兵六进一 车7进5
52. 炮八退一 炮3平2
53. 炮八平六 马4进2
54. 炮六退四 车7退2
55. 仕五进六 炮2平3
56. 兵九平八 马2退1
57. 兵八进一 马1进3
58. 兵八平七 马3进1
59. 马七进五 炮3平4
60. 车五平八 炮4进6
61. 马五退六 车7退2
62. 马六进四 车7平2
63. 车八平九 象5退3
64. 马四进六 象7进5
65. 兵七平八 士5进6
66. 车九平七 士6进5
67. 兵六平五 车2平3
68. 车七平三 炮7进2
69. 兵五进一 象3进5
70. 马六进五 马1进2
71. 马五进七 车3退3
72. 车三进一 马2进3
73. 相五进七 马3退5
74. 炮六平五 将5平4
75. 车三进四 将4进1
76. 炮五平六 士5进4
77. 车三退一

第222局 吴贵临 和 陶汉明

1. 炮二平五　马8进7
2. 马二进三　车9平8
3. 车一平二　马2进3
4. 兵七进一　卒7进1
5. 车二进六　炮8平9
6. 车二平三　炮9退1
7. 马八进七　士4进5
8. 炮八平九　车1平2
9. 车九平八　炮9平7
10. 车三平四　马7进8
11. 车八进六　卒7进1
12. 车四平三　马8退7
13. 车三平四　卒7进1
14. 马三退五　象7进5
15. 马七进六　车8进4
16. 马六进五　炮2平1
17. 车八进三　马3退2
18. 前马退四　车8平6
19. 车四退一　马7进6
20. 炮九进四　卒3进1
21. 兵七进一　象5进3
22. 马四进六　象3进5
23. 炮五平二　马2进4
24. 炮二进七　象5退7
25. 炮九平三　炮7平9
26. 马五进七　炮9进5
27. 仕六进五　马6退5
28. 马六进五　象3退5
29. 炮二退三　卒9进1
30. 相七进五　马4进2
31. 炮三平八　马2进4
32. 炮八退三　马4进6
33. 炮二平五　炮1平3
34. 炮五退一　炮3进4
35. 兵五进一　卒9进1
36. 炮八进二　马6退8
37. 炮八退一　炮9平8
38. 兵九进一　卒9进1
39. 兵九进一　炮8退2
40. 兵九进一　卒9平8
41. 兵九平八　炮8平9
42. 兵八平七　炮9退1
43. 兵七进一　炮9退1
44. 兵七进一　将5平4
45. 炮八进五　象5进3
46. 兵七进一　将4进1
47. 炮五平六　炮3退6
48. 马七进八　炮3平4
49. 炮六平三　炮9进1
50. 兵五进一　象7进5
51. 炮三进一　炮9平7
52. 炮八退三　炮4平2
53. 马八进七　将4退1
54. 炮八平三　将4平5

55. 马七进八 炮2平4
56. 马八进六 将5平4
57. 兵五平六 象3退1
58. 炮三平八 将4平5
59. 炮八退三

第223局 孙勇征 胜 靳玉砚

1. 炮二平五 马3进7
2. 马二进三 车9平8
3. 车一平二 马2进3
4. 兵七进一 卒7进1
5. 车二进六 炮3平9
6. 车二平三 炮9退1
7. 马八进七 士4进5
8. 炮八平九 炮9平7
9. 车三平四 马7进8
10. 车九平八 车1平2
11. 车八进六 卒7进1
12. 车四退一 卒7进1
13. 马三退五 象7进5
14. 炮五平六 炮7平9
15. 车八平七 炮2进4
16. 兵七进一 炮9进5
17. 炮九平八 炮9平5
18. 相七进五 炮2平4
19. 兵七平八 车2平1
20. 马七进八 炮4退1
21. 马八进六 车1进2
22. 马六进八 炮4退4
23. 车七平六 士5进4
24. 车六平五 炮5平4
25. 车五进一 士6进5
26. 相五退七

第224局 卜凤波 和 靳玉砚

1. 炮二平五 马3进7
2. 马二进三 车9平8
3. 车一平二 马2进3
4. 兵七进一 卒7进1
5. 车二进六 炮3平9
6. 车二平三 炮9退1
7. 马八进七 士4进5
8. 炮八平九 炮9平7
9. 车三平四 马7进8
10. 车九平八 车1平2
11. 车八进六 卒7进1
12. 车四退一 卒7进1
13. 马三退五 象7进5
14. 马七进六 马8退7
15. 车四退一 车8进4
16. 炮九进四 炮2平1

17. 车八进三　马3退2
18. 马六进五　车8平1
19. 炮九平八　马7进5
20. 炮八平五　车1进2
21. 前炮平二　炮7平8
22. 车四进二　炮1进1
23. 车四平七　马2进1
24. 车七平三　炮1平8
25. 车三平二　炮8平9
26. 车二平一　炮9平8
27. 车一平二　炮8平9
28. 兵五进一　车1平5
29. 炮五平九　车5退1
30. 相三进五　炮9进3
31. 车二退一　炮9退1
32. 车二进一　炮9进1
33. 车二退一　炮9退1
34. 马五进七　炮9平5
35. 仕四进五　车5平3
36. 车二平五　车3进2
37. 车五进一

第225局　吴贵临 负 卜凤波

1. 炮二平五　马8进7
2. 马二进三　车9平8
3. 车一平二　马2进3
4. 兵七进一　卒7进1
5. 车二进六　炮8平9
6. 车二平三　炮9退1
7. 马八进七　士4进5
8. 炮八平九　车1平2
9. 车九平八　炮9平7
10. 车三平四　马7进8
11. 车八进六　卒7进1
12. 车四退一　卒7进1
13. 马三退五　象7进5
14. 马七进六　马8退7
15. 车四退一　车8进4
16. 炮九进四　炮2平1
17. 车八进三　马3退2
18. 炮九平五　马7进5
19. 马六进五　炮1退1
20. 相三进一　马2进1
21. 后马进七　马1进2
22. 马五退六　马2进4
23. 马七进六　卒3进1
24. 炮五平八　炮1平2
25. 马六进七　车8进3
26. 炮八进四　车8平9
27. 炮八平九　炮2平1
28. 兵七进一　车9平3
29. 炮九平八　炮1平2
30. 马七进八　炮7平2
31. 兵七平六　车3进2
32. 车四平九　车3退6

33. 炮八退一　车3进3　34. 兵五进一　车3平2
35. 炮八平九　车2平5　36. 仕六进五　炮2进6
37. 炮九进四　士5退4　38. 兵五进一　炮2平7
39. 帅五平六　炮7平1　40. 车九平八　炮1退7
41. 兵九进一　车5平1　42. 帅六平五　炮1进1
43. 兵五进一　炮1平8　44. 车八平二　炮8平5
45. 兵六平五　车1平5　46. 帅五平六　炮5平9

第226局　蒋凤山 胜 张申宏

1. 炮二平五　马8进7　2. 马二进三　车9平8
3. 车一平二　马2进3　4. 兵七进一　卒7进1
5. 车二进六　炮8平9　6. 车二平三　炮9退1
7. 马八进七　士4进5　8. 炮八平九　车1平2
9. 车九平八　炮9平7　10. 车三平四　马7进8
11. 车八进六　卒7进1　12. 车四退一　卒7进1
13. 马三退五　象7进5　14. 马七进六　马8进9
15. 炮五进四　车8进3　16. 炮五退二　车8平4
17. 马六进七　炮2平1　18. 车八进三　马3退2
19. 兵七进一　马2进3　20. 相七进五　车4进4
21. 炮九退二　车4进1　22. 相三进一　炮1进4
23. 车四平六　炮1平3　24. 炮九平七　车4退4
25. 兵七平六　马3进5　26. 炮七平八　炮3平2
27. 马五进七　马5进7　28. 炮八进一　卒7平6
29. 炮五平八　象5退7　30. 后马进六　炮2进1
31. 相五退三　象3进5　32. 前炮进五　马9进7
33. 后炮平七　士5进6　34. 马六进四　前马退5
35. 马四进六　士6进5　36. 兵六平五　将5平6
37. 仕六进五　炮2平8　38. 马七退六　士5进4
39. 炮七进八　将6进1　40. 炮七退四　卒6平7

41. 炮七平三　象5进7　42. 兵五平四　象7退5
43. 兵四进一　将6退1　44. 兵四进一　马5退4
45. 后马进四　卒7进1　46. 马四退二　炮8退1
47. 马二进三　炮7平4　48. 兵四进一　将6平5
49. 马六进八　炮8平5　50. 相三进五　炮4平2
51. 马八退六　马4退6　52. 炮八平三　卒7平6
53. 炮三平四　炮2进2　54. 炮四平一　炮2退2
55. 炮一平四　炮2进2　56. 炮四平二　炮2退2
57. 炮二平四　炮2进2　58. 炮四平二　炮2退2
59. 炮二平四　炮2进2　60. 马六退七　炮2平7
61. 炮四退三　炮5退1　62. 马七进五　炮7退1
63. 马五进七　炮5退2　64. 马七进五　炮7平6
65. 炮四平九　卒9进1　66. 炮九退一　卒6平5
67. 相一退三　卒5进1　68. 帅五进一　卒9进1
69. 帅五平六　卒9平8　70. 炮九平三　炮5平6
71. 炮三平五　前炮平5　72. 炮五退五　卒8平7
73. 马五进四　将5平4　74. 马四退二　炮6进4
75. 炮五平六　卒7平6　76. 马二退三　卒6平5
77. 马三退五　将4平5　78. 炮六进七　炮6平5
79. 马五进七　前炮平4　80. 炮六退二　炮5平4
81. 帅六平五　前炮平6　82. 马七进八　炮4退2
83. 马八退六　炮6平4　84. 马六退四

第227局　吴贵临 和 汪洋

1. 炮二平五　马8进7　2. 马二进三　车9平8
3. 车一平二　马2进3　4. 兵七进一　卒7进1
5. 车二进六　炮8平9　6. 车二平三　炮9退1
7. 马八进七　士4进5　8. 炮八平九　车1平2
9. 车九平八　炮9平7　10. 车三平四　马7进8

11. 车八进六 卒7进1　12. 车四退一 卒7进1
13. 马三退五 象7进5　14. 马七进六 马8退7
15. 车四进三 炮7退1　16. 马六进七 车8进5
17. 车四平三 马7进6　18. 炮五进四 马6进5
19. 相七进五 马3进5　20. 马七进六 前马退4
21. 车八退三 车2进1　22. 马六退五 车8退2
23. 前马退七 马4退6　24. 车三退五 象5进3
25. 车三进六 马6进5　26. 车八平五 象3退5
27. 车三退七 炮2进7　28. 相五退七 马5退7
29. 马五进六 车2进7　30. 仕四进五 车8平2
31. 车三进一 前车平1　32. 炮九平二 车2平8
33. 炮二平八 车8平2　34. 炮八平二 车2平8
35. 炮二平八 车8平2　36. 炮八平五 炮2退3
37. 马六进七 炮2平7　38. 车五平三 车2平3
39. 车三进二 车1退2　40. 车三平五 车1平7
41. 马七退五 车7进3　42. 仕五退四 车3平6
43. 仕六进五 车7退4　44. 兵七进一 卒1进1
45. 马五退六 卒1进1　46. 车五退二 卒1平2
47. 兵七平六 车6平7　48. 兵六平五 前车进1
49. 车五进一 卒2进1　50. 兵五进一 卒2平3
51. 兵五进一 卒3平4　52. 车五平七 象3进1
53. 兵五进一 将5进1　54. 马六进八 前车退1
55. 马八进六 将5退1　56. 车七平八 将5平4
57. 车八进五 将4进1　58. 车八退一 将4进1
59. 马六进四 象1进3　60. 车八平七 前车平3
61. 车七退一 将4退1　62. 车七进一 将4进1
63. 车七退一 将4退1　64. 马四进五 车3进4
65. 仕五退六 车3平4　66. 帅五平六 象3退5
67. 仕四进五 车7平5　68. 车七退三 车5进4
69. 车七平六 将4平5　70. 车六退一 车5进1

第 228 局　华东 负 汪洋

1. 炮二平五　马 8 进 7
2. 马二进三　车 9 平 8
3. 车一平二　马 2 进 3
4. 兵七进一　卒 7 进 1
5. 车二进六　炮 8 平 9
6. 车二平三　炮 9 退 1
7. 马八进七　士 4 进 5
8. 炮八平九　车 1 平 2
9. 车九平八　炮 9 平 7
10. 车三平四　马 7 进 8
11. 车八进六　卒 7 进 1
12. 车四退一　卒 7 进 1
13. 马三退五　象 7 进 5
14. 炮九进四　马 8 退 7
15. 车四退一　炮 2 平 1
16. 车八进三　马 3 退 2
17. 炮九平五　卒 7 进 1
18. 马七进六　车 8 进 8
19. 前炮退一　卒 7 平 6
20. 车四进四　炮 1 退 1
21. 车四退一　卒 6 平 5
22. 车四平三　卒 5 进 1
23. 仕四进五　车 8 退 4
24. 兵五进一　车 8 进 1
25. 马六进七　车 8 平 5
26. 相三进五　马 2 进 1
27. 马七进九　车 5 退 1
28. 马九退七　车 5 进 2
29. 兵一进一　车 5 平 1
30. 车三退一　车 1 平 9
31. 车三平一　炮 7 进 5
32. 马七退九　炮 7 平 5
33. 帅五平四　士 5 进 6
34. 车一进二　车 9 平 6
35. 帅四平五　车 6 平 8
36. 帅五平四　炮 1 平 8
37. 马九进八　车 8 进 3

第 229 局　靳玉砚 负 李家华

1. 炮二平五　马 8 进 7
2. 马二进三　车 9 平 8
3. 车一平二　卒 7 进 1
4. 车二进六　马 2 进 3
5. 兵七进一　炮 8 平 9
6. 车二平三　炮 9 退 1
7. 马八进七　士 4 进 5
8. 炮八平九　炮 9 平 7
9. 车三平四　车 1 平 2
10. 车九平八　马 7 进 8

11. 车八进六 卒7进1
12. 车四退一 卒7进1
13. 马三退五 象7进5
14. 马七进六 马8退7
15. 车四进三 炮7退1
16. 车八平七 车8进5
17. 车七平六 炮2退1
18. 车四退二 炮2进5
19. 兵七进一 炮2平3
20. 马六进七 车2进5
21. 炮五平七 车2平4
22. 车六退一 车4进3
23. 炮七平六 车8平3
24. 相三进五 炮3退2

第230局 李刚国 负 许国义

1. 炮二平五 马8进7
2. 马二进三 车9平8
3. 车一平二 马2进3
4. 兵七进一 卒7进1
5. 车二进六 炮8平9
6. 车二平三 炮9退1
7. 马八进七 士4进5
8. 炮八平九 车1平2
9. 车九平八 炮9平7
10. 车三平四 马7进8
11. 车八进六 卒7进1
12. 车四平三 马8退7
13. 车三平四 卒7进1
14. 马三退五 象7进5
15. 车八平七 炮2进4
16. 兵七进一 炮2平3
17. 兵七平八 马7进8
18. 车四平三 象5进3
19. 车七平六 炮7退1
20. 兵八进一 象3进5
21. 兵五进一 车8进2
22. 兵五进一 卒5进1
23. 车六退三 马8进6
24. 车六进三 马6退7
25. 车六平三 卒7平6
26. 炮五平一 车8平6
27. 相三进五 卒6进1
28. 马五退三 炮7进9
29. 车三退六 车2进3

第231局 吴贵临 和 许银川

1. 炮二平五 马8进7
2. 马二进三 车9平8
3. 车一平二 马2进3
4. 兵七进一 卒7进1

5. 车二进六　炮8平9　　6. 车二平三　炮9退1
7. 马八进七　士4进5　　8. 炮八平九　车1平2
9. 车九平八　炮9平7　　10. 车三平四　马7进8
11. 车八进六　卒7进1　　12. 车四平三　马8退7
13. 车三平四　卒7进1　　14. 马三退五　象7进5
15. 马七进六　车8进4　　16. 马六进五　炮2平1
17. 车八进三　马3退2　　18. 前马退四　车8平6
19. 车四退一　马7进6　　20. 炮九进四　卒3进1
21. 兵七进一　象5进3　　22. 马四进六　象3进5
23. 马六进四　士5进6　　24. 炮九平一　士6进5
25. 炮五平二　卒7平8　　26. 炮二平八　马6进5
27. 马五进六　卒8平9　　28. 相七进五　马2进3
29. 炮八进一　马5进7　　30. 马四退三　炮7进3
31. 炮八退一　马3进5　　32. 炮八平三　炮7进3
33. 马三退一　炮7退1

第232局　阎文清 和 蒋川

1. 炮二平五　马8进7　　2. 马二进三　卒7进1
3. 车一平二　车9平8　　4. 车二进六　马2进3
5. 兵七进一　炮8平9　　6. 车二平三　炮9退1
7. 马八进七　士4进5　　8. 炮八平九　车1平2
9. 车九平八　炮9平7　　10. 车三平四　马7进8
11. 车八进六　卒7进1　　12. 车四平三　马8退7
13. 车三平四　卒7进1　　14. 马三退五　象7进5
15. 马七进六　车8进4　　16. 炮九进四　炮2平1
17. 车八进三　马3退2　　18. 炮九平五　车8平4
19. 马五进七　炮1平4　　20. 后炮平六　车4平8
21. 炮六进五　马7进5　　22. 车四平三　马5进4
23. 马七进六　车8平4　　24. 车三进二　车4进1

25. 炮六平八　车4进1

第233局　金波 负 赵国荣

1. 炮二平五　马8进7　2. 马二进三　车9平8
3. 车一平二　马2进3　4. 兵七进一　卒7进1
5. 车二进六　炮8平9　6. 车二平三　炮9退1
7. 马八进七　士4进5　8. 炮八平九　炮9平7
9. 车三平四　马7进8　10. 车九平八　车1平2
11. 车八进六　卒7进1　12. 车四平三　马8退7
13. 车三平四　马7进8　14. 车四平三　马8退7
15. 车三平四　卒7进1　16. 马三退五　象7进5
17. 马七进六　车8进4　18. 马六进七　车8进1
19. 车八退二　炮7退1　20. 炮五平七　炮2平1
21. 车八进五　马3退2　22. 相三进五　炮1进4
23. 马七进八　车8退1　24. 炮九进四　车8平2
25. 马八退七　车2进2　26. 马五退三　炮1平5
27. 仕四进五　车2平3　28. 马七退六　车3退1
29. 车四退二　卒5进1　30. 帅五平四　车3平1
31. 炮九平八　车1平2　32. 炮八平九　马2进1

第234局　张兆海 负 孙勇征

1. 炮二平五　马8进7　2. 马二进三　车9平8
3. 车一平二　马2进3　4. 兵七进一　卒7进1
5. 车二进六　炮8平9　6. 车二平三　炮9退1
7. 马八进七　士4进5　8. 炮八平九　车1平2
9. 车九平八　炮9平7　10. 车三平四　马7进8
11. 车八进六　卒7进1　12. 车四退一　卒7进1
13. 马三退五　象7进5　14. 马七进六　马8进9

15. 相三进一　炮7平8　**16.** 车四退三　炮8进8
17. 马五退三　炮2平1　**18.** 车八平七　马3退4
19. 炮五进四　卒7进1　**20.** 车四进六　炮1退1
21. 车七进二　马4进3　**22.** 炮五退一　卒7进1
23. 兵七进一　车8进8　**24.** 兵七平八　卒7进1
25. 相七进五　车8平4　**26.** 炮九平八　车2平1
27. 相五退三　车4退3　**28.** 炮八平二　车4平8
29. 炮二平四　车8进1　**30.** 仕六进五　车8平5
31. 车四退三　马3进2　**32.** 炮四进七　马2退4
33. 车七平五　马4退5　**34.** 炮五进三　将5进1

第235局　吴贵临 和 吕钦

1. 炮二平五　马8进7　**2.** 马二进三　车9平8
3. 车一平二　马2进3　**4.** 兵七进一　卒7进1
5. 车二进六　炮8平9　**6.** 车二平三　炮9退1
7. 马八进七　士4进5　**8.** 炮八平九　车1平2
9. 车九平八　炮9平7　**10.** 车三平四　马7进8
11. 车八进六　卒7进1　**12.** 车四平三　马8退7
13. 车三平四　卒7进1　**14.** 马三退五　象7进5
15. 马七进六　车8进4　**16.** 车八平七　炮2进4
17. 兵七进一　车8平3　**18.** 车七退一　象5进3
19. 马六进五　马3进5　**20.** 炮五进四　象3退5
21. 炮五退二　卒7平6　**22.** 炮九平八　炮2平3
23. 车四平七　象3进1　**24.** 炮八平三　炮7进6
25. 马五进三　卒6平7　**26.** 车七退三　卒7进1
27. 相三进五　马7进6　**28.** 仕六进五　车2平4
29. 炮五平三　车4进5　**30.** 车七进三　马6进5
31. 车七平九

第236局　陶汉明 负 赵国荣

1. 炮二平五　马8进7　2. 马二进三　车9平8
3. 车一平二　马2进3　4. 兵七进一　卒7进1
5. 车二进六　炮8平9　6. 车二平三　炮9退1
7. 马八进七　士4进5　8. 炮八平九　炮9平7
9. 车三平四　马7进8　10. 车九平八　车1平2
11. 车八进六　卒7进1　12. 车四退一　卒7进1
13. 马三退五　象3进5　14. 炮九进四　马8进9
15. 马七进六　卒3进1　16. 兵七进一　炮2退1
17. 炮九平五　车2平4　18. 前炮平六　车8进5
19. 兵五进一　车8平5　20. 马五进七　炮7进8
21. 仕四进五　炮7平9　22. 炮六平三　炮2平3
23. 马六进七　炮3进2　24. 车八平七　车4进8
25. 车四平六　车4退4　26. 兵七平六　马3退4
27. 车七退三　马9进8　28. 炮三平九　车5平6
29. 炮九进三　马4进3　30. 炮五平四　象5进3
31. 车七平八　士5进4　32. 兵六平五　卒7进1

第237局　陶汉明 和 胡荣华

1. 炮二平五　马8进7　2. 马二进三　车9平8
3. 车一平二　马2进3　4. 兵七进一　卒7进1
5. 车二进六　炮8平9　6. 车二平三　炮9退1
7. 马八进七　士4进5　8. 炮八平九　炮9平7
9. 车三平四　马7进8　10. 车九平八　车1平2
11. 车八进六　卒7进1　12. 车四平三　马8退7
13. 车三平四　卒7进1　14. 马三退五　象7进5
15. 车八平七　炮2进4　16. 兵七进一　炮2平3

17. 兵七平六　马7进8　18. 车四平三　象5进3
19. 兵六平七　炮3退3　20. 兵七进一　炮7平9
21. 兵七进一　车2进3　22. 炮五平二　马8进6
23. 车三退三　卒5进1　24. 车三进一　马6退7
25. 炮二平三　炮9平7　26. 车三平七　马7进8
27. 车七平三　马8退7　28. 车三平七　马7进8
29. 炮三平二　马8退7　30. 炮二平三　马7进8
31. 炮三平二　马8退7　32. 炮二平三　马7进8

第238局　吕钦 胜 刘星

1. 炮二平五　马8进7　2. 马二进三　车9平8
3. 车一平二　卒7进1　4. 车二进六　马2进3
5. 兵七进一　炮8平9　6. 车二平三　炮9退1
7. 马八进七　士4进5　8. 炮八平九　炮9平7
9. 车三平四　车1平2　10. 车九平八　马7进8
11. 车八进六　卒7进1　12. 车四平三　马8退7
13. 车三平四　卒7进1　14. 马三退五　车8进4
15. 车八平七　马3退4　16. 炮九进四　炮2进1
17. 车四进二　马4进5　18. 车七退一　炮2退2
19. 车七平二　炮2平6　20. 车二进二　马7进6
21. 炮九平一　车2进8　22. 炮五进四　将5平4
23. 兵五进一　马5进7　24. 车二退二　士5进6
25. 炮五平四　炮6进2　26. 炮一平四　马6进8
27. 炮四退五　车2退5　28. 马五进六　马8进6
29. 仕四进五　车2进3　30. 马六进七　马7退5
31. 兵五进一　象3进1　32. 前马退五　炮7平5
33. 相七进五　马6退5　34. 车二进一　前马进3
35. 马五进六　炮5进6　36. 仕五进四　马5进4
37. 炮四平六　炮5退5　38. 炮六进三　马3进4

39. 帅五平四　炮5平4　40. 马六进四　车2平6
41. 仕六进五　车6退4　42. 车二平六　将4平5
43. 车六退一　炮4进3　44. 车六退一　马4退6
45. 车六平五　象7进5　46. 车五平三　卒7平8
47. 兵一进一　车6平9　48. 车三平四　马6进8
49. 马七进五　马8进7　50. 马五进六　马7退9
51. 车四平三　象5进3　52. 帅四平五　象1退3
53. 兵九进一　卒8平9　54. 兵九进一　马9退8
55. 帅五平四　车9平4　56. 马六进四　车4平6
57. 马四退五　象3退1　58. 车三退一　士6进5
59. 兵九平八　车6进3　60. 马五进六　士5进4
61. 兵八进一　车6平9　62. 马六进四　将5平6
63. 马四进二　将6平5　64. 车三平五

第239局　许银川　和　苗永鹏

1. 炮二平五　马8进7　2. 马二进三　车9平8
3. 车一平二　卒7进1　4. 车二进六　马2进3
5. 兵七进一　炮8平9　6. 车二平三　炮9退1
7. 马八进七　士4进5　8. 炮八平九　车1平2
9. 车九平八　炮9平7　10. 车三平四　马7进8
11. 车八进六　卒7进1　12. 车四平三　马8退7
13. 车三平四　卒7进1　14. 马三退五　象3进5
15. 车八平七　车2平3　16. 兵七进一　车8进5
17. 车七平八　车3平2　18. 兵七进一　炮2平1
19. 车八进三　马3退2　20. 炮五进四　车8平3
21. 炮五退二　马2进4　22. 兵七平六　马4进2
23. 炮九退一　车3退1　24. 马七进八　车3平6
25. 车四退一　马7进6　26. 兵六平七　马6进5
27. 马五进六　马5退7　28. 马八进六　卒7平6

29. 相三进一　卒 6 平 5　　**30.** 相一进三　卒 5 平 4
31. 炮九进五　马 2 进 3　　**32.** 炮九平一　炮 7 进 3
33. 马六进四　炮 7 平 5　　**34.** 仕四进五　将 5 平 4
35. 兵七进一　炮 5 退 1　　**36.** 炮一平五　马 3 退 5
37. 兵七进一　炮 1 进 1　　**38.** 马四进三　马 5 退 7
39. 炮五退二　炮 1 平 7　　**40.** 马三进一　炮 7 平 5
41. 帅五平四　炮 5 平 6　　**42.** 马一退二　炮 6 退 1
43. 炮五平三　马 7 进 8　　**44.** 帅四平五　马 8 进 9
45. 炮三平一　炮 6 进 4　　**46.** 兵九进一　马 9 退 7
47. 炮一进六　士 5 进 6　　**48.** 马二进一　炮 6 平 5
49. 帅五平四　马 7 进 9　　**50.** 马一退三　马 9 进 8
51. 帅四进一　士 6 进 5　　**52.** 炮一进一　士 5 退 6
53. 炮一退一　士 6 进 5　　**54.** 炮一平二　马 8 退 7
55. 帅四退一　炮 5 退 1　　**56.** 马三退二　将 4 平 5
57. 兵九进一　将 5 平 6　　**58.** 兵九平八　炮 5 退 1
59. 兵七平六　士 5 进 4　　**60.** 兵八进一　炮 5 平 4
61. 兵六平七　炮 4 平 8　　**62.** 马二进三　炮 8 平 5
63. 马三退二　炮 5 平 8　　**64.** 马二进三　炮 8 平 5
65. 炮二进一　将 6 进 1　　**66.** 炮二退一　将 6 退 1
67. 马三退二　炮 5 平 8　　**68.** 马二进三　炮 8 平 5
69. 炮二进一　将 6 进 1　　**70.** 马三进一　将 6 平 5
71. 马一退二　炮 5 平 8

第 240 局　吕钦 和 徐天红

1. 炮二平五　马 8 进 7　　**2.** 马二进三　车 9 平 8
3. 车一平二　马 2 进 3　　**4.** 兵七进一　卒 7 进 1
5. 车二进六　炮 8 平 9　　**6.** 车二平三　炮 9 退 1
7. 马八进七　士 4 进 5　　**8.** 炮八平九　车 1 平 2
9. 车九平八　炮 9 平 7　　**10.** 车三平四　马 7 进 8

11. 车八进六 卒7进1　**12.** 车四平三 马8退7
13. 车三平四 卒7进1　**14.** 马三退五 象3进5
15. 车八平七 车2平3　**16.** 兵七进一 炮2退1
17. 兵七平八 车8进5　**18.** 兵八进一 马7进8
19. 车四平三 马8进6　**20.** 车三进一 马6进4
21. 炮五平六 马4退5　**22.** 车七退三 马3进4
23. 车七进六 象5退3　**24.** 兵八进一 炮2平1
25. 炮六进二 卒7平6　**26.** 炮六平五 象3进5
27. 马五进四 车8平6　**28.** 马四退五 马4进5
29. 马七进五 车6平5　**30.** 后马进七 车5平6
31. 车三退六 炮1平4　**32.** 兵八平七 炮7进3
33. 兵七进一 炮4进5　**34.** 车三平八 卒1进1
35. 相七进五 士5退4　**36.** 兵七平六 士6进5
37. 车八进三 车6平3　**38.** 车八平七 马5进3
39. 马七进八 士5进4　**40.** 仕四进五 马3进5
41. 马八退六 炮7进2　**42.** 马六进八 炮7平1
43. 炮九进三 炮1平9　**44.** 马八进七 士4进5
45. 炮九进一 马5退6　**46.** 炮九平五 炮9平4
47. 炮五退二 炮4退3　**48.** 炮五平九 将5平6
49. 仕五进四 马6退8　**50.** 仕四退五 马8进9
51. 仕五进六 马9退7　**52.** 相五进三 马7进5
53. 仕六进五 马5退3　**54.** 炮九平四 卒9进1
55. 相三进五 马3进4　**56.** 炮四平六 卒9进1

第241局 吕钦 胜 张强

1. 炮二平五 马8进7　**2.** 马二进三 车9平8
3. 车一平二 马2进3　**4.** 兵七进一 卒7进1
5. 车二进六 炮8平9　**6.** 车二平三 炮9退1
7. 马八进七 士4进5　**8.** 炮八平九 车1平2

9. 车九平八　炮9平7　**10.** 车三平四　马7进8
11. 车八进六　卒7进1　**12.** 车四平三　马8退7
13. 车三平四　卒7进1　**14.** 马三退五　马7进8
15. 车四平三　马8退7　**16.** 车三平四　象7进5
17. 车八平七　马3退4　**18.** 车七平八　马4进3
19. 兵七进一　象5进3　**20.** 车八平七　马3退4
21. 车七退一　象3进5　**22.** 车七进一　卒7进1
23. 马七进八　卒7进1　**24.** 相三进一　车8进4
25. 马五进七　炮2进2　**26.** 仕六进五　马4进2
27. 车七退二　马2进4　**28.** 炮五平三　炮7进6
29. 炮九平三　炮2退1　**30.** 车四进二　炮2退2
31. 车四退二　炮2进2　**32.** 车四进二　炮2退2
33. 车四退二　车8平2　**34.** 马八退九　炮2进2
35. 车四进二　炮2退2　**36.** 车四退二　炮2进2
37. 车四进二　炮2退2　**38.** 车四退二　炮2进2
39. 车四进二　前车平3　**40.** 车七进一　马4进3
41. 相一进三　炮2退1　**42.** 相三退五　车2平4
43. 车四退二　马7进8　**44.** 车四退一　马8退7
45. 车四进一　马7进8　**46.** 车四退一　马8进7
47. 车四退一　车4进8　**48.** 相五进七　马7退8
49. 车四平二　马8退7　**50.** 车二平三　马7进8
51. 炮三平一　卒7平6　**52.** 炮一进四　将5平4
53. 兵九进一　马8进9　**54.** 车三平四　马3进1
55. 车四退三　马1进2　**56.** 相七退五　马2进1
57. 马七进八　卒1进1　**58.** 车四进七　卒1进1
59. 马八进七　炮2平3　**60.** 炮一进三　将4进1
61. 炮一退一　卒1进1　**62.** 马九退八　车4退5
63. 马七退六　车4平2　**64.** 马六进五　炮3平2
65. 马五进三　炮2进7　**66.** 仕五退六　车2退3
67. 车四平五　将4退1　**68.** 车五平四　士6进5

69. 炮一进一　将4进1　　70. 车四平五　将4进1
71. 车五退一　将4退1　　72. 车五进一

第242局　曾东平 和 许银川

1. 炮二平五　马8进7　　2. 马二进三　车9平8
3. 车一平二　卒7进1　　4. 车二进六　马2进3
5. 兵七进一　炮8平9　　6. 车二平三　炮9退1
7. 马八进七　士4进5　　8. 炮八平九　车1平2
9. 车九平八　炮9平7　　10. 车三平四　马7进8
11. 车八进六　卒7进1　　12. 车四退一　卒7进1
13. 马三退五　象7进5　　14. 马七进六　马8进9
15. 马六进五　炮2平1　　16. 车八进三　马3退2
17. 相三进一　车8进4　　18. 前马退六　马2进3
19. 马五进七　车8平6　　20. 马六进四　马9退8
21. 炮九退一　马8进6　　22. 马四进二　炮1退1
23. 马七进六　卒3进1　　24. 兵七进一　象5进3
25. 马二进四　炮7平6　　26. 马四退六　卒9进1
27. 炮九平七　象3退1　　28. 炮七进五　炮1平2
29. 炮五平二　卒7平8　　30. 炮二平七　炮2进2
31. 前炮退一　马3进4　　32. 前炮平一　士5进4
33. 兵五进一　马6退7　　34. 炮七平五　象3进5
35. 兵五进一　马4进2　　36. 前马退七　炮2平3
37. 炮一进四　士6进5　　38. 兵五进一　炮3进6
39. 仕六进五　马2进3　　40. 马六退七　炮3退4
41. 马七进五　马7进6　　42. 马五进七　马6进5
43. 炮一退三　马5进7　　44. 帅五平六　马7退9
45. 炮一平九　象5进3　　46. 兵五平六　马9退7
47. 马七退六　马7进5　　48. 马六进五　炮6平9
49. 炮九平七　炮9进8　　50. 帅六进一　炮9退4

51. 炮七平八　炮9进3
52. 帅六进一　马5退4
53. 仕五进四　炮9退4
54. 马五进三　卒8平7
55. 帅六退一　马4进3
56. 炮八退四　炮9进3
57. 炮八进一　卒7进1
58. 马三退二　马3退5
59. 帅六退一　炮9退1
60. 炮八退一　马5进3
61. 帅六平五　炮9平1
62. 马二进四　卒7进1
63. 马四退六　卒7平6
64. 仕四进五　炮1平2
65. 炮八退一　马3退5
66. 炮八平七　炮2退6
67. 马六进五　将5平6
68. 马五退四　炮2进5
69. 马四进三　炮2进2
70. 马三退一　炮2平5
71. 帅五平六　马5进3
72. 马一退三　炮5退1
73. 帅六进一　炮5平6
74. 帅六进一　卒6平5
75. 仕四退五　炮6平2
76. 马三进五

第五章　红肋车捉炮

第 243 局　张学潮 负 金波

1. 炮二平五　马 8 进 7
2. 马二进三　车 9 平 8
3. 车一平二　马 2 进 3
4. 兵七进一　卒 7 进 1
5. 车二进六　炮 8 平 9
6. 车二平三　炮 9 退 1
7. 马八进七　士 4 进 5
8. 炮八平九　车 1 平 2
9. 车九平八　炮 9 平 7
10. 车三平四　马 7 进 8
11. 车四进二　炮 2 退 1
12. 车四退四　炮 2 进 7
13. 马七进六　马 8 进 7
14. 车四退一　卒 7 进 1
15. 兵五进一　象 7 进 5
16. 仕六进五　车 8 进 6
17. 马六进五　马 3 进 5
18. 炮五进四　卒 7 平 6
19. 车四进一　马 7 退 5
20. 相七进五　马 5 进 3
21. 炮九进四　车 8 平 7
22. 马三退二　马 3 进 4
23. 车八平七　炮 2 进 1
24. 车七进一　车 7 平 4
25. 车四平三　炮 2 平 1
26. 炮九平八　卒 3 进 1
27. 车七平八　将 5 平 4

第 244 局　陶汉明 和 许银川

1. 炮二平五　马 8 进 7
2. 马二进三　车 9 平 8
3. 车一平二　卒 7 进 1
4. 车二进六　马 2 进 3

5. 兵七进一　炮 8 平 9
6. 车二平三　炮 9 退 1
7. 马八进七　士 4 进 5
8. 炮八平九　车 1 平 2
9. 车九平八　炮 9 平 7
10. 车三平四　马 7 进 8
11. 车四进二　炮 2 退 1
12. 车四退五　炮 2 进 7
13. 马七进六　马 8 退 7
14. 马三退五　象 7 进 5
15. 马六进七　车 8 进 5
16. 兵五进一　卒 7 进 1
17. 兵三进一　车 8 平 7
18. 炮五平三　马 7 进 8
19. 炮三进六　车 7 退 4
20. 炮九平一　车 7 进 2
21. 兵五进一　卒 5 进 1
22. 马七退五　车 7 平 5
23. 前马退三　炮 2 退 3
24. 马三退五　炮 2 进 1
25. 前马退七　炮 2 退 3
26. 车八进三　车 5 进 2
27. 车八平五　车 5 平 3
28. 相三进五　车 3 平 6
29. 马五进三　车 6 进 1
30. 车五平四　炮 2 平 5
31. 仕四进五　车 2 进 4
32. 炮一进四　车 2 平 7
33. 马三进五　炮 5 进 2
34. 车四进一　车 7 退 1
35. 炮一进三　车 7 退 3
36. 车四平五　车 7 平 9
37. 车五平二　马 8 退 7
38. 车二进三　马 7 进 5
39. 马五进三　马 5 进 7
40. 车二退四　车 9 进 3
41. 马七进五　马 3 进 5
42. 马五进七

第 245 局　李家华 胜 卜凤波

1. 炮二平五　马 8 进 7
2. 马二进三　车 9 平 8
3. 车一平二　马 2 进 3
4. 兵七进一　卒 7 进 1
5. 车二进六　炮 8 平 9
6. 车二平三　炮 9 退 1
7. 马八进七　士 4 进 5
8. 炮八平九　炮 9 平 7
9. 车三平四　马 7 进 8
10. 车九平八　车 1 平 2
11. 车四进二　炮 2 退 1
12. 车四退三　象 3 进 5
13. 车八进七　车 2 平 3
14. 马七进六　炮 2 平 4
15. 马六进五　马 8 进 7
16. 车四退二　马 3 进 5

17. 炮五进四 车8进3
18. 炮五平九 卒3进1
19. 前炮进三 炮4退1
20. 前炮平六 车3平4
21. 车四进五 炮7进2
22. 车八平五 炮7平3
23. 车五退二 车4进7
24. 相三进五 车4进1
25. 相五退三 卒3进1
26. 车五平七 炮3平5
27. 仕四进五 车8进5
28. 帅五平四 将5平4
29. 炮九平六 车8平7
30. 车七进四 将4进1
31. 车七退五 将4退1
32. 车七进五 将4进1
33. 车七退三 车7进1
34. 帅四进一 炮5退1
35. 车七平六 炮5平4
36. 车四退六 马7进9
37. 马三进四 马9进8
38. 车六进一 将4进1
39. 马四进六 车4退1
40. 马六进四

第246局 卜凤波 胜 邓颂宏

1. 炮二平五 马8进7
2. 马二进三 车9平8
3. 车一平二 卒7进1
4. 车二进六 马2进3
5. 兵七进一 炮8平9
6. 车二平三 炮9退1
7. 马八进七 士4进5
8. 炮八平九 炮9平7
9. 车三平四 马7进8
10. 车九平八 车1平2
11. 车四进二 炮2退1
12. 车四退三 象3进5
13. 车八进七 马8进7
14. 车四退二 炮7进1
15. 马七进六 车2平4
16. 马六进七 炮2平3
17. 兵七进一 车8进8
18. 仕四进五 车8平7
19. 相三进一 马7进9
20. 炮五平一 车7退1
21. 炮一进四 车7平3
22. 马七进五 象7进5
23. 炮一进三 象5退7
24. 车八平七 炮7退1
25. 车四平二 炮7平8
26. 炮九进四 车4进8
27. 炮九进三 将5平4
28. 炮九平四 炮8平6
29. 车二进六 炮3进3
30. 炮一平三 将4进1

31. 车七进一 将 4 进 1
32. 车二退二 炮 6 进 1
33. 车二平四

第 247 局 赵国荣 负 胡荣华

1. 炮二平五 马 8 进 7
2. 马二进三 车 9 平 8
3. 车一平二 马 2 进 3
4. 兵七进一 卒 7 进 1
5. 车二进六 炮 8 平 9
6. 车二平三 炮 9 退 1
7. 马八进七 士 4 进 5
8. 炮八平九 炮 9 平 7
9. 车三平四 马 7 进 8
10. 车九平八 车 1 平 2
11. 车四进二 炮 2 退 1
12. 车四退五 炮 2 进 7
13. 马三退五 马 8 进 7
14. 炮五平三 象 7 进 5
15. 马七进六 车 8 进 5
16. 马五进七 炮 2 退 2
17. 兵五进一 车 8 平 5
18. 相七进五 炮 2 退 2
19. 仕六进五 卒 7 进 1
20. 马六进七 炮 7 进 2
21. 兵七进一 象 5 进 3
22. 炮三平二 卒 7 平 8
23. 车四平七 象 3 进 5
24. 前马进五 象 3 退 5
25. 车七平三 炮 2 平 7
26. 车八进九 马 3 退 2
27. 车三平六 马 2 进 3
28. 炮二平一 车 5 平 7
29. 帅五平六 车 7 进 1
30. 车六平三 后炮进 3
31. 炮一进四 马 3 进 4
32. 马七进六 马 4 进 6
33. 马六进四 前炮平 4
34. 马四进五 士 5 进 4
35. 马五进三 将 5 平 4
36. 炮一平九 炮 4 退 3
37. 帅六平五 炮 7 平 5
38. 前炮平七 马 6 进 4
39. 炮九平七 马 4 退 2
40. 前炮平五 马 2 进 3
41. 炮五平二 士 6 进 5
42. 马三退一 马 3 退 1
43. 马一退三 炮 5 退 1

第248局　赵国荣 胜 徐天红

1. 炮二平五　马8进7　2. 马二进三　车9平8
3. 车一平二　卒7进1　4. 车二进六　马2进3
5. 兵七进一　炮8平9　6. 车二平三　炮9退1
7. 马八进七　士4进5　8. 炮八平九　炮9平7
9. 车三平四　车1平2　10. 车九平八　马7进8
11. 车四进二　炮2退1　12. 车四退五　炮2进7
13. 马三退五　象7进5　14. 马七进六　马8进7
15. 炮五平三　车8进3　16. 马五进七　卒5进1
17. 仕六进五　炮2退2　18. 车四进一　炮2平3
19. 车八进九　马3退2　20. 相七进五　马2进3
21. 炮九退一　炮7平9　22. 车四进四　炮9进5
23. 马六进四　马7退9　24. 炮三平一　炮9平8
25. 炮一进一　炮8进1　26. 炮一平七　炮8平3
27. 炮九平七　马3退2　28. 前炮平八　车8平4
29. 炮八进三　卒3进1　30. 炮八退二　马9退8
31. 兵七进一　车4平2　32. 炮八进一　马2进3
33. 炮八平五　马3进5　34. 车四退二　马8进6
35. 车四退一　炮3平1　36. 兵七平八　马5退7
37. 车四进四　将5平6　38. 兵八进一　卒1进1
39. 炮七进三　炮1平3　40. 炮七退一　炮3平2
41. 兵五进一　炮2退2　42. 炮五平六　马7进5
43. 兵五进一　马5进3　44. 兵八平七　马3进4
45. 兵五进一　炮2平5　46. 炮六进三　马4退5
47. 兵七平六　炮5进1　48. 帅五平六　象5退7
49. 炮七退二　将6平5　50. 炮七平九　将5平4
51. 炮六平八　炮5平4　52. 帅六平五　马5进6
53. 炮九进四　卒7进1　54. 炮九进三　炮4平5

55. 炮九进一　象3进5　56. 炮八进一　将4进1
57. 炮八退八　将4退1　58. 兵九进一　炮5退2
59. 兵九进一　卒7平6　60. 兵九平八　马6进4
61. 炮八平六　将4平5　62. 炮九平八　炮5进2
63. 帅五平六　马4退5　64. 炮六进三　卒6进1
65. 兵八平七　炮5平4　66. 帅六平五　卒9进1
67. 兵七进一　象5进7　68. 炮八平三　炮4平2
69. 炮三退二　炮2退2　70. 炮六进一　卒9进1
71. 炮六平五　将5平6　72. 炮五进三　马5进3
73. 炮三平七　马3退4　74. 炮五平九　马4进6
75. 炮七进二　卒6平5　76. 兵五平四

第249局　欧阳婵娟 胜 黎德玲

1. 炮二平五　马8进7　2. 马二进三　车9平8
3. 车一平二　卒7进1　4. 车二进六　马2进3
5. 兵七进一　士4进5　6. 马八进七　炮8平9
7. 车二平三　炮9退1　8. 炮八平九　车1平2
9. 车九平八　炮9平7　10. 车三平四　马7进8
11. 车四进二　炮2退1　12. 车四退三　象3进5
13. 车八进七　马8进7　14. 车四退二　炮7进1
15. 炮五平六　炮2平1　16. 车八进二　马3退2
17. 相七进五　马2进3　18. 车四进一　车8进3
19. 马七进六　卒5进1　20. 炮九平七　炮1进5
21. 马六进七　车8平4　22. 仕六进五　炮1平3
23. 马七退八　车4平2　24. 马八退九　炮3平1
25. 兵七进一　车2进3　26. 兵七进一　马3退2
27. 车四平七　卒1进1　28. 兵七进一　卒1进1
29. 兵七进一　卒1平2　30. 车七平六　炮1退1
31. 车六平八　车2退1　32. 马九进八　马2进1

33. 兵七平六 炮7退1 **34.** 马八进六 马1进3
35. 炮七进一 马7退6 **36.** 马六进八 炮1平2
37. 兵六平五 士6进5 **38.** 马八退七 马3进4
39. 马七进六 马6退7 **40.** 炮七进五 炮2退4
41. 马三进四 马4进2 **42.** 炮六退一 卒7进1
43. 马四退六 卒7平6 **44.** 后马进五 马7进5
45. 马五进七 炮2平1 **46.** 炮七平八 炮7进2
47. 炮八退二 炮7平4 **48.** 炮八平六 炮1进5
49. 兵五进一 卒6平5 **50.** 前炮平一 象5进3
51. 马七退五 马5进7 **52.** 炮一平九 炮1平9
53. 马五进七 象7进5 **54.** 炮九进三 卒5平4
55. 马七进六 卒4进1 **56.** 马六进八 象5退3
57. 炮九平七 炮9平5 **58.** 帅五平六 炮5退4
59. 马八退七 马7进5 **60.** 马七进六

第250局 刘殿中 负 柳大华

1. 炮二平五 马8进7 **2.** 马二进三 车9平8
3. 车一平二 马2进3 **4.** 兵七进一 卒7进1
5. 车二进六 炮8平9 **6.** 车二平三 炮9退1
7. 马八进七 士4进5 **8.** 炮八平九 车1平2
9. 车九平八 炮9平7 **10.** 车三平四 马7进8
11. 车四进二 炮2退1 **12.** 车四退三 象3进5
13. 车八进七 马8进7 **14.** 车四退二 炮7进1
15. 炮九进四 车2平1 **16.** 炮九退二 炮2平4
17. 马七进六 车8进8 **18.** 车八进一 炮4进3
19. 炮五平九 车8平4 **20.** 仕四进五 车1平2
21. 车八平七 车4退2 **22.** 前炮进五 炮4退4
23. 前炮平六 车2平4 **24.** 马六进七 后车进3
25. 兵七进一 前车平3 **26.** 马七进九 车3退2

27. 车七平八　马3退4　28. 车八平七　马4进3
29. 相三进五　车4平2　30. 兵五进一　车2退1
31. 兵九进一　车3平6　32. 车四进二　马7退6
33. 车七平六　卒7进1　34. 兵九进一　炮7进2
35. 马九退八　马3进2　36. 兵九平八　车2进2
37. 车六退五　卒7进1　38. 马三退二　炮7平8
39. 车六平七　车2平1　40. 马二进四　炮8进2
41. 车七进三　马6进4　42. 车七平六　马4进2
43. 马四进三　车1平7　44. 炮九进一　马2进3
45. 车六退五　炮8平1　46. 马三进一　车7平3
47. 马一进二　士5进4　48. 帅五平四

第251局　张影富 胜 李望祥

1. 炮二平五　马8进7　2. 马二进三　车9平8
3. 车一平二　马2进3　4. 兵七进一　卒7进1
5. 车二进六　炮8平9　6. 车二平三　炮9退1
7. 马八进七　士4进5　8. 炮八平九　车1平2
9. 车九平八　炮9平7　10. 车三平四　马7进8
11. 车四进二　炮2退1　12. 车四退四　炮2进5
13. 马七进六　炮2退1　14. 马三退五　炮2平4
15. 车八进九　马3退2　16. 炮五进四　象3进5
17. 车四平六　马2进3　18. 炮五平三　马8进9
19. 相七进五　马9进8　20. 车六进二　炮7平6
21. 马五退七　车8进3　22. 仕六进五　炮6进1
23. 马七进六　马8退7　24. 兵五进一　马7进6
25. 兵五进一　马6退8　26. 兵五平四　马8退6
27. 兵四进一　炮6平8　28. 车六平七　马6退5
29. 车七平六　车8进3　30. 兵七进一　车8平1
31. 马六进七　车1进1　32. 马七进五　炮8进2

33. 马五退七 车1进2 **34.** 仕五退六 炮8平3
35. 车六平七 马3退2 **36.** 兵四进一 马2进4
37. 车七平六 马4进2 **38.** 车六平八 马2退4
39. 兵四进一 车1退1 **40.** 仕四进五 车1平4
41. 炮三平九 卒9进1 **42.** 车八进二 马4进5
43. 炮九进三 将5平4 **44.** 车八进一 将4进1
45. 车八退三 马5进6 **46.** 炮九平三 车4退3
47. 马七进九

第252局 廖二平 和 韩松龄

1. 炮二平五 马3进7 **2.** 马二进三 车9平8
3. 车一平二 卒7进1 **4.** 车二进六 马2进3
5. 兵七进一 炮8平9 **6.** 车二平三 炮9退1
7. 马八进七 士4进5 **8.** 炮八平九 车1平2
9. 车九平八 炮9平7 **10.** 车三平四 马7进8
11. 车四进二 炮2退1 **12.** 车四退三 象3进5
13. 车八进七 马8进7 **14.** 车四退二 炮7进1
15. 炮九进四 车8进8 **16.** 炮九进一 马3退4
17. 车八退一 炮7退1 **18.** 炮五进四 马7进9
19. 炮五平三 卒7进1 **20.** 马三退五 卒7进1
21. 车四退一 马9进7 **22.** 炮三退五 车8平7
23. 相三进一 车2平1 **24.** 炮九退三 车1进4
25. 马七进六 炮7平8 **26.** 马六进四 炮2平1
27. 兵七进一 炮1进4 **28.** 兵七平八 车1退3
29. 兵九进一 车1进4 **30.** 车八平七 马4进2
31. 车七平二 炮8平9 **32.** 车二平一 炮9平8
33. 车一平二 炮8平9 **34.** 车二平一 炮9平8
35. 马四进二 车1平4 **36.** 马五进七 车4进1
37. 仕四进五 炮8进1 **38.** 马七进八 车4平5

39. 马八进六　车5平4
40. 马六进四　卒7平6
41. 车四平七　车7退5
42. 马四退三　马2进4
43. 马三进一　车7进1
44. 车一进二　车7平8
45. 马一进二　车8退1
46. 马二进四　车4退2
47. 车七平三　车4平6
48. 马四退三　车6退1
49. 车一平四　车6平7
50. 车三进四　车8平7
51. 车四退五

第253局　于幼华 胜 万春林

1. 炮二平五　马8进7
2. 马二进三　车9平8
3. 车一平二　马2进3
4. 兵七进一　卒7进1
5. 车二进六　炮8平9
6. 车二平三　炮9退1
7. 马八进七　士4进5
8. 炮八平九　车1平2
9. 车九平八　炮9平7
10. 车三平四　马7进8
11. 车四进二　炮2退1
12. 车四退三　象3进5
13. 车八进七　马8进7
14. 车四退二　炮7进1
15. 马七进六　车2平4
16. 马六进七　炮2平3
17. 兵七进一　车8进8
18. 仕四进五　车8平7
19. 相三进一　车4进3
20. 车四平三　炮7进4
21. 车八平七　炮3进2
22. 兵七进一　车4进2
23. 车七平八　炮7平8
24. 车八进二　车4退5
25. 车八退五　炮8进1
26. 兵九进一　车4进8
27. 车八进五　车4退8
28. 车八退五　车4进8
29. 车八进五　车4退8
30. 车八退五　炮8退4
31. 兵七进一　炮8进6
32. 帅五平四　车4进3
33. 兵七进一　炮8退8
34. 车八平七　卒7进1
35. 车七平三　炮8平3
36. 车三平七　炮3平4
37. 帅四平五　车7平8
38. 炮五平四　车8退5
39. 相一退三　卒5进1
40. 相三进五　车4平3

41. 车七平八　车8平7　42. 炮四退二　炮4平3
43. 马三进四　车7平4　44. 炮九平六　车3平2
45. 车八平七　车4平3　46. 车七平六　车2进6
47. 车六进四　炮3退1　48. 马四退六　车2退5
49. 炮四进五　车2进2　50. 马六进五　车3平6
51. 炮四退五　车6平5　52. 马五退三　车2退1
53. 炮六进二　车2退2　54. 车六退三　车2平3
55. 炮四平三　象7进9　56. 炮六平五　车5平4
57. 车六平五　象9退7　58. 车五平六　象7进9
59. 车六平五　象9退7　60. 炮五进三　象7进5
61. 车五进二　将5平4　62. 马三进五　车3进4
63. 炮三进九　将4进1　64. 炮三退一　将4退1
65. 车五平八　士5进4　66. 车八进二

第254局　苗永鹏 负 庄玉腾

1. 炮二平五　马8进7　2. 马二进三　车9平8
3. 车一平二　马2进3　4. 兵七进一　卒7进1
5. 车二进六　炮8平9　6. 车二平三　炮9退1
7. 马八进七　士4进5　8. 炮八平九　车1平2
9. 车九平八　炮9平7　10. 车三平四　马7进8
11. 车四进二　炮2退1　12. 车四退三　象3进5
13. 车八进七　马8进7　14. 车四退二　炮7进1
15. 炮五平六　炮2平1　16. 车八进二　马3退2
17. 相七进五　马2进3　18. 仕六进五　车8进3
19. 兵五进一　卒3进1　20. 兵七进一　象5进3
21. 马七进八　象3退5　22. 炮六平七　卒7进1
23. 马八进七　车8进1　24. 炮七进二　炮1平3
25. 炮七进三　炮7平3　26. 马七进九　后炮平4
27. 车四平六　炮3平4　28. 车六平五　车8平2

29. 仕五退六　马 7 进 5
30. 相三进五　车 2 退 2
31. 相五进三　前炮平 1
32. 炮九进四　车 2 进 1
33. 炮九退二　车 2 进 2
34. 炮九进二　炮 4 进 6
35. 马三退五　象 5 进 3
36. 马五退七　炮 4 退 5
37. 马七进六　车 2 退 2
38. 炮九退一　车 2 平 4
39. 仕四进五　炮 4 进 5
40. 仕五进六　车 4 进 4
41. 仕六进五　车 4 平 2
42. 车五平六　车 2 进 2
43. 车六退三　车 2 退 4
44. 车六进五　车 2 平 5
45. 车六平七　车 5 平 7
46. 车七进二　炮 1 进 4
47. 车七进二　士 5 退 4
48. 车七退六　炮 1 退 1
49. 炮九进四　将 5 进 1
50. 车七平五　炮 1 退 3
51. 车五平四　卒 5 进 1
52. 帅五平四　卒 5 进 1
53. 车四进五　将 5 进 1
54. 炮九平四　卒 5 进 1
55. 仕五进四　车 7 进 4
56. 帅四进一　车 7 退 1
57. 帅四退一　车 7 退 2
58. 兵一进一　炮 1 平 4
59. 帅四进一　士 4 进 5
60. 炮四平九　炮 4 退 2
61. 车四退二　车 7 平 6
62. 车四退三　卒 5 平 6
63. 炮九平三　炮 4 平 6
64. 炮三退二　炮 6 进 1
65. 炮三平二　炮 6 进 6
66. 炮二退七　炮 6 平 7
67. 炮二平四　炮 7 退 7

第 255 局　颜金玉 负 欧阳琦琳

1. 炮二平五　马 8 进 7
2. 马二进三　车 9 平 8
3. 车一平二　卒 7 进 1
4. 车二进六　马 2 进 3
5. 兵七进一　炮 8 平 9
6. 车二平三　炮 9 退 1
7. 马八进七　士 4 进 5
8. 炮八平九　炮 9 平 7
9. 车三平四　马 7 进 8
10. 车九平八　车 1 平 2
11. 车四进二　炮 2 退 1
12. 车四退三　象 3 进 5
13. 车八进七　马 8 进 7
14. 车四退二　炮 7 进 1

15. 马七进六　车2平4
16. 马六进七　炮2平3
17. 兵七进一　车8进8
18. 仕四进五　车8平7
19. 相三进一　马7进9
20. 炮五平一　车7退1
21. 炮一进四　车7平3
22. 马七进五　象7进5
23. 炮一进三　炮7退2
24. 车八平七　车3退3
25. 车七退二　象5进3
26. 相七进五　车4进6
27. 炮九进四　车4平1
28. 炮九平六　车1平4
29. 炮六平九　象3退5
30. 炮九退二　炮3进5
31. 炮九平二　车4进2
32. 车四进六　士5退6

第256局　李来群 负 柳大华

1. 炮二平五　马8进7
2. 马二进三　车9平8
3. 车一平二　马2进3
4. 兵七进一　卒7进1
5. 车二进六　炮8平9
6. 车二平三　炮9退1
7. 马八进七　士4进5
8. 炮八平九　车1平2
9. 车九平八　炮9平7
10. 车三平四　马7进8
11. 车四进二　炮2退1
12. 车四退五　炮2进7
13. 马七进六　象7进5
14. 马三退五　马8进7
15. 炮五平三　车8进3
16. 马五进七　卒5进1
17. 仕六进五　炮2退2
18. 兵五进一　炮2平5
19. 车四平五　车2进9
20. 马七退八　卒5进1
21. 车五平六　卒5平4
22. 车六进一　卒3进1
23. 兵七进一　马3进5
24. 车六平七　马5进3
25. 马八进七　车8平5
26. 马七进八　炮7平9
27. 炮三平七　马7退5
28. 炮七平五

第257局　张影富 和 熊学元

1. 炮二平五　马8进7
2. 马二进三　车9平8

3. 车一平二　马2进3　**4.** 兵七进一　卒7进1
5. 车二进六　士4进5　**6.** 马八进七　炮8平9
7. 车二平三　炮9退1　**8.** 炮八平九　炮9平7
9. 车三平四　马7进8　**10.** 车九平八　车1平2
11. 车四进二　炮2退1　**12.** 车四退五　炮2进7
13. 马七进六　象7进5　**14.** 马六进七　炮2退2
15. 兵五进一　炮2平5　**16.** 炮五平八　炮5平7
17. 相三进一　车2进3　**18.** 马七退六　车8进3
19. 兵七进一　象5进3　**20.** 车四平七　象3进5
21. 马六退八　车2平3　**22.** 炮八平七　车3平2
23. 炮九平八　车2平3　**24.** 马八进七　象5进3
25. 炮八进七　卒5进1　**26.** 炮八平九　车3平2
27. 车八进六　车8平2　**28.** 车七进二　马3退1
29. 兵五进一　卒7进1　**30.** 炮七平五　将5平4
31. 马三进五　马8进6　**32.** 炮五平六　将4平5
33. 马五进三　士5进4　**34.** 车七进四　将5进1
35. 车七退六　车2平4　**36.** 车七平四　车4进4
37. 马三进四　将5平4　**38.** 马四进三　马6退8
39. 马三退五　将4平5　**40.** 马五退四　车4平9
41. 车四平八　车9退1　**42.** 车八进五　将5退1
43. 兵五进一　将5平4　**44.** 兵五进一　士4退5
45. 马四进六　炮7进3　**46.** 仕四进五　车9进3
47. 车八进一　将4进1　**48.** 车八退五　马1进3
49. 马六进八　马8退6　**50.** 马八进七　炮7退9
51. 仕五退四　炮7平3　**52.** 车八进四　炮3进1
53. 车八平七　将4退1　**54.** 车七进一　将4进1
55. 车七退一　将4退1　**56.** 车七退一　车9退3
57. 炮九平四　士5退6　**58.** 车七进二　将4进1
59. 车七平四　车9平1

第258局　廖二平 负 郑一泓

1. 炮二平五　马8进7　2. 马二进三　车9平8
3. 车一平二　马2进3　4. 兵七进一　卒7进1
5. 车二进六　炮8平9　6. 车二平三　炮9退1
7. 马八进七　士4进5　8. 炮八平九　车1平2
9. 车九平八　炮9平7　10. 车三平四　马7进8
11. 车四进二　炮2退1　12. 车四退五　炮2进7
13. 马七进六　车8进3　14. 车四退二　炮2退3
15. 马六进七　炮2进1　16. 车四平二　炮7进5
17. 马三退一　卒7进1　18. 马七退六　象3进5
19. 兵七进一　象5进3　20. 马六进四　车8退1
21. 炮九平七　象3退1　22. 炮七进四　车2平4
23. 炮七平六　象1进3　24. 炮五平六　车4平2
25. 车八进二　炮2退2　26. 马四退六　炮7平1
27. 车八进一　炮1退1　28. 相三进五　炮2平1
29. 车八进六　马3退2　30. 车二平八　马2进3
31. 车八平七　象3退1　32. 车七进五　后炮平3
33. 后炮平七　马8进6　34. 相七进九　马3退4
35. 车七平九　炮1平2　36. 车九平八　炮2平1
37. 车八平九　炮1平2　38. 车九平八　炮2平1
39. 仕六进五　卒7进1　40. 车八平九　炮1平2
41. 车九平八　炮2平1　42. 车八退一　炮3平5
43. 相五进三　炮5平8　44. 车八平四　炮8进5
45. 马一退三　卒7进1　46. 马六进五　炮1平7
47. 帅五平六　炮7进4　48. 帅六进一　车8平2
49. 马五退四　车2进6　50. 帅六进一　炮8退2
51. 马四退五　车2退1　52. 炮六平五　象7进5

第 259 局　刘殿中 胜 苗永鹏

1. 炮二平五　马 8 进 7
2. 马二进三　车 9 平 8
3. 车一平二　卒 7 进 1
4. 车二进六　马 2 进 3
5. 兵七进一　炮 8 平 9
6. 车二平三　炮 9 退 1
7. 马八进七　士 4 进 5
8. 炮八平九　车 1 平 2
9. 车九平八　炮 9 平 7
10. 车三平四　马 7 进 8
11. 车四进二　炮 2 退 1
12. 车四退三　象 3 进 5
13. 车八进七　马 8 进 7
14. 车四退二　炮 7 进 1
15. 炮九进四　车 8 进 8
16. 炮九进一　马 3 退 4
17. 车八退一　马 4 进 3
18. 马七进六　马 7 退 8
19. 马六进七　炮 7 进 5
20. 车八进一　车 8 平 7
21. 相三进一　车 7 平 4
22. 炮九平七　车 2 平 4
23. 仕四进五　炮 2 平 3
24. 兵七进一　前车退 5
25. 车四平二　马 8 退 9
26. 兵五进一　马 9 进 7
27. 车二平七　前车进 2
28. 马七进九　炮 3 进 3
29. 炮五进四　前车平 5
30. 车八退一　马 7 退 6
31. 炮七进二　车 4 进 2
32. 马九进七　车 4 退 1
33. 炮七退四　车 5 退 2
34. 车八进三　士 5 退 4
35. 炮七平九　车 5 平 1
36. 炮九平八　马 6 进 4
37. 炮八平六　马 4 进 5
38. 车八平六　将 5 进 1
39. 车七平二　车 1 平 7
40. 马七退六　马 5 退 4
41. 炮六平五

第 260 局　单霞丽 胜 欧阳琦琳

1. 炮二平五　马 8 进 7
2. 马二进三　车 9 平 8
3. 车一平二　卒 7 进 1
4. 车二进六　马 2 进 3
5. 兵七进一　炮 8 平 9
6. 车二平三　炮 9 退 1

7. 马八进七 士4进5
8. 炮八平九 炮9平7
9. 车三平四 马7进8
10. 车九平八 车1平2
11. 车四进二 炮2退1
12. 车四退五 炮2进7
13. 马七进六 炮2退2
14. 炮五进四 象7进5
15. 兵五进一 炮2退1
16. 马六进七 卒7进1
17. 兵三进一 炮2平5
18. 车八进九 马3退2
19. 兵三进一 马8退7
20. 炮五平三 马7进5
21. 车四进三 马5退3
22. 车四退二 炮5退2
23. 车四进二 炮5进2
24. 车四退二 炮5退2
25. 车四进二 炮5进2
26. 车四退二 炮5退2
27. 车四进四 炮7进3
28. 马三进四 炮5进2
29. 车四退三 车8进5
30. 车四平三 车8平6
31. 车三平五 车6退2
32. 车五退一 车6平3
33. 车五平三 车3平5
34. 仕四进五 车5进1
35. 炮九平五 马3进4
36. 车三平六 车5平7
37. 炮三平二 车7平8
38. 炮二平六 马4退2
39. 炮六平九 卒9进1
40. 炮九进三 车8平1
41. 炮九平七 前马退3
42. 兵七进一 车1进2
43. 车六平八 马2进1
44. 兵七进一 车1平5
45. 兵七进一 马1进3
46. 车八进五 后马进1
47. 车八平九 马3进4
48. 炮七退一 士5退4
49. 车九退二

第261局 张影富 胜 陶汉明

1. 炮二平五 马8进7
2. 马二进三 车9平8
3. 车一平二 马2进3
4. 兵七进一 卒7进1
5. 车二进六 炮8平9
6. 车二平三 炮9退1
7. 马八进七 士4进5
8. 炮八平九 炮9平7
9. 车三平四 马7进8
10. 车九平八 车1平2

11. 车四进二　炮2退1
12. 车四退五　炮2进7
13. 马七进六　象7进5
14. 马六进七　马8进7
15. 兵五进一　车8进5
16. 炮九平七　车8平5
17. 马七进五　象3进5
18. 炮七进五　车2进1
19. 仕四进五　卒5进1
20. 炮七退一　卒7进1
21. 炮七平二　炮2退5
22. 兵七进一　炮2平3
23. 兵七平八　炮3平7
24. 马三进五　卒7平6
25. 炮五进二　卒6进1
26. 炮五进三　士5进4
27. 车八进四　前炮进6
28. 马五进六　后炮平8
29. 车八平四　车2平7
30. 炮二平五　将5平4
31. 马六进七　车7平3
32. 车四平二　马7退6
33. 车二进四　士4退5
34. 马七退六　车3进2
35. 前炮平一　车3平4
36. 兵八平七　马6退7
37. 炮一进二　将4进1
38. 车二退八　炮7退6
39. 炮五进一　炮7进1
40. 车二进七　马7进6
41. 炮五平八　马6进5
42. 炮八退四

第262局　廖二平 负 邓颂宏

1. 炮二平五　马8进7
2. 马二进三　车9平8
3. 车一平二　卒7进1
4. 车二进六　马2进3
5. 兵七进一　炮8平9
6. 车二平三　炮9退1
7. 马八进七　士4进5
8. 炮八平九　炮9平7
9. 车三平四　马7进8
10. 车九平八　车1平2
11. 车四进二　炮2退1
12. 车四退五　炮2进7
13. 马七进六　炮2退2
14. 炮五进四　象7进5
15. 兵五进一　炮2退1
16. 马六进七　炮2平5
17. 车八进九　马3退2
18. 炮五平三　卒7进1
19. 兵三进一　炮7进4
20. 马三进四　马2进1
21. 马七进九　象3进1
22. 炮九进四　炮7退1

23. 帅五进一 炮7平5
24. 帅五平六 马8进6
25. 车四进一 车8进6
26. 仕六进五 车8平4
27. 仕五进六 将5平4
28. 仕四进五 车4平5
29. 兵七进一 象1进3
30. 炮九退二 车5进2
31. 帅六退一 车5进1
32. 帅六进一 将4平5
33. 炮九平六 前炮进1
34. 车四进一 后炮退1
35. 车四进一 后炮进1
36. 车四退一 后炮退1
37. 车四平五 后炮平6
38. 车五平七 炮5平4
39. 仕六退五 车5平7
40. 炮六平五 炮4退6
41. 仕五进四 车7退6
42. 车七平五 车7进5
43. 帅六退一 车7进1
44. 帅六进一 车7平5

第263局 熊学元 和 言穆江

1. 炮二平五 马8进7
2. 马二进三 马2进3
3. 车一平二 车9平8
4. 兵七进一 卒7进1
5. 车二进六 炮8平9
6. 车二平三 炮9退1
7. 马八进七 士4进5
8. 炮八平九 车1平2
9. 车九平八 炮9平7
10. 车三平四 马7进8
11. 车四进二 炮2退1
12. 车四退三 象3进5
13. 车八进七 马8进7
14. 车四退二 炮7进1
15. 仕四进五 炮2平1
16. 车八进二 马3退2
17. 马七进六 马2进3
18. 马六进五 马3进5
19. 炮五进四 车8进3
20. 炮九进四 车8进2
21. 车四退一 车8平3
22. 车四平八 车3平4
23. 车八进七 车4退5
24. 车八退四 象7进9
25. 车八退一 车4进2
26. 炮九进一 将5平4
27. 车八进五 将4进1
28. 车八退一 将4退1
29. 炮九退一 炮1进5
30. 车八进一 将4进1
31. 炮五平六 车4平2
32. 炮九退二 马7退6

33. 炮六退三　士5退4　34. 车八退二　炮7平2
35. 兵五进一　炮2平3　36. 相三进五　马6进7
37. 炮六平四　士4进5　38. 炮九平六　将4退1
39. 炮六退一　炮1平6　40. 炮六平三

第264局　吴贵临 负 吕钦

1. 炮二平五　马8进7　2. 马二进三　车9平8
3. 车一平二　马2进3　4. 兵七进一　卒7进1
5. 车二进六　炮8平9　6. 车二平三　炮9退1
7. 马八进七　士4进5　8. 炮八平九　炮9平7
9. 车三平四　马7进8　10. 车九平八　车1平2
11. 车四进二　炮2退1　12. 车四退五　炮2进5
13. 兵五进一　炮2平7　14. 炮五进四　象7进5
15. 车八进九　前炮进3　16. 仕四进五　马3退2
17. 车四平二　卒7进1　18. 车二退三　卒7进1
19. 马三进五　马8退9　20. 车二进九　马9退8
21. 兵五进一　卒7平6　22. 马五退四　马8进7
23. 马七进六　马2进3　24. 炮五平二　卒6平7
25. 相七进五　前炮平9　26. 马四进五　卒7平8
27. 相五进三　士5进6　28. 炮九平五　卒8平9
29. 兵五进一　炮7平5　30. 炮二进一　前卒平8
31. 炮二平四　马3退4　32. 马五退七　炮9退4
33. 炮四退一　马7进5　34. 马六进四　炮9平3
35. 马四进二　炮5平2　36. 仕五进四　马4进3
37. 马七进五　炮3进4　38. 帅五进一　士6进5
39. 炮四平一　马5进4　40. 马五进六　卒8平7
41. 马二进四　将5平4　42. 马四退五　卒1进1
43. 炮一退二　马4进2　44. 炮一进三　马3退1
45. 炮一平三　马2进3　46. 炮五平八　炮2进3

47. 炮三进一 炮2平5 48. 炮三平九 炮3平2
49. 炮九进一 象3进1 50. 炮八平六 将4平5
51. 马六进五 卒3进1 52. 马五进七 将5平6
53. 马七退九 炮2退1 54. 炮六退一 炮2平4
55. 帅五平六 马3退4 56. 马九进八 将6进1
57. 马八退七 炮5退2 58. 炮九退一 将6退1

第265局 李来群 胜 胡荣华

1. 炮二平五 马8进7 2. 马二进三 车9平8
3. 车一平二 马2进3 4. 兵七进一 卒7进1
5. 车二进六 炮8平9 6. 车二平三 炮9退1
7. 马八进七 士4进5 8. 炮八平九 车1平2
9. 车九平八 炮9平7 10. 车三平四 马7进8
11. 车四进二 炮2退1 12. 车四退三 象3进5
13. 车八进七 炮7进1 14. 炮五平六 马8进7
15. 车四进一 马7退8 16. 马七进六 卒7进1
17. 车四平三 士5退4 18. 马六进四 炮2平7
19. 车八进二 后炮进2 20. 车八退二 前炮平6
21. 炮九进四 马3退5 22. 车八进二 卒5进1
23. 炮九进三 马5退3 24. 炮六进四 将5进1
25. 车八退一 将5退1 26. 炮六平五 士6进5
27. 车八平五 将5平6 28. 车五平六 卒7进1
29. 马四进二 炮7进1 30. 马二进三 炮7平5
31. 前马退五 象7进5 32. 车六进一 将6进1
33. 车六平二 马8进6 34. 车二退一 将6进1
35. 车二退一 将6退1 36. 车二进一 将6进1
37. 车二退四 卒5进1 38. 仕六进五 马3进4
39. 兵五进一 马6进8 40. 车二进三 将6退1
41. 车二平五

第266局 吕钦 和 李来群

1. 炮二平五 马8进7
2. 马二进三 车9平8
3. 车一平二 马2进3
4. 兵七进一 卒7进1
5. 车二进六 炮8平9
6. 车二平三 炮9退1
7. 马八进七 士4进5
8. 炮八平九 车1平2
9. 车九平八 炮9平7
10. 车三平四 马7进8
11. 车四进二 炮2退1
12. 车四退三 象3进5
13. 车八进七 马8进7
14. 车四退二 炮7进1
15. 马七进六 车2平4
16. 马六进七 炮2平3
17. 兵七进一 车8进8
18. 炮九平七 车8平4
19. 仕四进五 前车平3
20. 马七进五 象7进5
21. 炮七进五 车3退4
22. 炮五进四 车4进3
23. 车八进二 车4退3
24. 车八退二 车4进3
25. 车八进二 车4退3
26. 车八退二 车4进3
27. 车八进二 车4退3
28. 车八退二 车4进3
29. 车八进二 车4退3

第267局 周长林 负 徐建明

1. 炮二平五 马8进7
2. 马二进三 车9平8
3. 车一平二 马2进3
4. 兵七进一 卒7进1
5. 车二进六 炮8平9
6. 车二平三 炮9退1
7. 马八进七 炮9平7
8. 车三平四 士4进5
9. 炮八平九 马7进8
10. 车九平八 车1平2
11. 车四进二 炮2退1
12. 车四退三 象3进5
13. 车八进七 马8进7
14. 车四退二 炮7进1
15. 马七进六 车2平4
16. 马六进七 炮2平3
17. 兵七进一 车8进8
18. 炮九平七 车8平4

19. 仕四进五　前车平3　　20. 马七进五　象7进5
21. 炮七进五　车3退4　　22. 炮五进四　车4进3
23. 相七进五　车3退2　　24. 车八进二　炮3退1
25. 炮五退二　炮3平4　　26. 车八退四　车4平5
27. 炮五平二　车5平8　　28. 炮二平五　卒7进1
29. 炮五平六　车8平4　　30. 炮六平九　车4平7
31. 兵五进一　炮7平8　　32. 兵五进一　炮8进2
33. 车四进二　卒7平6　　34. 相五进三　炮8进1
35. 马三进五　卒6平7　　36. 马五进六　车3平4
37. 车八进一　车7平2　　38. 马六进八　车4平2
39. 车四进一　炮4平3　　40. 仕五进六　卒1进1
41. 炮九平二　卒7平8　　42. 车四平七　马7退5
43. 帅五平四　马5进4　　44. 仕六进五　炮3平2
45. 仕五进六　炮2进3　　46. 车七退二　卒8进1
47. 车七退一　卒8进1　　48. 车七平八　象5退7
49. 兵五进一　车2平6　　50. 帅四平五　炮2平1

第268局　王晓华 和 黄竹风

1. 炮二平五　马3进7　　2. 马二进三　车9平8
3. 车一平二　马2进3　　4. 兵七进一　卒7进1
5. 车二进六　炮3平9　　6. 车二平三　炮9退1
7. 马八进七　士4进5　　8. 炮八平九　车1平2
9. 车九平八　炮9平7　　10. 车三平四　马7进8
11. 车四进二　炮7进5　　12. 相三进一　炮2进4
13. 兵五进一　炮7平3　　14. 马三进四　马8进7
15. 马四进五　炮3平9　　16. 马五进七　炮2平5
17. 炮五平三　马7进5　　18. 后马进五　马5进3
19. 马五退六　车2进9　　20. 车四平二　车8平9
21. 车二退五　炮9退1　　22. 炮九进四　车2退7

23. 炮九进三　象 3 进 5
24. 炮三退一　车 2 平 3
25. 炮三平七　车 3 平 1
26. 炮七平九　车 1 平 2
27. 车二进三　车 2 进 1
28. 兵七进一　象 5 进 3
29. 马六进七　卒 9 进 1
30. 车二平六　车 9 进 3
31. 车六进二　炮 9 平 8
32. 车六平七　士 5 进 4
33. 后炮平五　象 3 退 5
34. 车七进一　将 5 进 1
35. 车七退一　将 5 退 1
36. 马七进六　卒 3 进 1
37. 兵五进一　车 9 平 3
38. 车七平九　士 6 进 5
39. 兵五平四　炮 8 平 5
40. 相七进五　炮 5 进 3
41. 仕四进五　车 3 平 4
42. 马六进四　将 5 平 4
43. 马四进二　卒 9 进 1
44. 相一退三　卒 9 平 8
45. 兵四平三　象 5 进 7
46. 马二退三　象 7 进 5
47. 马三退五　车 4 进 2
48. 马五退四　车 2 进 3
49. 兵九进一　车 2 平 6
50. 兵九进一　车 4 平 1
51. 车九退二　车 6 平 2
52. 车九平二　车 1 退 1
53. 车二退二　车 2 退 3
54. 马四进三　车 1 退 1

第 269 局　鲁玥 负 梁妍婷

1. 炮二平五　马 8 进 7
2. 马二进三　车 9 平 8
3. 车一平二　马 2 进 3
4. 兵七进一　卒 7 进 1
5. 车二进六　炮 8 平 9
6. 车二平三　炮 9 退 1
7. 马八进七　士 4 进 5
8. 炮八平九　车 1 平 2
9. 车九平八　炮 9 平 7
10. 车三平四　马 7 进 8
11. 车四进二　炮 7 进 5
12. 相三进一　炮 2 进 4
13. 兵五进一　炮 7 平 3
14. 马三进四　马 8 进 7
15. 马四进五　炮 3 平 9
16. 马五进七　炮 2 平 5
17. 仕六进五　车 2 进 9
18. 后马退八　车 8 进 2
19. 马八进七　马 7 进 9
20. 后马进五　马 9 进 7
21. 帅五平六　炮 9 进 3
22. 帅六进一　马 7 退 5

23. 车四退六 马5退3
24. 车四平七 车8平4
25. 仕五进六 马3进1
26. 相七进九 车4平3
27. 车七平八 车3平5
28. 车八进七 车5进3
29. 车八平七 士5退4
30. 马五退七 车5进1
31. 马七进六 车5平2
32. 仕四进五 炮9退3
33. 仕五进四 炮9平4
34. 仕六退五 车2退2
35. 车七退三 车2平4
36. 车七平五 士4进5
37. 马六退四 卒7进1
38. 车五退二 卒7进1
39. 车五平六 车4平6
40. 马四进五 炮4平5
41. 马五进七 车6退2
42. 兵七进一 卒7进1
43. 马七退五 车6平5
44. 兵七平六 炮5平8
45. 车六平二 炮8平2
46. 车二平八 炮2平8
47. 车八进五 士5退4
48. 车八退三 炮8退2
49. 车八平六 士6进5
50. 马五退三 炮8进4
51. 仕五进六 车5平7
52. 马三进二 卒7平6
53. 车六平五 车7进6
54. 帅六退一 卒6进1

第270局 王晓华 负 靳玉砚

1. 炮二平五 马3进7
2. 马二进三 车9平8
3. 车一平二 马2进3
4. 兵七进一 卒7进1
5. 车二进六 炮3平9
6. 车二平三 炮9退1
7. 马八进七 士4进5
8. 炮八平九 炮9平7
9. 车三平四 马7进8
10. 车九平八 车1平2
11. 车四进二 炮7进5
12. 相三进一 炮2进4
13. 马七进六 马8退7
14. 仕四进五 车8进6
15. 车八进二 卒7进1
16. 马六进七 车8退2
17. 相一进三 车2进3
18. 车四退五 炮2平6
19. 车八进四 炮6退4
20. 炮五平七 车8平4
21. 相七进五 车4进2
22. 炮九退二 象7进5

23. 炮九平七　马7进8　24. 马七退八　马8进6
25. 兵七进一　车4平2　26. 兵七进一　马3退1
27. 车八平九　车2退1　28. 车九进二　车2进1
29. 兵九进一　马6进7　30. 前炮平三　车2平5
31. 车九退三　炮6进1　32. 兵七进一　车5平3
33. 炮七平八　车3退4　34. 炮三平一　车3平2
35. 炮八平七　炮6进3　36. 兵一进一　车2进3
37. 车九平四　炮6退1　38. 炮一进四　车2平4
39. 兵九进一　炮7平5　40. 炮七进六　将5平4
41. 炮七平六　卒5进1　42. 车四进一　卒5进1
43. 兵九进一　车4退1　44. 车四平二　象5退7
45. 炮一进二　炮6退4　46. 兵九平八　士5进6
47. 炮六进二　车4退2　48. 车二平七　士6退5
49. 车七进二　象3进1　50. 兵八进一　车4退1
51. 车七平六　将4进1　52. 兵一进一　卒5平6
53. 相三退一　卒6进1　54. 兵一平二　卒6进1
55. 兵二平三　卒6进1

第271局　杜廷新 负 蒋川

1. 炮二平五　马8进7　2. 马二进三　车9平8
3. 车一平二　卒7进1　4. 车二进六　马2进3
5. 兵七进一　炮8平9　6. 车二平三　炮9退1
7. 马八进七　士4进5　8. 炮八平九　车1平2
9. 车九平八　炮9平7　10. 车三平四　马7进8
11. 车四进二　炮7进5　12. 相三进一　炮2进4
13. 兵五进一　炮7平3　14. 兵五进一　卒5进1
15. 马七进五　车8进2　16. 马五进六　炮3平1
17. 车八进一　马8进7　18. 炮五退一　车8平4
19. 马六进七　车4平3　20. 车八平六　象3进5

21. 炮五平三 马7进5
22. 炮三退一 卒5进1
23. 仕四进五 炮2进3
24. 马三进二 马5进7
25. 帅五平四 车2进7
26. 车六进一 车2平4
27. 仕五进六 车3平4
28. 仕六退五 车4进4
29. 炮九退一 车4进2
30. 炮九进一 车4平5
31. 马二退四 车5平3
32. 炮九平三 象7进9
33. 后炮平二 马7退5
34. 马四退五 炮1平8
35. 帅四进一 马5退6
36. 炮三退二 炮2退1
37. 炮二进二 炮2平5
38. 仕六进五 车3进1
39. 炮三平四 卒7进1
40. 车四平二 卒7进1
41. 车二退四 车3退3

第272局 武俊强 负 陈翀

1. 炮二平五 马8进7
2. 马二进三 卒7进1
3. 车一平二 车9平8
4. 车二进六 马2进3
5. 兵七进一 炮8平9
6. 车二平三 炮9退1
7. 马八进七 士4进5
8. 炮八平九 炮9平7
9. 车三平四 马7进8
10. 车九平八 车1平2
11. 车四进二 炮7进5
12. 相三进一 炮2进4
13. 兵五进一 炮7平3
14. 炮九进四 马3进1
15. 炮五进四 将5平4
16. 炮五平九 马8进7
17. 马七进五 车8进2
18. 车八进二 车8平4
19. 马五退四 马7退5
20. 车四退四 炮2退1
21. 马三进五 车2进2
22. 车四退二 卒3进1
23. 车四平六 卒3进1
24. 车六进五 车2平4
25. 马五进七 炮2退3
26. 炮九进三 象3进1
27. 仕四进五 炮2平3
28. 车八进七 将4进1
29. 车八退三 车4进3
30. 马四进五 车4进1
31. 炮九平五 象7进5
32. 炮五退二 马5退3

33. 车八进二　将4退1
34. 炮五平二　前炮平5
35. 帅五平四　士5进6
36. 车八进一　将4进1
37. 车八退一　将4退1
38. 车八进一　将4进1
39. 车八退一　将4退1
40. 车八进一　将4进1
41. 马七进五　炮5退1
42. 马五进四　炮3平5
43. 车八退一　将4进1
44. 马四退三　后炮退1
45. 马三进四　后炮进1
46. 马四退三　后炮退1
47. 马三进四　后炮进1
48. 马四退二　后炮退1
49. 马二进四　后炮进1
50. 马四退三　后炮退1
51. 车八平九　车4退3
52. 马三进四　后炮进1
53. 马四进二　后炮退2
54. 马二退四　后炮进2
55. 车九退一　将4退1
56. 车九进一　将4进1
57. 马四进二　后炮退2
58. 马二退四　后炮进2
59. 马四退三　后炮退2
60. 马三进四　后炮进2
61. 马四退五　后炮进1
62. 马五进三　后炮进5
63. 车九退一　将4退1
64. 车九进一　将4进1
65. 车九平四　车4平7
66. 仕六进五　马3进4
67. 车四退三　马4进5
68. 帅四进一　车7进5
69. 帅四退一　马5退7

第273局　吴贤良 负 曹岩磊

1. 炮二平五　马8进7
2. 马二进三　车9平8
3. 车一平二　马2进3
4. 兵七进一　卒7进1
5. 车二进六　炮8平9
6. 车二平三　炮9退1
7. 马八进七　士4进5
8. 炮八平九　炮9平7
9. 车三平四　马7进8
10. 车九平八　车1平2
11. 车四进二　炮7进5
12. 相三进一　炮2进4
13. 兵五进一　卒7进1
14. 车四退五　炮2进2
15. 相一进三　象7进5
16. 兵五进一　卒5进1

17. 车四退二　炮2退2　**18.** 马七进五　马8进9
19. 炮五进三　马9进7　**20.** 马五退三　车8进4
21. 炮五退一　炮7平1　**22.** 仕四进五　炮2退2
23. 相七进五　车8平5　**24.** 车四进三　炮2平1
25. 车八进九　马3退2　**26.** 炮九进三　卒1进1
27. 帅五平四　马2进1　**28.** 马三进二　将5平4
29. 马二进一　马1进2　**30.** 炮五平六　炮1进3
31. 帅四进一　车5平8　**32.** 马一进三　车8进4
33. 帅四进一　马2进3　**34.** 炮六退一　车8退2
35. 炮六退一　马3退5

第274局　郑一泓 和 万春林

1. 炮二平五　马3进7　**2.** 马二进三　卒7进1
3. 车一平二　车9平8　**4.** 车二进六　马2进3
5. 兵七进一　炮8平9　**6.** 车二平三　炮9退1
7. 马八进七　士4进5　**8.** 炮八平九　车1平2
9. 车九平八　炮9平7　**10.** 车三平四　马7进8
11. 车四进二　炮7进5　**12.** 相三进一　炮2进4
13. 兵五进一　卒7进1　**14.** 车四退五　炮2进2
15. 相一进三　象7进5　**16.** 仕四进五　车8平7
17. 相三退一　车7进4　**18.** 炮九平八　炮2平3
19. 炮八进五　卒3进1　**20.** 车四平八　士5退4
21. 马七进六　卒3进1　**22.** 马六进五　车7平6
23. 马五进三　马8退7　**24.** 前车平三　马7进5
25. 兵五进一　车6平5　**26.** 炮八平五　象3进5
27. 车八进九　马3退2　**28.** 马三进五　车5平3
29. 炮五进四　士4进5　**30.** 马五进三　马2进3
31. 炮五退四　车3平7　**32.** 车三平五　马3进4
33. 车五进三　炮3平4　**34.** 车五平九　马4进6

35. 炮五进一　炮 4 退 3
36. 车九进三　炮 4 退 5
37. 车九退二　马 6 退 4
38. 炮五退一　卒 3 平 4
39. 炮五平三　车 7 平 8
40. 马三退五　炮 4 进 2
41. 炮三平五　卒 4 进 1
42. 马五进六　车 8 平 4
43. 车九进二　炮 4 退 2
44. 车九退三　炮 4 进 3
45. 兵一进一　将 5 平 4
46. 兵九进一　象 5 退 7
47. 相一进三　炮 4 退 1
48. 炮五平三　象 7 进 5
49. 车九平五　车 4 进 1
50. 相七进五　车 4 平 1
51. 炮三平一　车 1 平 4
52. 炮一进四　象 5 退 7
53. 炮一进三　将 4 进 1
54. 炮一退一　将 4 退 1
55. 车五平八　将 4 平 5
56. 车八平三　炮 4 退 1
57. 炮一退三　象 7 进 9
58. 炮一平二　车 4 退 3
59. 兵一进一　车 4 平 8
60. 车三平六　士 5 进 4
61. 车六平五　士 6 进 5
62. 车五平八　象 9 进 7
63. 炮二进一　炮 4 退 1
64. 兵一进一　象 7 退 5
65. 炮二平七　车 8 进 7
66. 仕五退四　卒 4 进 1
67. 炮七进一　象 5 退 3
68. 仕六进五　卒 4 进 1
69. 炮七退三　车 8 退 5
70. 兵一进一　车 8 平 1
71. 炮七退四　车 1 平 3
72. 炮七进四　象 3 进 5
73. 车八进三　车 3 平 1
74. 炮七退四　车 1 进 5
75. 炮七平八　车 1 退 1
76. 炮八进一　车 1 进 1
77. 炮八退一　车 1 退 1
78. 炮八进一　车 1 进 1
79. 炮八退一　车 1 退 1

第 275 局　许银川 和 赵鑫鑫

1. 炮二平五　马 8 进 7
2. 马二进三　车 9 平 8
3. 车一平二　马 2 进 3
4. 兵七进一　卒 7 进 1
5. 车二进六　炮 8 平 9
6. 车二平三　炮 9 退 1
7. 马八进七　士 4 进 5
8. 炮八平九　车 1 平 2

9. 车九平八　炮 9 平 7　**10.** 车三平四　马 7 进 8
11. 车四进二　炮 7 进 5　**12.** 相三进一　炮 2 进 4
13. 兵五进一　卒 7 进 1　**14.** 相一进三　炮 7 平 3
15. 炮九进四　马 8 退 7　**16.** 车四平三　马 3 进 1
17. 车三退一　卒 3 进 1　**18.** 炮五进四　象 7 进 5
19. 相三退五　卒 3 进 1　**20.** 相五进七　马 1 进 3
21. 兵五进一　车 8 进 4　**22.** 相七进五　车 8 平 5
23. 炮五平二　车 5 平 8　**24.** 车三退一　炮 3 平 1
25. 仕六进五　炮 1 退 1　**26.** 马三进五　车 2 进 2
27. 车三平七　士 5 退 4　**28.** 炮二平四　马 3 进 5
29. 马五进三　炮 2 平 3　**30.** 车八进七　炮 3 退 3
31. 炮四平五　士 6 进 5　**32.** 马七进五　马 5 退 3
33. 车八退二　炮 1 平 7　**34.** 马五进三　车 8 平 7
35. 炮五退三　炮 3 平 7

第 276 局　刘殿中 负 郝继超

1. 炮二平五　马 8 进 7　**2.** 马二进三　车 9 平 8
3. 车一平二　马 2 进 3　**4.** 兵七进一　卒 7 进 1
5. 车二进六　炮 8 平 9　**6.** 车二平三　炮 9 退 1
7. 马八进七　士 4 进 5　**8.** 炮八平九　车 1 平 2
9. 车九平八　炮 9 平 7　**10.** 车三平四　马 7 进 8
11. 车四进二　炮 7 进 5　**12.** 相三进一　炮 2 进 4
13. 兵五进一　卒 7 进 1　**14.** 相一进三　炮 7 平 3
15. 炮九进四　卒 3 进 1　**16.** 炮九进三　车 2 平 1
17. 车八进三　炮 3 进 3　**18.** 仕六进五　炮 3 退 4
19. 兵五进一　炮 3 平 5　**20.** 马七进六　卒 5 进 1
21. 车四退三　车 1 进 3　**22.** 车四平五　马 8 退 6
23. 车五平七　马 6 进 4　**24.** 马六进八　车 1 平 2
25. 车七退一　炮 5 退 2　**26.** 马三进五　车 8 进 6

27. 帅五平六　炮 5 进 4
28. 相三退五　车 2 进 1
29. 车八进二　马 3 进 2
30. 马五进六　车 8 平 4
31. 帅六平五　车 4 退 2
32. 车七进五　士 5 退 4
33. 兵一进一　车 4 平 5
34. 相五退七　马 2 进 4
35. 车七退六　象 7 进 5
36. 车七平六　马 4 退 5
37. 车六平一　士 4 进 5
38. 车一平四　车 5 进 1
39. 车四平一　车 5 平 6
40. 仕五进六　马 5 进 7

第 277 局　程进超 胜 熊学元

1. 炮二平五　马 8 进 7
2. 马二进三　车 9 平 8
3. 车一平二　马 2 进 3
4. 兵七进一　卒 7 进 1
5. 车二进六　炮 8 平 9
6. 车二平三　炮 9 退 1
7. 马八进七　士 4 进 5
8. 炮八平九　车 1 平 2
9. 车九平八　炮 9 平 7
10. 车三平四　马 7 进 8
11. 车四进二　炮 7 进 5
12. 相三进一　炮 2 进 4
13. 兵五进一　炮 7 平 3
14. 兵五进一　卒 5 进 1
15. 马七进五　车 8 进 2
16. 马五进六　车 8 平 4
17. 马六退七　马 8 进 7
18. 仕四进五　车 4 进 4
19. 车八进二　炮 2 退 5
20. 车四退二　车 4 平 3
21. 车八进五　象 3 进 5
22. 炮五平四　车 3 退 1
23. 车四退三　卒 7 进 1
24. 相七进五　车 3 平 5
25. 炮九平七　马 3 退 4
26. 炮七进一　士 5 进 6
27. 炮七平八　车 5 进 2
28. 相一进三　车 5 退 2
29. 车四平三

第 278 局　张学潮 胜 李雪松

1. 炮二平五　马 8 进 7
2. 马二进三　卒 7 进 1
3. 车一平二　车 9 平 8
4. 车二进六　马 2 进 3

5. 兵七进一 炮3平9
6. 车二平三 炮9退1
7. 马八进七 士4进5
8. 炮八平九 车1平2
9. 车九平八 炮9平7
10. 车三平四 马7进8
11. 车四进二 炮7进5
12. 相三进一 炮2进4
13. 兵五进一 卒7进1
14. 车四退五 炮2进2
15. 相一进三 象7进5
16. 仕四进五 车8平7
17. 相三退一 车7进4
18. 炮九平八 炮2平3
19. 炮八进五 车7平4
20. 兵五进一 卒5进1
21. 车四进二 马8退7
22. 马七进五 马7进6
23. 马五进六 马3退4
24. 马三进五 马6进5
25. 马六退五 炮7退2
26. 车八进三 卒1进1
27. 炮五平二 士5进6
28. 马五进三 卒5进1
29. 炮二进二 卒5进1
30. 马三进五 士6进5
31. 炮二平五 将5平6
32. 马五进三 炮3平4
33. 车八进二 炮4退5
34. 炮八进一 炮4平5
35. 炮五平四 马4进6
36. 马三进四 将6平5
37. 马四退二

第279局 聂铁文 负 蒋川

1. 炮二平五 马3进7
2. 马二进三 车9平8
3. 车一平二 卒7进1
4. 车二进六 马2进3
5. 兵七进一 炮3平9
6. 车二平三 炮9退1
7. 马八进七 士4进5
8. 炮八平九 车1平2
9. 车九平八 炮9平7
10. 车三平四 马7进8
11. 车四进二 炮7进5
12. 相三进一 炮2进4
13. 兵五进一 炮7平3
14. 兵五进一 卒5进1
15. 马七进五 车8进2
16. 马五进六 炮3平1
17. 仕四进五 马8进7
18. 车八进二 马3退4
19. 兵七进一 马4进5
20. 马六进七 车2进2

21. 兵七进一　马5进3　22. 马七进五　士6进5
23. 车四平五　将5平6　24. 车八平七　炮2平5
25. 车七进四　炮5退5　26. 炮五进六　车2进5

第280局　刘君 和 王琳娜

1. 炮二平五　马8进7　2. 马二进三　车9平8
3. 车一平二　马2进3　4. 兵七进一　卒7进1
5. 车二进六　炮8平9　6. 车二平三　炮9退1
7. 马八进七　士4进5　8. 炮八平九　车1平2
9. 车九平八　炮9平7　10. 车三平四　马7进8
11. 车四进二　炮7进5　12. 相三进一　炮2进4
13. 兵五进一　卒7进1　14. 车四退五　炮2进2
15. 相一进三　象7进5　16. 仕六进五　车8平7
17. 相三退一　车7进4　18. 炮九平八　炮2平3
19. 炮八进六　卒3进1　20. 车八进七　车7平4
21. 兵五进一　卒5进1　22. 马三进五　炮7平5
23. 马七进五　车4进2　24. 炮五进三　炮3退2
25. 车八平七　将5平4　26. 车七平八　炮3平5
27. 仕五进六　车4进1　28. 车八退四　车2进1
29. 车八进五　车4平5　30. 仕四进五　车5平2
31. 车四平五　车2退6　32. 车五平六　车2平4

第281局　杨德琪 负 王跃飞

1. 炮二平五　马8进7　2. 马二进三　车9平8
3. 车一平二　卒7进1　4. 车二进六　马2进3
5. 兵七进一　炮8平9　6. 车二平三　炮9退1
7. 马八进七　士4进5　8. 炮八平九　车1平2
9. 车九平八　炮9平7　10. 车三平四　马7进8

11. 车四进二 炮7进5
12. 相三进一 炮2进4
13. 马七进六 马8退7
14. 仕四进五 车8进5
15. 兵五进一 车8平5
16. 车四退五 炮2进1
17. 兵七进一 卒3进1
18. 车四平三 车5平4
19. 车三进二 车4退3
20. 马三进五 炮2退3
21. 车三平七 象7进5
22. 车七进一 炮2平7
23. 车八进九 马3退2
24. 炮五进四 车4平3
25. 车七平八 车3进4
26. 马五进六 炮7平5
27. 相七进五 车3退2
28. 车八进三 马7进5
29. 车八退三 马5进7
30. 马六退五 炮5进3
31. 仕五进四 车3进2
32. 马五进六 车3平4
33. 马六进四 马7进8
34. 帅五平四 炮5退1
35. 炮九进四 炮5平6
36. 帅四平五 马8进7
37. 帅五进一 将5平4

第282局 王晓华 胜 唐丹

1. 炮二平五 马8进7
2. 马二进三 车9平8
3. 车一平二 马2进3
4. 兵七进一 卒7进1
5. 车二进六 炮8平9
6. 车二平三 炮9退1
7. 马八进七 士4进5
8. 炮八平九 炮9平7
9. 车三平四 马7进8
10. 车九平八 车1平2
11. 车四进二 炮7进5
12. 相三进一 炮2进4
13. 兵五进一 炮7平3
14. 马三进四 炮2退5
15. 车四退三 卒7进1
16. 马四退三 象3进5
17. 马三进五 卒7平6
18. 兵五进一 卒6平5
19. 炮五进二 马8退7
20. 车四进一 车8进4
21. 兵五平四 卒5进1
22. 炮五进三 象7进5
23. 马五进六 车8平6
24. 马六进七 车2平3
25. 车四平三 车6平7
26. 车三退一 象5进7

27. 后马进五　卒 5 进 1
28. 马五退六　车 3 进 2
29. 马六进七　炮 2 平 4
30. 炮九进四　车 3 平 1
31. 炮九退二　卒 5 进 1
32. 马七进五　马 7 进 5
33. 车八进六　马 5 进 6
34. 相一进三　炮 4 平 1
35. 炮九平八　炮 1 进 5
36. 车八平七　马 6 进 7
37. 马五进六　车 1 平 4
38. 兵七进一　炮 1 平 4
39. 炮八平六

第 283 局　王跃飞 负 陈富杰

1. 炮二平五　马 8 进 7
2. 马二进三　车 9 平 8
3. 车一平二　马 2 进 3
4. 兵七进一　卒 7 进 1
5. 车二进六　炮 8 平 9
6. 车二平三　炮 9 退 1
7. 马八进七　士 4 进 5
8. 炮八平九　车 1 平 2
9. 车九平八　炮 9 平 7
10. 车三平四　马 7 进 8
11. 车四进二　炮 7 进 5
12. 相三进一　炮 2 进 4
13. 兵五进一　卒 7 进 1
14. 车四退五　炮 2 进 2
15. 相一进三　象 7 进 5
16. 仕四进五　车 8 平 7
17. 车四进二　车 7 进 4
18. 车四平三　炮 7 退 2
19. 马三进二　炮 7 平 1
20. 炮九平八　炮 2 平 3
21. 兵七进一　炮 3 退 4
22. 兵九进一　炮 3 进 5
23. 车八平七　炮 1 平 3
24. 车七平八　车 2 进 6
25. 马二退三　马 8 退 6
26. 马三进五　车 2 平 3
27. 车八平七　炮 3 进 3
28. 马五退七　马 6 进 7
29. 炮五平四　卒 3 进 1
30. 炮八退二　卒 3 进 1
31. 马七退九　车 3 平 5
32. 炮四退一　车 5 退 1
33. 马九进八　马 7 进 5
34. 马八退六　车 5 平 6
35. 炮四平一　马 3 进 4
36. 炮一进五　卒 3 进 1
37. 炮八进一　士 5 退 4
38. 炮一平九　卒 3 进 1
39. 马六退四　马 5 进 6
40. 炮八平四　车 6 进 3

41. 车七进二	马4进2	**42.** 车七平八	马2进4
43. 车八平六	车6退2	**44.** 兵一进一	车6平9
45. 兵九进一	马4退6	**46.** 仕五退四	马6进8
47. 仕六进五	车9退1	**48.** 车六进一	马8进7
49. 帅五平六	士6进5	**50.** 仕五进六	卒5进1
51. 炮九平五	车9平7	**52.** 车六平一	将5平6
53. 炮五平八	车7平2	**54.** 炮八退一	马7退5
55. 仕四进五	车2进4	**56.** 帅六进一	马5退4
57. 车一平六	马4退3	**58.** 车六平九	将6平5
59. 车九进一	士5退6	**60.** 仕五进四	士4进5
61. 帅六平五	车2退2	**62.** 帅五平六	车2进1
63. 帅六退一	车2进1	**64.** 帅六进一	象3进1
65. 仕六退五	马3退2	**66.** 车九平六	车2退1
67. 帅六退一	车2进1	**68.** 帅六进一	车2平1
69. 车六进一	车1退1	**70.** 帅六退一	车1进1
71. 帅六进一	车1退1	**72.** 帅六退一	车1退4
73. 帅六平五	马2进4	**74.** 仕五退六	卒5进1
75. 仕四退五	马4进3	**76.** 炮八退三	车1进2
77. 炮八平四	车1平8	**78.** 车六退三	卒5进1
79. 炮四退二	车8退3	**80.** 仕五进四	车8平5
81. 仕四退五	卒5进1	**82.** 车六进三	车5平3

第284局　吴贵临 胜 赵国荣

1. 炮二平五	马8进7	**2.** 马二进三	车9平8
3. 车一平二	卒7进1	**4.** 车二进六	马2进3
5. 兵七进一	炮8平9	**6.** 车二平三	炮9退1
7. 马八进七	士4进5	**8.** 炮八平九	车1平2
9. 车九平八	炮9平7	**10.** 车三平四	马7进8
11. 车四进二	炮7进5	**12.** 相三进一	炮2进4

13. 兵五进一　炮7平3　14. 马三进四　炮2退5
15. 车四退三　卒7进1　16. 马四退三　象3进5
17. 兵五进一　卒5进1　18. 相一进三　炮2进5
19. 车四平五　车8进3　20. 炮九退一　马8进7
21. 炮九平三　马7进5　22. 相七进五　车8平5
23. 车五平四　车5平4　24. 仕六进五　车4进3
25. 兵一进一　炮2进1　26. 车四平五　车4平6
27. 马三进二　车6平8　28. 马二进三　车8平7
29. 炮三平二　车7平8　30. 炮二平三　车8平7
31. 炮三平二　车7平8　32. 炮二平三　车8进2
33. 炮三退一　炮3平7　34. 马三进四　象5退3
35. 兵七进一　卒3进1　36. 车五平七　马3退4
37. 车七退二　炮7进2　38. 车七平三　马4进3
39. 马七进六　炮2退6　40. 马四退五　马3进5
41. 马六进五　炮2进7　42. 马五进六　车2进1
43. 车三平七　车2平4　44. 车八进一　车4退1
45. 仕五退六　象7进5　46. 车八平四　车8平9
47. 车七平三　炮7平8　48. 车四平三　车4进5
49. 前车平二　将5平4　50. 仕六进五　卒1进1
51. 车三平二　车9退3　52. 前车平七　卒1进1
53. 兵九进一　车4平1　54. 车二进五　车1平4
55. 相三退一　士5进6　56. 炮三进九　象5退7
57. 车七进六　将4进1　58. 相一进三　车9退1
59. 车二平七　将4平5　60. 前车平四　车9平6
61. 车四平三

第285局　于幼华 胜 尚威

1. 炮二平五　马8进7　2. 马二进三　卒7进1
3. 车一平二　车9平8　4. 车二进六　马2进3

5. 兵七进一　炮 8 平 9　**6.** 车二平三　炮 9 退 1
7. 马八进七　士 4 进 5　**8.** 炮八平九　车 1 平 2
9. 车九平八　炮 9 平 7　**10.** 车三平四　马 7 进 8
11. 车四进二　炮 7 进 5　**12.** 相三进一　炮 2 进 4
13. 马七进六　马 8 退 7　**14.** 仕四进五　车 8 进 5
15. 兵五进一　车 8 平 5　**16.** 车四退五　炮 2 进 1
17. 车四平三　马 7 进 6　**18.** 车三平七　马 6 进 4
19. 马三进五　车 5 平 8　**20.** 马五进六　炮 2 退 3
21. 车七平六　马 3 退 4　**22.** 炮九平七　后马进 5
23. 车八进四　卒 5 进 1　**24.** 马六进五　象 7 进 5
25. 兵七进一　卒 5 进 1　**26.** 兵七平八　车 2 进 4
27. 车八进一　马 4 退 2　**28.** 车六进五　马 2 进 4
29. 炮七进七　马 4 进 5　**30.** 相七进五　车 8 进 1
31. 炮七平九　车 8 平 9　**32.** 相一退三　卒 5 进 1
33. 车六平七　将 5 平 4　**34.** 车七进一　将 4 进 1
35. 车七退三　卒 9 进 1　**36.** 车七平九　卒 9 进 1
37. 兵九进一　卒 9 平 8　**38.** 兵九进一　卒 7 进 1
39. 车九平六　士 5 进 4　**40.** 相五进三　卒 8 平 7
41. 兵九平八　车 9 进 3　**42.** 车六平五　卒 5 平 6
43. 车五进一　卒 6 进 1　**44.** 炮九退八　车 9 平 7
45. 仕五退四　车 7 退 3　**46.** 炮九平六　士 4 退 5
47. 仕六进五　将 4 退 1　**48.** 仕五进四　车 7 平 2
49. 车五平六　将 4 平 5　**50.** 车六退二　车 2 进 3
51. 炮六退一　车 2 退 4　**52.** 仕四进五　卒 7 进 1
53. 兵八平七　车 2 平 5　**54.** 车六平四　卒 7 进 1
55. 帅五平四　卒 7 进 1　**56.** 炮六进一　车 5 平 8
57. 帅四平五　车 8 进 4　**58.** 仕五退四　车 8 退 4
59. 仕四退五　车 8 平 7　**60.** 车四平五　卒 7 进 1
61. 炮六进一　车 7 平 3　**62.** 仕五进四　车 3 进 4
63. 帅五进一　卒 7 平 6　**64.** 帅五平四　卒 6 平 7

65. 仕四退五　车 3 退 3　**66.** 车五平四　车 3 平 5
67. 兵七平六　车 5 平 8　**68.** 帅四进一　车 8 平 5
69. 炮六平五　将 5 平 4　**70.** 车四进一

第 286 局　陶汉明 和 许银川

1. 炮二平五　马 8 进 7　**2.** 马二进三　车 9 平 8
3. 车一平二　卒 7 进 1　**4.** 车二进六　马 2 进 3
5. 兵七进一　炮 8 平 9　**6.** 车二平三　炮 9 退 1
7. 马八进七　士 4 进 5　**8.** 炮八平九　车 1 平 2
9. 车九平八　炮 9 平 7　**10.** 车三平四　马 7 进 8
11. 车四进二　炮 7 进 5　**12.** 相三进一　炮 2 进 4
13. 兵五进一　卒 7 进 1　**14.** 相一进三　炮 7 平 3
15. 兵五进一　卒 5 进 1　**16.** 马七进五　车 8 进 3
17. 马五进六　车 8 平 4　**18.** 马六退七　车 4 进 3
19. 车八进一　车 4 平 3　**20.** 车八平四　马 8 退 7
21. 炮九平八　炮 2 平 9　**22.** 马三进一　车 2 进 7
23. 炮五平三　车 3 平 7　**24.** 相七进五　车 2 退 1
25. 后车进一　马 3 进 5　**26.** 前车退二　象 7 进 5
27. 兵九进一　卒 5 进 1　**28.** 马一退二　马 7 进 8
29. 马二进三　马 8 退 6　**30.** 车四进四　车 2 平 7
31. 车四平五　车 7 进 1　**32.** 车五退二

第 287 局　郑乃东 负 赵国荣

1. 炮二平五　马 8 进 7　**2.** 马二进三　车 9 平 8
3. 车一平二　马 2 进 3　**4.** 兵七进一　卒 7 进 1
5. 车二进六　炮 8 平 9　**6.** 车二平三　炮 9 退 1
7. 马八进七　士 4 进 5　**8.** 炮八平九　炮 9 平 7
9. 车三平四　马 7 进 8　**10.** 车九平八　车 1 平 2

11. 车四进二　炮7进5　　12. 相三进一　炮2进4
13. 马七进六　马8退7　　14. 仕四进五　车8进5
15. 兵五进一　车8平5　　16. 车四退五　炮2进1
17. 马六进七　卒7进1　　18. 相一进三　车5平7
19. 兵七进一　马7进8　　20. 仕五进六　炮2退2
21. 兵七平六　象7进5　　22. 仕六退五　车7平3
23. 马七退八　马3进4　　24. 炮九进四　车3平2
25. 车八进四　车2进5　　26. 炮九平一　车2平7
27. 炮一退二　车7退2　　28. 兵九进一　马4进6
29. 兵九进一　卒5进1　　30. 马三进五　马6进4
31. 马五进四　马4进3　　32. 帅五平四　车7平6
33. 炮五平四　炮7退1　　34. 炮一进五　象5退7
35. 炮一退四　象3进5　　36. 兵一进一　炮7平3
37. 车四平七　炮3平6　　38. 炮四平二　马8进7
39. 车七平三　车6进1　　40. 车三平七　马3进1
41. 相七进五　车6平8　　42. 车七进一　卒5进1
43. 车七退四　车8进3　　44. 车七平九　车8进2
45. 帅四进一　卒5进1　　46. 车九进四　车8退4
47. 帅四退一　卒5进1　　48. 车九平八　炮6平3

第238局　于幼华 负 张强

1. 炮二平五　马8进7　　2. 马二进三　车9平8
3. 车一平二　马2进3　　4. 兵七进一　卒7进1
5. 车二进六　炮8平9　　6. 车二平三　炮9退1
7. 马八进七　士4进5　　8. 炮八平九　车1平2
9. 车九平八　炮9平7　　10. 车三平四　马7进8
11. 车四进二　炮7进5　　12. 相三进一　炮2进4
13. 兵五进一　炮7平3　　14. 马三进四　马8进7
15. 马四进五　炮3平9　　16. 马五进三　炮2平5

17. 炮五平三　车2进9
18. 马三进二　车2退3
19. 马二退三　马3进5
20. 车四退二　马7进9
21. 马七进五　车2平5
22. 仕四进五　马9进7
23. 帅五平四　车5平8
24. 车四平五　车8进3
25. 帅四进一　炮9进2
26. 帅四进一　车8退3
27. 车五平四　卒7进1
28. 马三进五　象7进5
29. 马五退七　士6进5
30. 炮九退一　车8进1

第289局　赵国荣 和 李来群

1. 炮二平五　马8进7
2. 马二进三　车9平8
3. 车一平二　马2进3
4. 兵七进一　卒7进1
5. 车二进六　炮8平9
6. 车二平三　炮9退1
7. 马八进七　士4进5
8. 炮八平九　车1平2
9. 车九平八　炮9平7
10. 车三平四　马7进8
11. 车四进二　炮7进5
12. 相三进一　炮2进4
13. 兵五进一　卒7进1
14. 相一进三　炮7平3
15. 兵五进一　卒5进1
16. 马七进五　车8进3
17. 马五进六　车8平4
18. 马六退七　车4进3
19. 车八进一　车4平3
20. 车八平四　马8退7
21. 炮九平八　炮2平9
22. 马三进一　车2进7
23. 炮五平三　车3平7
24. 相七进五　马3进5
25. 前车退二　车2退5
26. 后车进一　卒5进1
27. 马一退二　车7平4
28. 仕四进五　马5进6
29. 炮三进一　象7进9
30. 炮三进四　车2平7
31. 前车平七　车4平1
32. 车七进三　士5退4
33. 车七退三　车7平8
34. 马二退四　卒9进1
35. 车七平一　车1平9
36. 车一平九　士6进5
37. 兵七进一　卒9进1
38. 车九退二　车9平5
39. 马四进三　车5平7
40. 马三退四　车8平5

41. 车四平二　车7平6　42. 马四进三　车6平7
43. 马三退四　车7平6　44. 马四进三　车6平7
45. 马三退四　卒9进1　46. 车二进七　士5退6
47. 车二退四　卒9平8　48. 兵七平六　车7平6
49. 兵六平五　车6平5　50. 马四进二　马6进7
51. 马二退四　马7退6　52. 马四进二　马6进7
53. 马二退四　卒8平7　54. 马四进三　卒7进1
55. 兵五平六　士6进5　56. 车二平五　后车平6
57. 车九平五　车5平8　58. 相五退三　卒7进1
59. 后车退二　车6进3　60. 前车退一

第290局　于幼华 负 赵国荣

1. 炮二平五　马8进7　2. 马二进三　车9平8
3. 车一平二　马2进3　4. 兵七进一　卒7进1
5. 车二进六　炮8平9　6. 车二平三　炮9退1
7. 马八进七　士4进5　8. 炮八平九　车1平2
9. 车九平八　炮9平7　10. 车三平四　马7进8
11. 车四进二　炮7进5　12. 相三进一　炮2进4
13. 兵五进一　炮7平3　14. 兵五进一　卒5进1
15. 马七进五　车8进2　16. 马五进六　炮3平1
17. 仕四进五　马8进7　18. 车八进二　马3退4
19. 兵七进一　马4进5　20. 马六进七　车2进2
21. 兵七进一　马5进3　22. 马七进五　士6进5
23. 车四平五　将5平6　24. 车五进一　将6进1
25. 车五退一　将6退1　26. 车八平六　车8平4
27. 车五退二　马3退5　28. 车五退一　车4进5
29. 仕五进六　炮2进1　30. 炮五平八　车2进5
31. 车五退二　马7进9　32. 车五平四　将6平5
33. 马三进二　马9进7　34. 车四退二　马7退8

第 291 局　胡荣华 和 赵国荣

1. 炮二平五　马 8 进 7
2. 马二进三　车 9 平 8
3. 车一平二　马 2 进 3
4. 兵七进一　卒 7 进 1
5. 车二进六　炮 8 平 9
6. 车二平三　炮 9 退 1
7. 马八进七　士 4 进 5
8. 炮八平九　炮 9 平 7
9. 车三平四　马 7 进 8
10. 车九平八　车 1 平 2
11. 车四进二　炮 7 进 5
12. 相三进一　炮 2 进 4
13. 兵五进一　炮 7 平 3
14. 马三进四　炮 2 退 5
15. 车四退三　卒 7 进 1
16. 马四退三　象 3 进 5
17. 兵五进一　卒 5 进 1
18. 马七进五　卒 5 进 1
19. 炮五进二　卒 7 平 6
20. 马三进四　马 8 进 6
21. 车四退一　车 8 进 6
22. 马五进三　炮 3 平 2
23. 车八平九　前炮平 5
24. 炮九平三　马 3 进 5
25. 车四退二　车 2 平 4
26. 车九进二　车 4 进 5
27. 马三进四　卒 3 进 1
28. 车九平八　炮 5 平 2
29. 炮三进二　车 4 进 1
30. 车八平六　卒 3 进 1
31. 炮三平七　后炮平 3
32. 仕六进五　炮 2 退 3
33. 车六平八　车 4 平 2
34. 车八进一　车 8 平 2
35. 相七进九　炮 2 平 6
36. 车四进四　马 5 进 3
37. 炮七进四　马 3 进 5
38. 车四平九　车 2 平 9

第 292 局　李来群 负 胡荣华

1. 炮二平五　马 8 进 7
2. 马二进三　车 9 平 8
3. 车一平二　卒 7 进 1
4. 车二进六　马 2 进 3
5. 兵七进一　士 4 进 5
6. 马八进七　炮 8 平 9
7. 车二平三　炮 9 退 1
8. 炮八平九　炮 9 平 7
9. 车三平四　马 7 进 8
10. 车九平八　车 1 平 2

11. 车四进二 炮7进5
12. 相三进一 炮2进4
13. 兵五进一 炮7平3
14. 兵五进一 卒5进1
15. 马七进五 车8进2
16. 马五进六 炮3平1
17. 仕四进五 马8进7
18. 车八进二 马3退4
19. 兵七进一 马4进5
20. 帅五平四 马7进5
21. 炮九平五 卒3进1
22. 马三进五 炮1进2
23. 仕五进六 车2进2
24. 炮五进三 将5平4
25. 炮五进一 车8进7
26. 帅四进一 马5退3
27. 车四退四 车8退3
28. 相一退三 炮1退4
29. 仕六退五 炮1平4
30. 马五进六 车8平4
31. 马六进四 车2平6
32. 车八平四 卒9进1
33. 帅四退一 炮2平9
34. 炮五退一 卒7进1
35. 马四退三 炮9平6
36. 后车平六 车4进1
37. 车四进三 士5进6
38. 仕五进六 卒9进1
39. 炮五退一 炮6退1
40. 马三进二 卒9进1
41. 马二进四 象7进5

第293局 陶汉明 负 许银川

1. 炮二平五 马8进7
2. 马二进三 卒7进1
3. 车一平二 车9平8
4. 车二进六 马2进3
5. 兵七进一 炮8平9
6. 车二平三 炮9退1
7. 马八进七 士4进5
8. 炮八平九 车1平2
9. 车九平八 炮9平7
10. 车三平四 马7进8
11. 车四进二 炮7进5
12. 相三进一 炮2进4
13. 马七进六 马8退7
14. 仕四进五 车8进5
15. 兵五进一 车8平5
16. 车四退五 炮2进1
17. 兵七进一 车5平4
18. 车四平三 卒7进1
19. 车三平七 卒3进1
20. 车七进二 车4退3
21. 车七进一 象7进5
22. 马三进五 卒7平6

23. 马五进七　炮2退6　24. 车八进七　炮2平3
25. 车八平七　炮3进2　26. 车七退一　车2进4
27. 炮九进四　象3进1　28. 炮九平八　卒6平5
29. 炮五进四　车4进2　30. 马七进六　车2平3
31. 车七退一　车4平3　32. 炮五平二　卒5平4
33. 相七进五　士5进4　34. 炮八进一　车3平4
35. 马六进四　将5进1　36. 相一退三　车4平6
37. 炮二进一　象1退3　38. 兵一进一　将5平6
39. 炮八进一　车6平8　40. 炮二平一　卒9进1

第294局　刘殿中 胜 袁洪梁

1. 炮二平五　马8进7　2. 马二进三　车9平8
3. 车一平二　卒7进1　4. 车二进六　马2进3
5. 兵七进一　炮8平9　6. 车二平三　炮9退1
7. 马八进七　士4进5　8. 炮八平九　炮9平7
9. 车三平四　马7进8　10. 车九平八　车1平2
11. 车四进二　炮7进5　12. 相三进一　炮2进4
13. 兵五进一　卒7进1　14. 相一进三　炮7平3
15. 炮九进四　马8进9　16. 炮九平五　象3进5
17. 马三进一　炮2平9　18. 车八进九　马3退2
19. 相三退一　炮3进3　20. 仕六进五　车8进6
21. 车四退三　马2进3　22. 车四平八　车8平4
23. 兵五进一　卒3进1　24. 车八进二　马3进5
25. 兵五进一　炮9平5　26. 马七进五　车4平5

第295局　刘沛罡 胜 蔚强

1. 炮二平五　马8进7　2. 马二进三　车9平8
3. 车一平二　卒7进1　4. 车二进六　马2进3

5. 兵七进一　炮 8 平 9　**6.** 车二平三　炮 9 退 1
7. 马八进七　士 4 进 5　**8.** 炮八平九　车 1 平 2
9. 车九平八　炮 9 平 7　**10.** 车三平四　马 7 进 8
11. 车四进二　炮 7 进 5　**12.** 相三进一　炮 2 进 4
13. 马七进六　马 8 退 7　**14.** 仕四进五　车 8 进 5
15. 兵五进一　车 8 平 5　**16.** 车四退五　车 5 平 4
17. 车四平八　车 2 进 6　**18.** 车八进三　卒 7 进 1
19. 车八进四　马 3 退 4　**20.** 马三进五　象 7 进 5
21. 马五进三　车 4 退 1　**22.** 车八退四　马 7 进 8
23. 炮九进四　马 4 进 3　**24.** 炮九进三　士 5 退 4
25. 兵七进一　卒 3 进 1　**26.** 炮九退四　卒 3 进 1
27. 炮九平二　车 4 平 8　**28.** 车八平三　车 8 平 7
29. 车三平五　士 4 进 5　**30.** 炮五进四　马 3 进 5
31. 车五进三　车 7 平 1　**32.** 马三进二　士 5 进 4
33. 车五平六　士 6 进 5　**34.** 马二进三　将 5 平 4
35. 车六平一　士 5 退 6　**36.** 车一平六　士 6 进 5
37. 车六退三　卒 3 平 2　**38.** 马三退四　将 4 平 5
39. 车六平二　象 5 退 7　**40.** 兵一进一　象 3 进 5
41. 相七进五　车 1 退 1　**42.** 车二平四　车 1 进 1
43. 车四进一　车 1 进 2　**44.** 车四平八　象 5 退 3
45. 兵一进一　车 1 退 3　**46.** 车八平四　将 5 平 4
47. 兵一平二　车 1 平 4　**48.** 兵二平三　士 5 进 6
49. 马四退五　车 4 进 2　**50.** 车四进三　车 4 平 5
51. 车四平六　将 4 平 5　**52.** 车六退一　车 5 退 3
53. 相一退三　车 5 平 6　**54.** 兵三进一　象 7 进 5
55. 兵三平四　车 6 退 1　**56.** 仕五进四　象 3 进 1
57. 仕六进五　车 6 平 2　**58.** 帅五平六　象 5 退 3
59. 兵四进一

第 296 局　刘殿中 胜 阮武军

1. 炮二平五　马 8 进 7
2. 马二进三　卒 7 进 1
3. 车一平二　车 9 平 8
4. 车二进六　马 2 进 3
5. 兵七进一　炮 8 平 9
6. 车二平三　炮 9 退 1
7. 马八进七　士 4 进 5
8. 炮八平九　车 1 平 2
9. 车九平八　炮 9 平 7
10. 车三平四　马 7 进 8
11. 车四进二　炮 7 进 5
12. 相三进一　炮 2 进 4
13. 兵五进一　炮 7 平 3
14. 炮九进四　卒 3 进 1
15. 炮九进三　车 2 平 1
16. 车八进三　炮 3 进 3
17. 仕六进五　炮 3 退 4
18. 马七进五　车 1 进 3
19. 兵五进一　卒 5 进 1
20. 炮五进三　象 3 进 5
21. 马五进七　卒 3 进 1
22. 马三进四　车 8 进 3
23. 马四进二　车 1 平 5
24. 炮五平九　车 5 进 1
25. 炮九进四　马 3 进 2
26. 车四退四　车 8 进 1
27. 车四平七　士 5 进 6
28. 车七进五　将 5 进 1
29. 车七平四

第 297 局　郭大地 胜 郝继超

1. 炮二平五　马 8 进 7
2. 马二进三　车 9 平 8
3. 车一平二　马 2 进 3
4. 兵七进一　卒 7 进 1
5. 车二进六　炮 8 平 9
6. 车二平三　炮 9 退 1
7. 马八进七　士 4 进 5
8. 炮八平九　车 1 平 2
9. 车九平八　炮 9 平 7
10. 车三平四　马 7 进 8
11. 车四平三　马 8 退 7
12. 车三平四　马 7 进 8
13. 车四进二　炮 7 进 5
14. 相三进一　炮 2 进 4
15. 兵五进一　卒 7 进 1
16. 相一进三　炮 7 平 3
17. 兵五进一　卒 5 进 1
18. 马七进五　车 8 进 2

19. 马五进六　炮 3 平 1
20. 仕四进五　车 8 平 4
21. 帅五平四　马 8 退 7
22. 马三进四　炮 2 退 5
23. 车四退二　卒 5 进 1
24. 马六进七　车 4 平 3
25. 车八进三　炮 1 退 2
26. 马四进五　车 3 平 4
27. 车四平三　马 7 退 9
28. 车三平一　炮 1 平 6
29. 车一平四　马 9 进 7
30. 炮五平三　炮 6 平 8
31. 车四退一

第 298 局　王跃飞 胜 黄海林

1. 炮二平五　马 3 进 7
2. 马二进三　车 9 平 8
3. 车一平二　马 2 进 3
4. 兵七进一　卒 7 进 1
5. 车二进六　炮 8 平 9
6. 车二平三　炮 9 退 1
7. 马八进七　士 4 进 5
8. 炮八平九　车 1 平 2
9. 车九平八　炮 9 平 7
10. 车三平四　马 7 进 8
11. 车四进二　炮 7 进 5
12. 相三进一　炮 2 进 4
13. 兵五进一　卒 7 进 1
14. 车四退五　炮 2 进 2
15. 相一进三　象 7 进 5
16. 仕四进五　车 8 平 7
17. 车四进二　车 7 进 4
18. 车四平三　炮 7 退 2
19. 马三进二　炮 7 退 3
20. 相三退一　马 8 进 6
21. 炮五平二　炮 2 退 2
22. 相七进五　士 5 进 6
23. 马二进四　炮 7 平 6
24. 马四进五　卒 5 进 1
25. 马五退六　马 3 进 5
26. 兵五进一　马 6 进 4
27. 车八进一　马 4 退 5
28. 炮九进四　后马进 7
29. 车八平六　士 6 进 5
30. 马六进七　马 5 进 6
31. 炮二平四　车 2 平 1
32. 炮九平八　象 3 进 5
33. 炮八进三　士 5 进 4
34. 车六进六　炮 6 平 3
35. 车六平五　将 5 平 4
36. 车五平六　将 4 平 5
37. 车六进一　车 1 平 2
38. 车六平二

第 299 局　申鹏 和 黄海林

1. 炮二平五　马 8 进 7
2. 马二进三　车 9 平 8
3. 车一平二　马 2 进 3
4. 兵七进一　卒 7 进 1
5. 车二进六　炮 8 平 9
6. 车二平三　炮 9 退 1
7. 马八进七　士 4 进 5
8. 炮八平九　车 1 平 2
9. 车九平八　炮 9 平 7
10. 车三平四　马 7 进 8
11. 车四进二　炮 7 进 5
12. 相三进一　炮 2 进 4
13. 马七进六　马 8 退 7
14. 仕四进五　车 8 进 5
15. 兵五进一　车 8 平 5
16. 车四退五　炮 2 进 1
17. 车四平三　马 7 进 6
18. 车三平七　马 6 进 4
19. 马三进五　车 5 平 8
20. 马五进六　马 4 进 5
21. 炮九平五　炮 2 平 9
22. 车八进九　车 8 进 4
23. 仕五退四　马 3 退 2
24. 车七平八　马 2 进 1
25. 马六进四　车 8 退 8
26. 马四进三　车 8 平 7
27. 炮五平三　炮 9 进 2
28. 仕四进五　炮 9 平 7
29. 炮三进六　炮 7 退 8
30. 车八平五　炮 7 平 9
31. 车五进三　炮 9 进 5
32. 车五平一　炮 9 平 5
33. 相七进五　象 7 进 5
34. 车一平五　炮 5 平 2
35. 车五退一　炮 2 进 3
36. 相五退七　炮 2 退 8
37. 车五平八　炮 2 平 3
38. 相七进五　卒 1 进 1
39. 车八平四　炮 3 平 1
40. 仕五进六　卒 1 进 1
41. 兵九进一　炮 1 进 4
42. 仕六进五　炮 1 进 2
43. 车四平五　炮 1 平 2
44. 仕五进四　士 5 进 4
45. 仕六退五　炮 2 退 6
46. 车五平六　士 6 进 5
47. 车六平九　炮 2 平 3
48. 车九平六　炮 3 平 4
49. 车六平五　炮 4 退 1
50. 车五平九　士 5 进 6
51. 车九平四　士 4 退 5
52. 车四平六　将 5 平 6
53. 车六平四　炮 4 进 6
54. 车四退二　炮 4 退 2

55. 车四进二　炮4平2
56. 车四进一　将6平5
57. 车四平六　炮2平1
58. 车六平五　卒3进1
59. 兵七进一　象5进3
60. 车五平九　炮1平2
61. 车九平八　象3退5
62. 帅五平六　炮2平4
63. 帅六平五　炮4进2
64. 车八进一　炮4平9
65. 帅五平六　炮9退2
66. 车八退三　马1进3
67. 车八平一　炮9平8
68. 车一平二　炮8平9
69. 车二平一　炮9平8
70. 车一平七　马3进5
71. 车七平二　炮8平9
72. 车二平一　炮9平8
73. 车一平二　炮8平9
74. 车二平一　炮9平8
75. 车一平五　马5退4
76. 车五平二　炮8平9
77. 车二平一　炮9平8
78. 车一平二　炮8平9
79. 车二平一　炮9平8
80. 车一平二　炮8平9
81. 相五退三　马4进3
82. 车二平一　炮9平8
83. 车一平二　炮8平9
84. 车二平一　炮9平8
85. 车一平二　炮8平9
86. 车二平七　炮9退1
87. 相三进一　士5退6
88. 帅六平五　士6退5
89. 帅五平六　炮9平3
90. 车七平六　炮3退1
91. 帅六平五　马3进2
92. 车六退一　马2进3
93. 车六退二　象5进3
94. 帅五平六　象3进5
95. 帅六平五　士5进4
96. 帅五平四　士6进5
97. 仕五退六　炮3退2
98. 仕六进五　马3退2
99. 车六进二　马2退1
100. 车六进一　炮3平4
101. 车六平八　马1退3
102. 车八平五　士5进6
103. 帅四平五　炮4平3
104. 帅五平四　马3进1
105. 车五平六　士4退5
106. 帅四平五　马1进2
107. 车六退一　马2进3
108. 车六退二　炮3进3
109. 帅五平六　炮3退1
110. 帅六平五　马3退1
111. 车六进一　马1退3
112. 车六进一　象5退7
113. 帅五平四

第 300 局　吕钦 胜 黄海林

1. 炮二平五　马 8 进 7　**2.** 马二进三　车 9 平 8
3. 车一平二　马 2 进 3　**4.** 兵七进一　卒 7 进 1
5. 车二进六　炮 8 平 9　**6.** 车二平三　士 4 进 5
7. 马八进七　炮 9 退 1　**8.** 炮八平九　车 1 平 2
9. 车九平八　炮 9 平 7　**10.** 车三平四　马 7 进 8
11. 车四进二　炮 7 进 5　**12.** 相三进一　炮 2 进 4
13. 马七进六　马 8 退 7　**14.** 仕四进五　车 8 进 5
15. 兵五进一　炮 2 进 1　**16.** 车四退五　车 8 平 5
17. 兵七进一　车 5 平 4　**18.** 车四平三　卒 7 进 1
19. 车三平七　卒 3 进 1　**20.** 车七进二　车 4 退 3
21. 马三进五　卒 7 平 6　**22.** 车七进一　车 2 进 6
23. 马五进七　炮 2 平 3　**24.** 车八进三　炮 3 退 4
25. 马七进八　马 7 进 6　**26.** 车八平七　马 6 进 4
27. 炮五平六　马 4 进 6　**28.** 车七进三　马 6 进 4
29. 仕五进六　卒 5 进 1　**30.** 仕六退五　马 3 退 4
31. 马八进七　车 4 退 1　**32.** 马七退六　象 3 进 1
33. 炮九平六　士 5 进 4　**34.** 马六进四　车 4 平 6
35. 马四退五

第 301 局　王晓华 和 孙勇征

1. 炮二平五　马 8 进 7　**2.** 马二进三　车 9 平 8
3. 车一平二　马 2 进 3　**4.** 兵七进一　卒 7 进 1
5. 车二进六　炮 8 平 9　**6.** 车二平三　炮 9 退 1
7. 马八进七　士 4 进 5　**8.** 炮八平九　车 1 平 2
9. 车九平八　炮 9 平 7　**10.** 车三平四　马 7 进 8
11. 车四进二　炮 7 进 5　**12.** 相三进一　炮 2 进 4

13. 马七进六	马8退7	**14.** 仕四进五	车8进6
15. 车八进二	车2进5	**16.** 车四退五	卒3进1
17. 兵五进一	卒3进1	**18.** 马六进五	马7进5
19. 兵五进一	马5退7	**20.** 车八进一	炮7平2
21. 车四平二	炮2进3	**22.** 炮九平六	卒3平4
23. 车二平七	车2平3	**24.** 车七进一	卒4平3
25. 马三进五	炮2退8	**26.** 炮五平三	马7退9
27. 炮六进六	象7进5	**28.** 马五进七	炮2平3
29. 相七进五	炮3进4	**30.** 炮六平一	炮3平8
31. 炮一进一	炮8退5	**32.** 相一退三	马3进2
33. 炮三平一	马2进1	**34.** 后炮进四	马1进3
35. 兵一进一	将5平4	**36.** 兵一进一	马3退4
37. 兵一平二	将4进1	**38.** 兵二进一	炮8进1
39. 前炮退一	将4退1	**40.** 兵二进一	炮8平6
41. 前炮进一	将4进1	**42.** 后炮进二	将4进1
43. 兵五平六	马4退2	**44.** 后炮平三	炮6进5
45. 炮三平四	炮6平4	**46.** 炮一退三	象3进1
47. 兵二平三	卒1进1	**48.** 炮一平五	卒1进1
49. 炮四退二	将4退1	**50.** 炮四进二	将4进1
51. 炮五平二	卒1平2	**52.** 炮二进一	马2进4
53. 兵六平五	炮4平8	**54.** 兵五平六	炮8平4
55. 兵六平五	卒2平3	**56.** 炮二退四	象1退3
57. 仕五进六	马4退3	**58.** 兵五进一	卒3平4
59. 炮二退二	士5退4	**60.** 兵三平四	士4进5
61. 兵四平五	马3退5	**62.** 兵五进一	象3进5
63. 炮二平五	士5进6	**64.** 炮四平二	将4退1
65. 炮五进六	卒4平5	**66.** 炮五平八	炮4平6
67. 炮八退三	炮6平8	**68.** 炮二退二	卒5进1
69. 相五进七	士6进5	**70.** 仕六进五	士5进4
71. 炮二平九	将4平5	**72.** 炮九退五	卒5平4

73. 相三进五　炮 8 退 6　**74.** 仕五进四　卒 4 进 1
75. 炮九平五　将 5 平 4　**76.** 炮五平二　炮 8 平 6
77. 仕四退五　炮 6 平 5　**78.** 炮八进一　炮 5 进 6
79. 炮八平五　卒 7 进 1　**80.** 炮二进五　将 4 退 1
81. 炮二平六　士 4 退 5　**82.** 炮五平六　将 4 平 5
83. 前炮退四　炮 5 退 2　**84.** 前炮进一　炮 5 退 1
85. 后炮进三　卒 7 平 6　**86.** 后炮平五　将 5 平 6
87. 炮六平八　士 5 进 4　**88.** 炮八退二　卒 6 进 1
89. 炮八退一　卒 6 平 5　**90.** 炮五平四　士 6 退 5
91. 炮八进二　炮 5 进 1　**92.** 相五进三　将 6 进 1
93. 炮八退三　将 6 退 1　**94.** 炮八平一　将 6 平 5

第 302 局　熊艳 负 王琳娜

1. 炮二平五　马 8 进 7　**2.** 马二进三　车 9 平 8
3. 车一平二　马 2 进 3　**4.** 兵七进一　卒 7 进 1
5. 车二进六　炮 8 平 9　**6.** 车二平三　炮 9 退 1
7. 马八进七　士 4 进 5　**8.** 炮八平九　车 1 平 2
9. 车九平八　炮 9 平 7　**10.** 车三平四　马 7 进 8
11. 车四进二　炮 7 进 5　**12.** 相三进一　炮 2 进 4
13. 兵五进一　卒 7 进 1　**14.** 车四退五　炮 2 进 2
15. 相一进三　象 7 进 5　**16.** 仕六进五　车 8 平 7
17. 相三退一　车 7 进 4　**18.** 炮九平八　炮 2 平 3
19. 炮八进五　卒 3 进 1　**20.** 兵五进一　卒 5 进 1
21. 马七进六　卒 3 进 1　**22.** 炮八平五　象 3 进 5
23. 炮五进五　将 5 平 4　**24.** 马六进五　车 2 进 9
25. 车四平六　士 5 进 4　**26.** 车六进四　将 4 平 5
27. 马五退三　马 3 退 2　**28.** 炮五退一　将 5 进 1
29. 后马进五　车 2 平 3　**30.** 仕五退六　炮 3 平 8
31. 马五进四　炮 7 进 3　**32.** 帅五进一　车 3 退 1

33. 帅五进一 车3退1
34. 帅五退一 炮7退1
35. 帅五退一 炮7进1
36. 帅五进一 车3进1
37. 帅五进一 炮7退2
38. 马三退四 马8进7
39. 前马进五 将5平6
40. 马五进六 将6平5
41. 车六平二 将5平4
42. 马六退八 卒5进1
43. 马八退七 马2进3
44. 车二进一 士6进5

第303局 高华 胜 王琳娜

1. 炮二平五 马8进7
2. 马二进三 车9平8
3. 车一平二 马2进3
4. 兵七进一 卒7进1
5. 车二进六 炮8平9
6. 车二平三 炮9退1
7. 马八进七 士4进5
8. 炮八平九 车1平2
9. 车九平八 炮9平7
10. 车三平四 马7进8
11. 车四进二 炮7进5
12. 相三进一 炮2进4
13. 兵五进一 卒7进1
14. 车四退五 炮2进2
15. 相一进三 象7进5
16. 马三退五 车8平7
17. 炮五平三 车7进4
18. 炮九平八 炮2平3
19. 车八进一 炮3退3
20. 相三退一 车7平3
21. 相七进五 炮3进1
22. 炮八进五 炮7退5
23. 兵一进一 士5退4
24. 车八进三 炮7平4
25. 兵五进一 卒5进1
26. 车四进五 马8进7
27. 车四平六 马7进5
28. 炮三平四 马5进3
29. 车六退七 车2进1
30. 马七进五 卒5进1
31. 车八平五 前马退2
32. 后马进六 炮3进3
33. 仕六进五 车3进2
34. 马六进五 马3进5
35. 炮四进一 车3退2
36. 炮八平七 炮3平1
37. 炮七退二 马2退3
38. 车五平六 士6进5
39. 仕五进四 车2进8
40. 帅五进一 马5进7
41. 相一进三 马3进5
42. 前车进二 车2退5

43. 后车进四　车 2 进 3
44. 前车平二　象 5 退 7
45. 车二进三　象 3 进 5
46. 炮四进五

第 304 局　李轩 胜 柳铁汉

1. 炮二平五　马 8 进 7
2. 马二进三　车 9 平 8
3. 车一平二　马 2 进 3
4. 兵七进一　卒 7 进 1
5. 车二进六　炮 8 平 9
6. 车二平三　炮 9 退 1
7. 马八进七　士 4 进 5
8. 炮八平九　车 1 平 2
9. 车九平八　炮 9 平 7
10. 车三平四　马 7 进 8
11. 车四进二　炮 7 进 5
12. 相三进一　炮 2 进 4
13. 马七进六　马 8 退 7
14. 仕四进五　车 8 进 6
15. 兵五进一　炮 7 平 1
16. 兵五进一　车 2 进 5
17. 马六进五　马 3 进 5
18. 兵五进一　车 2 平 3
19. 兵五平六　象 3 进 5
20. 兵六进一　车 3 平 5
21. 兵六平五　车 5 退 3
22. 车四退四　马 7 进 8
23. 车四平八　炮 2 平 4
24. 后车进三

第 305 局　于幼华 和 徐天红

1. 炮二平五　马 8 进 7
2. 马二进三　车 9 平 8
3. 车一平二　马 2 进 3
4. 兵七进一　卒 7 进 1
5. 车二进六　炮 8 平 9
6. 车二平三　炮 9 退 1
7. 马八进七　士 4 进 5
8. 炮八平九　车 1 平 2
9. 车九平八　炮 9 平 7
10. 车三平四　马 7 进 8
11. 车四进二　炮 7 进 5
12. 相三进一　炮 2 进 4
13. 兵五进一　卒 7 进 1
14. 车四退五　炮 2 进 2
15. 相一进三　象 7 进 5
16. 马三退五　车 8 进 3
17. 炮九平八　车 2 进 6
18. 车四平五　车 2 平 5
19. 马七进五　炮 2 平 1
20. 兵五进一　卒 5 进 1

21. 炮五进三 马8进6　　22. 炮八进二 车8平5
23. 炮八平四 车5进1　　24. 前马退三 车5进1
25. 车八进三 车5平6　　26. 相三退五 炮1进1
27. 车八平三 车6平4　　28. 马五进七 车4进2
29. 马三进五

第306局 万春林 负 赵国荣

1. 炮二平五 马8进7　　2. 马二进三 车9平8
3. 兵七进一 卒7进1　　4. 车一平二 马2进3
5. 车二进六 炮8平9　　6. 车二平三 炮9退1
7. 马八进七 士4进5　　8. 炮八平九 炮9平7
9. 车三平四 马7进8　　10. 车九平八 车1平2
11. 车四进二 炮7进5　　12. 相三进一 炮2进4
13. 兵五进一 卒7进1　　14. 车四退五 炮2进2
15. 车四退二 炮2退2　　16. 兵五进一 卒5进1
17. 马三进五 卒7平6　　18. 炮五进三 象7进5
19. 马五进六 炮7退4　　20. 马七进八 马8退6
21. 马六进七 车2进5　　22. 马七退九 车2退2
23. 车四进三 马6退4　　24. 车四平五 车8进4
25. 炮五进一 卒3进1　　26. 兵七进一 马4进3
27. 车五退一 车8平4　　28. 仕六进五 车4进2
29. 车五平六 马3进4　　30. 帅五平六 马4进3
31. 炮五退四 炮7进1　　32. 车八进一 车2平4
33. 炮九平六 车4进4

第307局 杨德琪 胜 徐广江

1. 炮二平五 马8进7　　2. 马二进三 车9平8
3. 车一平二 卒7进1　　4. 车二进六 马2进3

5. 兵七进一　炮8平9
6. 车二平三　炮9退1
7. 马八进七　士4进5
8. 炮八平九　车1平2
9. 车九平八　炮9平7
10. 车三平四　马7进8
11. 车四进二　炮7进5
12. 相三进一　炮2进4
13. 兵五进一　卒7进1
14. 相一进三　炮2平9
15. 车八进九　炮9进3
16. 帅五进一　马3退2
17. 炮五进四　象3进5
18. 炮五平九　马2进1
19. 车四退五　卒3进1
20. 兵七进一　车8进3
21. 马七进六　象5进3
22. 前炮平五　象7进5
23. 炮九进五　象3退1
24. 兵五进一　车8平6
25. 车四平八　象1退3
26. 车八平七　象3进1
27. 马六进七　马8进6
28. 车七平四　象1退3
29. 马七进八　炮9退5
30. 车四进一

第308局　柳大华 和 崔岩

1. 炮二平五　马8进7
2. 马二进三　马2进3
3. 车一平二　车9平8
4. 兵七进一　卒7进1
5. 车二进六　炮8平9
6. 车二平三　炮9退1
7. 马八进七　士4进5
8. 炮八平九　车1平2
9. 车九平八　炮9平7
10. 车三平四　马7进8
11. 车四进二　炮7进5
12. 相三进一　炮2进4
13. 兵五进一　卒7进1
14. 车四退五　炮2进2
15. 兵五进一　卒5进1
16. 车四退二　炮2退4
17. 相一进三　卒5进1
18. 车四进四　炮2进4
19. 车四退四　炮2退2
20. 车四进二　炮2进2
21. 炮九平八　车2进6
22. 车四平八　炮2退2
23. 炮八平九　炮2平3
24. 车八进七　马3退4
25. 马七退五　马8进6
26. 兵七进一　炮7平5
27. 马三进五　卒5进1
28. 炮五平三　马4进5

29. 车八退三 马 6 进 7 **30.** 马五进三 卒 3 进 1
31. 马三进五 车 8 进 6 **32.** 马五退三 车 8 平 7
33. 相三退五 马 5 进 7 **34.** 车八平三 车 7 退 1
35. 相五进三 马 7 进 5 **36.** 相三退五 马 5 进 4
37. 仕四进五

第 309 局 赵国荣 和 吕钦

1. 炮二平五 马 8 进 7 **2.** 马二进三 车 9 平 8
3. 车一平二 马 2 进 3 **4.** 兵七进一 卒 7 进 1
5. 车二进六 炮 8 平 9 **6.** 车二平三 炮 9 退 1
7. 马八进七 士 4 进 5 **8.** 炮八平九 车 1 平 2
9. 车九平八 炮 9 平 7 **10.** 车三平四 马 7 进 8
11. 车四进二 炮 7 进 5 **12.** 相三进一 炮 2 进 4
13. 兵五进一 卒 7 进 1 **14.** 相一进三 炮 7 平 3
15. 兵五进一 卒 5 进 1 **16.** 马七进五 车 8 进 2
17. 马五进六 炮 3 平 1 **18.** 仕四进五 马 8 进 7
19. 车八进二 马 3 退 4 **20.** 兵七进一 马 4 进 5
21. 马六进七 车 2 进 2 **22.** 炮九进四 马 7 进 5
23. 相三退五 卒 3 进 1 **24.** 炮九进三 士 5 退 4
25. 马七退五 马 5 进 7 **26.** 车四平三 马 7 进 6
27. 车八平六 车 2 退 2 **28.** 马五退三 车 8 平 1
29. 炮九平七 车 2 平 3 **30.** 后马进四 象 7 进 9
31. 车三平八 象 9 进 7 **32.** 车八退五 车 3 进 3
33. 车六进三 卒 5 进 1 **34.** 车六平五 车 1 平 5
35. 车五进二 象 7 退 5 **36.** 车八平九 卒 5 平 6
37. 车九进一

第310局 王洪杰 负 赵国荣

1. 炮二平五 马2进3
2. 兵七进一 卒7进1
3. 马二进三 马8进7
4. 车一平二 车9平8
5. 车二进六 炮8平9
6. 车二平三 炮9退1
7. 马八进七 士4进5
8. 炮八平九 车1平2
9. 车九平八 炮9平7
10. 车三平四 马7进8
11. 车四进二 炮7进5
12. 相三进一 炮2进4
13. 兵五进一 炮7平3
14. 马三进四 炮2退5
15. 车四退三 卒7进1
16. 马四退三 象3进5
17. 马三进五 卒7平6
18. 兵五进一 炮2进5
19. 仕六进五 卒6平5
20. 马五进三 马8退7
21. 车四进一 后卒进1
22. 车四平三 马7进5
23. 马三进二 车8进2
24. 炮五平二 炮3平8
25. 车三退三 炮2平5
26. 相七进五 车2进9
27. 马七退八 炮8退2
28. 马八进七 车8平7
29. 车三进四 马5退7
30. 马七进八 炮5平3
31. 炮二进一 前卒平4
32. 炮九平六 炮8平7
33. 炮二平三 马3进5
34. 相一进三 卒4平3
35. 炮三进二 前卒平2
36. 炮三进一 卒3进1
37. 炮三平九 卒5进1
38. 炮九平八 士5进4
39. 炮六进四 士6进5
40. 炮八平五 马7进5
41. 马二进三 将5平6
42. 炮六平一 卒5平6
43. 炮一进三 将6进1
44. 马三退四 士5进6
45. 炮一退五 炮3平8
46. 仕五进六 将6平5
47. 马四退二 象5进7
48. 仕四进五 将5平4
49. 炮一进二 士4退5
50. 兵一进一 炮8平4
51. 炮一平四 卒3进1
52. 马二进三 卒3进1
53. 兵一进一 象7进9
54. 兵一平二 将4退1

55. 兵二进一　马5进4　**56.** 兵二进一　炮4平1
57. 炮四平二　炮1退4　**58.** 炮二退二　马4退5
59. 马三退二　卒2进1　**60.** 相三退一　炮1进2

第311局　靳玉砚 负 任健

1. 炮二平五　马8进7　**2.** 马二进三　车9平8
3. 车一平二　马2进3　**4.** 兵七进一　卒7进1
5. 车二进六　炮8平9　**6.** 车二平三　炮9退1
7. 马八进七　士4进5　**8.** 炮八平九　炮9平7
9. 车三平四　马7进8　**10.** 车九平八　车1平2
11. 车四进二　炮7进5　**12.** 相三进一　炮2进4
13. 马七进六　马3退7　**14.** 仕四进五　车8进6
15. 兵五进一　炮7平3　**16.** 兵五进一　卒5进1
17. 车四退一　象3进5　**18.** 车四平三　卒5进1
19. 马六进五　马3进5　**20.** 炮五进四　炮3平7
21. 车三平四　炮7平6　**22.** 仕五退四　卒7进1
23. 车四进一　卒7进1　**24.** 炮九平四　炮6平5
25. 炮五退三　卒5进1　**26.** 炮四进七　士5退6
27. 马三进五　车8退3　**28.** 马五进四　车8平7
29. 车八进二　卒7平6　**30.** 车八平六　车2进2
31. 车四平七　车7平5　**32.** 仕六进五　车5平6
33. 车六进六　车2退2　**34.** 马四进六　炮2进3
35. 相七进五　炮2平1　**36.** 帅五平六　车6进2
37. 仕五进六　卒6平5　**38.** 仕四进五　卒5进1
39. 车七平八　车2进1　**40.** 车六平八　将5平4
41. 车八退六　车6平4　**42.** 马六退四　车4退1
43. 马四退五　车4进2　**44.** 马五进三　卒5进1
45. 马三进五　卒5进1　**46.** 帅六进一　车4平1
47. 车八进七　象5退3　**48.** 车八平七　将4进1

49. 马五进七　将4平5
50. 仕六退五　车1平4
51. 仕五进六　车4平1
52. 仕六退五　炮1平3
53. 兵七进一　车1平4
54. 仕五进六　车4平3
55. 仕六退五　车3进2
56. 帅六进一　车3退4
57. 帅六退一　炮3退6
58. 车七平六　车3进4
59. 帅六进一　车3平5
60. 车六退三　车5退2
61. 相一退三　炮3进6

第312局　徐健秒 胜 尚威

1. 炮二平五　马8进7
2. 马二进三　卒7进1
3. 车一平二　车9平8
4. 车二进六　马2进3
5. 兵七进一　炮8平9
6. 车二平三　炮9退1
7. 马八进七　士4进5
8. 炮八平九　炮9平7
9. 车三平四　马7进8
10. 车九平八　车1平2
11. 车四进二　炮7进5
12. 相三进一　炮2进4
13. 兵五进一　炮7平3
14. 马三进四　炮2退5
15. 车四退三　卒7进1
16. 马四退三　象3进5
17. 兵五进一　卒5进1
18. 马七进五　卒5进1
19. 炮五进二　卒7平6
20. 炮五进一　马8进7
21. 相一进三　炮2进3
22. 车四退一　车8进4
23. 炮五平六　车8平5
24. 车八进三　炮2进1
25. 炮六退一　炮2平4
26. 车八进六　马3退2
27. 车四平六　马2进3
28. 仕四进五　卒3进1
29. 马五退四　车5进1
30. 车六退一　车5平7
31. 车六平三　车7平3
32. 马四进二　马3进5
33. 马二进三　马5进7
34. 炮九平五　炮3进2
35. 车三平八　炮3平4
36. 前马退五　车3平4
37. 马五进四　车4退5
38. 马三进二　炮4退6
39. 马二进三　炮4平3
40. 相七进九　炮3退2

41. 马三进五　象7进5
42. 马四进五　车4进2
43. 车八进六

第313局　张惠民 负 陶汉明

1. 炮二平五　马8进7
2. 马二进三　车9平8
3. 车一平二　马2进3
4. 兵七进一　卒7进1
5. 车二进六　炮8平9
6. 车二平三　炮9退1
7. 马八进七　士4进5
8. 炮八平九　炮9平7
9. 车三平四　马7进8
10. 车九平八　车1平2
11. 车四进二　炮7进5
12. 相三进一　炮2进4
13. 马七进六　车8进3
14. 仕四进五　炮2进1
15. 兵五进一　卒7进1
16. 车四退五　卒7平6
17. 车四平五　象7进5
18. 兵五进一　卒5进1
19. 车五进二　马8进9
20. 马三进一　炮2平9
21. 车八进九　车8进6
22. 仕五退四　炮7进3
23. 仕四进五　炮9进2
24. 炮五进五　士5进6
25. 车八平七　马3退4

第314局　廖二平 胜 李波

1. 炮二平五　马8进7
2. 马二进三　车9平8
3. 车一平二　卒7进1
4. 车二进六　马2进3
5. 兵七进一　炮8平9
6. 车二平三　炮9退1
7. 马八进七　士4进5
8. 炮八平九　炮9平7
9. 车三平四　车1平2
10. 车九平八　马7进8
11. 车四进二　炮7进5
12. 相三进一　炮2进4
13. 兵五进一　卒7进1
14. 车四退五　炮2进2
15. 车四退二　炮2退2
16. 兵五进一　炮7平3
17. 兵五进一　卒7进1
18. 兵五平六　象7进5

19. 兵六进一　卒7进1　**20.** 兵六平七　车8平7
21. 炮九进四　炮3平8　**22.** 车四平二　马8进6
23. 炮五进二　卒7进1　**24.** 车二进一　车7进7
25. 车二平三　马6进7　**26.** 车八进一　炮8进3
27. 相一退三　卒7平6　**28.** 车八平四　炮2平7
29. 炮五平三　车2进7　**30.** 炮九平一　车2平3
31. 炮一进三

第315局　刘殿中 胜 李望祥

1. 炮二平五　马8进7　**2.** 马二进三　车9平8
3. 车一平二　马2进3　**4.** 兵七进一　卒7进1
5. 车二进六　炮8平9　**6.** 车二平三　炮9退1
7. 马八进七　士4进5　**8.** 炮八平九　车1平2
9. 车九平八　炮9平7　**10.** 车三平四　马7进8
11. 车四进二　炮7进5　**12.** 相三进一　炮2进4
13. 兵五进一　卒7进1　**14.** 车四退五　炮2进2
15. 相一进三　象7进5　**16.** 仕四进五　车8平7
17. 相三退一　车7进4　**18.** 炮九平八　炮2平3
19. 炮八进五　卒3进1　**20.** 兵五进一　卒5进1
21. 马七进六　卒3进1　**22.** 炮八平五　象3进5
23. 炮五进五　将5平4　**24.** 马六进五　车2进9
25. 车四平六　士5进4　**26.** 车六进四　将4平5
27. 马五退三　炮7平3　**28.** 相七进五　前炮平1
29. 车六进一

第316局　吴贵临 负 柳大华

1. 炮二平五　马8进7　**2.** 马二进三　车9平8
3. 车一平二　马2进3　**4.** 兵七进一　卒7进1

5. 车二进六 炮8平9
6. 车二平三 炮9退1
7. 马八进七 士4进5
8. 炮八平九 车1平2
9. 车九平八 炮9平7
10. 车三平四 马7进8
11. 车四进二 炮7进5
12. 相三进一 炮2进4
13. 兵五进一 卒7进1
14. 车四退五 炮2进2
15. 相一进三 象7进5
16. 仕六进五 车8平7
17. 相三退一 车7进4
18. 炮九平八 炮2平3
19. 相七进九 卒3进1
20. 车八进一 炮3进1
21. 车八平九 炮3平2
22. 炮八退一 炮2平3
23. 炮八退一 炮3退1
24. 炮八平七 炮3平2
25. 炮七平八 炮2平3
26. 炮八进二 炮3退3
27. 相九进七 卒3进1
28. 炮八退二 马3进4
29. 车九平六 马4进3
30. 炮五进四 马8退7
31. 兵五进一 马7进5
32. 兵五进一 炮7平8
33. 马三退二 炮8进2
34. 车四退二 炮8退1
35. 车四进三 炮8平5
36. 帅五平六 马3进1
37. 炮八平七 卒3进1
38. 马七退九 炮5平2
39. 车六进七 炮2进2
40. 炮七进九 车2平3
41. 兵五进一 卒3平2
42. 车四退二 车3进9
43. 帅六进一 马1退3
44. 马九进七 车3退1
45. 帅六退一 车7平4
46. 车六退三 马3退4
47. 兵五进一 士6进5

第317局 赵国荣 和 林宏敏

1. 炮二平五 马8进7
2. 马二进三 车9平8
3. 车一平二 卒7进1
4. 车二进六 马2进3
5. 兵七进一 炮8平9
6. 车二平三 炮9退1
7. 马八进七 士4进5
8. 炮八平九 炮9平7
9. 车三平四 马7进8
10. 车九平八 车1平2

11. 车四进二　炮7进5　**12.** 相三进一　炮2进4
13. 兵五进一　炮7平3　**14.** 马三进四　炮2退5
15. 车四退三　卒7进1　**16.** 马四退三　象3进5
17. 兵五进一　卒5进1　**18.** 相一进三　炮2进5
19. 车四平五　马8进7　**20.** 炮五进一　炮2进1
21. 相七进五　车8进8　**22.** 炮五进四　象7进5
23. 车五退二　车8平1　**24.** 车五平三　车2进6
25. 车三平七　车2平3　**26.** 车八进二　车1平4
27. 仕四进五　车4退2　**28.** 兵九进一　车3平2
29. 车八进一　车4平2　**30.** 马七进五　卒3进1
31. 兵七进一　象5进3　**32.** 马五进七　士5进6
33. 马三进五　士6进5　**34.** 兵一进一　车2退1
35. 马五进四　车2平1　**36.** 炮九平七　马3进5
37. 马四进六　象3退1　**38.** 马六进七　将5平6
39. 炮七进一　马5进4　**40.** 炮七平一　象1进3
41. 炮一进三　士5进4　**42.** 炮一平四　士6退5
43. 炮四退二　车1进4　**44.** 后马退六　车1退3
45. 马六进五　马4退5　**46.** 炮四退二　车1平5
47. 马五进四　车5平6　**48.** 兵一进一　士5进6
49. 马四退五　象3退5　**50.** 兵一进一　将6进1
51. 马七退八　将6平5　**52.** 马八进六　车6平5
53. 马五进六　车5平4　**54.** 前马进七　将5退1
55. 马七退八　车4退2　**56.** 马六进七　将5进1
57. 马八退六　将5平4　**58.** 兵一平二　士6退5
59. 兵二平三　马5进6　**60.** 兵三平四　马6进4
61. 炮四平一　马4进3　**62.** 帅五平四　车4进2
63. 马六退五　车4平6　**64.** 仕五进四　马3退4
65. 兵四平五　马4进6　**66.** 兵五进一　马6退8
67. 帅四平五　马8进7　**68.** 帅五进一　马7退9
69. 相三退一　车6平5　**70.** 马七退六　士5退6

71. 相一退三 卒1进1
72. 兵五平四 卒1进1
73. 马五进七 卒1平2
74. 马七进九 卒2进1
75. 马六进八 将4退1
76. 马九进七 将4平5
77. 马八进七 车5平4
78. 兵四平五 车4退5
79. 前马退六 士6进5
80. 马六退七 卒2平3
81. 后马退五 卒3进1
82. 马五进四 士5退4
83. 帅五退一 卒3进1
84. 马七退六 卒3平4
85. 马六退七 车4进5

第318局 吕钦 和 柳大华

1. 炮二平五 马8进7
2. 马二进三 车9平8
3. 车一平二 马2进3
4. 兵七进一 卒7进1
5. 车二进六 炮8平9
6. 车二平三 炮9退1
7. 马八进七 士4进5
8. 炮八平九 车1平2
9. 车九平八 炮9平7
10. 车三平四 马7进8
11. 车四进二 炮7进5
12. 相三进一 炮2进4
13. 兵五进一 炮7平3
14. 马三进四 炮2退5
15. 车四退三 卒7进1
16. 马四退三 象3进5
17. 兵五进一 卒5进1
18. 相一进三 炮2进5
19. 车四平五 车8进3
20. 兵一进一 马8进7
21. 仕六进五 车8平4
22. 马七进五 炮3平1
23. 车五平六 车4平7
24. 车六退三 马7进5
25. 炮九平五 炮1平5
26. 马三进五 炮2退2
27. 帅五平六 炮2平7
28. 车八进九 马3退2
29. 仕五进四 马2进3
30. 仕四进五 车7平6
31. 相三退一 卒1进1
32. 马五进三 车6平5
33. 车六进三 卒3进1
34. 车六平五 车5平4
35. 帅六平五 车4进1
36. 兵七进一 车4平5
37. 马三进五 炮7平3
38. 马五进六

第 319 局 李来群 胜 柳大华

1. 炮二平五 马 8 进 7 **2.** 马二进三 车 9 平 8
3. 车一平二 马 2 进 3 **4.** 兵七进一 卒 7 进 1
5. 车二进六 炮 8 平 9 **6.** 车二平三 炮 9 退 1
7. 马八进七 士 4 进 5 **8.** 炮八平九 炮 9 平 7
9. 车三平四 马 7 进 8 **10.** 车九平八 车 1 平 2
11. 车四进二 炮 7 进 5 **12.** 相三进一 炮 2 进 4
13. 兵五进一 炮 7 平 3 **14.** 马三进四 炮 2 退 5
15. 车四退三 卒 7 进 1 **16.** 马四退三 象 3 进 5
17. 马三进五 卒 7 平 6 **18.** 兵五进一 炮 2 进 5
19. 仕六进五 卒 6 平 5 **20.** 马五进三 前卒平 6
21. 炮五平二 马 8 退 9 **22.** 马三进四 炮 3 平 6
23. 车四退一 炮 6 退 3 **24.** 车四进二 炮 2 平 5
25. 炮二平五 车 2 进 9 **26.** 马七退八 卒 5 进 1
27. 马八进七 车 8 进 6 **28.** 马七进五 车 8 平 5
29. 车四平七 马 3 退 4 **30.** 炮五平六 车 5 平 1
31. 炮六进六 车 1 平 2 **32.** 炮六平九 马 4 进 2
33. 车七进二 车 2 退 3 **34.** 前炮进一 士 5 进 6
35. 兵七进一 象 5 进 3 **36.** 车七进一 将 5 进 1
37. 车七退四 象 7 进 5 **38.** 车七平五 马 9 进 7
39. 车五平四 马 2 进 4 **40.** 后炮平五 马 4 进 5
41. 车四退二 车 2 平 3 **42.** 相七进九 车 3 进 4
43. 车四平五 马 5 进 4 **44.** 帅五平六 马 4 进 3
45. 炮五平六 车 3 退 3 **46.** 相一退三 马 7 进 5
47. 相三进五 卒 1 进 1 **48.** 相五退七 卒 1 进 1
49. 炮九退三 车 3 退 1 **50.** 炮九进一 车 3 进 1
51. 炮九退一 车 3 退 1 **52.** 炮九退一 马 5 进 7
53. 车五进一 马 7 进 9 **54.** 车五平九 车 3 进 1

55. 炮九进二 车3退2　**56.** 炮九进二 马9进7
57. 车九退一 马7退6　**58.** 车九进一 马6退5
59. 车九平八 车3进4　**60.** 炮九退三 车3平4
61. 炮九平一 马3退2　**62.** 炮六退一 马2退4
63. 炮一退五 马5进6　**64.** 炮一平四 马6进8
65. 车八进四 将5退1　**66.** 车八进一 将5进1
67. 车八平六 马8退7　**68.** 炮四进一 马7退5
69. 炮四平六 车4平5　**70.** 车六退一 将5退1
71. 车六进一 将5进1　**72.** 后炮进三 车5平4
73. 前炮进一

第320局 赵国荣 胜 李来群

1. 炮二平五 马8进7　**2.** 马二进三 马2进3
3. 车一平二 车9平8　**4.** 兵七进一 卒7进1
5. 车二进六 炮8平9　**6.** 车二平三 炮9退1
7. 马八进七 士4进5　**8.** 炮八平九 车1平2
9. 车九平八 炮9平7　**10.** 车三平四 马7进8
11. 车四进二 炮7进5　**12.** 相三进一 炮2进4
13. 兵五进一 炮7平3　**14.** 马三进四 车8进3
15. 炮五平三 象7进9　**16.** 马四退五 炮3平4
17. 车四退三 象3进5　**18.** 车四平六 炮4平1
19. 仕六进五 炮1退1　**20.** 车六退二 炮2进1
21. 马五进六 炮2平7　**22.** 车八进九 马3退2
23. 炮九平三 卒7进1　**24.** 相一进三 马8退6
25. 马六进七 马2进1　**26.** 前马进九 炮1退3
27. 马七进八 象9退7　**28.** 马八进七 炮1平4
29. 马七进九 马6进5　**30.** 马九进七 将5平4
31. 车六平五 车8进4　**32.** 炮三平六 车8平4
33. 仕五进六 卒5进1　**34.** 仕四进五 象5退3

35. 车五平八　马 5 退 7
36. 兵七进一　炮 4 进 3
37. 相七进五

第 321 局　张卫东 负 童本平

1. 炮二平五　马 8 进 7
2. 马二进三　车 9 平 8
3. 车一平二　马 2 进 3
4. 兵七进一　卒 7 进 1
5. 车二进六　士 4 进 5
6. 马八进七　炮 8 平 9
7. 车二平三　炮 9 退 1
8. 炮八平九　炮 9 平 7
9. 车三平四　马 7 进 8
10. 车九平八　车 1 平 2
11. 车四进二　炮 7 进 5
12. 相三进一　炮 2 进 4
13. 马七进六　马 8 退 7
14. 车四退四　炮 2 进 1
15. 马六进七　象 7 进 5
16. 仕四进五　卒 7 进 1
17. 车四平六　马 7 进 6
18. 车六进四　车 8 进 2
19. 仕五进六　马 6 进 8
20. 马三退二　马 8 退 7
21. 车八进二　车 8 进 7
22. 帅五进一　车 8 退 1
23. 帅五退一　车 2 进 7
24. 炮五平八　车 8 平 2
25. 炮八进二　卒 7 平 6
26. 车六平七　卒 6 进 1
27. 车七退一　炮 7 平 5
28. 炮九进四　士 5 退 4
29. 车七平六　士 6 进 5
30. 车六退四　车 2 平 9
31. 炮八退一　马 7 进 8
32. 炮八退一　马 8 进 9
33. 炮九平五　马 9 进 7
34. 帅五平四　炮 5 平 9

第 322 局　陈金盛 负 许伟

1. 炮二平五　马 8 进 7
2. 马二进三　车 9 平 8
3. 车一平二　马 2 进 3
4. 兵七进一　卒 7 进 1
5. 车二进六　炮 8 平 9
6. 车二平三　炮 9 退 1
7. 马八进七　士 4 进 5
8. 炮八平九　炮 9 平 7
9. 车三平四　车 1 平 2
10. 车九平八　马 7 进 8

11. 车四进二　炮7进5　**12.** 相三进一　炮2进4
13. 兵五进一　炮7平3　**14.** 马三进四　炮2退5
15. 车四退三　卒7进1　**16.** 马四退三　卒7进1
17. 马三退五　炮2进5　**18.** 兵七进一　炮3平9
19. 兵七进一　炮2平5　**20.** 兵七进一　车2进9
21. 马七退八　车8进2　**22.** 马八进七　车8平3
23. 马七进五　马8退7　**24.** 车四平三　炮9平5
25. 车三退二　马7进6　**26.** 车三平四　车3进2
27. 兵九进一　车3平4　**28.** 炮九进一　将5平4
29. 炮九退三　卒9进1　**30.** 炮九平八　卒9进1
31. 炮八平九　象3进5　**32.** 炮九平八　卒9平8
33. 炮八平九　象7进9　**34.** 炮九平八　车4平3
35. 相七进九　卒8进1　**36.** 车四平二　车3平2

第323局　胡荣华 和 柳大华

1. 炮二平五　马8进7　**2.** 马二进三　车9平8
3. 车一平二　卒7进1　**4.** 车二进六　马2进3
5. 兵七进一　炮8平9　**6.** 车二平三　炮9退1
7. 马八进七　士4进5　**8.** 炮八平九　炮9平7
9. 车三平四　马7进8　**10.** 车九平八　车1平2
11. 车四进二　炮7进5　**12.** 相三进一　炮2进4
13. 兵五进一　炮7平3　**14.** 马三进四　车8进3
15. 炮五平三　象7进9　**16.** 马四退五　炮3平4
17. 车四退三　车8退1　**18.** 车四平六　炮4平1
19. 兵七进一　卒3进1　**20.** 车六平七　炮2平5
21. 仕六进五　车2进9　**22.** 马七退八　炮1平9
23. 马八进七　马8进7　**24.** 车七进一　车8平4
25. 炮九平八　象3进5　**26.** 炮八进四　炮9平8
27. 炮八进一　马3退2　**28.** 炮八退五　车4进4

29. 相一退三　炮8退3
30. 车七进二　炮8退2
31. 车七退二　炮8平7
32. 马七进五　车4平5
33. 马五进七　炮7进2
34. 车七进二　炮7退2
35. 车七退二　炮7进2
36. 车七进二　车5平4
37. 炮八进一　车4退5
38. 车七进一　车4退1
39. 车七平六　将5平4
40. 马七进六　象9退7
41. 炮八平五　炮7退1
42. 炮五进三　马2进3
43. 炮五平七　马3进5
44. 兵五进一　马5进3
45. 炮三平六　将4平5
46. 相七进五　炮7平8
47. 兵五进一　马7退5
48. 炮六平八　炮8进2
49. 炮八进七　士5进4
50. 马六进五　马3退5
51. 马五进三　将5平4
52. 炮七进三　将4进1
53. 炮七平三　炮8进2
54. 马三进五　后马进3
55. 马五退七　士6进5
56. 炮八退五　马3退5
57. 炮三平五　前马退3
58. 炮五平八　士5进6
59. 前炮退三　炮8平3
60. 前炮平六　将4平5
61. 炮八进四　马5退4
62. 相五进七　马3进5
63. 相七退五　马5退3
64. 相五进七　马3进5
65. 相七退五　马5退4
66. 马七退六　将5退1
67. 马六退五　炮3平5
68. 马五进三　士4退5
69. 马三进一

第六章　红退肋车

第 324 局　陆伟韬 和 李雪松

1. 炮二平五　马 8 进 7　　2. 马二进三　车 9 平 8
3. 车一平二　马 2 进 3　　4. 兵七进一　卒 7 进 1
5. 车二进六　炮 8 平 9　　6. 车二平三　炮 9 退 1
7. 马八进七　士 4 进 5　　8. 炮八平九　车 1 平 2
9. 车九平八　炮 9 平 7　　10. 车三平四　马 7 进 8
11. 车四退二　炮 2 进 4　　12. 马七进六　炮 7 进 5
13. 马三退五　马 8 退 7　　14. 炮五平四　象 7 进 5
15. 相七进五　车 8 进 3　　16. 马五进七　卒 5 进 1
17. 仕六进五　炮 2 进 1　　18. 兵五进一　卒 5 进 1
19. 车四平五　炮 7 进 1　　20. 马七进五　炮 2 平 6
21. 车八进九　马 3 退 2　　22. 仕五进四　炮 7 进 1
23. 炮九进四　卒 3 进 1　　24. 炮九退一　卒 3 进 1
25. 马五进七　马 2 进 1　　26. 车五退一　炮 7 平 8
27. 仕四退五　炮 8 退 4　　28. 炮九平二　车 8 进 1
29. 兵九进一　车 8 退 1　　30. 兵九进一　马 1 进 3
31. 马六退七　车 8 平 5

第 325 局　郑一泓 和 林宏敏

1. 炮二平五　马 8 进 7　　2. 马二进三　车 9 平 8

3. 车一平二　卒7进1　　4. 兵七进一　马2进3
5. 车二进六　炮8平9　　6. 车二平三　炮9退1
7. 马八进七　士4进5　　8. 炮八平九　炮9平7
9. 车三平四　马7进8　　10. 车九平八　车1平2
11. 车四退二　卒7进1　　12. 车四平三　马8退7
13. 车三平四　炮2进2　　14. 马三退五　车8进6
15. 炮五平三　车8平7　　16. 车四进四　马7退9
17. 炮三进六　炮2退3　　18. 车四退三　炮2平7
19. 车八进九　马3退2　　20. 炮九进四　象3进5
21. 相七进五　马9进8　　22. 车四进一　马2进3
23. 车四平二　马3进1　　24. 车二平五　马1退2
25. 马七进六　士5进4　　26. 马五进七　炮7平5
27. 车五平一　炮5进5　　28. 马七进五　车7平5
29. 兵九进一　车5平4　　30. 马六进四　车4平1
31. 马四进二　车1退1　　32. 车一退一　士4退5
33. 车一平六　马2进4　　34. 车六进一　车1平2
35. 马二退三　车2退1　　36. 车六平七　马4进5
37. 兵七进一　车2平3　　38. 车七退一　马5进7

第326局　王瑞祥 和 陈汉华

1. 炮二平五　马2进3　　2. 马二进三　马8进7
3. 车一平二　车9平8　　4. 兵七进一　卒7进1
5. 车二进六　炮8平9　　6. 车二平三　炮9退1
7. 马八进七　士4进5　　8. 炮八平九　炮9平7
9. 车三平四　车1平2　　10. 车九平八　马7进8
11. 车四退二　马8进7　　12. 炮五平六　炮2进6
13. 兵七进一　卒3进1　　14. 马七进八　炮2平8
15. 炮九平八　车2平1　　16. 炮八平七　卒3进1
17. 炮七进五　卒3平2　　18. 炮七平三　象7进5

19. 车八进四 车8进2 **20.** 炮三退一 车1进2
21. 相七进五 卒7进1 **22.** 车四进四 马7进9
23. 马三进四 卒7平6 **24.** 炮六平一 炮7进1.
25. 炮一进四 车8进1 **26.** 炮一进三 车8退3
27. 炮一退三 车1平4 **28.** 车四退四 车4进4
29. 车四平二 车8进5 **30.** 车八平二 炮8平1
31. 炮一进三 炮7退2 **32.** 车二平五 车4平1
33. 车五进二 车1平3 **34.** 仕六进五 炮1进1
35. 仕五进四 炮1退3 **36.** 车五平六 车3平5
37. 兵一进一 车5退2 **38.** 帅五平六 炮1退2
39. 炮三平五 炮1平4 **40.** 炮五平九 象3进1
41. 炮九平八 车5平8 **42.** 炮八退五 炮4平2
43. 炮八平五 象1进3 **44.** 炮五进六 士5进6
45. 炮五平六 士6退5 **46.** 炮六进一 车8退2
47. 帅六平五 车8平9 **48.** 炮一平二 车9进3
49. 车六平八 炮2平1 **50.** 相五进三 象3退5
51. 车八进三 士5退4 **52.** 炮六平九 车9退5
53. 炮二退三 炮7进9 **54.** 仕四进五 炮1平8
55. 帅五平六 炮8进5 **56.** 帅六进一 炮7退1
57. 仕五退四 炮8退1 **58.** 帅六退一 车9进9
59. 车八平六 将5进1 **60.** 车六退一 将5退1
61. 炮二平五 象5进3 **62.** 炮五退六 炮7进1
63. 炮九退八 炮7平5 **64.** 炮九平五 炮8进1

第327局 范启源 负 徐超

1. 炮二平五 马8进7 **2.** 马二进三 车9平8
3. 车一平二 马2进3 **4.** 兵七进一 卒7进1
5. 车二进六 炮8平9 **6.** 车二平三 炮9退1
7. 马八进七 士4进5 **8.** 炮八平九 车1平2

9. 车九平八　炮9平7　**10.** 车三平四　马7进8
11. 车四退二　马8进7　**12.** 炮五平六　炮2进4
13. 相七进五　象7进5　**14.** 兵七进一　卒3进1
15. 马七进八　炮2平3　**16.** 炮九平八　炮3平2
17. 车八平七　卒3进1　**18.** 车七进四　马3进4
19. 车四平六　马4进2　**20.** 车七平八　车2进5
21. 炮八进二　炮2进3　**22.** 仕六进五　士5进4
23. 炮八进五　将5进1　**24.** 车六进二　车8进3
25. 车六平九　炮2平1　**26.** 车九平八　车8平6
27. 炮八退一　将5退1　**28.** 炮六平九　车6进1
29. 炮八进一　象3进1　**30.** 炮八平九　车6平3
31. 仕五进六　车3进5　**32.** 帅五进一　车3退2
33. 后炮平八　炮1平2　**34.** 炮八平九　炮2平7
35. 相五退三　车3平1　**36.** 车八进三　将5进1
37. 帅五平六　车1进1　**38.** 帅六退一　车1平7
39. 马三退五　车7平6　**40.** 马五进七　马7进8

第328局　陈丽淳 负 唐丹

1. 炮二平五　马8进7　**2.** 马二进三　车9平8
3. 车一平二　马2进3　**4.** 兵七进一　卒7进1
5. 车二进六　炮8平9　**6.** 车二平三　炮9退1
7. 马八进七　士4进5　**8.** 炮八平九　炮9平7
9. 车三平四　马7进8　**10.** 车九平八　车1平2
11. 车四退二　马8进7　**12.** 炮五平六　炮2进4
13. 相七进五　象3进5　**14.** 仕六进五　马7退8
15. 兵一进一　炮2退2　**16.** 车四进四　炮2退3
17. 车四退三　卒7进1　**18.** 车八进七　车2平3
19. 马七进六　马8退7　**20.** 车四进一　卒7进1
21. 马三退一　车8进4　**22.** 马六进七　炮2平4

23. 炮九平七 车8平6
24. 车四退一 马7进6
25. 兵五进一 炮4进1
26. 车八退四 车3平2
27. 车八平七 炮7平9
28. 兵七进一 炮9进4
29. 兵五进一 卒5进1
30. 马七退五 炮4进3
31. 兵七进一 马3进5
32. 兵七平六 马5进7
33. 相五进三 炮9进1
34. 车七进一 马6进5
35. 炮六进一 炮4平5
36. 相三进五 马5退7
37. 马五退三 炮9平4
38. 马一退三 车2进9
39. 炮七退二 车2退2
40. 炮七进二 车2进2
41. 炮七退二 车2退3
42. 兵九进一 车2进1
43. 炮七进二 车2进2
44. 炮七退二 炮4平1
45. 帅五平六 炮1进3
46. 帅六进一 车2退1
47. 帅六进一 车2退2
48. 炮七平六 卒7平6
49. 车七平六 卒6平5
50. 后马进四 车2进1
51. 帅六退一 卒5进1
52. 炮六平五 车2进1
53. 帅六退一 车2进1
54. 帅六进一 炮1平5
55. 马四进二 后炮进3
56. 马二进四 后炮平9
57. 马四退五 车2退1
58. 帅六退一 炮5退1
59. 马五退三 车2进1
60. 帅六进一 车2平6
61. 兵六进一 车6退1

第329局 阮黄林 胜 翁翰明

1. 炮二平五 马8进7
2. 马二进三 车9平8
3. 车一平二 马2进3
4. 兵七进一 卒7进1
5. 车二进六 炮8平9
6. 车二平三 炮9退1
7. 马八进七 士4进5
8. 炮八平九 炮9平7
9. 车三平四 马7进8
10. 车九平八 车1平2
11. 车四退二 马8进7
12. 炮五平六 炮2进4
13. 相七进五 象7进5
14. 兵七进一 卒3进1

15. 马七进八　炮2平3　**16.** 炮九平八　车2平1
17. 车八平七　炮3退1　**18.** 相五进七　卒3进1
19. 车七进四　马3进4　**20.** 车四进四　炮7进1
21. 马八进七　马7退8　**22.** 车七平六　车1平2
23. 炮八进六　马4退3　**24.** 车六进四　象5进3
25. 炮六平八　车2平1　**26.** 后炮平五　炮7进5
27. 炮八平五　车8进2　**28.** 后炮进四　马3进5
29. 车六进一

第330局　陈寒峰 和 苗永鹏

1. 炮二平五　马8进7　**2.** 马二进三　马2进3
3. 车一平二　车9平8　**4.** 兵七进一　卒7进1
5. 车二进六　炮8平9　**6.** 车二平三　炮9退1
7. 马八进七　士4进5　**8.** 炮八平九　炮9平7
9. 车三平四　马7进8　**10.** 车九平八　车1平2
11. 车四退二　马8进7　**12.** 炮五平六　车8进2
13. 车八进五　炮2平1　**14.** 兵七进一　卒3进1
15. 车八平七　车2进4　**16.** 车七平八　马3进2
17. 车四平八　车8平3　**18.** 车八进一　车3进5
19. 车八平三　车3平4　**20.** 车三退二　炮7进6
21. 炮九平三

第331局　陈寒峰 胜 武俊强

1. 炮二平五　马8进7　**2.** 马二进三　车9平8
3. 车一平二　马2进3　**4.** 兵七进一　卒7进1
5. 车二进六　炮8平9　**6.** 车二平三　炮9退1
7. 马八进七　士4进5　**8.** 炮八平九　车1平2
9. 车九平八　炮9平7　**10.** 车三平四　马7进8

11. 车四退二 马8进7
12. 炮五平六 炮2进6
13. 兵七进一 卒3进1
14. 马七进八 炮2平8
15. 炮九平八 马3进2
16. 炮八进一 车2进2
17. 车八进一 车2平4
18. 炮六进一 马7进9
19. 炮八进二 炮7进6
20. 炮八进四 象3进1
21. 炮八平九 车8进2
22. 车四退二 车4平2
23. 车四平三 卒3进1
24. 车三平一 炮8退3
25. 车一平七 卒7进1
26. 车八平三 车2进3
27. 车三进三 炮8进1
28. 炮六平二 车8进4
29. 车三平七 车8平5
30. 仕六进五 车2平3
31. 车七进二 士5进6
32. 兵九进一 象7进5
33. 车七平一

第332局 庄才钧 负 柳大华

1. 炮二平五 马8进7
2. 马二进三 车9平8
3. 车一平二 马2进3
4. 兵七进一 卒7进1
5. 车二进六 炮8平9
6. 车二平三 炮9退1
7. 马八进七 士4进5
8. 炮八平九 车1平2
9. 车九平八 炮9平7
10. 车三平四 马7进8
11. 车四退二 马8进7
12. 炮五平六 炮2进4
13. 相七进五 象3进5
14. 车四进四 炮7进1
15. 马七进六 炮7平6
16. 马六进七 象5退3
17. 炮九平七 车8进8
18. 仕六进五 马7退6
19. 马三进四 车8平6
20. 马四进六 马6进5
21. 车四退一 车6退6
22. 马六退五 炮2平9
23. 车八进九 马3退2
24. 兵七进一 马2进1
25. 马五进七 炮9平3
26. 前马进九 象3进1
27. 兵七进一 象1进3
28. 炮七平九 车6平5
29. 炮九进四 卒5进1
30. 马七进九 车5平1

31. 兵七平八　卒5进1　32. 炮六进四　炮3平8
33. 炮六平五　将5平4　34. 马九进七　炮8退5
35. 兵九进一　象3退5　36. 马七退五　炮8进3
37. 马五进三　将4平5　38. 马三进二　卒9进1
39. 马二退四　将5平4　40. 马四退二　象5退3
41. 炮五平六　卒5平4　42. 兵八平七　车1平8
43. 炮九退一　车8进1　44. 炮九平二　车8进1

第333局　蒋川 负 邢来宝

1. 炮二平五　马8进7　2. 马二进三　车9平8
3. 车一平二　马2进3　4. 兵七进一　卒7进1
5. 车二进六　炮8平9　6. 车二平三　炮9退1
7. 马八进七　士4进5　8. 炮八平九　车1平2
9. 车九平八　炮9平7　10. 车三平四　马7进8
11. 车四退二　马8进7　12. 炮五平六　炮2进4
13. 相七进五　车8进2　14. 马七进六　炮2退1
15. 车四进四　炮2平4　16. 车八进九　马3退2
17. 车四平三　象3进5　18. 炮九进四　马2进3
19. 炮九进三　车8平6　20. 炮六进一　马7进5
21. 相三进五　车6进5　22. 相五退七　车6平7
23. 炮六平八　将5平4　24. 车三平四　车7平2
25. 炮八进六　将4进1　26. 炮八平三　车2退1
27. 仕四进五　车2平5　28. 炮三退二　炮4平5
29. 车四退六　马3进1　30. 帅五平四　卒7进1
31. 炮三进一　士5进6　32. 车四进五　卒7进1
33. 车四进一　将4进1　34. 仕五进四　车5平6
35. 车四平九　车6进1　36. 帅四平五　卒7平6
37. 炮三退一　象5进3　38. 炮三退六　车6进1

第334局　李鸿嘉 负 许银川

1. 炮二平五　马8进7
2. 马二进三　车9平8
3. 车一平二　卒7进1
4. 车二进六　马2进3
5. 兵七进一　炮8平9
6. 车二平三　炮9退1
7. 马八进七　士4进5
8. 炮八平九　车1平2
9. 车九平八　炮9平7
10. 车三平四　马7进8
11. 车四退二　马8进7
12. 炮五平六　炮2进4
13. 相七进五　象3进5
14. 仕六进五　马7退8
15. 兵七进一　卒3进1
16. 车四平八　车2进5
17. 马七进八　卒3进1
18. 马八进七　炮2平3
19. 车八进七　炮7进1
20. 炮九进四　炮3退3
21. 炮九进三　卒7进1
22. 兵五进一　马8进7
23. 车八进二　士5退4
24. 车八退三　士4进5
25. 车八进三　士5退4
26. 车八退三　士4进5
27. 炮六平八　卒3平2
28. 车八退二　将5平4
29. 兵五进一　车8进4
30. 车八平三　车8平5
31. 车三退一　车5平2
32. 车三平六　将4平5
33. 炮八平七　车2进5
34. 仕五退六　炮3进1
35. 炮七进五　炮7平3
36. 仕四进五　车2退6
37. 炮九退五　前炮平5
38. 车六平七　炮3进2
39. 炮九平五　炮5平7
40. 炮五平二　车2进2
41. 车七进一　车2进1
42. 马三进四　炮7平6
43. 炮二进五　车2平7
44. 马四进六　炮6平5
45. 帅五平四　车7平6
46. 帅四平五　车6平8
47. 炮二平一　车8退6
48. 炮一退一　车8进2
49. 炮一进一　车8退2
50. 炮一退一　车8进6
51. 炮一进一　炮3平2
52. 车七平八　炮2平3
53. 车八平七　炮3平2
54. 车七平八　炮2平3

55. 车八平七　炮3平2　**56.** 车七平八　炮2平3
57. 车八平七　炮3平2　**58.** 马六进八　炮2进5
59. 车七退四　车8平2　**60.** 马八进七　将5平4
61. 炮一平二　炮5进2　**62.** 兵九进一　卒5进1
63. 帅五平四　车2退1　**64.** 帅四进一　炮2退1
65. 仕五进四　炮5平6　**66.** 帅四平五　车2平4
67. 帅五退一　炮2平8　**68.** 车七进六　车4进4
69. 帅五进一　车4退1　**70.** 帅五退一　车4进1
71. 帅五进一　车4退1　**72.** 帅五退一　炮6平5
73. 相五进三　炮8退2　**74.** 兵一进一　卒5进1
75. 相三进一　车4进1　**76.** 帅五进一　车4退1
77. 帅五退一　车4进1　**78.** 帅五进一　炮8退5
79. 车七平六　车4退6　**80.** 马七退六　卒5平6
81. 马六退四　将4进1　**82.** 兵九进一　炮5退1
83. 马四退六　将4退1　**84.** 马六进七　象5进7
85. 马七退五　卒6进1　**86.** 帅五平四　卒6平5
87. 仕四退五　炮5平9　**88.** 兵九进一　炮9进1
89. 马五退七　卒5平4　**90.** 马七进五　卒4平5
91. 马五退七　卒5平4　**92.** 马七进六　将4平5
93. 帅四退一　炮9平5　**94.** 马六退五　象7退5
95. 马五进四　象5退3　**96.** 马四进三　将5平4
97. 马三退四　士5进6　**98.** 马四进六　象3进5
99. 马六退五　炮8平6　**100.** 仕五进四　卒4进1
101. 马五进三　炮5平6　**102.** 仕四退五　卒4进1
103. 仕五进六　前炮退3　**104.** 兵九平八　后炮平4
105. 兵八平七　士6退5　**106.** 兵七平六　炮4进6
107. 兵六平五　炮6进1　**108.** 帅四进一　炮4退1
109. 帅四进一　象5进7　**110.** 帅四平五　卒9进1
111. 兵五平六　卒9进1　**112.** 马三进四　炮6平4
113. 兵六平五　卒9平8　**114.** 马四退二　前炮平8

115. 马二进四 卒8平7
116. 兵五平六 卒7进1
117. 帅五平六 卒4平5
118. 帅六平五 卒5平6
119. 马四退五 卒7进1
120. 帅五平六 炮8平4
121. 马五退六 前炮平8
122. 马六退四 炮8退5
123. 马四进三 炮8进6
124. 帅六退一 卒7平6
125. 马三退四 后卒平5

第335局 李鸿嘉 胜 汪洋

1. 炮二平五 马8进7
2. 马二进三 卒7进1
3. 车一平二 车9平8
4. 车二进六 马2进3
5. 兵七进一 炮8平9
6. 车二平三 炮9退1
7. 马八进七 士4进5
8. 炮八平九 车1平2
9. 车九平八 炮9平7
10. 车三平四 马7进8
11. 车四退二 象7进5
12. 车八进六 马8进7
13. 炮五平六 炮2平1
14. 车八进三 马3退2
15. 炮九进四 马2进3
16. 炮九平八 炮1进2
17. 马七进六 卒7进1
18. 车四进二 车8进4
19. 车四平三 车8平7
20. 车三退一 象5进7
21. 相七进五 卒7平8
22. 炮八退三 象3进5
23. 兵九进一 炮1平5
24. 马六进七 卒8进1
25. 炮六进四 象7退9
26. 炮八平三 卒8平7
27. 马三退五 卒9进1
28. 马五进七 炮7进8
29. 帅五进一 炮7平8
30. 前马进九 马3进4
31. 马七进六 炮8退8
32. 兵五进一 炮5平8
33. 兵五进一 卒5进1
34. 兵七进一 卒5进1
35. 兵七平六 卒5平4
36. 炮六退二 象9进7
37. 兵六进一 后炮平9
38. 炮六平五 卒7平8
39. 帅五平六 将5平4
40. 炮五平六 将4平5
41. 炮六平五 将5平4
42. 炮五平六 将4平5

43. 兵六平五　象5进3
44. 马九退七　炮9进2
45. 马七进六　象3退5
46. 马六退八　炮8退1
47. 兵五平六　卒8平9
48. 炮六进一　后卒进1
49. 兵九进一　后卒平8
50. 兵九平八　卒9平8
51. 兵八平七　前卒平7
52. 兵七进一　卒7平6
53. 炮六平九　卒8平7
54. 炮九进四　卒7平6
55. 兵六进一　炮9平3
56. 兵六进一　炮8平4
57. 马八退六　前卒平5
58. 马六进七　卒5平4
59. 马七退九

第336局　阮成保 和 谢靖

1. 炮二平五　马8进7
2. 马二进三　车9平8
3. 车一平二　卒7进1
4. 车二进六　马2进3
5. 兵七进一　炮8平9
6. 车二平三　炮9退1
7. 马八进七　士4进5
8. 炮八平九　车1平2
9. 车九平八　炮9平7
10. 车三平四　马7进8
11. 车四退二　马8进7
12. 炮五平六　炮2进4
13. 相七进五　象3进5
14. 仕六进五　马7退8
15. 车四平二　卒7进1
16. 车二平三　炮7进6
17. 车三退二　马8进9
18. 车三进四　车8进4
19. 车三平一　车8平2
20. 马七进六　炮2进1
21. 仕五退六　马9退8
22. 车一退一　后车进3
23. 车八进一　炮2退2
24. 马六退七　炮2进1
25. 马七进六　炮2退1
26. 马六退七　炮2进1
27. 炮九退二　炮2平3
28. 车八进四　车2进1
29. 炮九平七　炮3进3
30. 相五退七　车2平4
31. 仕四进五　卒3进1
32. 兵七进一　车4平3
33. 马七进六　马8进7
34. 车一平七　象5进3
35. 相三进五　象3退5
36. 相五进三　马7退9

37. 马六进四　马 9 退 7　　**38.** 兵九进一　马 3 进 2
39. 炮六平九　马 2 退 3　　**40.** 相七进五　卒 5 进 1

第 337 局　吴贵临 和 许银川

1. 炮二平五　马 8 进 7　　**2.** 马二进三　车 9 平 8
3. 车一平二　马 2 进 3　　**4.** 兵七进一　卒 7 进 1
5. 车二进六　炮 8 平 9　　**6.** 车二平三　炮 9 退 1
7. 马八进七　士 4 进 5　　**8.** 炮八平九　车 1 平 2
9. 车九平八　炮 9 平 7　　**10.** 车三平四　马 7 进 8
11. 车四退二　马 8 进 7　　**12.** 炮五平六　车 8 进 2
13. 相七进五　炮 2 进 2　　**14.** 车八进四　车 8 平 7
15. 马七进六　卒 7 进 1　　**16.** 车四进一　炮 2 退 3
17. 车八进三　炮 2 平 1　　**18.** 车八进二　马 3 退 2
19. 炮九进四　马 2 进 3　　**20.** 马六进五　车 7 平 4
21. 马五进七　车 4 进 5　　**22.** 仕六进五　车 4 平 2
23. 马七进九　炮 7 平 1　　**24.** 炮九平一　象 3 进 5
25. 炮一平五　卒 7 平 8　　**26.** 车四退二　卒 8 平 7
27. 兵五进一　车 2 进 2　　**28.** 仕五退六　车 2 退 5
29. 炮五退一　车 2 平 4　　**30.** 车四平五　车 4 进 1
31. 相五进三　马 7 退 5　　**32.** 相三进五　马 5 退 7
33. 车五平八　炮 1 平 4　　**34.** 炮五平九　炮 4 平 1
35. 马三进五　士 5 退 4　　**36.** 仕四进五　马 7 退 6
37. 马五退七　车 4 退 1　　**38.** 炮九平八　炮 1 平 2
39. 炮八平九　炮 2 平 1　　**40.** 炮九平八　炮 1 平 2
41. 炮八平九

第 338 局　聂铁文 胜 申鹏

1. 炮二平五　马 8 进 7　　**2.** 马二进三　车 9 平 8

3. 车一平二　卒7进1　**4.** 车二进六　马2进3
5. 兵七进一　炮8平9　**6.** 车二平三　炮9退1
7. 马八进七　士4进5　**8.** 炮八平九　炮9平7
9. 车三平四　车1平2　**10.** 车九平八　马7进8
11. 车四退二　马8进7　**12.** 炮五平六　车8进2
13. 相七进五　车8平6　**14.** 车四进三　炮2平6
15. 车八进九　马3退2　**16.** 炮九进四　马2进3
17. 炮九进三　象3进5　**18.** 马七进六　卒3进1
19. 兵七进一　象5进3　**20.** 炮六平八　将5平4
21. 炮八进七　将4进1　**22.** 炮八平三　象3退5
23. 炮三平二　马3进4　**24.** 炮九退五　士5进4
25. 炮九平七　炮6进3　**26.** 炮七退二　炮6平8
27. 炮七平六　炮8退1　**28.** 兵九进一　将4平5
29. 炮六进三　炮8平4　**30.** 兵九进一　炮7平8
31. 兵九平八　卒5进1　**32.** 兵八进一　炮8进4
33. 马六退八　炮8进1　**34.** 马八退六　炮4进2
35. 仕六进五　将5平6　**36.** 兵八平七　炮8退2
37. 兵七平六　士6进5　**38.** 兵六平五　象5退3
39. 炮二平三　卒7进1　**40.** 相五进三　卒5进1
41. 后兵进一　马7退5　**42.** 马三进四　炮8平4
43. 相三退五　后炮进3　**44.** 炮三退五　后炮退1
45. 马四进三　将6退1　**46.** 炮三平六　炮4退1
47. 马三退四　炮4平1　**48.** 炮六平八　炮1退1
49. 马四进二　卒9进1　**50.** 炮八进一　卒9进1
51. 兵一进一　炮1平9　**52.** 炮八平四　马5退7
53. 相五进三　将6平5　**54.** 仕五进四　炮9退5
55. 兵五平六　象3进5　**56.** 马二进三　炮9平6
57. 炮四平五　马7退6　**58.** 炮五退四　将5平4
59. 兵六进一

第339局　李鸿嘉 负 李智屏

1. 炮二平五　马8进7　　2. 马二进三　车9平8
3. 车一平二　卒7进1　　4. 车二进六　马2进3
5. 兵七进一　炮8平9　　6. 车二平三　炮9退1
7. 马八进七　士4进5　　8. 炮八平九　车1平2
9. 车九平八　炮9平7　　10. 车三平四　马7进8
11. 车四退二　马8进7　　12. 炮五平六　炮2进4
13. 相七进五　象7进5　　14. 兵七进一　卒3进1
15. 马七进八　炮2平3　　16. 炮九平八　炮3平2
17. 车八平七　卒3进1　　18. 车七进四　马3进4
19. 车四平六　马4进2　　20. 仕六进五　车2进3
21. 车六退一　车2平3　　22. 车七平八　炮2平3
23. 帅五平六　炮3进1　　24. 车八平六　车3平2
25. 前车平七　炮3进1　　26. 炮八进一　炮3平2
27. 车七退四　炮2退1　　28. 车七平八　炮2平3
29. 车六平七　炮3平1　　30. 车八平九　炮1平2
31. 车九平八　炮2平1　　32. 车七平六　马7进5
33. 马三退一　炮7进8　　34. 马一退三　车8进9
35. 炮六平八　马5进3　　36. 后炮进四　马3退4
37. 马三进四　马4进5　　38. 帅六进一　马5退7
39. 仕四进五　车8退4　　40. 兵五进一　车8进1
41. 前炮平一　士5退4　　42. 炮一平三　车8平3
43. 炮三退四　炮1平7　　44. 帅六退一　车3平9
45. 帅六平五　炮7平8　　46. 车八进一　士6进5
47. 炮八进六　车9进3　　48. 仕五退四　炮8进2
49. 仕四进五　炮8退7　　50. 仕五退四　炮8平6
51. 马四进六　卒7进1　　52. 车八进五　卒7平6
53. 车八平五　车9平6　　54. 帅五进一　卒6进1

55. 车五进一　车6退1
56. 帅五退一　卒6平5
57. 兵五进一　车6平2
58. 兵五平六　车2退8
59. 车五退四　车2进6
60. 兵六进一　炮6平5
61. 车五平二　车2平1
62. 马六进四　车1平5
63. 帅五平六　车5退1
64. 马四进五　炮5平4
65. 兵六进一　车5退2
66. 兵六进一　卒1进1
67. 车二进六　士5退6
68. 兵六进一　将5进1
69. 车二退一　将5进1
70. 车二退一　将5退1
71. 车二平六　卒1进1
72. 兵六平七　卒1平2
73. 兵七平六　卒2平3
74. 车六进一　将5进1
75. 兵六平五　士6进5

第340局　洪智 和 王斌

1. 炮二平五　马8进7
2. 马二进三　马2进3
3. 车一平二　车9平8
4. 兵七进一　卒7进1
5. 车二进六　炮8平9
6. 车二平三　炮9退1
7. 马八进七　士4进5
8. 炮八平九　车1平2
9. 车九平八　炮9平7
10. 车三平四　马7进8
11. 车四退二　马8进7
12. 炮五平六　炮2进2
13. 相七进五　象3进5
14. 车八进四　车8进3
15. 马七进六　卒7进1
16. 车四进四　炮2退3
17. 马六进四　炮2平6
18. 车八进五　马3退2
19. 马四进二　炮7进2
20. 相五进三　卒3进1
21. 兵七进一　象5进3
22. 炮六进一　马2进3
23. 相三进五　象3退5
24. 兵九进一　马3进4
25. 炮九进四　炮7平1
26. 炮六平三　炮6进5
27. 马二退四　卒5进1
28. 兵九进一　炮1平5
29. 仕四进五　卒9进1
30. 相三退一　马4进3
31. 相一退三　马3进1
32. 帅五平四　马1进3

33. 炮三平二 炮5平6
34. 炮二进二 前炮平8
35. 仕五进四 炮8平6
36. 仕四退五 前炮平8
37. 仕五进四 马3退4
38. 帅四平五 卒5进1
39. 兵九进一 卒5平6
40. 仕六进五 炮8平7
41. 炮二退四 炮6平7
42. 马三退一 前炮平6
43. 马四进六 炮7进3
44. 兵五进一 炮6平9
45. 帅五平六 卒9进1
46. 炮二进二 卒9平8
47. 炮二平六 炮9平4
48. 兵五进一 炮4退1
49. 马六退四 象5进7
50. 兵五平六 炮4进1
51. 马一进三 卒8进1
52. 马三退四 卒8进1
53. 相五退七 炮7平9
54. 后马进五 卒6平5
55. 马五退七 炮4平8
56. 仕五退四 卒8平7
57. 仕四退五 炮9退2
58. 兵六平五 卒7进1
59. 马七进五

第341局 谢靖 和 景学义

1. 炮二平五 马8进7
2. 马二进三 车9平8
3. 车一平二 马2进3
4. 兵七进一 卒7进1
5. 车二进六 炮8平9
6. 车二平三 炮9退1
7. 马八进七 士4进5
8. 炮八平九 车1平2
9. 车九平八 炮9平7
10. 车三平四 马7进8
11. 车四退二 马8进7
12. 炮五平六 车8进2
13. 相七进五 车8平6
14. 车四进三 炮2平6
15. 车八进九 马3退2
16. 炮九进四 象3进5
17. 马七进六 卒3进1
18. 兵七进一 象5进3
19. 炮九平一 马2进3
20. 炮一平三 象3退5
21. 炮六进一 马7退8
22. 兵一进一 马8退9
23. 炮三进一 马9退8
24. 炮三退一 马8进9
25. 炮三进一 炮7平9
26. 马三进四 士5退4

27. 炮三平二　炮9进4　28. 马四进五　马3进5
29. 马六进五　马9进8　30. 炮二退一　炮9进1
31. 马五进三　炮6进1　32. 马三退二　炮9平4
33. 兵九进一　炮4退5　34. 马二退三　炮4平5
35. 马三进四　炮5平9　36. 马四进六　士4进5
37. 兵五进一　炮6进3　38. 相三进一　炮6平9
39. 相一退三　前炮平6　40. 兵五进一　卒7进1
41. 兵九进一　卒7平6　42. 仕六进五　炮9平8
43. 炮二平五　将5平4　44. 马六退八　炮6平9
45. 马八进七　将4平5　46. 炮五平九　炮9退4
47. 马七进八　象5退3　48. 炮九进三　象7进5
49. 马八退七　士5退4　50. 马七退六　象5进7
51. 马六进八　士6进5　52. 兵五平四　炮9进2
53. 兵四平三　炮9平1　54. 兵三进一　炮1退3
55. 马八退六　卒6平5　56. 马六进七　炮1平3
57. 兵三平四　炮8进5　58. 马七退八　炮3平1
59. 马八进六　卒5平6　60. 马六进七　将5平6
61. 马七退五　将6平5　62. 马五退六　卒6平5
63. 相五进七　炮8平2　64. 马六进七　炮1平3
65. 炮九退五　卒5进1　66. 相七退五　卒5平4
67. 兵四平五　炮2退1　68. 炮九进一　将5平6
69. 炮九进四　炮2进4　70. 仕五进四　将6进1
71. 兵五平四　炮2退4　72. 仕四进五　炮2进4
73. 帅五平四　炮2退7　74. 马七退五　炮2平5
75. 马五退四　卒4平5　76. 马四进六　卒5平4
77. 炮九退五　炮3进4　78. 炮九进四　炮3退4
79. 马六进八　炮5平2　80. 马八进六　象3进5
81. 马六退五　卒4平3　82. 马五进七　象5退3
83. 马七退九　炮2平3　84. 马九退七　将6退1
85. 马七进六　前炮平4　86. 兵四平五　炮3平2

87. 炮九进一 将6进1
88. 炮九退五 将6退1
89. 炮九平七 炮2进8
90. 炮七平九 炮2退8
91. 马六进八 炮4平6
92. 帅四平五 士5进4
93. 马八退七 士4进5
94. 炮九平七 炮2进6
95. 炮七进五 炮2平3
96. 相五进七 卒3平4
97. 马七进六 炮3退7
98. 马六进七 士5退4
99. 马七退九 炮6平9
100. 马九退七 将6平5
101. 马七退六 炮9退1
102. 相七退九 炮9平8
103. 仕五进六 炮8平9
104. 马六进四 炮9平1
105. 仕四退五 炮1平2
106. 仕五退四 炮2平1
107. 仕六退五 炮1平2
108. 仕五退六 炮2平1
109. 帅五进一 炮1平2
110. 兵五进一 炮2平1
111. 相九退七 炮1平2
112. 相三进五 炮2平1
113. 马四退六 炮1平6
114. 兵五平四 炮6平4
115. 帅五平四 士4进5
116. 兵四平五 士5退6
117. 马六进四 卒4平5
118. 兵五平六 炮4平6
119. 马四退六 卒5平6
120. 帅四平五 士6进5
121. 相五退三 将5平6
122. 兵六平五 士5退4
123. 马六进七 将6平5
124. 帅五平六 炮6平4
125. 马七进八 炮4平2
126. 马八退六 炮2平3
127. 兵五平六 卒6平5
128. 马六退四 炮3平6
129. 马四退五 士4进5
130. 兵六平五 士5退4
131. 帅六平五 炮6平1
132. 兵五平六 炮1平6
133. 马五退七 炮6平5
134. 帅五平六 卒5平4
135. 马七进五 卒4平3
136. 兵六进一 炮5进2
137. 马五进三 士4进5
138. 帅六平五 卒3平4
139. 马三退四 炮5进2
140. 马四进五 卒4平5
141. 帅五平四 士5进4

第342局　郑一泓 胜 吕钦

1. 炮二平五　马8进7
2. 马二进三　车9平8
3. 车一平二　马2进3
4. 兵七进一　卒7进1
5. 车二进六　炮8平9
6. 车二平三　炮9退1
7. 马八进七　士4进5
8. 炮八平九　炮9平7
9. 车三平四　马7进8
10. 车九平八　车1平2
11. 车四退二　马8进7
12. 炮五平六　车8进2
13. 车四进四　炮7进1
14. 车八进六　炮7平6
15. 车四平三　象3进5
16. 车三退二　车8进3
17. 相七进五　车8平6
18. 仕六进五　卒9进1
19. 兵九进一　车6退1
20. 炮九进一　马7退8
21. 马七进六　车6平5
22. 马六进七　车5平6
23. 炮九进三　炮6进1
24. 炮六平七　炮6平3
25. 炮七进四　炮2平1
26. 车八进三　马3退2
27. 炮九平五　马8进7
28. 炮七进二　车6平2
29. 炮五平八　炮1进1
30. 炮七平八　炮1平7
31. 前炮退三　马2进3
32. 后炮平一　马7进5
33. 相三进五　炮7进4
34. 兵五进一　马3进5
35. 兵五进一　马5退7
36. 帅五平六　马7进8
37. 兵一进一　炮7平8
38. 炮八平五　马8进7
39. 兵七进一　马7退9
40. 兵七进一　炮8进2
41. 帅六进一　炮8退7
42. 炮一进四　马9进8
43. 兵五平四　马8退6
44. 炮五退三　卒7进1
45. 兵四进一　卒7平6
46. 仕五进四　炮8进2
47. 兵七进一　炮8平4
48. 兵七进一　卒6平5
49. 炮五进四　士5进4
50. 帅六平五　将5进1
51. 炮五平四　马6退7
52. 炮一退八　卒5进1
53. 相五进三　马7进5
54. 炮一平四　炮4平8

55. 帅五退一　炮8进5　　56. 仕四进五　炮8退8
57. 仕五进六　卒5平4　　58. 前炮平二　象7进5
59. 炮四平五　将5平6　　60. 兵四进一

第343局　谢靖 和 吕钦

1. 炮二平五　马8进7　　2. 马二进三　车9平8
3. 车一平二　马2进3　　4. 兵七进一　卒7进1
5. 车二进六　炮8平9　　6. 车二平三　炮9退1
7. 马八进七　士4进5　　8. 炮八平九　车1平2
9. 车九平八　炮9平7　　10. 车三平四　马7进8
11. 车四退二　马8进7　　12. 炮五平六　炮2进4
13. 兵七进一　卒3进1　　14. 马七进八　炮2平3
15. 炮九平八　炮3平2　　16. 炮八平七　炮2平3
17. 相七进五　象3进5　　18. 仕六进五　马3进4
19. 车四平六　卒3进1　　20. 车六平七　马7退6
21. 马三进四　马4进6　　22. 车七平四　车8进8
23. 仕五退六　马6退7　　24. 兵一进一　车8退2
25. 车八进二　卒7进1　　26. 车四平六　车8平5
27. 马八进六　炮3平2　　28. 车六平三　炮7进4
29. 马六退五　炮7平5　　30. 炮七退一　马7进6
31. 炮七平五　马6进4　　32. 马五退七　马4进3
33. 车八平七　卒5进1　　34. 炮五进三　卒5进1
35. 车七进二　车2平4　　36. 仕六进五　车4进5
37. 炮六平九　车4平3　　38. 相五进七　卒5平4
39. 相七退五　炮2退1　　40. 炮九进四　炮2平9
41. 炮九退二　炮9进1　　42. 炮九进二　卒9进1
43. 兵九进一　卒9进1　　44. 兵九进一　卒9平8
45. 兵九平八　卒8进1　　46. 兵八进一　卒8平7
47. 兵八平七　炮9进3　　48. 兵七平六　卒4平5

49. 相五进七　卒5平4
50. 相七退五　卒7平6
51. 炮九退一　卒6平5
52. 相五退七　象5进7
53. 炮九退三　士5进6
54. 炮九平一　卒5平6
55. 兵六平五　卒6平7
56. 炮一平五　象7退5
57. 兵五平六　士6进5
58. 炮五平九　炮9退5
59. 相七进五　炮9平5
60. 帅五平六　炮5平1
61. 炮九进一　卒7平6
62. 炮九平八　炮1进2
63. 帅六平五　卒4进1
64. 炮八进一　卒6平7
65. 炮八平一　卒7进1
66. 炮一平八　卒4平3
67. 炮八平六　卒3进1
68. 炮六退二　卒3平4
69. 仕五进六　将5平4
70. 仕四进五　将4进1
71. 相五进三

第344局　洪智 负 李雪松

1. 炮二平五　马8进7
2. 马二进三　卒7进1
3. 车一平二　车9平8
4. 车二进六　马2进3
5. 兵七进一　炮8平9
6. 车二平三　炮9退1
7. 马八进七　士4进5
8. 炮八平九　车1平2
9. 车九平八　炮9平7
10. 车三平四　马7进8
11. 车四退二　炮2进4
12. 兵五进一　象7进5
13. 仕六进五　马8进7
14. 车四退一　炮2退2
15. 马七进六　车8进5
16. 马六进七　车8平5
17. 车八进四　卒7进1
18. 帅五平六　炮2平4
19. 车八进五　马3退2
20. 车四平七　马2进1
21. 兵七进一　炮4平7
22. 马三进五　车5平4
23. 炮五平六　马7退5
24. 车七进一　车4平3
25. 马五进七　马5退3
26. 前马进九　前炮进5
27. 帅六进一　象3进1
28. 马七退五　后炮进3
29. 马五进四　象1退3
30. 炮六平八　士5退4

31. 炮八进七 象5退7
32. 炮九平一 卒5进1
33. 炮一平五 士6进5
34. 马四进三 卒5进1
35. 马三进五 象7进5
36. 马五退七 卒5进1
37. 炮五进五 卒5平4
38. 炮五退五 将5平6
39. 马七退六 将6进1
40. 炮八平六 后炮平5
41. 相七进九 卒7平6
42. 炮五平三 炮7平8
43. 炮三平二 炮8平7
44. 相九进七 炮7退5
45. 马六进七 象3进5
46. 炮二平四 卒6平5
47. 炮六退三 将6退1
48. 炮四进四 卒5进1
49. 炮六退一 炮7进1
50. 炮六退一 炮7平3
51. 马七退六 象5退3
52. 帅六退一 炮3平2
53. 炮六平七 炮2退3
54. 马六进七 炮2退1
55. 炮四平六 炮2平4
56. 炮六退一 炮4进1
57. 马七进六 马3退2
58. 马六退七 炮5退2
59. 马七退八 炮5退1
60. 炮七平六 炮4进3
61. 马八退六 炮5平9
62. 炮六平二 炮9进5
63. 马六进四 将6平5

第345局 张江 负 赵国荣

1. 炮二平五 马8进7
2. 马二进三 卒7进1
3. 车一平二 车9平8
4. 车二进六 马2进3
5. 兵七进一 炮8平9
6. 车二平三 炮9退1
7. 马八进七 士4进5
8. 炮八平九 车1平2
9. 车九平八 炮9平7
10. 车三平四 马7进8
11. 车四退二 马8进7
12. 炮五平六 炮2进4
13. 相七进五 象3进5
14. 兵七进一 卒3进1
15. 马七进八 炮2平3
16. 炮九平八 车2平4
17. 仕六进五 马7退8
18. 马八进九 马3进1
19. 炮八进七 车4进1
20. 车四平九 车4平2

21. 车八进八　马1退2　**22.** 马三进四　车8进3
23. 车九进五　卒5进1　**24.** 炮八平四　士5退4
25. 炮四平六　马2退4　**26.** 马四进六　炮3进1
27. 车九平六　将5进1　**28.** 炮六进一　卒7进1
29. 兵五进一　卒5进1　**30.** 车六平四　炮7平6
31. 车四平三　马8退6　**32.** 马六进四　车8平6
33. 车三退五　车6平5　**34.** 车三进四　卒3进1
35. 兵九进一　炮3退1　**36.** 兵一进一　卒3平4
37. 炮六平二　车5平8　**38.** 炮二平四　炮3平5
39. 兵九进一　车8进1

第346局　陶汉明 负 李鸿嘉

1. 炮二平五　马8进7　**2.** 马二进三　车9平8
3. 车一平二　马2进3　**4.** 兵七进一　卒7进1
5. 车二进六　炮8平9　**6.** 车二平三　炮9退1
7. 马八进七　士4进5　**8.** 炮八平九　车1平2
9. 车九平八　炮9平7　**10.** 车三平四　马7进8
11. 车四退二　马8进7　**12.** 炮五平六　车8进2
13. 相七进五　车8平6　**14.** 车四进三　炮2平6
15. 车八进九　马3退2　**16.** 马七进六　马2进3
17. 炮六平七　象3进5　**18.** 炮七进四　炮6平7
19. 马三退五　卒9进1　**20.** 马五进七　前炮平9
21. 炮七平六　马3进4　**22.** 炮九进四　炮9进4
23. 炮九平五　马4进6　**24.** 炮五退一　炮7进2
25. 兵七进一　炮9进3　**26.** 兵七进一　马6进8
27. 马六退四　卒7进1　**28.** 兵七进一　马7进6
29. 炮五平四　炮7进6　**30.** 帅五进一　炮9退1

第 347 局　谢靖 负 李家华

1. 炮二平五　马 8 进 7
2. 马二进三　卒 7 进 1
3. 车一平二　车 9 平 8
4. 车二进六　马 2 进 3
5. 兵七进一　炮 8 平 9
6. 车二平三　炮 9 退 1
7. 马八进七　士 4 进 5
8. 炮八平九　炮 9 平 7
9. 车三平四　车 1 平 2
10. 车九平八　马 7 进 8
11. 车四退二　马 8 进 7
12. 炮五平六　炮 2 进 2
13. 相七进五　象 3 进 5
14. 车八进四　卒 7 进 1
15. 车四进四　炮 2 退 3
16. 车四退二　卒 7 平 8
17. 车八进三　车 2 平 3
18. 马七进六　车 8 进 4
19. 马六进七　炮 2 平 4
20. 炮六平七　炮 4 进 2
21. 车四退二　炮 7 进 1
22. 车八退三　炮 7 平 6
23. 车四平六　车 3 平 4
24. 炮七进一　卒 8 进 1
25. 炮九平七　马 7 退 6
26. 车六进一　卒 8 平 7
27. 马三退五　马 6 退 7
28. 兵七进一　卒 5 进 1
29. 马五退七　车 8 平 6
30. 仕六进五　马 7 进 8
31. 兵七平八　马 8 退 6
32. 车六退一　卒 5 进 1
33. 车六平五　马 6 进 4
34. 前炮进二　车 6 进 4
35. 后炮退一　炮 4 平 7
36. 车五平三　车 6 退 5
37. 前马退五　象 5 进 3
38. 兵八平七　马 4 进 3
39. 车八退一　炮 6 进 7
40. 车八平七　炮 6 平 3
41. 相五退七　炮 7 平 8
42. 车七平八　马 3 进 5
43. 兵七平六　马 5 退 3
44. 兵六平七　马 3 进 5
45. 兵七平六　马 5 退 3
46. 兵六平七　车 6 进 1
47. 炮七进六　车 6 平 5
48. 车三进五　车 5 平 3
49. 炮七平五　车 5 进 6
50. 相三进五　车 3 平 5
51. 炮五平八　车 4 平 2
52. 车三退六　车 5 退 2
53. 炮八退一　车 5 平 2
54. 炮八进三　车 2 进 4

55. 炮八平九　炮 8 平 3　**56.** 车三进三　炮 3 进 5
57. 车三平五　将 5 平 4　**58.** 车五平六　将 4 平 5
59. 车六平五　将 5 平 4　**60.** 车五平六　将 4 平 5
61. 兵五进一　炮 3 平 1　**62.** 帅五平六　炮 1 进 1
63. 帅六进一　车 2 平 5　**64.** 车六平五　士 6 进 5
65. 兵五进一　将 5 平 6　**66.** 炮九退一　将 6 平 5
67. 炮九进一　将 5 平 6　**68.** 炮九退一　将 6 平 5
69. 炮九进一　将 5 平 6　**70.** 车五平一　车 5 退 2
71. 兵一进一　车 5 进 3　**72.** 兵一进一　车 5 退 3
73. 车一进三　将 6 进 1　**74.** 车一退一　将 6 退 1
75. 车一进一　将 6 进 1　**76.** 车一退一　将 6 退 1
77. 车一进一　将 6 进 1　**78.** 兵一进一　车 5 平 9
79. 兵一进一　士 5 进 4　**80.** 车一退一　将 6 退 1
81. 车一进一　将 6 进 1　**82.** 车一退一　将 6 退 1
83. 车一进一　将 6 进 1　**84.** 兵一进一　将 6 平 5
85. 相七进九　车 9 进 4　**86.** 帅六退一　车 9 平 5
87. 兵一平二　车 5 退 2　**88.** 炮九平六　炮 1 平 2

第 348 局　洪智 胜 梁军

1. 炮二平五　马 8 进 7　**2.** 马二进三　卒 7 进 1
3. 车一平二　车 9 平 8　**4.** 车二进六　马 2 进 3
5. 兵七进一　炮 8 平 9　**6.** 车二平三　炮 9 退 1
7. 马八进七　士 4 进 5　**8.** 炮八平九　炮 9 平 7
9. 车三平四　马 7 进 8　**10.** 车九平八　车 1 平 2
11. 车四退二　马 8 进 7　**12.** 炮五平六　炮 2 进 2
13. 相七进五　象 3 进 5　**14.** 车八进四　卒 7 进 1
15. 车四进四　炮 2 退 3　**16.** 车四退二　卒 7 平 8
17. 车八进三　炮 7 进 1　**18.** 车四平三　车 8 进 2
19. 炮九进四　卒 8 进 1　**20.** 马七进六　炮 7 平 6

21. 马六进七　车8进2　22. 仕六进五　炮2平1
23. 车八进二　马3退2　24. 炮九平五　马2进1
25. 炮五平一　马1进3　26. 车三平七　车8平1
27. 炮一平五　炮1平4　28. 兵七进一　炮4退1
29. 炮六平八　车1退4　30. 炮五退一　车1平2
31. 炮八平六　卒8进1　32. 车七平四　车2进9
33. 炮六退二　卒8平7　34. 车四进一　车2退3
35. 车四退四　马7退8　36. 兵九进一　车2平3
37. 兵七平八　炮4进8　38. 兵九进一　卒7进1
39. 兵一进一　炮4平2　40. 炮六进二　炮2进1
41. 帅五平六　炮2退3　42. 兵一进一　马8退7
43. 车四进四　车3平5　44. 炮五进三　士6进5
45. 车四平三　卒7平6　46. 相五进七　炮2平4
47. 炮六平二　车5平8　48. 炮二平五　车8平5
49. 炮五平二　车5平8　50. 炮二平五　车8平5
51. 炮五平二　车5平8　52. 炮二平五　车8平5
53. 炮五平二　炮4退4　54. 炮二进七　士5退6
55. 车三退一　车5平8　56. 炮二退四　象5进7
57. 相七退五　炮4平5　58. 车三平六　炮5进6
59. 车六平四　车8进2　60. 炮二进四　卒6进1
61. 车四进三　将5进1　62. 车四退九

第349局　洪智　负　汪洋

1. 炮二平五　马8进7　2. 马二进三　车9平8
3. 车一平二　卒7进1　4. 车二进六　马2进3
5. 兵七进一　炮8平9　6. 车二平三　炮9退1
7. 马八进七　士4进5　8. 炮八平九　车1平2
9. 车九平八　炮9平7　10. 车三平四　马7进8
11. 车四退二　马8进7　12. 炮五平六　炮2进2

13. 相七进五　象 3 进 5　　14. 车四进四　炮 7 进 1
15. 马七进六　车 8 进 8　　16. 马六进七　车 8 平 4
17. 炮六平七　车 4 退 6　　18. 车八进三　炮 7 平 6
19. 仕四进五　炮 2 平 6　　20. 车八进六　马 3 退 2
21. 车四平三　前炮平 2　　22. 炮九平八　马 2 进 3
23. 兵七进一　象 5 进 3　　24. 车三进一　象 3 退 5
25. 车三退三　车 4 进 1　　26. 相五进七　炮 2 平 3
27. 相七退五　炮 3 平 2　　28. 相五进七　炮 6 进 4
29. 兵九进一　炮 6 退 1　　30. 车三平四　炮 6 平 1
31. 车四退三　卒 7 进 1　　32. 兵五进一　炮 1 平 5
33. 相三进五　将 5 平 4　　34. 车四平五　炮 2 平 5
35. 炮八进四　后炮进 2　　36. 炮八平六　前炮平 2
37. 帅五平四　卒 7 平 6　　38. 炮六平一　卒 6 进 1
39. 炮一进三　象 5 退 7　　40. 炮一退四　炮 5 平 6
41. 帅四平五　炮 6 平 5　　42. 炮一平七　炮 2 进 3
43. 后炮退二　卒 6 进 1　　44. 马三退一　将 4 平 5
45. 前炮进二　马 7 进 9　　46. 马一进三　卒 6 平 7
47. 帅五平四　炮 5 平 6　　48. 帅四进一　马 9 退 7
49. 仕五退四　卒 7 平 6　　50. 帅四平五　将 5 平 4

第 350 局　聂铁文 和 宋国强

1. 炮二平五　马 8 进 7　　2. 马二进三　车 9 平 8
3. 车一平二　卒 7 进 1　　4. 车二进六　马 2 进 3
5. 兵七进一　炮 8 平 9　　6. 车二平三　炮 9 退 1
7. 马八进七　士 4 进 5　　8. 炮八平九　炮 9 平 7
9. 车三平四　车 1 平 2　　10. 车九平八　马 7 进 8
11. 车四退二　马 8 进 7　　12. 炮五平六　炮 2 进 4
13. 相七进五　车 8 进 2　　14. 兵七进一　卒 3 进 1
15. 马七进八　炮 2 平 3　　16. 炮九平八　炮 3 平 2

17. 车八平七　卒5进1
18. 车七进五　卒5进1
19. 兵五进一　马3进5
20. 车七平五　炮2平5
21. 马三进五　车2进5
22. 车五进一　车2进2
23. 马五进七　车2进1
24. 车四进四　炮7进1
25. 马七进八　炮7平2
26. 车四退五　卒7进1
27. 车五平七　象3进1
28. 炮六进三　车2平4
29. 车七平三　车4退3
30. 车三进三　车4平5
31. 车三退三　马7进8
32. 仕四进五　卒7平6
33. 车四平六　卒9进1
34. 炮六平三　士5退4
35. 车六进四　车5退3
36. 车六平五　车8平5
37. 炮三平五　车5平8
38. 车三平五　士6进5
39. 车五平二　车5进4
40. 车二平六　马8退7
41. 马八进六　将5平6
42. 马六退四　车8平6
43. 车六进三　将6进1
44. 车六退一　将6退1
45. 车六退二　炮2进7
46. 相五退七　炮2退3
47. 车六退三　车6进1
48. 车六平八　马7退5
49. 相七进五　车6进1
50. 炮五进二　马5退3
51. 车八平七　车6平4
52. 车七进一　卒6平5
53. 车七平五　车4进5
54. 帅五平六　马3进5
55. 炮五平二　马5进3
56. 炮二退六　马3退2
57. 兵九进一　马2进3

第351局　李林 负 李晓晖

1. 炮二平五　马8进7
2. 马二进三　卒7进1
3. 车一平二　车9平8
4. 车二进六　马2进3
5. 兵七进一　炮8平9
6. 车二平三　炮9退1
7. 马八进七　士4进5
8. 炮八平九　车1平2
9. 车九平八　炮9平7
10. 车三平四　马7进8
11. 车四退二　马8进7
12. 炮五平六　炮2进4

13. 相七进五 象3进5
14. 兵七进一 卒3进1
15. 马七进八 炮2平3
16. 炮九平八 车2平4
17. 仕六进五 马7退8
18. 车八平七 炮3平9
19. 马三进一 马8进9
20. 车四进四 炮7进1
21. 马八进七 车8进8
22. 车四平三 马9退8
23. 炮八退一 车8退3
24. 车三平四 车4进3
25. 马七进九 车8平2
26. 炮八平六 车4进4
27. 仕五进六 车2退3
28. 仕四进五 车2平1
29. 车七平八 车1退2
30. 车八进四 马8进7
31. 车四退五 卒9进1
32. 车八平二 马7退9
33. 车四进五 车1平2
34. 仕五退六 车2进8
35. 炮六平四 炮7进7
36. 仕六退五 车2退1
37. 车四退六 炮7退3
38. 兵九进一 车2退1
39. 炮四平一 车2平5
40. 炮一进四 炮7平9
41. 炮一退二 车5平9
42. 车四进二 车9进3
43. 仕五退四 车9退2
44. 相五退三 车9平1
45. 车二平一 卒1进1
46. 兵九进一 车1退3
47. 车四进四 车1退3
48. 车一平四 卒5进1
49. 仕四进五 车1进2
50. 前车平三 车1平5
51. 车四进四 卒3进1
52. 车三进一 卒3平4
53. 车三退二 卒5进1
54. 车四退三 马3退4
55. 车三退一

第七章　红方其他变例

第352局　万春林 和 蒋川

1. 炮二平五　马8进7
2. 马二进三　车9平8
3. 车一平二　马2进3
4. 兵七进一　卒7进1
5. 车二进六　炮8平9
6. 车二平三　炮9退1
7. 马八进七　士4进5
8. 炮八平九　车1平2
9. 车九平八　炮9平7
10. 车三平四　马7进8
11. 车四平三　马8退7
12. 车三平四　马7进8
13. 车四平三　马8退7
14. 车三平四　马7进8
15. 车四平三　马8退7
16. 车三平四

第353局　唐丹 胜 张强

1. 炮二平五　马8进7
2. 马二进三　车9平8
3. 车一平二　马2进3
4. 兵七进一　卒7进1
5. 车二进六　炮8平9
6. 车二平三　炮9退1
7. 马八进七　士4进5
8. 炮八平九　车1平2
9. 车九平八　炮9平7
10. 车三平四　马7进8
11. 车四平三　马8退7
12. 车三平四　马7进8
13. 车四平三　马8退7
14. 车三平四　炮2进4
15. 兵五进一　象7进5
16. 马三进五　车8进5

17. 炮九退一　炮2平7　　18. 车八进九　马3退2
19. 兵五进一　卒5进1　　20. 炮五进三　马2进3
21. 炮九平五　马3进5　　22. 前炮平八　车8平6
23. 车四平二　车6进1　　24. 炮八进四　象3进1
25. 马五进六　士5进4　　26. 相七进五　后炮平5
27. 炮八退二　象1退3　　28. 炮八进二　象3进1
29. 炮八退二　象1退3　　30. 炮八进二　象3进1
31. 马六进八　车6平3　　32. 马七进五　车3平4
33. 兵九进一　炮5平4　　34. 马五进六　车4退2
35. 炮五进五　将5平4　　36. 仕四进五　炮7平5
37. 帅五平四　车4退1　　38. 炮五平七　炮5平2
39. 马八进九

第354局　李群 胜 梁军

1. 炮二平五　马8进7　　2. 马二进三　卒7进1
3. 车一平二　车9平8　　4. 车二进六　马2进3
5. 兵七进一　炮8平9　　6. 车二平三　炮9退1
7. 马八进七　士4进5　　8. 炮八平九　车1平2
9. 车九平八　炮9平7　　10. 车三平四　马7进8
11. 车四平三　马8退7　　12. 车三平四　马7进8
13. 马三退五　卒7进1　　14. 车四退一　卒7进1
15. 车八进六　象7进5　　16. 相三进一　马8退7
17. 车四退一　车8进4　　18. 车八平七　炮2进4
19. 兵七进一　车8平3　　20. 车七退一　象5进3
21. 炮九平八　炮2平3　　22. 车四进四　炮7平9
23. 车四平三　象3退5　　24. 车三退一　炮9进5
25. 车三退三　车2进3　　26. 相七进九　卒9进1
27. 炮八退二　马3进4　　28. 车三平六　车2进1
29. 炮五进四　马4退3　　30. 炮五退二　车2平5

31. 车六平七 马3进2
32. 炮八进四 炮3平2
33. 马五进六 车5退1
34. 马六进七 车5进1
35. 前马进八 炮9平8
36. 马八进六 象3进1
37. 马六退七 车5退1
38. 后马进六 马2进4
39. 马七进九

第355局 蒋凤山 胜 聂铁文

1. 炮二平五 马8进7
2. 马二进三 车9平8
3. 车一平二 马2进3
4. 兵七进一 卒7进1
5. 车二进六 炮8平9
6. 车二平三 炮9退1
7. 马八进七 士4进5
8. 炮八平九 车1平2
9. 车九平八 炮9平7
10. 车三平四 马7进8
11. 车四平三 马8退7
12. 车三平四 马7进8
13. 车四平三 马8退7
14. 车三平四 马7进8
15. 车四平三 马8退7
16. 车三平四 炮2进4
17. 兵五进一 象7进5
18. 马三进五 车8进8
19. 兵五进一 卒5进1
20. 马五进六 马3退4
21. 车四进二 炮7平8
22. 仕六进五 车8退5
23. 马七进五 炮8进1
24. 车四平二 马7进8
25. 马五进四 马8进9
26. 炮九进四 卒3进1
27. 炮九平五 车8平6
28. 车二退一 车6进1
29. 兵七进一 卒5进1
30. 车二退四 炮2平8
31. 车八进九

第356局 苗永鹏 和 赵国荣

1. 炮二平五 马2进3
2. 马二进三 马8进7
3. 兵七进一 卒7进1
4. 车一平二 车9平8
5. 车二进六 炮8平9
6. 车二平三 炮9退1

7. 马八进七　士4进5　8. 炮八平九　炮9平7
9. 车三平四　马7进8　10. 车九平八　车1平2
11. 车四平三　马8退7　12. 车三平四　马7进8
13. 车四平三　马8退9　14. 炮五进四　象3进5
15. 车三平四　马3进5　16. 车四平五　炮2进6
17. 马三退五　车8进5　18. 相七进五　卒9进1
19. 炮九进四　马9进8　20. 车五平三　炮7平9
21. 马五退七　车8进3　22. 仕六进五　马8进7
23. 车三平二　炮9进5　24. 车二退五　马7进8
25. 后马进六　炮9进1　26. 马七退六　炮9平4
27. 车八进一　车2进8　28. 马六进八　炮4退1
29. 兵九进一　马8退7　30. 马八进九　炮4退5
31. 马九退七　卒3进1　32. 兵七进一　象5进3
33. 兵九进一　卒9进1　34. 兵九平八　象3退5
35. 马七进六　士5进4　36. 炮九平五　炮4平5

第357局　蒋川　和　黄仕清

1. 炮二平五　马8进7　2. 马二进三　车9平8
3. 车一平二　马2进3　4. 兵七进一　卒7进1
5. 车二进六　炮8平9　6. 车二平三　炮9退1
7. 马八进七　士4进5　8. 炮八平九　车1平2
9. 车九平八　炮9平7　10. 车三平四　马7进8
11. 车四平三　马8退7　12. 车三平四　马7进8
13. 炮五进四　马3进5　14. 车四平五　炮7进5
15. 马三退五　炮2进5　16. 马五进四　象7进5
17. 马四进五　马8进9　18. 相七进五　马9进7
19. 车五平四　车8进8　20. 车四退三　炮2退1
21. 车四退一　马7进9　22. 仕六进五　马9退8
23. 炮九退一　炮7进2　24. 车四退一　车8进1

25. 马五退四　炮7退2　**26.** 马七进六　车8平7
27. 马六进四　车7退2　**28.** 前马退三　车7退1
29. 车八进二　炮2退2　**30.** 炮九进五　卒7进1
31. 兵七进一　卒3进1　**32.** 马四进五　车2平1
33. 车八进三　车1进3　**34.** 马五退三　车1进3
35. 车八退三　卒3进1　**36.** 马三进四　车7平5
37. 车八平六　车5平4　**38.** 车六进一　车1平4
39. 车四平二　卒9进1　**40.** 车二进一　卒3进1
41. 相五进三　车4平6　**42.** 马四进三　将5平4
43. 车二平六　卒3平4　**44.** 车六平七　车6退5
45. 车七平二　马8退7　**46.** 马三退二　车6进2
47. 车二进一　卒4平5　**48.** 马二进三　车6平7
49. 马三退一　车7平2　**50.** 仕五退六　车2平5
51. 马一进三　卒9进1　**52.** 车二进三　车5平8
53. 马三退二　卒9平8　**54.** 仕四进五　卒8进1
55. 马二退四　卒5平6　**56.** 帅五平四　士5进4
57. 帅四平五　马7退6　**58.** 帅五平四　马6进5
59. 帅四平五　象5进7　**60.** 帅五平四　将4平5
61. 帅四进一　将5进1　**62.** 帅四退一　将5平6
63. 帅四平五　马5进4　**64.** 马四退六　卒6平5
65. 马六进四　马4进3　**66.** 帅五平四　卒5平4
67. 仕五进四　马3退2　**68.** 帅四平五　马2退3
69. 马四进六　卒8平7　**70.** 马六退七　马3进5
71. 仕四退五　卒7进1　**72.** 马七退八　卒4平3
73. 马八退六　卒7进1　**74.** 仕五进四　卒3平4
75. 仕六进五　将6平5　**76.** 帅五平六　马5退6
77. 相三退一　马6进4　**78.** 马六进八　卒4平3
79. 马八进九　马4进2　**80.** 相一进三　卒7平6
81. 马九进八　马2进3　**82.** 帅六平五　马3退5
83. 相三退五　卒3进1　**84.** 马八退七　马5退4

85. 相五进三　卒3进1
86. 马七退六　卒6平7
87. 马六进七　卒3平4
88. 马七退八　马4进5
89. 马八退六　马5进4
90. 帅五平六　马4退3
91. 相三退一　卒7平6
92. 相一进三　将5进1
93. 相三退一　马3退2
94. 相一进三　马2进4
95. 帅六进一　士4退5
96. 帅六退一　马4进3
97. 帅六进一　卒6平5
98. 仕四退五　马3进5
99. 相三退五　马5退7
100. 帅六退一　马7进6
101. 相五退三　士5退4
102. 相三进一

第358局　陈启欢 负 黎德志

1. 炮二平五　马8进7
2. 马二进三　车9平8
3. 车一平二　马2进3
4. 兵七进一　卒7进1
5. 车二进六　炮8平9
6. 车二平三　炮9退1
7. 马八进七　士4进5
8. 炮八平九　炮9平7
9. 车三平四　马7进8
10. 车九平八　车1平2
11. 车四平三　马8退7
12. 车三平四　马7进8
13. 炮五进四　马3进5
14. 车四平五　炮7进5
15. 马三退五　炮2进6
16. 马七进六　卒7进1
17. 车五平七　车8进2
18. 马六进四　马8进6
19. 马四进六　士5进4
20. 兵七进一　士6进5
21. 兵七平八　炮2退2
22. 车八进二　象3进5
23. 兵八平七　车8进4
24. 兵一进一　炮7进2
25. 马六退七　卒7进1
26. 炮九退二　车8退1
27. 马七退六　炮7平9
28. 车七平四　马6进8
29. 炮九平八　炮2退1
30. 马五进六　炮2进1
31. 后马退四　车8平4
32. 炮八进三　车4进1
33. 炮八进三　马8进7
34. 兵七进一　车4平5
35. 车八平五　车5平3
36. 车五平二　炮9进1

37. 相七进五　士5退6　**38.** 车二退一　卒7进1
39. 车四平三　车3平6　**40.** 车三退四　车6进2
41. 车三退一　车6进1　**42.** 帅五进一　车6平5
43. 帅五平四　车5平4　**44.** 帅四平五　车4平2
45. 帅五平四　后车进1

第359局　张申宏 和 吕钦

1. 炮二平五　马8进7　**2.** 马二进三　车9平8
3. 车一平二　卒7进1　**4.** 车二进六　马2进3
5. 兵七进一　炮8平9　**6.** 车二平三　炮9退1
7. 马八进七　士4进5　**8.** 炮八平九　车1平2
9. 车九平八　炮9平7　**10.** 车三平四　马7进8
11. 车四平三　马8退7　**12.** 车三平四　马7进8
13. 车八进六　卒7进1　**14.** 车四平三　马8退7
15. 车三平四　卒7进1　**16.** 马三退五　象7进5
17. 马七进六　车8进4　**18.** 马六进五　炮2平1
19. 车八进三　马3退2　**20.** 前马退四　车8平7
21. 炮五平八　炮1进4　**22.** 车四平七　车7平6
23. 马四退五　卒1进1　**24.** 后马进七　马2进1
25. 炮八进五　车6平2　**26.** 马七进九　车2退2
27. 马九退七　卒7平6　**28.** 仕四进五　车2进5
29. 炮九进五　象3进1　**30.** 马七进六　卒6平5
31. 马五进三　车2平7　**32.** 马三进四　车7进2
33. 仕五退四　马7进6　**34.** 马六进四　象1退3
35. 马四退五　车7退5　**36.** 仕六进五　卒9进1
37. 相七进五　车7平5　**38.** 马五进三　车5进3
39. 车七平三　炮7退1　**40.** 马三进一　车5退2
41. 兵七进一　车5平8　**42.** 兵七进一　车8退1
43. 兵一进一　炮7平9　**44.** 车三平一　炮9平8

45. 仕五退六　车8平5
46. 仕四进五　炮8进7
47. 马一进三　炮8平2
48. 帅五平四　车5平6
49. 仕五进四　车6进3
50. 帅四平五　象5进7
51. 仕六进五　车6平5
52. 兵一进一　士5进6
53. 马三进二　车5进1
54. 帅五平四　士6退5
55. 车一平四　车5平8
56. 马二进四　炮2平7
57. 帅四平五　车8退3
58. 兵七平六　象3进5
59. 帅五平四　象5退7
60. 兵一进一　车8退3
61. 帅四平五　炮7平2
62. 兵一平二　车8平9
63. 兵二平三　炮2退4
64. 车四退一　炮2平7
65. 车四平三　将5平6
66. 车三进一　象7进5
67. 车三平二　车9平7
68. 车二平四　将6平5
69. 兵六平七　卒1进1
70. 兵七进一　象5退3
71. 兵七进一　车7平5
72. 帅五平四　车5平4
73. 车四平二　士5退6
74. 车二平五　士6进5
75. 车五平二　士5退6
76. 车二平五　士6进5
77. 帅四平五　象3进5
78. 车五退二　卒1进1
79. 车五退一　卒1进1
80. 车五退一　卒1进1
81. 车五退一

第360局　刘军 负 李来群

1. 炮二平五　马8进7
2. 马二进三　车9平8
3. 车一平二　马2进3
4. 兵七进一　卒7进1
5. 车二进六　炮8平9
6. 车二平三　炮9退1
7. 马八进七　士4进5
8. 炮八平九　车1平2
9. 车九平八　炮9平7
10. 车三平四　马7进8
11. 车四平三　马8退7
12. 车三平四　马7进8
13. 车四平三　马8退7
14. 车三平四　炮2进4
15. 车四进二　炮7平8
16. 兵五进一　炮8进5

17. 炮五退一　炮 8 进 1　　18. 马三进五　炮 8 平 1
19. 相七进九　车 8 进 7　　20. 炮五进一　炮 2 平 7
21. 车八进九　马 3 退 2　　22. 相九退七　车 8 退 1
23. 兵一进一　车 8 退 1　　24. 车四退二　象 3 进 5
25. 兵五进一　卒 5 进 1　　26. 马五进六　车 8 平 3
27. 马七进五　车 3 平 4　　28. 马六进八　马 2 进 1
29. 马五退七　车 4 退 1　　30. 马八退七　卒 5 进 1
31. 车四退三　炮 7 进 1　　32. 后马退五　炮 7 退 2
33. 马七进五　将 5 平 4　　34. 后马进七　车 4 进 3
35. 马五退三　卒 7 进 1　　36. 车四平七　卒 1 进 1
37. 仕四进五　车 4 退 3　　38. 车七平八　车 4 平 2
39. 车八平六　将 4 平 5　　40. 炮五平三　马 7 进 5
41. 相三进五　卒 7 平 8　　42. 车六平三　卒 8 平 9
43. 车三进一　马 5 进 6　　44. 炮三平四　后卒进 1
45. 炮四退一　车 2 平 8　　46. 马七进八　前卒平 8
47. 车三退一　车 8 平 2　　48. 马八退九　卒 9 进 1
49. 仕五进四　车 2 进 3　　50. 车三平四　马 1 进 2
51. 仕四退五　马 6 进 8　　52. 车四平三　马 2 进 4
53. 炮四进一　车 2 退 1　　54. 车三平八　马 8 进 6
55. 仕五进四　马 4 进 2　　56. 马九进七

第 361 局　万春林 和 柳大华

1. 炮二平五　马 8 进 7　　2. 马二进三　马 2 进 3
3. 车一平二　车 9 平 8　　4. 兵七进一　卒 7 进 1
5. 车二进六　炮 8 平 9　　6. 车二平三　炮 9 退 1
7. 马八进七　士 4 进 5　　8. 炮八平九　车 1 平 2
9. 车九平八　炮 9 平 7　　10. 车三平四　马 7 进 8
11. 车四平三　马 8 退 7　　12. 车三平四　马 7 进 8
13. 炮五进四　马 3 进 5　　14. 车四平五　炮 7 进 5

15. 马三退五　卒7进1　16. 车八进四　马8进6
17. 车五退二　车8进8　18. 炮九退一　车8退1
19. 相三进五　炮7平8　20. 炮九平八　炮8退1
21. 马七进六　车8平6　22. 马五进七　炮8进4
23. 仕四进五　车6平7　24. 马六进五　车7进2
25. 仕五退四　车7退3　26. 仕四进五　马6退5
27. 车五进二　卒7平8　28. 车五平四　车7退4
29. 兵七进一　卒3进1　30. 车八平二　炮2平3
31. 车二退四　车2进8　32. 车四平七　车7平4
33. 车二进四　象3进5　34. 车二平六　炮3退2
35. 车六进三　士5进4　36. 马七进六　士6进5
37. 马六进四　卒1进1　38. 车七平一　车2平4
39. 车一平七　车4退2　40. 兵一进一　车4平1
41. 兵一进一　车1平4　42. 兵一进一　车4退2
43. 马四进二　车4平7　44. 兵五进一　卒1进1
45. 马二退三　卒1平2　46. 相七进九　卒2进1
47. 兵五进一　卒2进1　48. 相九退七　卒2进1
49. 仕五进六　卒2平3　50. 相七进九　车7平8
51. 车七平二

第362局　陈红标 和 曹岩磊

1. 炮二平五　马8进7　2. 马二进三　车9平8
3. 车一平二　卒7进1　4. 车二进六　马2进3
5. 兵七进一　炮8平9　6. 车二平三　炮9退1
7. 马八进七　士4进5　8. 炮八平九　炮9平7
9. 车三平四　马7进8　10. 车九平八　车1平2
11. 车四平三　马8退7　12. 车三平四　马7进8
13. 车四平三　马8退7　14. 车三平四　马7进8
15. 炮五进四　马3进5　16. 车四平五　炮7进5

17. 马三退五 炮 2 进 5
18. 相七进五 卒 7 进 1
19. 马五退七 炮 2 退 1
20. 前马进六 车 8 进 2
21. 炮九平六 马 8 进 6
22. 车五平七 车 8 平 5
23. 马六进四 车 5 进 4
24. 马四进六 车 5 平 4
25. 仕六进五 象 7 进 5
26. 马六进七 车 4 退 5
27. 前马退六 车 4 平 1
28. 车七进二 马 6 进 5
29. 相三进五 炮 2 平 5
30. 帅五平六 车 2 进 9
31. 车七平九 炮 5 平 4
32. 炮六平九 炮 7 平 8
33. 仕五进四 炮 8 进 3
34. 仕四进五 炮 8 退 2
35. 炮九进四 炮 8 平 5
36. 马六进七 将 5 平 4
37. 炮九平七 炮 5 平 1
38. 炮七平九 车 2 平 3
39. 帅六进一 车 3 退 1
40. 帅六退一 炮 1 平 4
41. 帅六平五 前炮平 5
42. 仕五进六 炮 4 平 5
43. 帅五平四 后炮平 6
44. 帅四平五 炮 6 退 5
45. 车九平八 炮 6 平 3
46. 炮九进三 将 4 进 1
47. 车八平七 将 4 进 1
48. 车七退二 将 4 退 1
49. 车七平六 士 5 进 4
50. 车六平五 车 3 进 1
51. 帅五进一 车 3 退 4
52. 车五退四 车 3 进 1
53. 兵九进一 车 3 退 1
54. 车五进五 车 3 平 1
55. 炮九平四 车 1 平 6
56. 炮四平一 车 6 进 2
57. 车五退五

第 363 局 徐超 胜 程进超

1. 炮二平五 马 8 进 7
2. 马二进三 车 9 平 8
3. 车一平二 卒 7 进 1
4. 车二进六 马 2 进 3
5. 马八进七 士 4 进 5
6. 炮八平九 炮 8 平 9
7. 车二平三 炮 9 退 1
8. 车九平八 车 1 平 2
9. 兵七进一 炮 9 平 7
10. 车三平四 马 7 进 8
11. 车四平三 马 8 退 7
12. 车三平四 马 7 进 8

13. 炮五进四　马 3 进 5　　**14.** 车四平五　炮 7 进 5
15. 马三退五　卒 7 进 1　　**16.** 车八进四　车 8 进 2
17. 马七进六　马 8 进 6　　**18.** 车五退二　炮 7 平 8
19. 相七进五　炮 8 退 1　　**20.** 相五进三　马 6 进 7
21. 相三退五　马 7 进 6　　**22.** 帅五平四　炮 8 进 4
23. 相三进一　炮 2 平 7　　**24.** 马五进七　车 2 进 5
25. 马七进八　炮 7 进 6　　**26.** 帅四进一　车 8 平 6
27. 帅四平五　炮 7 平 9　　**28.** 车五平三　车 6 进 7
29. 相五退七　炮 8 退 1　　**30.** 帅五进一　车 6 平 5
31. 帅五平四　车 5 平 4　　**32.** 炮九进四　车 4 退 2
33. 相七进五　车 4 进 1　　**34.** 相五退三　车 4 平 6
35. 帅四平五　车 6 平 2　　**36.** 马六退七　象 3 进 5
37. 车三平二　炮 9 退 2　　**38.** 炮九平八　车 2 平 3
39. 马七进六　炮 9 平 1　　**40.** 马六进四　车 3 退 2
41. 帅五退一　炮 8 平 7　　**42.** 车二平三　炮 7 平 8
43. 马四进二　车 3 平 5　　**44.** 相三进五　炮 1 退 5
45. 炮八进二　士 5 进 4　　**46.** 炮八平一　炮 1 平 6
47. 车三进二　车 5 平 8　　**48.** 炮一平二　车 8 平 2
49. 炮二退七　车 2 退 1　　**50.** 车三平四　将 5 进 1
51. 车四平七　车 2 进 1　　**52.** 炮二进三　车 2 平 5
53. 马二进三　车 5 平 8　　**54.** 炮二平五　将 5 平 4
55. 车七平四　车 8 退 5　　**56.** 车四进二　士 4 退 5
57. 炮五平六　将 4 退 1　　**58.** 炮六进二

第 364 局　谢靖 和 许银川

1. 炮二平五　马 8 进 7　　**2.** 马二进三　车 9 平 8
3. 车一平二　马 2 进 3　　**4.** 兵七进一　卒 7 进 1
5. 车二进六　炮 8 平 9　　**6.** 车二平三　炮 9 退 1
7. 马八进七　士 4 进 5　　**8.** 炮八平九　车 1 平 2

9. 车九平八　炮9平7
10. 车三平四　马7进8
11. 车四平三　马8退7
12. 车三平四　马7进8
13. 车四平三　马8退7
14. 车三平四　马7进8
15. 炮五进四　马3进5
16. 车四平五　卒7进1
17. 兵三进一　马8进6
18. 马三进四　炮7进8
19. 仕四进五　炮2进6
20. 炮九进四　车8进9
21. 相七进五　炮7平4
22. 仕五退四　炮4平6
23. 马四退三　炮6平2
24. 马三退二　前炮平8
25. 帅五进一　炮2平3
26. 车五平七　炮8退2
27. 相五退三　车2进7
28. 车七进三　士5退4
29. 帅五平六　车2平3
30. 车七平六　将5进1
31. 车六退七　车3退2
32. 车六平二　车3平7
33. 车二进四　车7进3
34. 帅六进一　车7进1
35. 车二平五　象7进5
36. 炮九平一　车7平1
37. 车五退一　车1退3
38. 兵一进一　炮3平5
39. 炮一平五　象5进3
40. 帅六平五　炮5平2
41. 帅五退一　炮2退4
42. 车五退一　车1平4
43. 帅五平四　将5平4
44. 炮五平九　炮2退2
45. 车五进一　车4进2
46. 帅四退一　车4退5
47. 炮九退四　车4进4
48. 炮九进二　车4退2
49. 车五退一　车4进4
50. 帅四进一　车4退1
51. 帅四退一　炮2平6
52. 兵一进一　车4退4
53. 兵一进一　车4平6
54. 帅四平五　炮6平5
55. 炮九平六　车6退1
56. 兵一进一　车6退1
57. 兵一进一　车6退1
58. 炮六进二　将4平5
59. 兵一进一　车6进5
60. 帅五平六　车6退2
61. 帅六平五　车6进2
62. 帅五平六　车6退3
63. 炮六退二　车6平2
64. 炮六退二　车2平4
65. 帅六进一　车4进3
66. 兵一平二　将5退1
67. 兵二平三　士6进5
68. 车五进一　炮5平4

69. 车五平七　车 4 退 1
70. 兵五进一　炮 4 进 5
71. 兵五进一　炮 4 退 1
72. 兵五平四　炮 4 平 5
73. 帅六平五　炮 5 退 4
74. 兵四进一　车 4 平 5
75. 帅五平六　炮 5 平 4
76. 车七进一　炮 4 退 2
77. 车七平五　车 5 退 2
78. 兵四平五　士 5 进 4
79. 帅六平五　炮 4 平 7
80. 兵五进一

第 365 局　谢业枧 胜 才溢

1. 炮二平五　马 8 进 7
2. 马二进三　车 9 平 8
3. 车一平二　马 2 进 3
4. 兵七进一　卒 7 进 1
5. 车二进六　炮 8 平 9
6. 车二平三　炮 9 退 1
7. 马八进七　炮 9 平 7
8. 车三平四　士 4 进 5
9. 炮八平九　车 1 平 2
10. 车九平八　马 7 进 8
11. 车四平三　马 8 退 7
12. 车三平四　马 7 进 8
13. 车八进六　卒 7 进 1
14. 车四平三　马 8 退 7
15. 车三平四　卒 7 进 1
16. 马三退五　象 7 进 5
17. 马七进六　车 8 进 4
18. 马六进五　马 3 进 5
19. 炮五进四　车 8 平 4
20. 炮五退二　车 4 进 3
21. 车八退三　马 7 进 8
22. 车四平七　马 8 进 6
23. 马五进六　炮 2 平 4
24. 车八进六　车 4 进 2
25. 帅五进一　马 6 进 7
26. 炮九平四　车 4 退 3
27. 车七平三　车 4 平 5
28. 相三进五　炮 7 平 8
29. 车八平七　炮 4 退 2
30. 车三平五　车 5 退 1
31. 车五退二　象 5 退 3
32. 车五平三　卒 7 平 6
33. 车三退二　卒 6 进 1
34. 车三平四　炮 8 平 9
35. 车四进四　炮 9 进 5
36. 车四平一　炮 9 平 5
37. 帅五平四　卒 1 进 1
38. 车一退一　炮 5 退 4
39. 车一平九

第366局 柳大华 和 陶汉明

1. 炮二平五 马8进7
2. 马二进三 马2进3
3. 车一平二 车9平8
4. 兵七进一 卒7进1
5. 车二进六 士4进5
6. 马八进七 炮8平9
7. 车二平三 炮9退1
8. 炮八平九 炮9平7
9. 车三平四 车1平2
10. 车九平八 马7进8
11. 马七进六 卒7进1
12. 车四进二 炮2退1
13. 车四退三 卒7进1
14. 马三退五 象3进5
15. 相三进一 马8退7
16. 车四退一 车8进4
17. 车八进七 车2平3
18. 马六进七 炮2平4
19. 马五进七 炮4进1
20. 车八退四 车3平2
21. 车八进六 马3退2
22. 兵五进一 炮4进4
23. 车四进四 炮7平9
24. 兵五进一 炮4平3
25. 前马进五 车8平5
26. 仕六进五 炮9平8
27. 相一退三 炮8进3
28. 马五进三 炮8平7
29. 相三进一 炮7退3
30. 车四平三 马7进8
31. 车三进一 炮3进3
32. 车三退五 马2进3
33. 相一退三 炮3平1
34. 炮九平八 炮1退2
35. 马七进六 炮1平5
36. 相三进五 马3进2
37. 马六进七 车5进3
38. 炮八进二 马8进9
39. 车三进一 马2退4
40. 车三平六 马4退3
41. 炮八进三 士5进4
42. 炮八退六 士6进5
43. 车六平三 车5平2
44. 炮八平六 车2进1
45. 炮六退一 车2退2
46. 兵七进一 马9进7
47. 兵九进一 马7进9
48. 马七进六 车2平6
49. 炮六进一 马9退8
50. 车三进四 士5退6
51. 兵七进一 士4退5
52. 兵七进一 马3进1
53. 兵七平八 车6平4
54. 马六退五 车4进2

55. 车三退六　马1退2　56. 车三平二　马2进4
57. 马五退七　车4退4　58. 车二平七　车4退1
59. 车七平八　车4平3　60. 马七退五　士5退4
61. 兵八进一　马4进6　62. 马五退六　士6进5
63. 车八进一　卒9进1　64. 马六进四　车3进1
65. 车八平二　士5退6　66. 车二平五　士4进5
67. 马四进二　车3平2　68. 兵八平九　卒1进1
69. 马二进三　卒1进1　70. 车五平九　士5进4
71. 车九平五　士6进5　72. 马三进一　马6进7
73. 马一进三　将5平4　74. 车五平三　卒9进1
75. 仕五进六　卒9平8　76. 车三退一　马7进5
77. 车三平五　车2进5　78. 帅五进一　车2退4
79. 兵九平八　马5退7　80. 车五平三　卒8平7

第367局　李鸿嘉 负 柳大华

1. 炮二平五　马8进7　2. 马二进三　车9平8
3. 车一平二　马2进3　4. 兵七进一　卒7进1
5. 车二进六　炮8平9　6. 车二平三　炮9退1
7. 马八进七　士4进5　8. 炮八平九　车1平2
9. 车九平八　炮9平7　10. 车三平四　马7进8
11. 马七进六　卒7进1　12. 车四进二　炮2退1
13. 车四退三　马8退7　14. 车四进一　卒7进1
15. 马三退五　炮2进7　16. 车四进二　炮2退7
17. 车四退四　炮2进7　18. 马五进七　象7进5
19. 马六进七　卒7平6　20. 炮五平三　马7进8
21. 车四平三　炮7进6　22. 车三退二　马8进6
23. 后马进八　炮2平9　24. 炮九平八　车2平1
25. 兵七进一　炮9进1　26. 车三进二　车8进9
27. 车三平四　炮9平7　28. 帅五进一　车8退1

29. 帅五进一　卒6平5　30. 帅五平四　炮7平4
31. 马八进六　炮4平2　32. 马六进七　炮2平6

第368局　李鸿嘉 负 汪洋

1. 炮二平五　马3进7　2. 马二进三　卒7进1
3. 兵七进一　车9平8　4. 车一平二　马2进3
5. 车二进六　炮8平9　6. 车二平三　炮9退1
7. 马八进七　士4进5　8. 炮八平九　车1平2
9. 车九平八　炮9平7　10. 车三平四　马7进8
11. 马七进六　卒7进1　12. 车四进二　炮2退1
13. 车四退三　卒7进1　14. 马三退五　马8退7
15. 车四退一　象3进5　16. 车八进七　车2平3
17. 炮九进四　炮2平4　18. 炮九退二　车8进4
19. 马六进七　车8平6　20. 马五进七　炮4进1
21. 车四进一　马7进6　22. 车八退二　炮7进8
23. 仕四进五　炮4进4　24. 车八平四　炮4平3
25. 后马退九　炮3退3　26. 兵七进一　炮3平1
27. 马九进七　车3平2　28. 兵七进一　马3退4
29. 马七进六　炮7平8　30. 车四平八　车2进4
31. 马六进八　炮8退3　32. 马八进九　炮8退5
33. 炮九平八　象5进3　34. 兵七平八　马4进5
35. 仕五退四　炮8进5　36. 兵九进一　炮8平5
37. 仕六进五　将5平4　38. 炮八平六　炮5退2
39. 帅五平六　炮5平8　40. 炮五平六　将4平5
41. 前炮平五　将5平4　42. 炮六进三　炮8退1
43. 炮五平六　将4平5　44. 后炮平五　将5平4
45. 炮五平六　将4平5　46. 后炮平五　将5平4
47. 兵九进一　炮8平2　48. 炮五平八　炮2进1
49. 炮八平六　将4平5　50. 前炮平八　炮1平4

51. 炮六平五 象3退1
52. 炮五进三 象7进5
53. 炮八进一 炮4进3
54. 兵一进一 卒5进1
55. 兵九平八 卒5进1
56. 炮八平九 炮4退1
57. 炮九退二 炮4退4
58. 相七进九 士5进4
59. 帅六平五 卒5平4
60. 兵八进一 象5退7
61. 炮九进二 炮4平9
62. 炮九平一 炮9进4
63. 帅五平六 炮9进4
64. 帅六进一 炮9退5
65. 帅六退一 卒7进1
66. 炮一平六 卒7进1
67. 仕五进四 卒7平6
68. 仕四退五 卒4进1
69. 炮六退一 炮9进4
70. 仕五进四 卒4进1
71. 仕四进五 炮9平5
72. 炮六平四 炮5退7
73. 炮四退四 炮5平4

第八章　黑方冷僻变例

第369局　蒋川 胜 赵斯发

1. 炮二平五　马8进7
2. 马二进三　车9平8
3. 车一平二　马2进3
4. 兵七进一　卒7进1
5. 车二进六　炮8平9
6. 车二平三　炮9退1
7. 马八进七　炮9平7
8. 车三平四　士4进5
9. 炮八平九　车1平2
10. 车九平八　炮2进2
11. 马七进六　象7进5
12. 马六进七　车8进5
13. 兵七进一　象5进3
14. 兵五进一　卒7进1
15. 车四进二　炮2退3
16. 车八进八　车2进1
17. 车四平三　卒7进1
18. 车三退一　卒7进1
19. 车三平七　车2退1
20. 炮九平三　象3进5
21. 兵五进一　车8平7
22. 炮三平二　车2平3
23. 车七进二　象5退3
24. 炮五进四　将5平4
25. 马七进八　将4进1
26. 马八退九

第370局　党斐 胜 刘宗泽

1. 炮二平五　马8进7
2. 马二进三　车9平8
3. 车一平二　马2进3
4. 兵七进一　卒7进1
5. 车二进六　炮8平9
6. 车二平三　炮9退1

7. 马八进七 士4进5
8. 炮八平九 车1平2
9. 车九平八 炮9平7
10. 车三平四 炮2进4
11. 车四进二 炮2退5
12. 车四退二 象3进5
13. 车八进七 车2平3
14. 马七进八 炮2进4
15. 车四进二 炮7平8
16. 车八退三 马7进8
17. 车八进三 马8进7
18. 炮九进四 马7进5
19. 相七进五 卒7进1
20. 相五进三 炮8进1
21. 马三进四 象5进7
22. 炮九进三 车3平1
23. 车八平七 炮8平5
24. 马四进六 车1平4
25. 马六进五 象7退5
26. 车七平五 车8进3
27. 仕四进五 车4进4
28. 车五平七 车4退1
29. 兵五进一 车8进3
30. 帅五平四 车8平1
31. 车七进二 车4退3
32. 车七退三 车4进6
33. 帅四平五 车4退1
34. 帅五平四 车1平9
35. 车七平五 将5平4
36. 兵七进一 车9退2
37. 兵七进一 车9平3
38. 相三退五 卒9进1
39. 车四平三 象7进9
40. 车三退五 车4退1
41. 车三平五 象9退7
42. 兵七平六 车4平6
43. 帅四平五

第371局 卢鸿业 负 曾益谦

1. 炮二平五 马8进7
2. 马二进三 车9平8
3. 车一平二 马2进3
4. 兵七进一 卒7进1
5. 车二进六 炮8平9
6. 车二平三 炮9退1
7. 马八进七 士4进5
8. 炮八平九 车1平2
9. 车九平八 炮9平7
10. 车三平四 炮2进4
11. 车四进二 炮7平8
12. 兵五进一 炮8进5
13. 仕六进五 车8进2
14. 相三进一 马7进8
15. 兵五进一 卒5进1
16. 车四退三 卒5进1

17. 车四平五　马8进7
18. 车五平三　马7进5
19. 炮九平五　炮8进1
20. 车三进四　炮8平5
21. 相七进五　车8进4
22. 车三退二　马3退4
23. 车三退三　炮2进1
24. 相一退三　车8平3
25. 马七退六　卒5进1
26. 车三平五　卒5进1
27. 马六进五　车3平2
28. 车五退一　前车退2
29. 马三进四　炮2平1
30. 车八进五　车2进4
31. 帅五平六　马4进5
32. 车五进三　车2平7
33. 马五进六　车7进5
34. 马六进七　车7退4
35. 马七进五　象3进5
36. 马四进三　象5退7
37. 兵七进一　炮1平7
38. 马三进二　炮7进2
39. 帅六进一　车7平4
40. 仕五进六　将5平4
41. 兵七进一　车4进2
42. 帅六平五　车4进2
43. 车五平一　车4平5
44. 帅五平四　炮7退8
45. 仕四进五　车5平8
46. 车一平六　将4平5
47. 马二退三　车8退1
48. 帅四退一　车8平5
49. 车六退一　车5退5
50. 车六进一　车5进3
51. 车六退一　车5平6
52. 帅四平五　车6退3
53. 车六进一　车6进3
54. 车六平五　车6平1
55. 兵一进一　卒1进1
56. 车五退二　炮7进1
57. 兵七进一　车1平4
58. 车五进二　卒1进1
59. 兵一进一　卒1进1
60. 兵一平二　卒1平2
61. 兵二进一　卒2平3
62. 兵二进一　炮7平5
63. 马三进五　象7进5
64. 车五进一　卒3进1
65. 兵七进一　卒3平4
66. 兵七平六　车4平8
67. 兵六平五　士6进5
68. 车五进一　将5平4
69. 车五退一　将4进1
70. 车五进一　将4进1
71. 车五退二　车8进3
72. 帅五进一　卒4进1
73. 帅五平四　车8退7
74. 帅四进一　车8进5
75. 帅四退一　车8进1
76. 帅四进一　车8平5

第372局 张申宏 胜 才溢

1. 炮二平五 马8进7
2. 马二进三 车9平8
3. 车一平二 马2进3
4. 兵七进一 卒7进1
5. 车二进六 炮8平9
6. 车二平三 炮9退1
7. 马八进七 士4进5
8. 炮八平九 车1平2
9. 车九平八 炮9平7
10. 车三平四 炮2进4
11. 车四进二 炮7平8
12. 兵五进一 炮8进5
13. 炮五退一 炮2进1
14. 兵九进一 炮8进2
15. 兵五进一 车8进7
16. 马三进五 车8平4
17. 马五进六 车2进6
18. 马六进七 卒5进1
19. 车四退四 炮8退6
20. 兵七进一 车4退5
21. 兵七进一 马7进8
22. 相七进五 马8进7
23. 炮五进四 象7进5
24. 后马进六 车2退1
25. 炮九进四 车4进2
26. 炮九进三 象3进1
27. 炮五退一 卒7进1
28. 车四平三 马7进6
29. 仕六进五 马6退8
30. 马七进五 将5平4
31. 马五进七 车2退5
32. 车八进二 车2平1
33. 车三平四 士6进5
34. 车八进六 车4退3
35. 炮五进四 车4平2
36. 车四进五 将4进1
37. 炮五平八

第373局 陈孝堃 胜 柳大华

1. 炮二平五 马2进3
2. 马二进三 马8进7
3. 车一平二 车9平8
4. 兵七进一 卒7进1
5. 车二进六 炮8平9
6. 车二平三 炮9退1
7. 马八进七 士4进5
8. 炮八平九 炮9平7
9. 车三平四 车1平2
10. 车九平八 炮2进4

11. 车四进二　炮7平8　**12.** 兵五进一　炮8进5
13. 炮五退一　炮2进1　**14.** 兵九进一　炮8进1
15. 相七进五　车8进2　**16.** 马七进五　炮8退3
17. 车四退四　象7进5　**18.** 炮五平七　车8进1
19. 兵三进一　卒7进1　**20.** 车四平三　马7进6
21. 车三平四　马6进4　**22.** 车四平二　炮2退2
23. 炮七平二　卒5进1　**24.** 炮二进四　卒5进1
25. 马五进三　象5进7　**26.** 车八进三　象3进5
27. 车二退二　卒3进1　**28.** 炮二退一　马4退5
29. 兵七进一　马5进3　**30.** 相五进七　炮2退2
31. 炮九平五　后马退4　**32.** 炮二进一　马3退4
33. 前马进五　后马进2　**34.** 马五进六　马2进4
35. 仕四进五　车2平3　**36.** 车八进一　炮2平7
37. 炮五平七　车3平4　**38.** 相三进五　炮7退1
39. 车二退二　马4进2　**40.** 相七退九　炮7进5
41. 炮七平三　马2进4　**42.** 车八平五　马4退6
43. 车五进三　车8进1　**44.** 车二进五　马6进8
45. 车五平二　马8退9　**46.** 车二退一　卒9进1
47. 相五进三　车4进4　**48.** 炮三平一　车4进1
49. 兵一进一　车4平1　**50.** 兵一进一　马9退7
51. 车二平三　马7进5　**52.** 炮一平二　将5平4
53. 车三平六　士5进4　**54.** 兵一平二　车1平7
55. 兵二平三　士6进5　**56.** 车六平五　马5退7
57. 车五平三　马7进5　**58.** 炮二平六　将4平5
59. 车三平五　马5退7　**60.** 兵三平四　卒1进1
61. 车五平九　卒1进1　**62.** 炮六平五　将5平6
63. 车九进三　将6进1　**64.** 炮五平四　士5进6
65. 车九退三　卒1平2　**66.** 兵四平三　将6平5
67. 车九平五　将5平4　**68.** 炮四平六　士4退5
69. 车五平六　士5进4　**70.** 车六平三

第374局 陈鱼 负 许波

1. 炮二平五 马8进7
2. 马二进三 车9平8
3. 车一平二 马2进3
4. 兵七进一 卒7进1
5. 车二进六 士4进5
6. 马八进七 炮8平9
7. 车二平三 炮9退1
8. 炮八平九 车1平2
9. 车九平八 炮9平7
10. 车三平四 炮2进4
11. 车四进二 炮7平8
12. 兵五进一 炮8进5
13. 炮五退一 炮2进1
14. 相七进五 车8进2
15. 兵九进一 炮8进2
16. 车四退四 象7进5
17. 马三进五 炮8退1
18. 马七进六 炮2退2
19. 马六进七 炮8平1
20. 马七退八 马3进4
21. 兵五进一 车2进5
22. 车八进四 马4进2
23. 马五进六 炮1进2
24. 相五退七 车8进5
25. 马六退八 车8平4
26. 炮五进一 车4进2
27. 帅五进一 卒5进1
28. 马八进七 车4退5
29. 相三进一 炮1退1
30. 车四退一 车4平2
31. 车四平九 车2进4
32. 帅五退一 卒5进1
33. 炮五退一 炮1平5
34. 仕四进五 车2退5
35. 马七进六 马7进6
36. 兵三进一 卒7进1
37. 相一进三 将5平4
38. 车九平六 马6进4

第375局 陈球 胜 林仁喜

1. 炮二平五 马8进7
2. 马二进三 车9平8
3. 车一平二 卒7进1
4. 兵七进一 马2进3
5. 车二进六 炮8平9
6. 车二平三 炮9退1
7. 马八进七 士4进5
8. 炮八平九 车1平2
9. 车九平八 炮9平7
10. 车三平四 卒7进1

11. 兵三进一　马7进8
12. 兵三进一　炮7进6
13. 炮五进四　马3进5
14. 炮九平三　马5进4
15. 相三进五　马4进3
16. 炮三平七　马8进9
17. 车八进六　车8进2
18. 车四退三　马9进8
19. 仕六进五　车2平1
20. 炮七进四　炮2平4
21. 兵七进一　象3进5
22. 炮七平五　将5平4
23. 兵七进一　车1平3
24. 兵三进一　车8进2
25. 兵七平六　炮4平1
26. 车八平九　车3进2
27. 兵三进一　象5退3
28. 兵三进一　车8平4
29. 兵三平四　车4进4
30. 兵六平七　炮1平2
31. 仕五进六　车3平6
32. 车四进四　士5进6
33. 仕四进五　炮2平5
34. 兵七进一　炮5进4
35. 车九平六　将4平5
36. 车六退三　炮5退2
37. 车六平五　车4平3
38. 兵七平六　车3退4
39. 兵六进一

第376局　郑钰 胜 王洪东

1. 炮二平五　马8进7
2. 马二进三　车9平8
3. 车一平二　卒7进1
4. 车二进六　马2进3
5. 马八进七　炮8平9
6. 车二平三　炮9退1
7. 兵七进一　炮9平7
8. 车三平四　士4进5
9. 炮八平九　车1平2
10. 车九平八　卒7进1
11. 兵三进一　马7进8
12. 兵三进一　炮7进6
13. 炮五进四　象7进5
14. 炮九平三　马8进9
15. 炮三平五　炮2进6
16. 仕六进五　车8平7
17. 车四平一　马9进7
18. 前炮退二　车7进4
19. 车一平七　马3退4
20. 车七平六　车2进4
21. 车六进二　马7退6
22. 车八进一　车2进4
23. 帅五平六　车7平5
24. 前炮进三　车5退2

25. 炮五进五　士 5 进 4　**26.** 炮五退三　车 2 退 2
27. 车六退一

第 377 局　洪家川 胜 陈懋煌

1. 炮二平五　马 8 进 7　**2.** 马二进三　车 9 平 8
3. 车一平二　卒 7 进 1　**4.** 车二进六　马 2 进 3
5. 兵七进一　炮 8 平 9　**6.** 车二平三　炮 9 退 1
7. 马八进七　士 4 进 5　**8.** 炮八平九　炮 9 平 7
9. 车三平四　车 1 平 2　**10.** 车九平八　卒 7 进 1
11. 兵三进一　马 7 进 8　**12.** 车四平三　马 8 退 9
13. 炮五进四　象 3 进 5　**14.** 车三平四　马 3 进 5
15. 车四平五　炮 2 进 5　**16.** 马三退五　车 8 进 8
17. 相三进五　卒 9 进 1　**18.** 炮九退一　车 8 退 4
19. 马七进六　车 8 平 4　**20.** 马五进七　炮 2 进 1
21. 兵五进一　马 9 进 8　**22.** 仕六进五　炮 7 平 9
23. 车五平一　炮 9 平 6　**24.** 车一平七　炮 6 进 7
25. 炮九进五　马 8 进 6　**26.** 车七平二　炮 6 平 9
27. 相五退三　马 6 进 7　**28.** 相七进五　马 7 退 9
29. 车二退三　马 9 退 8　**30.** 炮九平五　马 8 退 7
31. 炮五退一　卒 9 进 1　**32.** 兵三进一　马 7 进 9
33. 兵三平四　马 9 进 8　**34.** 相五进三　将 5 平 4
35. 兵九进一　车 2 进 3　**36.** 仕五进四　炮 9 平 6
37. 仕四退五　马 8 退 9　**38.** 车二平四　炮 6 平 8
39. 车四平二　炮 8 平 6　**40.** 仕五退六　炮 6 退 3
41. 车二平四　炮 6 平 4　**42.** 车四平六　马 9 退 7
43. 兵四进一　马 7 进 8　**44.** 兵四平五　车 4 退 3
45. 车六进一　车 4 进 4　**46.** 马七进六　马 8 进 7
47. 仕六进五　马 7 退 5　**48.** 兵九进一　炮 2 退 2
49. 车八平六　士 5 进 4　**50.** 兵五进一　炮 2 进 3

51. 车六进三　炮 2 平 1　**52.** 帅五平六　车 2 平 4
53. 兵五平六　车 4 退 1　**54.** 兵七进一　象 7 进 5
55. 炮五平六　车 4 平 3　**56.** 马六进八

第 378 局　任健 和 董旭彬

1. 炮二平五　马 8 进 7　**2.** 马二进三　车 9 平 8
3. 车一平二　卒 7 进 1　**4.** 兵七进一　马 2 进 3
5. 车二进六　炮 8 平 9　**6.** 车二平三　炮 9 退 1
7. 马八进七　士 4 进 5　**8.** 炮八平九　车 1 平 2
9. 车九平八　炮 9 平 7　**10.** 车三平四　卒 7 进 1
11. 兵三进一　马 7 进 8　**12.** 车四退四　马 8 进 9
13. 相三进一　马 9 进 7　**14.** 炮五平三　炮 2 进 5
15. 马七进六　炮 2 平 7　**16.** 车八进九　马 3 退 2
17. 炮九平三　车 8 进 7　**18.** 车四平八　车 8 平 7
19. 车八进七　象 7 进 5　**20.** 马六进四　士 5 退 4
21. 车八退一　士 6 进 5　**22.** 车八退七　炮 7 平 6
23. 马四退六　车 7 平 9　**24.** 车八平四　炮 6 平 8
25. 车四平二　炮 8 平 6　**26.** 车二进七　炮 6 进 1
27. 车二退二　车 9 平 4　**28.** 马六进七　车 4 退 4
29. 马七退八　车 4 平 2　**30.** 马八退七　车 2 进 3
31. 车二平五　车 2 平 3　**32.** 马七退五　车 3 退 1
33. 相七进五　车 3 进 1　**34.** 马五进三　车 3 平 1
35. 车五平一　炮 6 平 7　**36.** 车一平三　炮 7 退 2
37. 仕四进五　卒 1 进 1　**38.** 兵五进一　车 1 平 7
39. 马三退四　车 7 平 5　**40.** 车三平五　卒 1 进 1
41. 相五退七　炮 7 平 9　**42.** 马四进二　车 5 平 8
43. 马二进四　车 8 进 3　**44.** 仕五退四　炮 9 进 9
45. 车五平一　炮 9 平 6　**46.** 兵五进一　炮 6 平 4
47. 帅五进一　车 8 退 2　**48.** 车一平四　炮 4 平 6

49. 马四退三　车 8 进 1　　**50.** 车四退五　车 8 平 6

第 379 局　李菁 和 林宏敏

1. 炮二平五　马 8 进 7　　**2.** 马二进三　车 9 平 8
3. 车一平二　马 2 进 3　　**4.** 兵七进一　卒 7 进 1
5. 车二进六　炮 8 平 9　　**6.** 车二平三　炮 9 退 1
7. 马八进七　士 4 进 5　　**8.** 炮八平九　车 1 平 2
9. 车九平八　炮 9 平 7　　**10.** 车三平四　车 8 进 5
11. 兵三进一　车 8 退 1　　**12.** 车四进二　炮 7 平 9
13. 车八进五　炮 2 平 1　　**14.** 车八进四　马 3 退 2
15. 兵三进一　车 8 平 7　　**16.** 炮五退一　炮 1 退 1
17. 车四退二　象 3 进 5　　**18.** 炮五平三　车 7 平 6
19. 车四退一　马 7 进 6　　**20.** 炮九进四　马 2 进 4
21. 相七进五　卒 9 进 1　　**22.** 炮三平一　卒 3 进 1
23. 兵七进一　象 5 进 3　　**24.** 炮一进四　象 3 退 5
25. 炮一平二　炮 1 平 3　　**26.** 马七进八　马 6 进 4
27. 炮二进三　炮 3 进 5　　**28.** 炮二平六　炮 9 平 4
29. 马八进六　士 5 进 4　　**30.** 马六进八　士 6 进 5
31. 相五进七　卒 5 进 1　　**32.** 相三进五　马 4 进 6
33. 仕四进五　马 6 进 8　　**34.** 兵一进一　马 8 退 9
35. 马三进二　马 9 进 8　　**36.** 兵九进一　炮 3 平 2
37. 马二进四　马 8 退 6　　**38.** 马八进七　象 5 进 7
39. 兵九进一　炮 2 退 1　　**40.** 相七退九　炮 2 平 9
41. 炮九平五　象 7 进 5　　**42.** 兵九进一　炮 9 退 2
43. 兵九平八　马 6 进 7　　**44.** 帅五平四　炮 9 平 6
45. 马四退三　将 5 平 6　　**46.** 马三进二　马 7 退 5
47. 马二进三　将 6 平 5　　**48.** 兵八进一　将 5 平 4
49. 相九退七　马 5 进 7　　**50.** 兵八平七　士 5 退 6
51. 炮五平六　炮 4 进 2　　**52.** 兵七平六　炮 4 进 2

53. 马七退五　将4平5
54. 马五进三　炮6退2
55. 后马退五　象7退5
56. 兵六平五　炮4退4
57. 马三退二　炮4平2
58. 前兵平六　士6进5
59. 兵六进一　炮6平4
60. 马五进六　马7退6
61. 马六退七　炮2进1
62. 马二进三　将5平4
63. 马三退五　炮2平4
64. 仕五进四　将4平5
65. 相七进五　将5平6
66. 仕六进五　炮4进1
67. 帅四平五　炮4平5

第380局　范秋荷 负 高懿屏

1. 炮二平五　马8进7
2. 马二进三　车9平8
3. 车一平二　马2进3
4. 兵七进一　卒7进1
5. 车二进六　炮8平9
6. 车二平三　炮9退1
7. 马八进七　士4进5
8. 炮八平九　炮9平7
9. 车三平四　马7进8
10. 车四平三　马8退7
11. 车三平四　车1平2
12. 车九平八　马7进8
13. 车四平三　马8退7
14. 车三平四　马7进8
15. 车四平三　马8退7
16. 车三平四　车8进5
17. 兵三进一　车8退1
18. 车八进六　卒7进1
19. 车八平七　马3退4
20. 炮九进四　炮2进4
21. 车四进二　炮2平3
22. 车七平六　炮3进3
23. 仕六进五　马4进5
24. 帅五平六　车2进4
25. 炮九进三　士5退4
26. 车四退一　车8平4
27. 车六退一　车2平4
28. 帅六平五　马7进8
29. 炮五进四　炮7平5
30. 炮五平二　炮5平3
31. 炮二进三　将5进1
32. 相三进五　后炮进6
33. 相五退七　炮3平2
34. 仕五退六　车4进3
35. 车四平二　马8退9
36. 炮二平四　炮2平7
37. 炮四平七　车4退1
38. 炮七平三　车4平5

39. 仕四进五　炮 7 退 7
40. 炮九平三　马 5 进 6
41. 车二平一　车 5 平 9
42. 相七进五　车 9 进 3
43. 仕五退四　车 9 退 2
44. 车一进一　将 5 退 1
45. 仕六进五　车 9 平 5
46. 车一退二　马 6 进 4
47. 车一平六　车 5 退 2
48. 炮三平一　卒 7 进 1
49. 炮一平六　马 4 进 3
50. 炮六平七　马 3 进 5
51. 仕四进五　车 5 进 3
52. 帅五平六　卒 7 进 1
53. 炮七平八　卒 7 进 1
54. 炮八退九　卒 7 平 6
55. 兵七进一　车 5 平 2
56. 车六平五　将 5 平 6
57. 炮八平七　车 2 平 3

第 381 局　杨景超 胜 许伟

1. 炮二平五　马 8 进 7
2. 马二进三　车 9 平 8
3. 车一平二　卒 7 进 1
4. 车二进六　马 2 进 3
5. 兵七进一　炮 8 平 9
6. 车二平三　炮 9 退 1
7. 马八进七　士 4 进 5
8. 炮八平九　炮 9 平 7
9. 车三平四　车 1 平 2
10. 车九平八　马 7 进 8
11. 车四平三　马 8 退 7
12. 车三平四　车 8 进 5
13. 兵三进一　车 8 退 1
14. 车四进二　炮 7 平 9
15. 车八进五　炮 2 退 1
16. 车四退二　炮 2 进 2
17. 兵三进一　车 8 进 4
18. 车八退一　象 3 进 5
19. 炮九平八　炮 2 进 4
20. 车八进五　马 3 退 2
21. 炮五平八　车 8 平 2
22. 炮八平九　车 2 退 1
23. 马三退五　炮 9 进 5
24. 兵九进一　马 2 进 4
25. 兵三进一　马 7 退 8
26. 车四进二　马 8 进 9
27. 兵三平二　卒 9 进 1
28. 车四退三　马 9 退 7
29. 兵二平三　马 4 进 2
30. 兵三进一　马 7 进 9
31. 兵三平二　卒 3 进 1
32. 兵七进一　马 2 进 3
33. 马七进六　卒 9 进 1
34. 兵二平一　卒 9 平 8

35. 车四平六 卒8进1
36. 马六退七 卒8平7
37. 炮九进一 车2退1
38. 车六退一 卒5进1
39. 兵一平二 车2平3
40. 车六平一 炮9平8
41. 车一平二 炮8平9
42. 车二平一 卒7平8
43. 相七进五 卒5进1
44. 兵五进一 马3退5
45. 兵五进一 马5进7
46. 车一平四 卒8平7
47. 车四平三 卒7平6
48. 兵五平四 马7退8
49. 车三平四 卒6平7
50. 车四平二 马8退6
51. 兵四进一 士5退4
52. 炮九进三 马6进4
53. 炮九平六 士4进5
54. 兵九进一 炮9进3
55. 兵四平五 马4进2
56. 兵五进一 马2进4
57. 炮六平一 车3平6
58. 车二退四 炮9退4
59. 马五退七 炮9平5
60. 仕六进五 马4进6
61. 兵五进一 士6进5
62. 炮一进三 士5退6
63. 车二进七 将5进1
64. 车二进一 将5进1
65. 车二平四 士6进5
66. 后马进六 炮5平1
67. 马六进七

第382局 许松浩 胜 潘子勋

1. 炮二平五 马8进7
2. 马二进三 马2进3
3. 车一平二 车9平8
4. 兵七进一 卒7进1
5. 车二进六 炮8平9
6. 车二平三 炮9退1
7. 马八进七 炮9平7
8. 车三平四 士4进5
9. 炮八平九 车1平2
10. 车九平八 马7进8
11. 车四平三 马8退7
12. 车三平四 车8进8
13. 车四进二 炮2退1
14. 车八进八 车2进1
15. 车四平三 马7进6
16. 车三退三 车8平3
17. 马三退五 车2进3
18. 车三进四 象3进5
19. 车三退五 车2平4
20. 炮五平二 将5平4

21. 炮二平六　将 4 平 5
22. 车三平四　卒 3 进 1
23. 兵七进一　车 4 平 3
24. 炮六平四　前车平 4
25. 炮四退一　车 4 退 4
26. 炮九退一　车 4 退 2
27. 炮四进四　车 4 进 6
28. 车四退二　车 3 平 4
29. 炮九退一　后车进 3
30. 车四平六　车 4 退 1
31. 炮九进二　车 4 退 3
32. 炮四退三　车 4 平 7
33. 炮四平一　车 7 进 2
34. 炮一进四　车 7 平 9
35. 炮一平二　象 5 退 7
36. 相三进五　车 9 退 2
37. 炮二平九　马 3 进 1
38. 炮九进四　象 7 进 5
39. 炮九退二　卒 5 进 1
40. 马七进六　车 9 退 1
41. 马五进七

第九章　网络对局

第383局　楚水苑战神（天罡）和 晓白无敌手（风魔）

1. 炮二平五　马8进7　**2.** 马二进三　车9平8
3. 车一平二　马2进3　**4.** 兵七进一　卒7进1
5. 车二进六　炮8平9　**6.** 车二平三　炮9退1
7. 马八进七　士4进5　**8.** 炮八平九　车1平2
9. 车九平八　炮9平7　**10.** 车三平四　马7进8
11. 车八进六　卒7进1　**12.** 车四退一　卒7进1
13. 马三退五　象7进5　**14.** 马七进六　马8退7
15. 车四进三　炮7退1　**16.** 马五进七　卒7进1
17. 炮五平六　车8进4　**18.** 相三进五　卒3进1
19. 兵七进一　车8平3　**20.** 炮六退一　炮2平1
21. 车八进三　马3退2　**22.** 炮六平七　车3平8
23. 炮九平八　炮1平4　**24.** 炮八进六　炮7平9
25. 车四退五　炮4平2　**26.** 炮七平八　车8平3
27. 仕四进五　卒9进1　**28.** 车四平二　车3退3
29. 后炮进五　士5退4　**30.** 马七进八　炮2进3
31. 前炮退四　马2进1　**32.** 后炮退二　炮9平7
33. 后炮平六　车3进3　**34.** 车二平四　士6进5
35. 车四进五　卒7进1　**36.** 炮八进一　马7进9
37. 炮六退一　马9进7　**38.** 车四平三　马7进8

39. 炮六进二　车3平8
40. 炮六平二　车8进2
41. 车三退七　炮7平9
42. 马六进五　炮9进6
43. 兵五进一　卒1进1
44. 马五退六　车8进3
45. 仕五退四　车8退4
46. 炮八退三　炮9退1
47. 车三进二　车8退1
48. 马六退七　炮9进4
49. 车三退三　炮9退3
50. 车三进六　马1进2
51. 仕六进五　炮9进3
52. 车三退六　炮9退2
53. 马七进五　马2退4
54. 车三平一　炮9平8
55. 马五进三　炮8进2
56. 相五退三　马4进5
57. 车一进五　车8平9
58. 马三进一　炮8退5
59. 相七进五　炮8平5
60. 炮八退三　马5进4
61. 炮八平六　马4进2
62. 马一进三　炮5进2
63. 马三进一　马2退1
64. 马一进三　将5平6
65. 马三退四　马1退2
66. 马四退六　炮5退2
67. 炮六进二　卒1进1
68. 炮六平四　马2进4
69. 炮四退一　象5进3
70. 马六进七　卒1进1
71. 马七退九　象3进5
72. 马九退八　卒1平2
73. 马八退六　炮5进2
74. 马六退七　将6平5
75. 帅五平六　卒2平3
76. 马七进九　卒3平4
77. 马九退八　炮5退3
78. 马八进七　马4进2
79. 炮四退一　象5退3
80. 马七退九　马2退4
81. 炮四进一　卒4平3
82. 帅六平五　象3进5
83. 炮四平一　马4进6
84. 炮一平四　象5进7
85. 马九退七　马6退4
86. 马七进八　马4进2
87. 帅五平六　炮5平8
88. 马八退六　卒3平4
89. 炮四进四　象3退1
90. 炮四平五　将5平6
91. 炮五平四　炮8平7
92. 相三进一　马2进3
93. 炮四退五　将6平5
94. 仕五进四　马3退2
95. 仕四进五　炮7平4
96. 帅六平五　炮4平2
97. 相一进三　象1退3
98. 炮四平一　象3进5

99. 炮一进二 马2进3
100. 炮一退二 炮2平5
101. 帅五平四 将5平6
102. 炮一平四 士5进6
103. 马六进七 马3退2
104. 马七进六 士4进5
105. 马六进七 炮5进2
106. 马七退六 炮5退1
107. 仕五退六 象7退9
108. 马六进五 炮5平3
109. 仕四退五 将6平5
110. 马五进七 将5平4
111. 马七退六 炮3退2
112. 马六退四 炮3平4
113. 炮四平二 马2退3
114. 炮二进一 炮4退1
115. 马四进六 马3退5
116. 炮二平四 马5进4
117. 相五退七 马4进6
118. 马六进八 炮4平1
119. 马八退六 炮1进8
120. 马六退八 将4平5
121. 相三退一 士5进4
122. 相一退三 象9退7
123. 马八进六 士6退5
124. 马六退四 炮1退8
125. 相三进五 炮1平4
126. 炮四平三 象7进9
127. 炮三平四 象9进7
128. 炮四退一 马6退5
129. 炮四进一 炮4平2
130. 马四退三 卒4平5
131. 马三进五 象7退5
132. 相五退三 炮2进2
133. 炮四进四 卒5平6
134. 炮四平五 将5平6
135. 相三进五 士5进6
136. 炮五平四 将6平5
137. 炮四平六 炮2退2
138. 帅四平五 炮2平5
139. 炮六平一 将5平4
140. 炮一平六 炮5平4
141. 炮六平一 卒6平5
142. 相五退三 炮4平5
143. 炮一平六 将4平5
144. 炮六平四 炮5平3
145. 炮四平五 将5平6
146. 炮五平二 炮3平5
147. 炮二退五 卒5平6
148. 帅五平四 象5退3
149. 马五进三 卒6平7
150. 炮二平四 将6平5
151. 仕五进四 马5进4
152. 炮四平五 将5平6
153. 马三退五 卒7进1
154. 炮五进七 士6退5
155. 马五退六 象3进5
156. 仕六进五 象5进7
157. 马六进四 象7退9
158. 马四进二 马4退6

159. 仕五进六　马6进8
160. 马二进四　象9进7
161. 仕四退五　马8退6
162. 马四进六　将6平5
163. 相七进五　卒7进1
164. 马六退五　士5进6
165. 相五进七　象7退5
166. 相三进五　马6退7
167. 马五进四　士4退5
168. 帅四平五　马7进6
169. 马四退五　将5平4
170. 帅五平六　象5进7
171. 仕五进四　卒7平6
172. 帅六进一　士5进4
173. 相五进三　卒6平7
174. 相七退五　士4退5
175. 相五进七　象7退5
176. 相七退五　将4平5
177. 相五进七　卒7平6
178. 相七退五　将5平4
179. 相五进七　士5退6
180. 相三退五　象5进7
181. 相五进三　士6退5
182. 相三退五　士5进4
183. 相五进三　象7退5
184. 相三退五　士6进5
185. 相五进三　将4平5
186. 相七退五　卒6平7
187. 帅六平五　士5退4
188. 相五进七　士4退5
189. 相七退五　象5进7
190. 帅五平六　卒7平6
191. 马五进四　马6进4
192. 仕六退五　马4退5
193. 马四进三　将5平6
194. 马三退四　马5进6
195. 马四退五　卒6平7
196. 马五进六　士5进4
197. 马六退五　士4进5
198. 马五进四　卒7平6
199. 相五进七　马6退5
200. 相七退五　士5进6

第384局　中山先生（地煞）胜 中象道场艰（5f）

1. 炮二平五　马8进7
2. 马二进三　车9平8
3. 车一平二　马2进3
4. 兵七进一　卒7进1
5. 车二进六　炮8平9
6. 车二平三　炮9退1
7. 马八进七　炮9平7
8. 车三平四　士4进5
9. 炮八平九　车1平2
10. 车九平八　马7进8
11. 车八进六　卒7进1
12. 车四退一　卒7进1

13. 马三退五 马3退7　**14.** 车四退一 炮2平1
15. 车八平七 车2进2　**16.** 兵七进一 象7进5
17. 马七进八 马3退4　**18.** 炮九进四 马7进8
19. 车四平二 马8退9　**20.** 车二进五 马9退8
21. 马八进六

第385局　小胡哥（月将）负 嘉应第一剑（9段）

1. 炮二平五 马8进7　**2.** 马二进三 车9平8
3. 车一平二 马2进3　**4.** 兵七进一 卒7进1
5. 车二进六 炮8平9　**6.** 车二平三 炮9退1
7. 马八进七 士4进5　**8.** 炮八平九 车1平2
9. 车九平八 炮9平7　**10.** 车三平四 马7进8
11. 炮五进四 马3进5　**12.** 车四平五 炮7进5
13. 马三退五 卒7进1　**14.** 车八进五 马8进6
15. 车五退二 车8进8　**16.** 炮九退一 车8退1
17. 相三进五 马6进5　**18.** 相七进五 车8平5
19. 车五平三 炮2平8　**20.** 车八平二 炮8平5
21. 车三退一 车5平3　**22.** 车二平五 车3平5
23. 车三退一 车2进7　**24.** 车三平五 车2平5
25. 炮九进五 炮5平7　**26.** 车五平三 炮7平2
27. 炮九平八 车5退1　**28.** 车三进四 炮2平5
29. 炮八进三 象3进1　**30.** 车三退二 卒3进1
31. 炮八退七 卒3进1　**32.** 炮八平二 将5平4
33. 炮二进七 将4进1　**34.** 炮二退二 炮5进2
35. 车三平五 象1进3　**36.** 车五退一 卒3进1
37. 炮二平七 象3退5　**38.** 兵一进一 象5退7
39. 车五平六 士5进4　**40.** 车六平五 卒3平4
41. 炮七进二 象7进5　**42.** 炮七平五 将4平5
43. 炮五平六 卒4平3　**44.** 炮六平九 将5退1

45. 车五进一　士6进5　**46.** 车五退一　车5退1
47. 炮九退三　卒9进1　**48.** 炮九进三　卒9进1
49. 车五平一　卒3平4　**50.** 车一进三　士5退6
51. 炮九平四　士4退5　**52.** 炮四退八　士5退6
53. 车一退三　炮5退1　**54.** 兵九进一　卒9进1
55. 兵九进一　卒9平8　**56.** 兵九平八　将5平4
57. 兵八平七　卒4进1　**58.** 兵七平六　卒8进1
59. 车一平四　士6进5　**60.** 炮四平一　卒8进1
61. 炮一进五　炮5退1　**62.** 车四平六　将4平5
63. 兵六平五　车5退1　**64.** 车六退四　卒8平7
65. 车六平四　车5平9　**66.** 马五进六　车9退1
67. 马六进四　车9平4　**68.** 车四进一　车4进5
69. 马四进三　炮5进3　**70.** 车四进一　炮5进2
71. 车四平五　将5平4

第386局　华山皇妃（天罡）负 梦从此逝（地煞）

1. 炮二平五　马8进7　**2.** 马二进三　车9平8
3. 车一平二　马2进3　**4.** 兵七进一　卒7进1
5. 车二进六　炮8平9　**6.** 车二平三　炮9退1
7. 马八进七　士4进5　**8.** 炮八平九　车1平2
9. 车九平八　炮9平7　**10.** 车三平四　马7进8
11. 车八进六　卒7进1　**12.** 车四退一　卒7进1
13. 马三退五　象7进5　**14.** 马七进六　马8进9
15. 马六进五　马3进5　**16.** 炮五进四　车8进4
17. 车四进三　炮7进2　**18.** 相三进一　车8平4
19. 马五进七　马9退8　**20.** 炮九平八　马8退7
21. 炮五平四　炮2进5　**22.** 车八进三　炮2平9
23. 车四平二　卒7平6　**24.** 仕四进五　炮9进2
25. 车二退七　炮7进6　**26.** 车二退一　车4平9

27. 马七进六　炮7退3　**28.** 仕五退四　炮7平5
29. 炮四平九　车9进3　**30.** 帅五进一　车9进1
31. 帅五进一　炮5退1　**32.** 炮九进三　卒6平5
33. 帅五平四　车9退3　**34.** 车八退一　士5退4
35. 车八平四　炮5平6　**36.** 马六进七　炮9平6
37. 马七退五　士6进5　**38.** 车四平三　后炮退5
39. 帅四退一　卒5平6　**40.** 马五进四　士5进6
41. 帅四退一　车9平5　**42.** 车三平四　卒6平7
43. 车二平三　马7进8　**44.** 车三进一　士6退5
45. 车四进一　士5退6　**46.** 车三平五　车5平3
47. 车五进六　士6进5　**48.** 车五退四　车3平8
49. 车五平七　车8平6　**50.** 帅四平五　车6平5
51. 仕六进五　士5进6　**52.** 车七进六　车5进3
53. 帅五平六　将5进1　**54.** 车七退一　将5进1
55. 车七退一　将5退1　**56.** 车七平四　车5退3
57. 车四平六　车5进4

第387局　佚仁棋缘（无极）负 魅力佳木斯（地煞）

1. 炮二平五　马8进7　**2.** 马二进三　车9平8
3. 车一平二　卒7进1　**4.** 车二进六　马2进3
5. 兵七进一　炮8平9　**6.** 车二平三　炮9退1
7. 马八进七　士4进5　**8.** 炮八平九　炮9平7
9. 车三平四　车1平2　**10.** 车九平八　马7进8
11. 车八进六　卒7进1　**12.** 车四退一　卒7进1
13. 马三退五　象7进5　**14.** 马七进六　马8退7
15. 车四退一　车8进4　**16.** 炮九进四　炮2平1
17. 车八进三　马3退2　**18.** 炮九平五　马7进5
19. 马六进五　炮1退1　**20.** 兵五进一　车8平4
21. 车四平三　车4进3　**22.** 炮五进一　卒7平6

23. 炮五平八　卒6进1　24. 车三平四　将5平4
25. 炮八平六　卒6平5　26. 车四退一　卒5进1
27. 仕四进五　车4平3　28. 相七进五　车3退2
29. 兵五进一　车3平5　30. 车四进二　马2进1
31. 炮六平二　炮7平8　32. 马五进七　炮1平3
33. 马七退九　炮3平2　34. 相五退七　炮8进1
35. 炮二平六　车5进1　36. 炮六进三　炮2进3
37. 车四进一　车5退2　38. 车四平二　炮8平6
39. 车二平三　炮2进5　40. 兵九进一　象5退7
41. 马九进七　马1退3　42. 炮六退四　炮6平5
43. 炮六平五　车5平3　44. 车三平六　将4平5
45. 帅五平四　车3平6　46. 帅四平五　车6平7
47. 相三进一　车7进3　48. 车六退四　车7平9
49. 帅五平四　车9进2　50. 帅四进一　车9退1
51. 帅四退一　车9进1　52. 帅四进一　车9退1
53. 帅四退一　车9平5　54. 兵九进一　炮5进2
55. 车六平八　炮2平1　56. 车八平六　马3进5
57. 炮五进五　象3进5　58. 车六平八　车5平4
59. 车八进七　士5退4　60. 车八退九　车4进1
61. 帅四进一　炮1平3　62. 马七进九　象5退3
63. 马九退八　车4退1　64. 帅四退一　车4平9
65. 帅四平五　车9退2　66. 马八退七　卒3进1
67. 车八进六　车9平5　68. 帅五平四　卒3进1
69. 车八平四　炮5平4

第388局　我心永恒（北斗）胜 胖胖宝宝（电神）

1. 炮二平五　马8进7　2. 马二进三　车9平8
3. 车一平二　卒7进1　4. 车二进六　马2进3
5. 兵七进一　炮8平9　6. 车二平三　炮9退1

7. 马八进七 士4进5
8. 炮八平九 车1平2
9. 车九平八 炮9平7
10. 车三平四 马7进8
11. 车八进六 卒7进1
12. 车四退一 卒7进1
13. 马三退五 象7进5
14. 马七进六 马8退7
15. 车四退一 炮2平1
16. 车八平七 车2进2
17. 炮九进四 炮1进4
18. 兵七进一 马7进8
19. 车四平二 炮7进2
20. 炮九进三 象3进1
21. 炮九退六 象1进3
22. 车七进一 车2平3
23. 炮五平二 象3退1
24. 炮二进三 车3进4
25. 炮九进一 车3平5
26. 相三进五 卒5进1
27. 炮二进一 车5平3
28. 炮九进二 车8进2
29. 车二平三 炮7平6
30. 炮二平三 车8平7
31. 马六进八 车3平4
32. 马五进七 象1进3
33. 马八进七 车4平3
34. 后马进五 卒5进1
35. 车三平五 炮6退1
36. 马七退六 车3平5
37. 马六退五 车7进1
38. 炮九退三 炮6进4
39. 马五进七

第389局 zidanezf（天罡）胜 雨一直下（天罡）

1. 炮二平五 马8进7
2. 马二进三 车9平8
3. 车一平二 马2进3
4. 兵七进一 卒7进1
5. 车二进六 炮8平9
6. 车二平三 炮9退1
7. 马八进七 士4进5
8. 炮八平九 车1平2
9. 车九平八 炮9平7
10. 车三平四 马7进8
11. 炮五进四 象3进5
12. 炮五平九 炮2进5
13. 前炮进三 车2进1
14. 车四平七 车2进1
15. 兵七进一 炮7进5
16. 相七进五 象5进3
17. 车七退一 卒7进1
18. 兵五进一 炮7平4
19. 相五进三 炮4退4
20. 兵五进一 炮4平5

21. 仕四进五　马8退7　　22. 马七进六　车8进3
23. 马六进八　士5进4　　24. 马三进四　车8平2
25. 车八进二　前车进1　　26. 车八进三　车2进2
27. 车七平八　马3进2　　28. 马四进六　马7进8
29. 马六进八　马2进4　　30. 马八进七　将5平4
31. 后炮平六　炮5平9　　32. 炮九平四　炮9进4
33. 相三进五　炮9平5　　34. 兵五进一　马8退7
35. 炮四退二　将4进1　　36. 兵五平六　马4进2
37. 炮六进三　马7进8　　38. 炮四退四　马2退4
39. 炮四退二　马8进9　　40. 炮六进二

第390局　名剑之醉剑（地煞）负 菲岛麒麟（地煞）

1. 炮二平五　马8进7　　2. 马二进三　卒7进1
3. 车一平二　车9平8　　4. 车二进六　马2进3
5. 兵七进一　炮8平9　　6. 车二平三　炮9退1
7. 马八进七　士4进5　　8. 炮八平九　车1平2
9. 车九平八　炮9平7　　10. 车三平四　马7进8
11. 炮五进四　象3进5　　12. 炮五平九　炮2平1
13. 车八进九　马3退2　　14. 车四平一　马8进7
15. 车一平七　马7退6　　16. 车七平四　炮7进6
17. 后炮平三　马2进3　　18. 车四退一　马3进1
19. 车四进一　马1退3　　20. 车四平七　马3退4
21. 马七进六　卒7进1　　22. 炮三平八　炮1平2
23. 炮八进四　车8进4　　24. 车七平六　车8平5
25. 相三进五　卒7平6　　26. 炮八退五　车5进2
27. 兵一进一　车5平1　　28. 兵七进一　车1平3
29. 兵七进一　卒6平5　　30. 马六进五　炮2进4
31. 炮八退一　车3退2　　32. 仕六进五　炮2平5
33. 相七进九　马4进2　　34. 兵七平八　马2进4

35. 炮八平六 车3进3
36. 相九进七 车3退2
37. 马五进三 车3退1
38. 兵八进一 炮5平8
39. 马三退一 炮8进3
40. 相五退三 炮8平9
41. 炮六进一 车3进2
42. 炮六进六 车3平7
43. 帅五平六 士5进4
44. 兵一进一 士4退5
45. 车六平九 象5退3
46. 车九平七 象7进5
47. 兵一平二 车7平4
48. 帅六平五 车4平8
49. 兵二进一 卒5进1
50. 车七平三 卒5进1
51. 马一进二 车8进2
52. 车三平五 车8进1
53. 帅五平六 车8平7

第391局 手缚苍龙（无极）和 新算法天机（北斗）

1. 炮二平五 马8进7
2. 马二进三 卒7进1
3. 车一平二 车9平8
4. 车二进六 马2进3
5. 兵七进一 炮8平9
6. 车二平三 炮9退1
7. 马八进七 士4进5
8. 炮八平九 车1平2
9. 车九平八 炮9平7
10. 车三平四 马7进8
11. 炮五进四 马3进5
12. 车四平五 炮7进5
13. 马三退五 卒7进1
14. 车八进五 马8进6
15. 车五退二 车8进8
16. 炮九退一 车8退1
17. 相三进五 马6进5
18. 相七进五 车8平5
19. 车五平三 炮2平8
20. 车八平二 炮8平5
21. 车三退一 车5平3
22. 车二平五 车3平5
23. 车三退一 车2进7
24. 炮九进五 车5平7
25. 马五进三 车2平7
26. 炮九平一 车7退4
27. 炮一退二 车7进3
28. 仕六进五 炮5进4
29. 仕五进六 炮5平9
30. 炮一进五 炮9进3
31. 帅五进一 车7进2
32. 帅五进一 车7退7
33. 车五进一 车7平8
34. 车五平七 象3进5

35. 炮一退三　车 8 进 6　**36.** 帅五退一　车 8 平 4
37. 兵九进一　车 4 退 3　**38.** 兵九进一　车 4 平 5
39. 帅五平四　车 5 平 6　**40.** 帅四平五　士 5 退 4
41. 兵九进一　车 6 进 5　**42.** 车七平六　车 6 平 3
43. 车六退二　车 3 退 1　**44.** 帅五退一　车 3 平 1
45. 兵九平八　车 1 进 1　**46.** 帅五进一　车 1 平 6
47. 兵八平七　车 6 退 6　**48.** 车六进二　车 6 平 4
49. 前兵平六　炮 9 退 2　**50.** 兵七进一　士 4 进 5
51. 帅五退一　炮 9 退 2　**52.** 兵七进一　将 5 平 4
53. 炮一退一　炮 9 平 1　**54.** 炮一退四　炮 1 退 2
55. 炮一平六　将 4 平 5　**56.** 炮六平七　炮 1 平 4
57. 兵七平六　将 5 平 4　**58.** 炮七平六　将 4 平 5
59. 炮六平八　将 5 平 4　**60.** 炮八进一　将 4 平 5
61. 炮八平五　将 5 平 4　**62.** 兵六平五　士 5 进 6
63. 炮五平二　士 6 进 5　**64.** 炮二退二　将 4 进 1
65. 帅五进一　将 4 退 1　**66.** 帅五平四　象 5 进 7
67. 炮二平三　象 7 进 9　**68.** 兵五平四　将 4 进 1
69. 炮三进四　将 4 退 1　**70.** 炮三退三　将 4 平 5
71. 帅四进一　将 5 平 4　**72.** 炮三进一　将 4 平 5
73. 炮三进二　将 5 平 4　**74.** 炮三退一　将 4 平 5
75. 炮三退一　将 5 平 4　**76.** 炮三退二　将 4 平 5
77. 炮三进三　将 5 平 4　**78.** 炮三进一　将 4 平 5
79. 炮三平九　将 5 平 4　**80.** 炮九平二　象 9 退 7
81. 炮二进三　将 4 平 5　**82.** 炮二退七　将 5 平 4
83. 炮二进四　象 7 进 5　**84.** 帅四退一　将 4 平 5
85. 炮二进三　象 5 退 3　**86.** 炮二进一　象 3 进 5
87. 炮二进一　将 5 平 4　**88.** 炮二退八　将 4 平 5
89. 炮二平三　将 5 平 4　**90.** 炮三退一　将 4 平 5
91. 帅四平五　将 5 平 4　**92.** 帅五进一　象 5 退 3
93. 炮三平九　象 3 进 5　**94.** 帅五退一　象 5 退 3

95. 帅五平四　将 4 平 5
96. 炮九平六　将 5 平 4
97. 炮六平二　将 4 平 5
98. 帅四进一　将 5 平 4
99. 炮二平三　象 3 进 5
100. 炮三平五　将 4 进 1
101. 帅四退一　将 4 退 1
102. 炮五平一　将 4 平 5
103. 炮一进二　将 5 平 4
104. 炮一进三　将 4 平 5
105. 炮一退二　将 5 平 4
106. 炮一进三　将 4 平 5
107. 炮一退二　将 5 平 4
108. 炮一退三　将 4 平 5
109. 炮一平二　将 5 平 4
110. 帅四进一　将 4 平 5
111. 炮二进二　将 5 平 4
112. 炮二平六　将 4 平 5
113. 炮六退三　将 5 平 4
114. 帅四平五　象 5 退 3
115. 炮六平一　象 3 进 5
116. 炮一进五　将 4 进 1
117. 炮一退二

第 392 局　碧波歌神（地煞）和 天涯刀客（无极）

1. 炮二平五　马 8 进 7
2. 马二进三　卒 7 进 1
3. 车一平二　车 9 平 8
4. 车二进六　马 2 进 3
5. 兵七进一　炮 8 平 9
6. 车二平三　炮 9 退 1
7. 马八进七　士 4 进 5
8. 炮八平九　车 1 平 2
9. 车九平八　炮 9 平 7
10. 车三平四　马 7 进 8
11. 炮五进四　马 3 进 5
12. 车四平五　炮 7 进 5
13. 马三退五　卒 7 进 1
14. 车八进五　马 8 进 6
15. 车五退二　车 8 进 8
16. 炮九退一　车 8 退 1
17. 相三进五　马 6 进 5
18. 相七进五　车 8 平 5
19. 车五平三　炮 2 平 8
20. 车八平二　炮 8 平 5
21. 车三退一　车 5 平 3
22. 车二平五　车 3 平 5
23. 车三退一　车 2 进 7
24. 车三平五　车 2 平 5
25. 炮九进五　炮 5 平 7
26. 车五平三　炮 7 平 2
27. 炮九平八　士 5 退 1
28. 车三进一　炮 2 平 5
29. 车三平七　象 3 进 1
30. 炮八平一　车 5 退 2

31. 炮一进三　车5平9
32. 马五进三　车9退4
33. 马三进四　车9进6
34. 马四进六　车9平5
35. 仕四进五　车5平1
36. 马六进五　象7进5
37. 车七平五　象1退3
38. 车五退二　车1平8
39. 仕五退四　车8平3
40. 仕六进五　车3进3
41. 仕五退六　车3退1
42. 仕四进五　车3退2
43. 仕五退四　士5退4
44. 仕六进五　车3进3
45. 仕五退六　车3退1
46. 仕四进五　车3退1
47. 帅五平四　士4进5
48. 帅四平五　车3平8
49. 仕五退四　车8退1
50. 仕四进五　车8平9
51. 仕五退四　车9退2
52. 仕四进五　车9进3
53. 仕五退四　车9退4
54. 仕四进五　车9进6
55. 仕五退四　车9退3
56. 仕四进五　车9平4
57. 帅五平四　车4平6
58. 帅四平五　车6平1
59. 车五进一　车1进1
60. 车五退二　车1平7
61. 车五进一　车7退3
62. 仕五退四　车7平4
63. 仕六进五　车4进2
64. 仕五退六　车4平2
65. 仕四进五　车2进2
66. 车五平六　车2平1
67. 车六平五　车1平4
68. 帅五平四　车4退4
69. 帅四平五　象5退7
70. 车五退二　象3进5
71. 车五进二　车4平7
72. 仕五退四　车7平6
73. 仕四进五　车6平9
74. 仕五退四　象5退3
75. 车五退二　车9平7
76. 车五进二　车7平8
77. 仕四进五　车8平9
78. 车五进二　象3进5
79. 车五退二　车9平8
80. 仕五退四　车8平1
81. 车五进二　士5进6
82. 仕四进五　车1平9
83. 车五退二　车9平7
84. 车五进二　士6进5
85. 车五退二　车7平8
86. 仕五退四　士5退4
87. 车五进二　士6退5
88. 车五退二　士5退6
89. 车五进二　车8平7
90. 车五退四　车7平6

91. 车五进四 士4进5
92. 车五退二 车6平2
93. 仕四进五 车2平4
94. 仕五退四 象5退3
95. 仕四进五 车4平8
96. 车五进二 象3进5

第393局 撼天战神（天罡）胜 斧头冷血（9星）

1. 炮二平五 马3进7
2. 马二进三 车9平8
3. 车一平二 马2进3
4. 兵七进一 卒7进1
5. 车二进六 炮3平9
6. 车二平三 炮9退1
7. 马八进七 士4进5
8. 炮八平九 车1平2
9. 车九平八 炮9平7
10. 车三平四 马7进8
11. 炮五进四 马3进5
12. 车四平五 炮7进5
13. 马三退五 卒7进1
14. 车八进四 马8进6
15. 车五退二 车8进8
16. 炮九退一 车8退1
17. 相三进五 炮7平8
18. 马五退三 车8平7
19. 炮九平八 炮8退1
20. 炮八进六 马6进5
21. 相七进五 炮8平5
22. 兵五进一 车7平5
23. 仕四进五 象3进5
24. 马七进六 车5退2
25. 马六进七 卒7平6
26. 马三进四 车5进1
27. 车八进一 卒6进1
28. 马四退六 车5退1
29. 兵七进一 车5平3
30. 炮八进一 车3退1
31. 车八平七 象5进3
32. 马六进七 卒6平7
33. 后马进五 卒7进1
34. 马五进三 车2平3
35. 马七退五 车3进2
36. 炮八退二 车3平5
37. 马五退六 象7进9
38. 炮八平二 象3退1
39. 马六进四 车5平7
40. 马三进五 车7进4
41. 炮二平九 卒7进1
42. 炮九平一 车7平9
43. 炮一平四 车9平1
44. 马四进六 车1平9
45. 马五退四 象1进3
46. 炮四平五 象3退5
47. 马六进五 卒7平6
48. 马四退三 车9平7

49. 马五退三　士 5 进 6
50. 前马退四　象 9 退 7
51. 炮五退四　车 7 退 5
52. 马三进五　士 6 进 5
53. 马四退三　车 7 平 8
54. 仕五退四　车 8 进 3
55. 炮五平六　士 5 进 4
56. 炮六退一　卒 6 平 7
57. 马三进四　车 8 进 1
58. 马四进六　车 8 退 2
59. 仕六进五　车 8 平 7
60. 马六退四　车 7 进 3
61. 马四退三　卒 7 进 1
62. 炮六进一　象 7 进 9
63. 炮六平五　将 5 平 4
64. 仕五退六　卒 7 平 6
65. 帅五平四　车 7 平 6
66. 帅四平五　车 6 进 1
67. 炮五平七　车 6 平 5
68. 仕六进五　士 4 退 5
69. 帅五平四　将 4 平 5
70. 炮七退二　象 9 退 7
71. 炮七平五　车 5 平 2
72. 马三进四　车 2 平 9
73. 马四进六　车 9 退 1
74. 炮五平六　象 7 进 5
75. 帅四平五　象 5 进 3
76. 炮六进二　车 9 进 3
77. 仕五退四　车 9 退 2
78. 炮六平三　车 9 平 8
79. 马六退四　车 8 退 4
80. 炮三平五　将 5 平 6
81. 马四进五　象 3 退 5
82. 前马进三　将 6 平 5
83. 马三退四　象 5 进 7
84. 帅五平六　将 5 平 6
85. 马五进六　士 5 进 4
86. 帅六平五　车 8 平 5
87. 马六退五　车 5 平 1
88. 仕四进五　士 4 退 5
89. 马五进七　车 1 平 5
90. 炮五进一　士 5 进 4
91. 马七进六　将 6 进 1
92. 仕五进四　将 6 退 1
93. 帅五平四　士 4 退 5
94. 炮五进一　象 7 退 9
95. 炮五平四　士 5 进 4
96. 炮四平六　车 5 平 7
97. 马六进四　士 4 退 5
98. 前马退六　车 7 进 4
99. 马六退五　车 7 平 9
100. 马四进三　将 6 平 5
101. 炮六退四　车 9 平 7
102. 马三退四　将 5 平 6
103. 帅四平五　将 6 平 5
104. 马五进四　将 5 平 6
105. 仕四退五　士 5 进 6
106. 后马进六　车 7 退 4
107. 马四退五　象 9 退 7
108. 马六进四　象 7 进 5

109. 炮六进二 将6进1
110. 炮六平四 将6平5
111. 马四退五

第394局 镰刀帮掌门（天罡）负 星月之光（天罡）

1. 炮二平五 马8进7
2. 马二进三 车9平8
3. 车一平二 马2进3
4. 兵七进一 卒7进1
5. 车二进六 炮8平9
6. 车二平三 炮9退1
7. 马八进七 士4进5
8. 炮八平九 车1平2
9. 车九平八 炮9平7
10. 车三平四 马7进8
11. 炮五进四 马3进5
12. 车四平五 炮7进5
13. 相三进一 炮2进6
14. 兵五进一 炮7平8
15. 炮九进四 象7进5
16. 兵五进一 卒7进1
17. 炮九退二 车8平7
18. 相七进五 卒7进1
19. 马三进五 炮2退2
20. 相五退三 卒3进1
21. 马五进六 士5退4
22. 马七退九 士6进5
23. 兵五平四 车7平6
24. 兵四平三 象5进7
25. 马六进四 车6进2
26. 兵七进一 马8退7
27. 炮九平四 炮8退3
28. 炮四进三 炮8平5
29. 车八进三 车2进6
30. 马九进八 士5进6
31. 马八进六 炮5退2
32. 兵七进一 象3进5
33. 仕六进五 炮5平9
34. 兵九进一 炮9进5
35. 兵七进一 士6退5
36. 兵九进一 卒9进1
37. 马四退五 卒7进1
38. 马五进四 炮9平5
39. 相三进五 卒9进1
40. 相一退三 卒9平8
41. 帅五平六 卒8进1
42. 马六退四 马7进9
43. 兵七进一 卒8平7
44. 后马进五 马9退7
45. 兵七平六 前卒进1
46. 兵九平八 前卒平6
47. 兵八进一 卒6平5
48. 仕四进五 炮5进2
49. 马五退七 马7进6
50. 兵八平七 马6进4

51. 兵七平六　炮5平8
52. 马七退六　马4进6
53. 马六进五　卒7进1
54. 前兵进一　士5退4
55. 兵六进一　象5退3
56. 马五进六　将5平6
57. 马六进四　将6进1
58. 前马进六　炮8平6
59. 马四进二　将6平5
60. 马六退八　象3进5
61. 马八退六　将5退1
62. 兵六进一　马6退5
63. 马二进四　马5退3
64. 兵六进一　将5平6
65. 马四进二　马3进4
66. 马六进四　象5退7
67. 马四进三　马4进3
68. 帅六平五　卒7平6
69. 相五进七　象7退5
70. 马三退二　炮6平7
71. 前马退三　将6进1
72. 马三退四　将6平5
73. 马二退三　炮7平2
74. 马四进六　将5平4
75. 马三退五　炮2退1
76. 兵六平七　卒6进1
77. 马五进四　卒6平5
78. 帅五平四　马3退2
79. 马四进三　炮2进2
80. 相三进五　象5进7
81. 马三退四　马2退3
82. 马六退五　象7退9
83. 马五进七　炮2退6
84. 马四退五　炮2进3

第395局　手提两斧头（地煞）胜 风雨楼重剑（天罡）

1. 炮二平五　马8进7
2. 马二进三　卒7进1
3. 车一平二　车9平8
4. 车二进六　马2进3
5. 马八进七　士4进5
6. 兵七进一　炮8平9
7. 车二平三　炮9退1
8. 炮八平九　车1平2
9. 车九平八　炮9平7
10. 车三平四　马7进8
11. 炮五进四　马3进5
12. 车四平五　炮7进5
13. 马三退五　卒7进1
14. 车五平七　炮2进6
15. 马七进六　马8进9
16. 马六进四　马9进8
17. 马五进七　车8进4
18. 马四进六　车8平4
19. 仕六进五　卒7平6
20. 兵七进一　车4进4

21. 炮九退一　车4退2　22. 马七进八　车4退3
23. 车七平六　车2进5　24. 炮九进五　卒6进1
25. 炮九平一　炮7平5　26. 帅五平六　车2进1
27. 炮一平五　士5进6　28. 相七进五　炮5平4
29. 帅六平五　卒6平5　30. 车六进一　卒5进1
31. 相三进五　马8退7　32. 炮五退三　炮4平1
33. 炮五平九　车2平1　34. 车八进一　士6进5
35. 车六退五　象7进5　36. 兵七平八　车1进3
37. 车六退二　车1退3　38. 相五进三　车1退1
39. 车八平七　马7退5　40. 车七进六　车1平2
41. 兵八平九　车2退4　42. 相三退五　马5退3
43. 车六进六　马3进5　44. 车六退一　车2进8
45. 相五退七　车2退8　46. 兵九平八　车2平1
47. 车七退三　马5退7　48. 兵八进一　车1平2
49. 兵八平七　马7进6　50. 兵七进一　车2进5
51. 兵七进一　象3进1　52. 兵七平六　象1进3
53. 车六进一　象3退1　54. 车七平一　马6进7
55. 帅五平六　象5退7　56. 车一平五　车2退6
57. 兵六进一　将5平6　58. 车五进四　象7进9
59. 车五进一　将6进1　60. 车六进二　士6退5
61. 车五退一　将6退1　62. 车五平四

第396局　江门苏卓鹏（地煞）和 乘风牧云（电神）

1. 炮二平五　马2进3　2. 马二进三　马8进7
3. 车一平二　车9平8　4. 兵七进一　卒7进1
5. 车二进六　炮8平9　6. 车二平三　炮9退1
7. 马八进七　士4进5　8. 炮八平九　车1平2
9. 车九平八　炮9平7　10. 车三平四　马7进8
11. 车四进二　炮7进5　12. 相三进一　炮2进4

13. 兵五进一　炮7平3　14. 兵五进一　卒5进1
15. 马三进五　车8进3　16. 马五进六　车8平4
17. 马七进五　炮2平5　18. 炮五进三　象3进5
19. 车八进九　马3退2　20. 马六退五　马8进7
21. 仕四进五　马2进3　22. 炮九平三　车4进3
23. 马五退四　炮3进2　24. 马四退二　车4平5
25. 马二进四　炮3平6　26. 相一退三　炮6退2
27. 相三进五　炮6平9　28. 炮三退二

第397局　笑看（天罡）胜 四海的龙（天罡）

1. 炮二平五　马8进7　2. 马二进三　车9平8
3. 车一平二　马2进3　4. 兵七进一　卒7进1
5. 车二进六　炮8平9　6. 车二平三　炮9退1
7. 马八进七　士4进5　8. 炮八平九　车1平2
9. 车九平八　炮9平7　10. 车三平四　马7进8
11. 车四进二　炮7进5　12. 相三进一　炮2进4
13. 兵五进一　炮7平3　14. 兵五进一　卒5进1
15. 马三进五　马3进5　16. 炮五进三　车2进4
17. 炮九进四　车2平5　18. 车四退三　车5平6
19. 马五进四　炮2平9　20. 炮九平五　将5平4
21. 仕六进五　车8进3　22. 炮五退四　象7进5
23. 车八进五　卒3进1　24. 兵七进一　炮9退2
25. 车八退二　马8进9　26. 车八平七　炮9平6
27. 车七平一　将4平5　28. 车一平六　车8平5
29. 帅五平六　炮6退2　30. 马七进五　车5平6
31. 马五进六　车6平4　32. 车六平八　炮6进3
33. 炮五进二　炮6退1　34. 车八进六　炮6平5
35. 炮五进三　士5退4　36. 车八平七　车4退1
37. 炮五退一　卒9进1　38. 车七退三　卒9进1

39. 仕五进六　车4平6　　40. 仕四进五　卒9进1
41. 车七平九　卒9进1　　42. 马六进五　士6进5
43. 马五退七　将5平6　　44. 马七退五

第398局　勇闯华山（天罡）胜 胡神（无极）

1. 炮二平五　马8进7　　2. 马二进三　卒7进1
3. 车一平二　车9平8　　4. 车二进六　马2进3
5. 兵七进一　炮8平9　　6. 车二平三　炮9退1
7. 马八进七　士4进5　　8. 炮八平九　车1平2
9. 车九平八　炮9平7　　10. 车三平四　马7进8
11. 车四进二　炮7进5　　12. 相三进一　炮2进4
13. 兵五进一　炮7平3　　14. 兵五进一　卒5进1
15. 马三进五　马3进5　　16. 炮五进三　车2进4
17. 炮九进四　车2平5　　18. 车四退三　车5平6
19. 马五进四　炮2平9　　20. 炮九平五　将5平4
21. 仕六进五　卒7进1　　22. 车八进九　马8进6
23. 炮五平四　车8进6　　24. 车八平七　将4进1
25. 炮四进二　士5进6　　26. 车七退一　将4退1
27. 相一退三　马6进4　　28. 帅五平六　卒3进1
29. 车七退二　炮9退1　　30. 炮四平二　炮9退1
31. 炮二平八　车8平6　　32. 车七平六　将4平5
33. 马四进二　炮9平7　　34. 相三进五　炮7平8
35. 炮八退五　卒3进1　　36. 炮八平六　车6退1
37. 车六平九　炮8进5　　38. 相五退三　士6进5
39. 马二进三　将5平6　　40. 炮六进三　车6平4
41. 帅六平五　车4退2　　42. 车九平六　炮8退4
43. 马七进五　卒9进1　　44. 车六平三　卒3平4
45. 马五进四　炮3退6　　46. 车三退二　炮8退3
47. 车三平六　炮3进2　　48. 车六平二　卒9进1

49. 车二进二　象7进9
50. 马四进三

第399局　星月玄清（天罡）负 夺得（电神）

1. 炮二平五　马8进7
2. 马二进三　车9平8
3. 车一平二　马2进3
4. 兵七进一　卒7进1
5. 车二进六　炮8平9
6. 车二平三　炮9退1
7. 马八进七　士4进5
8. 炮八平九　车1平2
9. 车九平八　炮9平7
10. 车三平四　马7进8
11. 车四进二　炮2退1
12. 车四退四　炮2进5
13. 车四进四　炮7进5
14. 相三进一　车8进2
15. 马七进六　马8退7
16. 车八进二　车8进3
17. 车八平六　炮2进3
18. 车四退五　卒7进1
19. 兵五进一　炮2平1
20. 炮九平八　车2进5
21. 兵五进一　卒5进1
22. 马六进七　车2退1
23. 车四平七　象3进5
24. 兵七进一　车2进1
25. 兵七平八　车2退1
26. 炮五进五　士5进4
27. 炮五平七　马7进5
28. 炮七进二　卒5进1
29. 炮七平九　车2退1
30. 车六进四　车8退2
31. 炮八平五　车2进6
32. 马七进九　炮1平3
33. 仕六进五　将5进1
34. 车七进五　将5进1
35. 车七平二　炮3退7
36. 仕五退六　炮7平5
37. 马三进五　炮3进7
38. 仕六进五　炮3退3
39. 仕五退六　车8退2
40. 车六平五　将5平6
41. 车五平四　将6平5
42. 马五进三　卒5平4
43. 马三退五　卒4平5

第400局　太湖战神六（4f）胜 英雄热血（地煞）

1. 炮二平五　马8进7
2. 马二进三　车9平8

3. 车一平二　马2进3
4. 兵七进一　卒7进1
5. 车二进六　炮3平9
6. 车二平三　炮9退1
7. 马八进七　士4进5
8. 炮八平九　车1平2
9. 车九平八　炮9平7
10. 车三平四　马7进8
11. 车四退二　马8进7
12. 炮五平六　炮2进4
13. 马七进六　炮2进1
14. 车八进一　卒7进1
15. 车四进二　炮7进3
16. 马六进四　卒5进1
17. 相七进五　卒7平6
18. 炮六进一　炮2平7
19. 车八进八　马3退2
20. 炮九平三　炮7进3
21. 炮六平三　车8进6
22. 炮三进三　炮7平6
23. 车四平七　炮6退3
24. 车七进三　士5退4
25. 车七平八　车8平5
26. 炮三平七　炮6平8
27. 炮七进三　将5进1
28. 车八退一　将5进1
29. 车八退二　车5平4
30. 炮七平四　将5平4
31. 仕六进五　炮8进2
32. 炮四退三　炮8平1
33. 兵七进一　炮1进3
34. 仕五进六　卒1进1
35. 兵七进一　将4平5
36. 兵七进一　卒5进1
37. 车八平五　将5平6
38. 炮四平二　将6退1
39. 炮二退四　士4进5
40. 车五平三　炮1退3
41. 车三进二　将6退1
42. 车三进一　将6进1
43. 炮二平四　车4平6
44. 仕四进五　炮1平5
45. 帅五平四　卒1进1
46. 兵一进一　卒1进1
47. 车三平八　卒1进1
48. 车八退三　将6退1
49. 相五退七　卒1进1
50. 车八平一　卒1平2
51. 车一进三　将6进1
52. 兵一进一　卒2平3
53. 兵一进一

第401局　晋都棋牌周（天罡）负 八路（天罡）

1. 炮二平五　马8进7
2. 马二进三　卒7进1

3. 车一平二　车9平8
4. 车二进六　马2进3
5. 马八进七　士4进5
6. 兵七进一　炮8平9
7. 车二平三　炮9退1
8. 炮八平九　车1平2
9. 车九平八　炮9平7
10. 车三平四　马7进8
11. 车四退二　马8进7
12. 炮五平六　炮2进4
13. 相七进五　卒5进1
14. 车四进二　象7进5
15. 马七进六　卒5进1
16. 马六进七　卒5进1
17. 马三进五　马7进6
18. 马五退七　炮2平5
19. 仕四进五　车8进9
20. 帅五平四　车2进9
21. 后马退八　马6退7
22. 炮九退一　马7进5
23. 车四退四　炮7平6
24. 车四进六　马5退7
25. 炮六平三　车8平7

第402局　四海铁血（无极）和 太湖美啊（北斗）

1. 炮二平五　马8进7
2. 马二进三　车9平8
3. 车一平二　马2进3
4. 兵七进一　卒7进1
5. 车二进六　炮8平9
6. 车二平三　炮9退1
7. 马八进七　士4进5
8. 炮八平九　车1平2
9. 车九平八　炮9平7
10. 车三平四　马7进8
11. 车四平三　马8退7
12. 车三平四　马7进8
13. 车四平三　马8退7
14. 车三平四　马7进8
15. 车四平三　马8退7
16. 车三平四　马7进8
17. 车四平三　马8退9
18. 炮五进四　象3进5
19. 车三平四　马3进5
20. 车四平五　炮2进6
21. 相七进五　卒7进1
22. 相五进三　炮7进5
23. 相三退五　卒9进1
24. 马七进六　车8进4
25. 马六进七　车8平2
26. 炮九进四　前车进2
27. 炮九退一　后车平4
28. 仕六进五　马9进8
29. 车五退二　炮2退1
30. 马三退一　马8进9

31. 兵七进一　卒 9 进 1
32. 车五平一　马 9 进 8
33. 车一进一　炮 2 进 1
34. 车一平六　车 4 平 2
35. 兵九进一　炮 7 平 9
36. 马七进六　后车平 3
37. 马六退五　车 2 平 5
38. 车八进一　车 5 退 3
39. 车六平二　车 5 进 2
40. 车二退四　车 5 平 1
41. 车二进二　车 1 退 1
42. 车二平一　车 3 进 4
43. 车一平八　士 5 退 4
44. 马一进二　车 1 进 5
45. 仕五退六　车 3 平 1
46. 前车进六　前车退 1
47. 后车进三　前车退 3
48. 后车进二　后车退 1
49. 后车平九　车 1 退 2
50. 马二进四　车 1 平 4
51. 车八退四　士 6 进 5
52. 车八平六　车 4 进 1
53. 马四进六　将 5 平 6
54. 马六进五　象 7 进 5

第 403 局　另有一翻天地（北斗）和 江上渔者（无极）

1. 炮二平五　马 3 进 7
2. 马二进三　车 9 平 8
3. 车一平二　马 2 进 3
4. 兵七进一　卒 7 进 1
5. 车二进六　炮 8 平 9
6. 车二平三　炮 9 退 1
7. 马八进七　士 4 进 5
8. 炮八平九　车 1 平 2
9. 车九平八　炮 9 平 7
10. 车三平四　马 7 进 8
11. 车四平三　马 8 退 7
12. 车三平四　马 7 进 8
13. 车四平三　马 8 退 7
14. 车三平四　马 7 进 8
15. 车四平三　马 8 退 7
16. 车三平四　马 7 进 8
17. 炮九进四　炮 7 进 5
18. 马三退五　卒 7 进 1
19. 车四退一　炮 2 进 4
20. 炮九退二　象 7 进 5
21. 炮九平三　马 8 进 9
22. 炮三进三　马 9 进 8
23. 炮五平三　车 2 进 4
24. 车四进三　士 5 进 4
25. 马七进六　车 2 平 4
26. 马五进七　车 8 进 7
27. 后炮退一　士 6 进 5
28. 相七进五　炮 2 平 3
29. 车四退四　炮 7 平 9
30. 车四平三　车 8 退 4

31. 车八进七　马 3 退 4
32. 车八退四　卒 5 进 1
33. 车八退二　车 4 退 1
34. 车八平六　车 4 平 6
35. 仕六进五　车 6 进 5
36. 前炮退一　炮 9 平 7
37. 车三平一　马 4 进 3
38. 车一退二　马 3 进 1
39. 车六平九　炮 7 进 3
40. 前炮退六　车 6 平 7
41. 兵九进一　卒 3 进 1
42. 车九进二　卒 3 进 1
43. 相五进七　车 7 进 1
44. 车九平七　马 1 进 3
45. 兵九进一　车 7 退 4
46. 车七平六　车 7 平 6
47. 车六退一　车 6 退 2
48. 兵九平八　马 3 退 2
49. 车六平二　马 2 进 4
50. 车二进四　车 6 平 8
51. 相七退五　卒 5 进 1
52. 兵五进一　马 4 进 5
53. 相五退七　马 8 退 7
54. 车一进一　车 8 平 1
55. 马六退五　马 7 退 8
56. 车一平九　车 1 平 3
57. 马五进六　车 3 平 7
58. 车九平五　马 8 退 6
59. 马六进五　车 7 进 4
60. 相七进五　车 7 平 8
61. 兵八进一　车 8 退 3

第 404 局　上下求索（地煞）负 海之恋（风魔）

1. 炮二平五　马 8 进 7
2. 马二进三　车 9 平 8
3. 车一平二　马 2 进 3
4. 兵七进一　卒 7 进 1
5. 车二进六　炮 8 平 9
6. 车二平三　炮 9 退 1
7. 马八进七　士 4 进 5
8. 炮八平九　车 1 平 2
9. 车九平八　炮 9 平 7
10. 车三平四　马 7 进 8
11. 车四平三　马 8 退 7
12. 车三平四　马 7 进 8
13. 炮五进四　马 3 进 5
14. 车四平五　炮 7 进 5
15. 相三进五　卒 7 进 1
16. 相五进三　马 8 进 6
17. 车五退二　马 6 进 7
18. 炮九平三　车 8 进 7
19. 马七退五　炮 2 进 4
20. 炮三退二　车 8 平 4
21. 马五进四　车 4 退 3
22. 相七进五　象 3 进 5

23. 马四进五　车 2 进 4
24. 马五进三　炮 7 退 3
25. 炮三进六　车 4 进 2
26. 兵九进一　将 5 平 4
27. 炮三平五　卒 9 进 1
28. 炮五退一　车 2 平 4
29. 仕四进五　象 5 退 3
30. 相三退一　士 5 进 6
31. 相一退三　士 6 进 5
32. 相五退七　象 3 进 5
33. 车八进二　士 5 退 6
34. 相三进五　士 6 退 5
35. 帅五平四　象 5 退 3
36. 相五退三　象 7 进 5
37. 帅四平五　卒 3 进 1
38. 兵七进一　象 5 进 3
39. 相三进五　象 3 退 5
40. 帅五平四　士 5 进 4
41. 车八退一　后车平 3
42. 车八退一　士 4 退 5
43. 车八进二　车 3 平 4
44. 相五退三　前车平 3
45. 帅四平五　将 4 平 5
46. 相七进五　车 3 平 4
47. 相三进一　后车退 1
48. 炮五进一　将 5 平 4
49. 相一退三　炮 2 平 1
50. 相五退七　前车退 2
51. 车八进一　炮 1 进 3
52. 车八退三　炮 1 退 3
53. 车八进九　前车平 7
54. 相七进五　车 7 进 4
55. 帅五平四　车 7 退 5
56. 炮五退一　车 4 进 1
57. 车八退六　炮 1 进 3
58. 车八退三　炮 1 退 3
59. 车八进二　车 7 平 4
60. 车八进一　炮 1 进 3
61. 车八退三　炮 1 退 3
62. 车八进九　炮 1 进 2
63. 炮五进一　炮 1 进 1
64. 车八退九　炮 1 退 3
65. 相三进一　前车平 8
66. 帅四平五　车 8 进 3
67. 相五退三　车 8 退 4
68. 炮五退一　车 4 进 3
69. 炮五进一　炮 1 平 3
70. 相三进五　车 4 退 3
71. 炮五退一　炮 3 平 9
72. 车八进四　炮 9 退 1
73. 车八进五　车 4 退 1
74. 炮五平三　象 5 进 7
75. 车八平七　将 4 进 1
76. 车五平八　车 4 平 1
77. 车七退一　将 4 进 1
78. 车八平六　将 4 平 5
79. 车六平五　将 5 平 4
80. 车七退三　将 4 退 1
81. 车五平六　车 1 平 4
82. 车六平八　车 4 平 1

83. 车七平六 车1平4
84. 车八进四 将4退1
85. 车八进一 将4进1
86. 车六平七 车4平1
87. 车八退一 将4进1
88. 车七平三 车8平5
89. 车八退四 将4退1
90. 车三平六 车1平4
91. 车八进四 将4退1
92. 车八进一 将4进1
93. 车六平七 车4平1
94. 车七平一 炮9平6
95. 车一平六 车1平4
96. 车六平七 车4平1
97. 车八退一 将4进1
98. 车八退四 炮6退3
99. 车七平六 将4平5
100. 兵五进一 车1平4
101. 车六平七 车4进1
102. 兵五进一 车5平7
103. 车七进三 将5平4
104. 车八进一 炮6平5
105. 兵五平六 车4平2
106. 车八平七 车2平6
107. 兵六平五 炮5进5
108. 仕五退四 将4平5
109. 兵五平四 车6平4
110. 前车退一 士5进4
111. 前车进二 士6进5
112. 前车平二 炮5退4
113. 车二退二 士5进6
114. 车二退五 车4进5
115. 车七进一 车4退3
116. 车二平七 车4平6
117. 后车进三 将5退1
118. 兵四平三 车7平8
119. 前车进二 将5退1
120. 前车进一 将5进1
121. 前车退三 车6平5
122. 仕六进五 车8进5
123. 前车平五 车5退2

第405局 梦从此逝（地煞）胜 leiting（天罡）

1. 炮二平五 马8进7
2. 马二进三 车9平8
3. 车一平二 马2进3
4. 兵七进一 卒7进1
5. 车二进六 炮8平9
6. 车二平三 炮9退1
7. 马八进七 士4进5
8. 炮八平九 车1平2
9. 车九平八 炮9平7
10. 车三平四 马7进8
11. 炮九进四 炮2进4
12. 炮九平五 象7进5

13. 兵五进一　马8进7　**14.** 车四退三　马3进5
15. 炮五进四　车8进3　**16.** 兵五进一　车2进4
17. 车四平五　炮2进1　**18.** 仕六进五　卒7进1
19. 帅五平六　车8平5　**20.** 兵五进一　车2平4
21. 马七进六　炮2退6　**22.** 帅六平五　车4进1
23. 兵五进一　象3进5　**24.** 车五进四　卒7平6
25. 相七进五　卒6进1　**26.** 车八进三　车4平6
27. 车五退一　炮2平4　**28.** 车五平三　炮7平8
29. 车三平七　炮8进3　**30.** 车七平一　车6退1
31. 车八进三　车6平1　**32.** 兵九进一　车1进1
33. 车一平六　炮4退1　**34.** 车八平九　车1平2
35. 车六平八　炮8平2　**36.** 兵七进一　车2进4
37. 仕五退六　炮2进1　**38.** 仕四进五　卒6进1
39. 仕五进四　马7退5　**40.** 仕四退五　马5退3
41. 车九退三　马3进2　**42.** 马三进五　炮4进6
43. 车九进六　炮4退6　**44.** 帅五平四　炮2平8
45. 马五进六　马2退3　**46.** 马六进五　马3退4
47. 马五进三　马4退6　**48.** 车八退六

第406局　一马踏平川（地煞）和 设计大师（9星）

1. 炮二平五　马8进7　**2.** 马二进三　车9平8
3. 车一平二　马2进3　**4.** 兵七进一　卒7进1
5. 车二进六　炮8平9　**6.** 车二平三　炮9退1
7. 马八进七　士4进5　**8.** 炮八平九　车1平2
9. 车九平八　炮9平7　**10.** 车三平四　马7进8
11. 炮九进四　炮2进4　**12.** 炮九退二　卒7进1
13. 车四进二　炮2退5　**14.** 车四退三　卒7进1
15. 马三退一　马8退7　**16.** 车四退四　炮2进3
17. 炮九进五　车8进4　**18.** 车四进七　炮7平9

19. 车四平三　车8平7　**20.** 炮五退一　车2平1
21. 炮五平三　卒7平6　**22.** 炮三进六　象7进5
23. 相七进五　车1平2　**24.** 马一进二　车7进2
25. 车三平一　车7退4　**26.** 马二进四　卒6进1
27. 车一平四　车7进2　**28.** 马七进六　车7平5
29. 马六进七　车5平7　**30.** 马七退六　车2进3
31. 车四退三　车7平6　**32.** 马六进四　卒5进1
33. 前马进三　卒6进1　**34.** 仕六进五　车2平1
35. 车八进三　士5进6　**36.** 马三退二　车1平8
37. 马二退三　车8平6　**38.** 马四进六　马3进4
39. 车八进二　马4进3　**40.** 车八退二　车6进3
41. 马三退四　马3进5　**42.** 马四进二　马5进3
43. 帅五平六　车6退1　**44.** 车八退一　车6平3
45. 相三进五　车3平8　**46.** 马二进四　车8平6
47. 马四退二　车6平4　**48.** 车八平六　车4进2
49. 仕五进六　马3退5　**50.** 仕六退五　马5进7
51. 马二进三　马7退6　**52.** 马三进二　士6进5
53. 兵九进一　马6退8　**54.** 兵一进一　马8进7
55. 马二退四　士5退4　**56.** 兵九进一　马7退6
57. 仕五进六　士4进5　**58.** 仕四进五　将5平4
59. 帅六平五　马6退4　**60.** 兵九平八　将4平5
61. 帅五平六　象3进1　**62.** 帅六平五　将5平4
63. 仕五进四　士5退6　**64.** 马四进二　士6退5
65. 马二退三　马4进3　**66.** 兵八进一　卒5进1
67. 兵五进一　马3退5　**68.** 仕四退五　马5退7
69. 兵八进一　象5退3　**70.** 兵一进一　卒9进1
71. 马三进一　马7进6　**72.** 马一退三　马6进7
73. 帅五平四　象1进3　**74.** 兵八平七　象3退5
75. 马三进二　将4平5　**76.** 兵七进一　将5平4
77. 马二退三　马7退6　**78.** 马三退一　士5进4

79. 马一退三　士6进5　　80. 帅四进一　士5退6
81. 马三退一　马6退7　　82. 马一进三　马7进6
83. 马三进四　士4退5　　84. 帅四退一　士5进6
85. 帅四进一　士6退5

第407局　上善若水孟（9星）负 宝莲灯（电神）

1. 炮二平五　马8进7　　2. 马二进三　卒7进1
3. 车一平二　车9平8　　4. 车二进六　马2进3
5. 兵七进一　炮8平9　　6. 车二平三　炮9退1
7. 马八进七　士4进5　　8. 炮八平九　车1平2
9. 车九平八　炮9平7　　10. 车三平四　马7进8
11. 炮九进四　炮7进5　　12. 马三退五　卒7进1
13. 车四退一　炮2进4　　14. 炮九退二　马8进9
15. 马七进六　车8进4　　16. 车四平二　马9退8
17. 马六进五　马3进5　　18. 炮五进四　象3进5
19. 炮九平三　马8进6　　20. 炮五退二　车2平4
21. 马五进七　车4进6　　22. 马七进八　车4平5
23. 相七进五　马6退5　　24. 马八进七　炮2平3
25. 马七进六　将5平4　　26. 炮三进四　士5进6
27. 马六退五　车5退1　　28. 车八进九　将4进1
29. 车八退一　将4退1　　30. 马五进三　炮7退5
31. 车八平三　炮3平5　　32. 仕四进五　车5平7
33. 相三进一　车7退2　　34. 车三平一　车7退1
35. 车一退二　车7进5　　36. 帅五平四　士6退5
37. 相一进三　车7平8　　38. 车一退三　车8进2
39. 帅四进一　炮5退1　　40. 车一平四　将4平5
41. 车四进一　炮5进1　　42. 车四进二　炮5平3
43. 车四平六　炮3平2　　44. 车六平八　炮2平4
45. 车八平四　炮4进2　　46. 仕五退四　车8退1

47. 帅四进一 车8平7　48. 车四退二 炮4退1
49. 相五退七 车7平3　50. 仕四进五 炮4平2
51. 兵七进一 车3进1　52. 车四平八 车3退2
53. 帅四退一 象5进3　54. 兵九进一 炮2平1
55. 兵九进一 炮1进1　56. 仕五退四 车3进1
57. 帅四进一 车3进1　58. 车八平九 炮1平8
59. 仕六进五 车3退2　60. 帅四退一 车3退1
61. 兵九平八 炮8退6　62. 仕五进六 象3退5
63. 帅四平五 车3平5　64. 相三退五 车5平2
65. 车九平二 车2进2　66. 帅五退一 车2进1
67. 帅五进一 炮8平7　68. 兵八平九 车2平6
69. 兵九平八 车6平2　70. 兵八平九 车2退3
71. 车二平五 车2平4　72. 兵九进一 车4进1
73. 车五进二 象5退3　74. 兵九平八 炮7平5

第408局 镰刀帮掌门（天罡）和 东方神圣（无极）

1. 炮二平五 马8进7　2. 马二进三 车9平8
3. 车一平二 马2进3　4. 兵七进一 卒7进1
5. 车二进六 炮8平9　6. 车二平三 炮9退1
7. 马八进七 士4进5　8. 炮八平九 车1平2
9. 车九平八 炮9平7　10. 车三平四 马7进8
11. 炮九进四 炮7进5　12. 马三退五 卒7进1
13. 车四退一 炮2进4　14. 炮九退二 象7进5
15. 炮九平三 马8进9　16. 炮三进三 马9进8
17. 炮五平三 车2进4　18. 车四进三 士5进4
19. 马七进六 车2平4　20. 马五进七 车8进7
21. 后炮退一 士6进5　22. 相七进五 炮2平3
23. 车四退四 炮7平9　24. 仕六进五 炮9进3
25. 车八进三 车8平7　26. 车八平七 车7退5

27. 炮三进三　炮9退4　**28.** 车四退三　马8退9
29. 炮三平四　车7进7　**30.** 车四进二　车7平9
31. 兵五进一　马9进7　**32.** 车四平三　卒5进1
33. 车三退一　卒5进1　**34.** 车七平二　卒5平4
35. 车三进二　炮9进2　**36.** 车三进四　车4平6
37. 车二进六　车6退4　**38.** 车二平四　士5退6
39. 马七进六　车9平8　**40.** 车三退五　车8退5
41. 车三平一　炮9平8　**42.** 车一进三　炮8进2
43. 相五退三　车8平7　**44.** 炮四平五　士4退5
45. 马六进七　车7进5　**46.** 车一退六　马3进5
47. 炮五进一　马5退7　**48.** 兵七进一　马7进8
49. 马七进八　车7退5　**50.** 车一平二　车7平5
51. 兵七进一　马8进6　**52.** 车二进四　马6进5
53. 车二退二　马5进3　**54.** 帅五平六　车5平3
55. 车二平八　马3退4　**56.** 车八退二　车3平4
57. 仕五进六　马4进6　**58.** 仕四进五　车4平7
59. 仕五退四　车7平3　**60.** 仕四进五　马6退5
61. 帅六进一　车3进4　**62.** 帅六退一　车3退2
63. 帅六进一　车3平7　**64.** 仕五退四　马5进3
65. 帅六退一　马3进5　**66.** 帅六进一　车7平1
67. 帅六平五　马5进7　**68.** 帅五平六　马7退6
69. 仕四进五　马6退4　**70.** 车八平七　马4退6
71. 帅六退一　车1退5　**72.** 车七平八　马6进5
73. 帅六平五　马5进3　**74.** 车八平七　马3退2
75. 兵七进一　车1平2　**76.** 车七平八　车2进3
77. 车八进三　象5退7　**78.** 兵七进一　将5平4
79. 帅五平六　士5进4　**80.** 帅六平五　将4平5
81. 帅五平六　象3进5　**82.** 兵七平六　士4退5
83. 仕五退四　士5退4　**84.** 仕四进五　车2退4
85. 帅六平五　车2进3　**86.** 车八退一　士6进5

87. 车八进一　车2进1
88. 车八退一　象5进7
89. 车八进一　车2退1
90. 帅五平六　车2退2
91. 兵六平七　车2进3
92. 兵七平六　象7退5
93. 帅六平五　象7进9
94. 车八退一　士5进6
95. 车八进一　象5进3
96. 车八平五　士6退5
97. 车五平八　象3退1
98. 帅五平六　象9退7
99. 帅六平五　士5进6
100. 帅五平六　车2退1
101. 车八平五　士4进5
102. 车五平八　车2退1
103. 兵六平七　车2进2
104. 兵七平六　士5退4
105. 车八平五　士6退5
106. 车五平八　象1退3
107. 帅六平五　象7进9
108. 帅五平六　士5进6
109. 车八平五　将5平6
110. 车五平八　士4进5
111. 帅六平五　将6平5
112. 帅五平六　车2退3
113. 帅六进一　车2进2
114. 帅六退一　车2进1
115. 帅六平五　象3进1
116. 帅五平六　象9进7
117. 帅六平五　士5退4
118. 帅五平六　车2退1
119. 车八退一　车2退1
120. 车八进一　士6退5
121. 帅六平五　车2进2
122. 兵六平七　士5进4
123. 帅五平六　象7退9
124. 兵七平六　士4退5
125. 帅六平五　车2退1
126. 兵六平七　象9进7
127. 兵七平六　士5进4
128. 帅五平六　象7退9
129. 兵六平七　士4进5
130. 兵七平六　车2进1
131. 帅六平五　象9退7
132. 车八退一　士5进6
133. 帅五平六　车2退1
134. 车八进一　车2退1
135. 车八平五　士6退5
136. 车五平八　士5退4
137. 车八平五

第409局　斩情剑（北斗）负 名剑风云（无极）

1. 炮二平五　马8进7
2. 马二进三　卒7进1

3. 车一平二　车9平8
4. 车二进六　马2进3
5. 兵七进一　炮8平9
6. 车二平三　炮9退1
7. 马八进七　士4进5
8. 炮八平九　车1平2
9. 车九平八　炮9平7
10. 车三平四　马7进8
11. 车四平三　马8退7
12. 车三平四　马7进8
13. 车四平三　马8退7
14. 车三平四　马7进8
15. 车四平三　马8退7
16. 车三平四　马7进8
17. 炮九进四　炮7进5
18. 马三退五　卒7进1
19. 车四退一　炮2进4
20. 炮九退二　象7进5
21. 炮九平三　马8进9
22. 炮三进三　马9进8
23. 炮五平三　车2进4
24. 车四进三　士5进4
25. 马七进六　车2平4
26. 马五进七　车8进7
27. 后炮退一　士6进5
28. 车四退四　炮2平4
29. 马七进八　炮7平9
30. 前炮退三　车4平5
31. 马六进四　车8平7
32. 兵五进一　车5平2
33. 车八进一　马3进1
34. 马四进二　炮9平5
35. 车八平六　马1进2
36. 车六进二　马2进3
37. 车四退三　车2进4
38. 车四平八　车7平5

第410局　牡丹亭牛（无极）负 秋水助理（风魔）

1. 炮二平五　马8进7
2. 马二进三　车9平8
3. 车一平二　马2进3
4. 兵七进一　卒7进1
5. 车二进六　炮8平9
6. 车二平三　炮9退1
7. 马八进七　士4进5
8. 炮八平九　车1平2
9. 车九平八　炮9平7
10. 车三平四　马7进8
11. 炮九进四　卒7进1
12. 炮五进四　象3进5
13. 车四平三　车8进1
14. 兵三进一　炮2进5
15. 炮五退二　马3进1
16. 兵三进一　马8退9
17. 车三平七　炮7进6
18. 车七平九　车8进5

19. 相三进五　将5平4
20. 车九平六　将4平5
21. 仕六进五　炮2进1
22. 帅五平六　炮7进1
23. 相五退三　炮7平9
24. 相七进五　车8平7
25. 仕五进四　车7进2
26. 兵七进一　马9退7
27. 兵三进一　马7进9
28. 兵三进一　卒9进1
29. 马七进八　炮2平6
30. 马八退九　车2平3
31. 车八进一　马9进7
32. 炮五平八　车3平2
33. 炮八平五　车2平3
34. 炮五平八　车3平2
35. 炮八平五　车2平1
36. 炮五进二　马7进6
37. 炮五退二　炮9进1
38. 车六平八　车1平4
39. 后车平六　车4平3
40. 车八平六　马6进5
41. 炮五退二　车7进1
42. 兵七进一　车7平6
43. 炮五退二　车3平2
44. 兵七平八　车2平1
45. 兵八平七　炮9平5
46. 后车平五　炮6平9
47. 车五平一　炮5退2
48. 帅六进一　车1进6
49. 帅六平五　炮5平2
50. 兵一进一　车1进1
51. 车六退五　车6平2
52. 车一进二　炮2进1
53. 车六进一　车1平4
54. 车一平四　车2平4
55. 车四进六　将5平6
56. 兵三平四　后车进1
57. 帅五进一　前车平5

第411局　liubaojun（风魔）和 风雨楼金鹰（风魔）

1. 炮二平五　马8进7
2. 马二进三　卒7进1
3. 车一平二　车9平8
4. 车二进六　马2进3
5. 兵七进一　炮8平9
6. 车二平三　炮9退1
7. 马八进七　士4进5
8. 炮八平九　车1平2
9. 车九平八　炮9平7
10. 车三平四　马7进8
11. 炮九进四　卒7进1
12. 炮九平五　象7进5
13. 车四平三　卒7进1
14. 车三进二　卒7进1

15. 仕六进五　马3进5　16. 炮五进四　炮2进4
17. 马七进六　车8进3　18. 车三退四　车2进4
19. 车三平五　炮2进1　20. 相七进五　卒7进1
21. 兵七进一　车2进1　22. 马六进七　车2平5
23. 兵五进一　车8平5　24. 兵五进一　车5平6
25. 车八进二　象5进3　26. 马七进六　马8进9
27. 马六退八　卒7平6　28. 马八进九　士5进4
29. 马九退七　将5平4　30. 车八进五　士6进5
31. 车八进二　马9进7　32. 车八平七　将4进1
33. 车七平三　卒6进1　34. 帅五平六　马7进5
35. 帅六进一　车6平3　36. 兵五进一　车3退2
37. 兵五平六　车3进1　38. 帅六平五　车3平2
39. 帅五平四　卒6平7　40. 兵六平七　象3退1
41. 车三平一　车2进6　42. 帅四进一　卒7平6
43. 车一退三　车2退2　44. 相五进七　车2平6
45. 帅四平五　车6平3　46. 兵九进一　车3退1
47. 兵九进一　车3平5　48. 帅五平六　车5平4
49. 帅六平五　象1退3　50. 兵九平八　车4平5
51. 帅五平六　车5平3　52. 兵八进一　士5退6
53. 兵八进一　车3平4　54. 帅六平五　车4平5
55. 帅五平四　将4退1　56. 兵八平七　士4退5
57. 帅四退一　卒6平5　58. 车一平六　将4平5
59. 车六平四　车5退3　60. 前兵进一　车5平4
61. 车四平五　车4进6　62. 帅四进一　车4退2
63. 帅四平五　象3进1　64. 帅五退一　卒5平6
65. 后兵平六　将5平4　66. 车五平四　车4平3
67. 兵六平七　车3进2　68. 帅五进一　车3退2
69. 车四平六　将4平5　70. 前兵平六　车3平5
71. 帅五平六　士5进6　72. 帅六退一　士6进5
73. 车六平三　士5退6　74. 车三平六　车5进2

75. 帅六进一　士 6 进 5
76. 车六平三　车 5 退 3
77. 兵七平六　将 5 平 6
78. 帅六退一　车 5 进 1
79. 车三平一　车 5 退 2
80. 车一平二　车 5 平 6
81. 帅六平五　车 6 平 4
82. 车二平三　象 1 进 3
83. 车三平五　象 3 退 1
84. 车五平一　象 1 进 3
85. 车一平四　将 6 平 5
86. 车四平五　将 5 平 6
87. 前兵平七　车 4 进 2
88. 兵六平七　车 4 平 2
89. 车五退一　象 3 退 1
90. 车五进二　象 1 退 3
91. 车五退一　车 2 进 2
92. 帅五进一　车 2 平 4
93. 后兵平六　象 3 进 1
94. 兵七平六　车 4 退 2
95. 车五平三　车 4 平 5
96. 帅五平四　车 5 平 6
97. 帅四平五　车 6 平 4
98. 车三平二　车 4 平 5
99. 帅五平四　车 5 平 6
100. 帅四平五　车 6 平 4
101. 车二平四　将 6 平 5
102. 帅五退一　车 4 退 2
103. 帅五平四　卒 6 平 5
104. 车四平二　车 4 进 4
105. 帅四进一　车 4 退 2
106. 车二平五　车 4 进 3
107. 前兵平七　车 4 平 3
108. 兵六平七　卒 5 平 6
109. 帅四退一　车 3 平 5
110. 车五退六　卒 6 平 5

第 412 局　闲人（3 段）负 所罗门之风（2 段）

1. 炮二平五　马 8 进 7
2. 马二进三　卒 7 进 1
3. 车一平二　车 9 平 8
4. 车二进六　马 2 进 3
5. 兵七进一　炮 8 平 9
6. 车二平三　炮 9 退 1
7. 马八进七　士 4 进 5
8. 炮八平九　车 8 进 8
9. 车九平八　炮 9 平 7
10. 车三平四　车 1 平 2
11. 车八进六　象 3 进 5
12. 车八平七　车 8 平 3
13. 马七进八　马 3 退 4
14. 马三退五　炮 2 平 1
15. 马五进七　炮 1 进 4
16. 炮九平八　炮 1 平 2
17. 马七进六　车 3 平 2
18. 马六退七　前车平 3

19. 马七进六　车3进1
20. 车四进二　车3平2
21. 马六退七　前车平3
22. 马七进六　车3退3
23. 炮五平二　炮7平9
24. 马六退五　车3进3
25. 车四平三　炮9进5
26. 兵三进一　马7进6
27. 兵七进一　马6进4
28. 兵七平六　车2平3
29. 车七进三　车3退9
30. 车三退二　炮2平1
31. 炮八平九　车3进5
32. 马八进九　前马进6
33. 车三平五　马6进8
34. 炮九平二　炮1进3
35. 帅五进一　车3平1
36. 帅五平四　炮1退6
37. 兵三进一　马4进3
38. 车五平一　车1平8
39. 车一退三　车8进2
40. 帅四平五　车8进1
41. 帅五退一　车8平2
42. 仕六进五　车2进1
43. 仕五退六　炮1进6
44. 兵六进一　马3进4
45. 兵三平四　马4进2
46. 车一退二　车2退1
47. 仕六进五　马2进3

象棋类畅销书籍

● 梁文斌　张志强
出版日期：2009-10-1
定价：20.00元

● 梁文斌
出版日期：2011-10-1
定价：26.00元

● 刘锦祺　周晓朴　马天越
出版日期：2011-10-1
定价：27.00元

● 王嘉良 张志强 张弘
出版日期：2005-9-1
定价：18.00元

象棋类畅销书籍

● 王嘉良 张志强 张弘
出版日期：2006-6-1
定价：20.00元

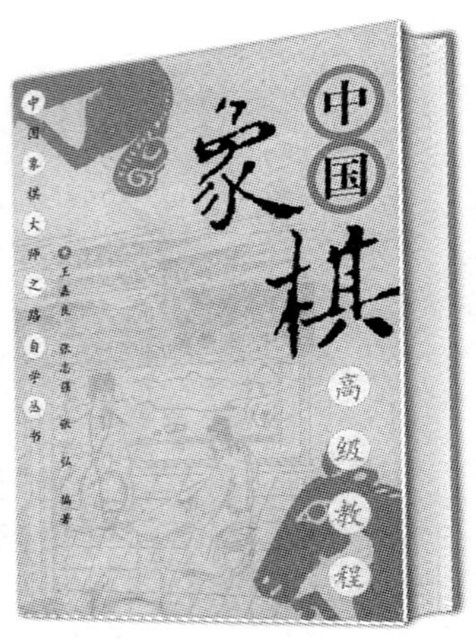

● 王嘉良 张志强 张弘
出版日期：2007-5-1
定价：25.00元

● 赵庆阁　方长勤
出版日期：2009-11-1
定价：20.00元

● 方长勤
出版日期：2011-9-1
定价：20.00元